Mit digitalen Extras: Exklusiv für Buchkäufer!

Ihre digitalen Extras zum Download:

Musterformulare:
- Auftrag für ein Einfamilienhaus
- Auftrag für ein Mehrfamilienhaus
- Auftrag für eine Mietwohnung
- Mieterselbstauskunft
- Übergabeprotokoll
- Widerrufsbelehrung

Musterverträge:
- Maklervertrag mit Verkäufer
- Maklervertrag mit Käufer
- Maklervertrag mit Mietinteressent

---

http://mybook.haufe.de/

Buchcode: WJP-2027

Praxiswissen für Immobilienmakler

Alexander C. Blankenstein

Praxiswissen für Immobilienmakler

Rechtsgrundlagen, Provisionssicherung, Vertragsgestaltung

5., aktualisierte Auflage

Haufe Group
Freiburg · München · Stuttgart

Bibliografische Information der Deutschen Nationalbibliothek

Die Deutsche Nationalbibliothek verzeichnet diese Publikation in der Deutschen Nationalbibliografie; detaillierte bibliografische Daten sind im Internet über http://dnb.dnb.de/ abrufbar.

Print:	ISBN 978-3-648-15822-7	Bestell-Nr. 16011-0005
ePub:	ISBN 978-3-648-15823-4	Bestell-Nr. 16011-0104
ePDF:	ISBN 978-3-648-15824-1	Bestell-Nr. 16011-0154

Alexander C. Blankenstein
Praxiswissen für Immobilienmakler
5., aktualisierte Auflage, April 2022

www.haufe.de
info@haufe.de

Bildnachweis (Cover): © cherezoff, shutterstock

Produktmanagement: Jasmin Jallad
Lektorat: Text plus design Jutta Cram, Augsburg

Inhaltsverzeichnis

Abkürzungsverzeichnis

a. A.	anderer Ansicht
Abs.	Absatz
AGB	Allgemeine Geschäftsbedingungen
AGBG	Gesetz zur Regelung des Rechts der Allgemeinen Geschäftsbedingungen
AIZ	Allgemeine Immobilienzeitung
AO	Abgabenordnung
arg. e.	Argument aus
BauGB	Baugesetzbuch
BeurkG	Beurkundungsgesetz
BFH	Bundesfinanzhof
BGB	Bürgerliches Gesetzbuch
BGHZ	Entscheidungen des Bundesgerichtshofs in Zivilsachen
BlGBW	Blätter für Grundstücks-, Bau- und Wohnungsrecht
BNotO	Bundesnotarordnung
BRAO	Bundesrechtsanwaltsordnung
BTMG	Betäubungsmittelgesetz
BVerwG	Bundesverwaltungsgericht
EGBGB	Einführungsgesetz zum Bürgerlichen Gesetzbuch
EnEV	Energieeinsparverordnung
EuGH	Europäischer Gerichtshof
FGPrax	Praxis der Freiwilligen Gerichtsbarkeit (Zeitschrift)
GewA	Gewerbearchiv
GewO	Gewerbeordnung
GG	Grundgesetz
ggf.	gegebenenfalls
GuT	Gewerbemiete und Teileigentum (Zeitschrift)
GwG	Geldwäschegesetz
HGB	Handelsgesetzbuch
JZ	Juristen-Zeitung
kWh	Kilowattstunde
LG	Landgericht
LPartG	Gesetz über die Eingetragene Lebenspartnerschaft
m. w. N.	mit weiteren Nachweisen
m^2	Quadratmeter
MaBV	Makler- und Bauträgerverordnung
MDR	Monatsschrift für Deutsches Recht (Zeitschrift)
MietNovG	Mietrechtsnovellierungsgesetz
MRVG	Gesetz zur Verbesserung des Mietrechts
NJW	Neue Juristische Wochenschrift

NJW-RR	NJW-Rechtsprechungs-Report (Zeitschrift)
NotZ	Verwaltungsstreitverfahren in Notarsachen und sofortige Beschwerden gegen Entscheidungen der Oberlandesgerichte
Nr.	Nummer
OLG	Oberlandesgericht
PAngV	Preisangabenverordnung
RDG	Rechtsdienstleistungsgesetz
RStV	Rundfunkstaatsvertrag
RVG	Gesetz über die Vergütung der Rechtsanwältinnen und Rechtsanwälte
StBerG	Steuerberatungsgesetz
StGB	Strafgesetzbuch
TMG	Telemediengesetz
UStG	Umsatzsteuergesetz
UWG	Gesetz gegen den unlauteren Wettbewerb
VersR	Zeitschrift für Versicherungsrecht
VG	Verwaltungsgericht
VwVfG	Verwaltungsverfahrensgesetz
VSBG	Verbraucherstreitbeilegungsgesetz
WEG	Wohnungseigentumsgesetz
WM	Zeitschrift für Wirtschafts- und Bankrecht
WoVermRG	Gesetz zur Regelung der Wohnungsvermittlung
WRP	Wettbewerb in Recht und Praxis (Zeitschrift)
ZInsR	Zeitschrift für das gesamte Insolvenzrecht
ZNotP	Zeitschrift für die Notarpraxis
ZPO	Zivilprozessordnung

1 Persönliche und fachliche Voraussetzungen

Die Ausübung des Maklerberufs war ursprünglich an keinerlei spezifische fachliche Voraussetzungen geknüpft. Auch das am 1.8.2018 in Kraft getretene »Gesetz zur Einführung einer Berufszulassungsregelung für gewerbliche Immobilienmakler und Wohnimmobilienverwalter« hatte hieran zwar nichts geändert, statuiert aber eine Fortbildungsverpflichtung für Makler. Im Hinblick auf persönliche Voraussetzungen umschreibt die maßgebliche Vorschrift des § 34c Abs. 2 der Gewerbeordnung (GewO) lediglich negative Merkmale, die zur Versagung der Gewerbeerlaubnis (siehe Kapitel 2.1) führen können.

1.1 Persönliche Voraussetzungen

Hinsichtlich der persönlichen Voraussetzungen umschreibt die maßgebliche Bestimmung des § 34c Abs. 2 GewO lediglich Ausschlusskriterien, wann eine Gewerbeerlaubnis zu versagen ist. Dies ist der Fall, wenn es dem Antragsteller an der für den Betrieb erforderlichen Zuverlässigkeit fehlt oder er in ungeordneten Vermögensverhältnissen lebt. Dies trifft in aller Regel dann zu, wenn über das Vermögen des Antragstellers das Insolvenzverfahren eröffnet wurde oder er ins Schuldnerverzeichnis eingetragen ist. An der erforderlichen Zuverlässigkeit mangelt es dem Antragsteller dann, wenn er in den letzten fünf Jahren vor Antragstellung wegen eines Verbrechens oder wegen Diebstahls, Unterschlagung, Erpressung, Betrugs, Untreue, Urkundenfälschung, Hehlerei, Wuchers oder einer Insolvenzstraftat rechtskräftig verurteilt worden ist. Daneben können weitere Anhaltspunkte für eine betriebliche Unzuverlässigkeit vorliegen, insbesondere wenn der Antragsteller Steuern hinterzogen oder Sozialversicherungsbeiträge pflichtwidrig nicht abgeführt hat.

1.2 Fachliche Voraussetzungen

Ein Indiz mangelhafter Zuverlässigkeit kann auch das Fehlen elementarer Sachkenntnisse für eine ordnungsgemäße Berufsausübung sein. Da der angehende Immobilienmakler aber gerade keinerlei Ausbildungsabschlüsse vorweisen oder etwa eine Art Aufnahmeprüfung zu absolvieren hat, kann die Erlaubnisbehörde auch nicht überprüfen, ob es dem einzelnen angehenden Immobilienmakler tatsächlich an den elementaren Grundkenntnissen für seine Berufsausübung fehlt. Dies offenbart sich zwangsläufig erst im Rahmen der Gewerbeausübung und kann im Extremfall zum Widerruf der Gewerbeerlaubnis bzw. zur Gewerbeuntersagung führen; das ist im Rahmen ihrer Erteilung aber zunächst irrelevant.

Diese Tatsache war seit Jahrzehnten insbesondere den Immobilienverbänden ein Dorn im Auge. Diverse bereits Ende der 1950er und während der 1960er Jahre angestoßene Initiativen vor allem des RDM wurden vereinzelt zwar bei Gesetzesinitiativen berücksichtigt, allerdings nie Gesetz. Bis zur vorvergangenen Legislaturperiode war die Bundesregierung insoweit stets der Auffassung, ein Sachkundenachweis sei nicht erforderlich. Der Markt reguliere sich mehr oder weniger selbst im Hinblick auf unqualifizierte Gewerbetreibende. Im Koalitionsvertrag wurde dann im November 2013 angekündigt, entsprechende gesetzgeberische Aktivitäten anzustoßen. Insoweit war das »Gesetz zur Einführung einer Berufszulassungsregelung für gewerbliche Immobilienmakler und Verwalter von Wohnungseigentum« am 1.8.2018 in Kraft getreten. Ein Sachkundenachweis war nicht mehr Gegenstand des Gesetzes. Auch gibt es im Gegensatz zu Verwaltern von Wohnimmobilien für Immobilienmakler keine Versicherungspflicht.

Besonders interessant in diesem Zusammenhang ist, dass die Immobilienmakler (und auch die Wohnimmobilienverwalter) besser sind, als ihr Ruf vereinzelt zu suggerieren mag. Im Nachgang zur Stellungnahme des Normenkontrollausschusses, der keine Belege für Schäden finden konnte, die durch einen Sachkundenachweis hätten vermieden werden können, hatte der Bundesrat das Gesetz in seiner ursprünglichen Entwurfsfassung – salopp ausgedrückt – für überflüssig gehalten. Dies ist eine für die Maklerbranche willkommene Feststellung, die leider in der Presse ansonsten keine Berücksichtigung gefunden hatte. Im aktuellen Koalitionsvertrag 2021 – 2025 (S. 92) von SPD, FDP und Bündnis 90/Die Grünen ist geplant, »den echten Sachkundenachweis für Makler, Miet- und WEG-Verwalter« einzuführen.

1.3 Fortbildungs- und Informationspflichten

Nachdem das Gesetz zur Einführung einer Berufszulassungsregelung für gewerbliche Immobilienmakler und Wohnimmobilienverwalter vom 17.10.2017 (BGBl. I, S. 3562) am 1.8.2018 in Kraft getreten ist, wurden auf Grundlage des Referentenentwurfs des Bundesministeriums für Wirtschaft und Energie zur Änderung der Makler- und Bauträgerverordnung (MaBV) in der MaBV die maßgeblichen gesetzlichen Vorgaben über die Fortbildungs- und Informationspflichten der Immobilienmakler konkretisiert.

1.3.1 Fortbildungspflicht

Makler müssen sich seit 1.8.2018 fortbilden. Allerdings hält sich diese Pflicht in erträglichen Grenzen. Innerhalb eines Zeitraums von drei Jahren müssen Makler nämlich nur 20 Stunden in ihre Fortbildung investieren. Dabei bleibt es dem Makler freigestellt, wie er diesen Fortbildungsumfang innerhalb des Dreijahreszeitraums aufteilt. Nicht erforderlich ist also, dass jährlich eine Fortbildungsmaßnahme ergriffen wird. Grundsätzlich ausreichend wäre, wenn der Makler kurz vor Ablauf des dritten Jahres die 20 Stunden Fortbildung absolviert. Zur Fortbildung sind allerdings nicht nur Makler verpflichtet, sondern auch ihre unmittelbar mit der Durchführung der Maklertätigkeit befassten Mitarbeiter.

1.3.1.1 Wer muss sich fortbilden?

Nach § 34c Abs. 2a Satz 1 GewO sind die Immobilienmakler verpflichtet, sich weiterzubilden. Das Gleiche gilt für unmittelbar bei der erlaubnispflichtigen Tätigkeit mitwirkende beschäftigte Personen.

Makler
Da die Weiterbildungspflicht in erster Linie den Gewerbetreibenden selbst trifft, ist zunächst der Makler fortbildungsverpflichtet. Bekanntlich werden die Maklerunternehmen in unterschiedlichen Rechtsformen geführt. Weiterbildungsverpflichtet ist insoweit in erster Linie die vertretungsberechtigte Person – und zwar diejenige, die das Unternehmen gesetzlich vertritt.

Rechtsform	Verpflichteter
Einzelunternehmen	Unternehmer
OHG	Gesellschafter
KG	Komplementäre
GmbH & Co. KG	Geschäftsführer der Komplementär-GmbH
GmbH	Geschäftsführer
UG (haftungsbeschränkt)	Geschäftsführer
AG	Vorstände

Nach der Bestimmung des § 34c Abs. 2a Satz 3 GewO ist es insoweit ausreichend, wenn der Weiterbildungsnachweis durch eine angemessene Zahl von beim Gewerbetreibenden beschäftigten natürlichen Personen erbracht wird. Der Gesetzgeber hat hier also insbesondere die juristischen Personen im Auge, die durch natürliche Personen, nämlich die Geschäftsführer der GmbH bzw. die Vorstände der AG, vertreten werden. Allerdings lässt sich weder der GewO noch der MaBV entnehmen, was dabei als »angemessen« anzusehen ist.

Beispiel !

Die Makler-GmbH wird von drei Geschäftsführern vertreten. Zwei von ihnen führen das operative Geschäft. Der weitere Geschäftsführer ist nur für innerbetriebliche und organisatorische Aufgaben verantwortlich, also für Personal, internes Rechnungswesen und Datenverarbeitung.

Grundsätzlich sind zunächst alle drei Geschäftsführer fortbildungsverpflichtet. Denjenigen Geschäftsführer, der lediglich für die innerbetrieblichen Belange verantwortlich ist, trifft aber dann keine Fortbildungspflicht, wenn

- die beiden anderen Geschäftsführer ihrer Weiterbildungspflicht nachkommen und
- er im Fall eines Auskunftsverlangens der Behörde durch Gesellschafterbeschluss oder Geschäftsführervertrag nachweisen kann, dass er nicht für das operative Geschäft verantwortlich ist.

»Delegation« der Weiterbildungspflicht

Der Geschäftsführer der GmbH, der Gesellschafter der OHG oder der Komplementär der KG muss nicht unbedingt selbst zur Fortbildung verpflichtet sein. Unter bestimmten Voraussetzungen kann er diese Pflicht auf Mitarbeiter delegieren.

Unabdingbare Voraussetzung ist zunächst, dass der Delegierende selbst keine erlaubnispflichtige Tätigkeit entfaltet. Will also der Geschäftsführer der GmbH seine Weiterbildungspflicht auf einen Mitarbeiter delegieren, darf er selbst keine Verwaltertätigkeit entfalten. Er muss sich also ausschließlich auf Leitung und Organisation seines Unternehmens konzentrieren.

Weitere Voraussetzung ist, dass der nachgeordnete Mitarbeiter oder die nachgeordnete Mitarbeiterin gegenüber denjenigen Mitarbeitern, die die erlaubnispflichtige Tätigkeit entfalten, weisungsbefugt ist. Dies ist insbesondere bei Abteilungsleitern, Bereichsleitern oder Leitern von Zweigstellen in aller Regel der Fall. Nach Auffassung des Bund-Länder-Ausschusses »Gewerberecht« kommt es demnach nicht allein auf die gesetzliche Vertretungsmacht an, sondern auch auf eine rechtsgeschäftlich erteilte Vertretungsbefugnis.

Mitarbeiter des Maklers

»Eine Pflicht zur regelmäßigen Weiterbildung« besteht für die »unmittelbar mit der Durchführung der erlaubnispflichtigen Tätigkeiten befassten Mitarbeiter.« Die Fortbildungspflicht trifft also nur die Mitarbeiter, die tatsächlich Tätigkeiten entfalten, die typisch sind für die Tätigkeit eines Immobilienmaklers. Mithin sind die Mitarbeiter betroffen, die Exposés erstellen, Besichtigungstermine wahrnehmen und allgemein den jeweiligen Maklerkunden im Rahmen der Anbahnung und des Abschusses des gewünschten Hauptvertrags betreuen. Weiterbildungsverpflichtet ist jeder Mitarbeiter, der unmittelbar bei der erlaubnispflichtigen Tätigkeit mitwirkt. Er muss für das Resultat seiner Arbeit nicht verantwortlich sein. Erstellt also eine Sachbearbeiterin zwar ein Exposé, trägt die Verantwortung hierfür aber ihr Vorgesetzter, ist dennoch auch diese Mitarbeiterin weiterbildungsverpflichtet. Das Gesetz stellt nicht auf Verantwortlichkeit ab.

Hinweis

Nicht betroffen sind alle Mitarbeiter, die rein innerbetriebliche Tätigkeiten entfalten, also solche im Sekretariat, in der betriebsinternen Buchhaltung oder Personalabteilung.

Ausnahmen

Eine Ausnahme von der Fortbildungspflicht sieht der Verordnungsgeber nicht vor. Insbesondere im Fall einer Elternzeit oder auch nur geringfügigen Beschäftigung entfällt die Fortbildungspflicht nicht. Angesichts der Tatsache, dass in einem Zeitraum von drei Jahren lediglich 20 Stunden Fortbildung nachgewiesen werden müssen, ist dies auch nachvollziehbar.

Wichtig

Hat der Makler einen Ausbildungsabschluss als Immobilienkaufmann oder Immobilienkauffrau oder einen Weiterbildungsabschluss als geprüfter Immobilienfachwirt oder geprüfte Immobilienfachwirtin, beginnt die Pflicht zur Weiterbildung drei Jahre nach Aufnahme seiner Tätigkeit. Nimmt also eine Immobilienkauffrau nach abgeschlossener Ausbildung im Jahr 2022 ihre Maklertätigkeit auf, trifft sie die Weiterbildungspflicht ab dem Jahr 2025. Auch fortbildungsverpflichtete Mitarbeiter des Maklers trifft erst drei Jahre nach Aufnahme ihrer Tätigkeit die Fortbildungsfrist, so es sich bei ihnen um Immobilienkaufleute oder geprüfte Immobilienfachwirte handelt.

1.3.1.2 Beginn der Weiterbildungspflicht

Die Weiterbildungspflicht hat mit dem Zeitpunkt des Inkrafttretens der maßgeblichen Vorschriften der GewO und der MaBV begonnen. Sie gilt also seit dem 1.8.2018, da zu diesem Zeitpunkt sowohl die entsprechenden Ergänzungen der GewO als auch der MaBV in Kraft getreten sind. Nach dem Gesetzeswortlaut sind nun innerhalb von drei Jahren die 20 Stunden Fortbildung zu absolvieren. Wie den Regelungen in § 34c Abs. 2a Satz 2 und § 15b Abs. 3 MaBV zu entnehmen ist, wird insoweit auf Kalenderjahre abgestellt. Da der dreijährige Fortbildungszyklus jeweils auf Kalenderjahre abstellt und insoweit bereits das gesamte Kalenderjahr 2018 umfasst, können Weiterbildungsmaßnahmen, die im Zeitraum 1.1. bis 31.7.2018 absolviert wurden, grundsätzlich anerkannt werden, so diese den Anforderungen der MaBV entsprechen.

Der jeweilige dreijährige Fortbildungszyklus beginnt stets am 1.1. des Jahres der Erteilung der Gewerbeerlaubnis oder der Beschäftigungsaufnahme eines fortbildungspflichtigen Mitarbeiters, und zwar unabhängig davon, wann konkret die Beschäftigung in diesem Kalenderjahr aufgenommen wurde, was die Bestimmung des § 34c Abs. 2a Satz 2 GewO zum Ausdruck bringt.

! **Beispiel**

Wurde ein weiterbildungspflichtiger Mitarbeiter zum 1.12.2022 angestellt, fällt bereits das gesamte Jahr 2022 in den Weiterbildungszyklus. Dieser umfasst also die Jahre 2022, 2023 und 2024. Insoweit kann es dann auch zum Auseinanderfallen der Weiterbildungszyklen kommen, wenn der Makler bereits seit dem Jahr 2018 fortbildungsverpflichtet ist.

1.3.1.3 Arbeitgeberwechsel

Im Fall eines Arbeitgeberwechsels können die beim alten Arbeitgeber gesammelten Fortbildungsstunden zum neuen Arbeitgeber »mitgenommen« werden. Dies gilt entsprechend beim Geschäftsführerwechsel. Der ehemalige Arbeitgeber hat dem ausscheidenden Mitarbeiter die entsprechenden Teilnahmebestätigungen bzw. Weiterbildungszertifikate auszuhändigen. Der Mitarbeiter hat sie seinem neuen Arbeitgeber zu übergeben. Der ehemalige Arbeitgeber sollte die Teilnahmebestätigungen bzw. -zertifikate kopieren und archivieren, denn er muss sich auch zu absolvierter Fortbildung bereits ausgeschiedener Mitarbeiter erklären.

1.3.1.4 Umfang

In Bezug auf den Umfang der Weiterbildung regelt § 34c Abs. 2a Satz 1 GewO eine Verpflichtung von 20 Stunden innerhalb eines Zeitraums von drei Jahren. Zunächst handelt es sich um Zeitstunden, also volle Stunden, nicht etwa um Weiterbildungsstunden, die ggf. nur mit 45 Minuten angesetzt werden. Letztlich müssen im Schnitt also etwas mehr als 6,5 Stunden Fortbildung jährlich absolviert werden. Da stets auf einen Dreijahreszeitraum abgestellt wird, in dem die 20 Stunden absolviert werden müssen, entscheidet allein der Makler, wann genau er seine Fortbildungen absolviert. Im laufenden ersten Fortbildungszeitraum erfüllte der Makler also seine Weiterbildungspflicht, wenn er etwa im Dezember 2020 die erforderlichen 20 Stunden Weiterbildung absolviert hatte.

! **Beispiel**

Hat der Makler im ersten Weiterbildungszyklus 2018 bis 2020 bereits im Jahr 2018 die erforderlichen 20 Stunden Fortbildung absolviert, genügt es grundsätzlich, wenn er am Ende des zweiten Weiterbildungszyklus 2021 bis 2023 im Dezember 2023 die für diesen Zyklus anfallenden Fortbildungsstunden absolviert.

Überstunden

Sollte der Makler mehr als 20 Stunden Fortbildung in einem Dreijahreszyklus absolviert haben, kann er die »Überstunden« bzw. »Mehrstunden« nicht in den nächsten mitnehmen bzw. übertragen. Stets wird auf den konkreten Dreijahreszyklus abgestellt.

Beispiel !

Der Makler hat bis Ende 2020 insgesamt 30 Stunden Fortbildung absolviert. Die zehn Stunden, die er nicht hätte absolvieren müssen, kann er nicht in den anschließenden Fortbildungszyklus 2021 bis 2023 übertragen. Er muss auch in diesem Zeitraum mindestens 20 Stunden Fortbildung absolvieren.

Wichtig !

Betätigt sich der Makler auch als Wohnimmobilienverwalter, verdoppelt sich der Weiterbildungsumfang auf 40 Stunden in drei Kalenderjahren. Der Makler muss dann 20 Stunden maklerspezifische Weiterbildung absolvieren und zusätzlich 20 Stunden verwalterspezifische Weiterbildung. Allerdings überschneiden sich die Weiterbildungsthemen in vielen Bereichen.

1.3.1.5 Immobilienkaufleute/Geprüfte Immobilienfachwirte

Für Immobilienkaufleute und Geprüfte Immobilienfachwirte gelten gewisse Privilegien. Zunächst wird der nach § 15b Abs. 1 Satz 5 MaBV der Erwerb eines Ausbildungsabschlusses als Immobilienkaufmann oder Immobilienkauffrau oder eines Weiterbildungsabschlusses als Geprüfter Immobilienfachwirt oder Geprüfte Immobilienfachwirtin als Weiterbildung anerkannt. Ergänzend regelt § 15b Abs. 4 MaBV, dass die Pflicht zur Weiterbildung drei Jahre nach Erwerb des Ausbildungs- oder Weiterbildungsabschlusses beginnt. Wie sich dieser Dreijahreszeitraum errechnet, lässt sich indirekt der GewO und der MaBV entnehmen, wonach die Fortbildung pro Kalenderjahre zu erbringen ist.

Beispiel !

Da der Makler nunmehr ohnehin fortbildungsverpflichtet ist, hatte er am 1.10.2018 über einen entsprechenden Fernlehrgang eine Ausbildung zum Immobilienkaufmann begonnen. Die Ausbildung endete mit dem Ablegen der Abschlussprüfung vor der IHK am 29.9.2020. Da die Ausbildung als Weiterbildung gewertet wurde, hatte der Makler in den Kalenderjahren 2018, 2019 und 2020 seine Weiterbildungspflicht erfüllt. Die nächsten drei Kalenderjahre 2021, 2022 und 2023 sind für ihn weiterbildungsfrei. Seine Weiterbildungspflicht beginnt also wieder mit dem Jahr 2024.

Abbruch der Ausbildung

Falls die Ausbildung abgebrochen oder die Abschlussprüfung nicht bestanden wird, gilt zunächst der Grundsatz, dass während der Ausbildung keine Pflicht zur Weiterbildung besteht. Allerdings kommt der Weiterbildungsverpflichtete bei Abbruch der Ausbildung oder bei Nichtbestehen der Abschlussprüfung nicht in den Genuss des Privilegs, von der Weiterbildungspflicht befreit zu sein.

! **Beispiel**

Die am 1.10.2018 begonnene Ausbildung zum Immobilienfachwirt brach der Makler im Juli 2019 ab. Für die Kalenderjahre 2018 und 2019 hatte er damit seine Weiterbildungspflicht erfüllt. Er musste sich ab dem Kalenderjahr 2020 und weiter in den kommenden beiden Kalenderjahren 2021 und 2022 in einem Umfang von 20 Zeitstunden weiterbilden.

1.3.1.6 Ausnahmen von der Weiterbildungspflicht

Weder die GewO noch die MaBV sehen Ausnahmen von der Weiterbildungspflicht vor. Denkbar wäre als einziger Grund für eine Ausnahme, dass der betreffende Mitarbeiter im gesamten Fortbildungszyklus keine erlaubnispflichtige Tätigkeit erbringt.

Teilzeitkräfte/Minijobber

Grundsätzlich kommt es mit Blick auf die Weiterbildungspflicht nicht auf den Umfang der Tätigkeit des betroffenen Mitarbeiters an. Auch Teilzeitkräfte und Minijobber unterliegen der Weiterbildungspflicht, so sie erlaubnispflichtige Tätigkeiten ausüben.

Freie Mitarbeiter

Nicht abschließend geklärt ist, ob freie Mitarbeiter der Weiterbildungspflicht unterliegen. Der Wortlaut von § 34c Abs. 2a GewO stellt insoweit auf »unmittelbar bei dem Gewerbetreibenden beschäftigte« Personen ab. Allgemein wird unter einem »Beschäftigungsverhältnis« eine nicht selbstständige Tätigkeit verstanden. Allerdings unterscheidet sich bereits der arbeitsrechtliche Begriff des Beschäftigungsverhältnisses von dem des sozialrechtlichen Verständnisses. Nach diesseitiger Auffassung unterliegen jedenfalls auch freie Mitarbeiter der Weiterbildungspflicht.

Keine Tätigkeit im Fortbildungszyklus

Letztlich gilt eine Ausnahme von der Weiterbildungspflicht nur, wenn der Beschäftigte im gesamten Fortbildungszyklus keine erlaubnispflichtige Tätigkeit entfaltet. Wohl einzig praxisrelevantes Beispiel dürfte hier die Elternzeit darstellen. Bekanntlich können Mitarbeiter nach der Bestimmung des § 15 Abs. 2 Bundeselterngeld- und Elternzeitgesetz Elternzeit bis drei Jahre in Anspruch nehmen. Die Elternzeit kann auch aufgeteilt werden.

! **Beispiel**

Ein Maklersachbearbeiter war seiner Weiterbildungsverpflichtung im ersten Fortbildungszyklus 2018 bis 2020 nachgekommen. Im Zeitraum vom 1.1.2021 bis 30.6.2022 beansprucht er Elternzeit. Er ist verpflichtet, bis zum 31.12.2023 Weiterbildungen im gesamten Umfang von 20 Stunden zu absolvieren. Da er nämlich im maßgeblichen Weiterbildungszyklus 2021 bis 2023 eine erlaubnispflichtige Tätigkeit entfaltet hat, bleibt er weiterbildungsverpflichtet.

Beispiel !

Der Maklersachbearbeiter war seit dem 1.1.2021 in Elternzeit und kehrte am 1.1.2022 in das Unternehmen zurück. Fortgesetzt werden soll die Elternzeit ab dem 1.7.2022 und soll bis zum 30.6.2023 dauern. Auch hier ist der Mitarbeiter verpflichtet, bis zum 31.12.2023 seiner Weiterbildungspflicht im Umfang von 20 Stunden nachzukommen. Tatsächlich nämlich entfaltet er im Zeitraum vom 2.1. bis zum 30.6.2022 und im Zeitraum vom 1.7.2023 bis zum 3.12.2023 eine erlaubnispflichtige Tätigkeit.

Beispiel !

Beansprucht der Mitarbeiter Elternzeit vom 1.1.2021 bis 31.12.2023, ist er von seiner Weiterbildungspflicht befreit, da er im gesamten Dreijahreszyklus keine erlaubnispflichtige Tätigkeit entfaltet.

1.3.2 Art der Fortbildungsmaßnahmen

Als Regelbeispiele von Fortbildungsmaßnahmen benennt die Bestimmung des § 15b Abs. 1 Satz 3 MaBV Maßnahmen

- in Präsenzform,
- als begleitetes Selbststudium und
- als betriebsinterne Fortbildung.

Wichtig !

Egal, welche Form der Weiterbildung gewählt wird – Präsenzseminar, Fortbildungsmaßnahme als begleitetes Selbststudium oder betriebsinterne Fortbildungsmaßnahme –, bislang ist eine Zertifizierung von Anbietern für die Verwalterfortbildung nicht erfolgt und wird auch nicht erfolgen. Ob eine Weiterbildungsmaßnahme als solche anerkannt wird, beurteilt der zuständige Sachbearbeiter der Prüfbehörde allein danach, ob die Vorgaben der Anlage 2 zur MaBV eingehalten wurden.
Wird eine Weiterbildungsmaßnahme im Einzelfall einmal nicht als solche anerkannt, droht dem Makler dann kein Bußgeld, wenn er eine Teilnahmebescheinigung vorlegen kann, auch wenn sie eben nicht anerkannt wird. Ob er dann die Auflage bekommen kann, im aktuellen Weiterbildungszyklus eine entsprechende Mehrfortbildung zu absolvieren, ist derzeit noch ungeklärt. Ein Bußgeld kommt nicht infrage, da sich der Makler ja um seine Weiterbildung bemüht hat.

Präsenzform
Als Maßnahmen in Präsenzform kommen Online-Seminare mit Präsenzkontrolle, Tagungsveranstaltungen, Seminare und Vorträge infrage.

Begleitetes Selbststudium
Als Maßnahmen des begleiteten Selbststudiums gelten insbesondere Webinare und Blended Learning – eine Kombination aus Präsenzveranstaltung und Webinar.

ACHTUNG

Beim begleiteten Selbststudium ist elementar, dass eine Lernerfolgskontrolle durch den Veranstalter erfolgt. Ansonsten wird die Weiterbildung nicht anerkannt und ein Bußgeld droht. Das bloße Lesen von Fachlektüre etwa wird niemals als Weiterbildung anerkannt werden.

Die wohl verbreitetste Form des begleiteten Selbststudiums dürften Webinare darstellen. Hier erfolgt die Lernerfolgskontrolle wie folgt: Der Teilnehmer muss am Ende des Seminars am Bildschirm Fragen zu den Inhalten des Seminars bearbeiten. Die Antworten werden vom Seminaranbieter geprüft und nach bestandener Prüfung wird dem Teilnehmer die erfolgreiche Teilnahme bestätigt. Sollte die Lernerfolgskontrolle nicht erfolgreich absolviert werden, wird ein seriöser Anbieter zwar Buchung und Zahlung der Seminargebühr bescheinigen können, nicht aber eine erfolgreiche Teilnahme.

Betriebsinterne Maßnahmen

Betriebsinterne Maßnahmen können grundsätzlich mit externen Referenten oder Seminaranbietern durchgeführt werden, aber auch mit betriebsinternen Referenten. Von maßgeblicher Bedeutung ist stets, dass die Anforderungen der Anlage 2 zu § 15b MaBV erfüllt sind. Hiernach hat eine Planung und systematische Organisation zu erfolgen. Selbstverständlich muss die Eignung der Person, die die Weiterbildungsmaßnahme durchführt, in Hinblick auf die Qualität der Maßnahme sichergestellt sein. Mehr ist allerdings den Verordnungsmaterialien nicht zu entnehmen.

Bei der Planung betriebsinterner Maßnahme ist zu beachten, dass sie mit zeitlichem Vorlauf zur Durchführung konzipiert werden müssen. Es dürfen also keine Ad-hoc-Veranstaltungen durchgeführt werden frei nach dem Motto: »Heute bilden wir uns von 14 bis 16.30 Uhr fort.« Die Weiterbildungsmaßnahme muss zudem für die Teilnehmer nachvollziehbar beschrieben sein, dazu sind die Inhalte der Maßnahme darzustellen. Der Weiterbildungsmaßnahme muss auch eine Ablaufplanung zugrunde liegen, zumindest müssen Beginn und Ende der Weiterbildung sowie die Pausen festgelegt sein.

Im Rahmen der systematischen Organisation müssen die Teilnehmer im Vorfeld Informationen bzw. eine Einladung zur Weiterbildungsmaßnahme erhalten – und zwar in Textform. Die Übermittlung kann also insbesondere per E-Mail erfolgen. Die Information bzw. Einladung muss Angaben zu den Zeitstunden und eine Beschreibung der Weiterbildungsmaßnahme enthalten. Allein das Thema der Weiterbildung zu nennen genügt nicht, es müssen auch die Inhalte beschrieben werden. Selbstverständlich muss die Anwesenheit der Teilnehmer dokumentiert und archiviert werden. Im Ergebnis darf jedenfalls bei der Prüfbehörde nicht der Eindruck entstehen, dass Gespräche beim Kaffeetrinken oder Mittagessen als Weiterbildung deklariert werden.

Insbesondere bei Weiterbildungsmaßnahmen in Form betriebsinterner Maßnahmen ist von größter Bedeutung, dass die Qualität der Durchführenden der Weiterbildung sichergestellt ist. Weder die GewO noch die MaBV enthalten insoweit konkrete Vorgaben. Allerdings muss beim Anbieter der Fortbildungsmaßnahme, also auch beim Makler als Anbieter einer betriebsinternen Maßnahme mit eigenen Referenten, ein Anforderungsprofil bezüglich des Weiterbildenden vorliegen, zudem die Qualität der Durchführenden der Weiterbildungsmaßnahme sichergestellt sein – und zwar durch systematische Prozesse.

Es empfiehlt sich, zunächst die Anforderungsprofile zu erstellen. Im Rahmen der systematischen Prozesse sollten diese archiviert und ständig aktualisiert werden. Mit Blick auf die systematischen Prozesse zur Sicherstellung der Qualität derjenigen, die Weiterbildungsmaßnahmen durchführen, sollten Seminarbeurteilungen durch die Teilnehmer ermöglicht werden. Der Makler als Veranstalter der innerbetrieblichen Fortbildungsmaßnahme sollte diese auch selbst bewerten. Die entsprechenden Unterlagen sollten archiviert werden. Falls es erforderlich wird, auf mäßige bzw. schlechte Bewertungen zu reagieren, sollte das diesbezügliche Handeln ebenfalls dokumentiert und die Unterlagen archiviert werden.

Soll eigenes Personal des Maklers als Referenten bei innerbetrieblichen Weiterbildungsmaßnahmen zum Einsatz kommen, muss der referierende Mitarbeiter selbstverständlich über das erforderliche Fachwissen zu den maßgeblichen Weiterbildungsthemen verfügen. Nach Auffassung des Bund-Länder-Ausschusses »Gewerberecht« müssen einschlägige akademische oder berufliche Abschlüsse vorhanden sein. Praktische Dozentenerfahrung sollte ebenfalls vorliegen, wobei dies wohl keine unbedingte Voraussetzung ist. Schließlich gilt es zu berücksichtigen, dass es um Weiterbildung geht. Insoweit muss sichergestellt sein, dass der jeweilige Dozent sich selbst fortbildet, damit er den jeweils aktuellen Erkenntnis- und Entwicklungsstand vermitteln kann.

1.3.3 Fortbildungsinhalte

Anlage 1 zu § 15b Abs. 1 MaBV-E enthält einen umfangreichen Katalog inhaltlicher Anforderungen an die Weiterbildung der Makler. Abschnitt A listet die einzelnen Themenbereiche für Makler auf. Insgesamt entspricht der Themenkatalog im Wesentlichen den Inhalten, die bei einer Ausbildung zum Immobilienkaufmann vermittelt werden.

- Fortbildungsschwerpunkte für Makler sind insbesondere die Grundlagen des Maklergeschäfts wie Preisbildung, Objektanalyse, Wertermittlung, Umwelt und Energie sowie umfangreiche rechtliche Grundlagen. Die Verordnung sieht hier Fortbildung im allgemeinen Vertragsrecht, selbstverständlich im Maklerrecht und Wohnungsvermittlungsrecht, aber auch im Mietrecht, Wohnungseigentumsrecht, Grundbuchrecht, Grundstückskaufvertragsrecht und Bauträgervertragsrecht vor.

- Fortbildungsinhalte sind weiter Kenntnisse des Maklers über seine Informationspflichten, die insbesondere die Dienstleistungs-Informationspflichten-Verordnung und das Telemediengesetz regeln, aber auch die Preisangabenverordnung und die Energieeinsparverordnung.
- Weitere Fortbildungsschwerpunkte sind das Wettbewerbsrecht, der Verbraucherschutz und die Grundlagen des Steuerrechts.
- Fortbildungsschwerpunkt sind schließlich sämtliche Grundlagen rund um die Finanzierung von Immobiliengeschäften wie etwa Kosten einer Finanzierung, Kreditsicherung und Beleihungsprüfung, Grundlagen über Förderprogramme, Wohnriester und auch steuerliche Aspekte der Finanzierung.

Der Weiterbildungskatalog ist thematisch derart umfangreich, dass er niemals auch nur annähernd in 20 Stunden zu bewältigen ist. Nach der Entwurfsbegründung »ist es« auch »nicht erforderlich, dass alle in der Anlage 1 aufgeführten Sachgebiete durch eine absolvierte Weiterbildungsmaßnahme umfasst werden«. Dies ist angesichts der Themenfülle auch als unmöglich zu bezeichnen. Es genügt also, wenn sich der Makler etwa im Bereich des Maklerrechts fortbildet.

1.3.4 Nachweis/Kontrolle der Weiterbildung

Was den Nachweis bzw. die Kontrolle der Weiterbildung des Maklers und seiner Mitarbeiter betrifft, trifft den Makler zunächst nur die Pflicht, die Teilnahmebestätigungen und Fortbildungszertifikaten zu sammeln und zu archivieren. Der Behörde gegenüber muss er nicht aktiv werden. Ursprünglich war vorgesehen, dass die Fortbildungsverpflichteten von sich aus zu einem bestimmten Stichtag ihre Fortbildung belegen müssen. Hiervon war man schließlich abgerückt, weil die Behörden zum Stichtag mit Nachweisen überflutet würden.

Aufbewahrung/Archivierung

Die Nachweise und Unterlagen über Weiterbildungsmaßnahmen müssen gemäß § 15b Abs. 2 Satz 3 MaBV fünf Jahre aufbewahrt werden. Die Frist beginnt stets am Ende des Kalenderjahrs, in dem die Weiterbildungsmaßnahme durchgeführt wurde.

! **Beispiel**

Der Makler absolviert am 14.5.2022 eine Weiterbildungsmaßnahme. Seine Teilnahmebestätigung muss er bis zum 31.12.2027 aufbewahren, da die Aufbewahrungsfrist mit dem 31.12.2022 zu laufen beginnt.

Aufbewahrt werden müssen die Unterlagen auf einem dauerhaften Datenträger in den Geschäftsräumen des Verwalters. Als Datenträger eignen sich insoweit

- Papier,
- USB-Sticks,

- CD-ROMs,
- DVDs,
- E-Mails,
- Speicherkarten und
- Computerfestplatten.

ACHTUNG

Ein Bußgeld von bis zu 5.000 EUR droht nach § 18 Abs. 1 Nr. 11 MaBV i. V. m. § 144 Abs. 2 Nr. 6 GewO dann, wenn die Aufbewahrungsfrist missachtet wird.

Kontrolle

Die Kontrolle selbst erfolgt auf Initiative der Behörde. Sie kann nach § 15 Abs. 3 Satz 1 MaBV anordnen, dass die Makler eine Erklärung über die von ihnen und ihren weiterbildungsverpflichteten Mitarbeitern absolvierten Weiterbildungsmaßnahmen abgeben. Die Erklärung erfolgt unentgeltlich, der Makler kann für den hiermit verbundenen Arbeitsaufwand also der Behörde nichts in Rechnung stellen. Ob der Makler ggf. damit rechnen muss, einen Gebührenbescheid bezüglich der von der Behörde vorgenommenen Überprüfung zu bekommen, bleibt abzuwarten.

Die Erklärung muss den Inhalt gemäß dem Muster in Anlage 3 zur MaBV umfassen und die Erfüllung der Weiterbildungspflicht in den vorangegangenen drei Kalenderjahren dokumentieren. Der weiterbildungsverpflichtete Makler und seine weiterbildungsverpflichteten Mitarbeiter müssen diese Erklärung abgegeben. Das heißt, auch die weiterbildungsverpflichteten Mitarbeiter füllen die Anlage 3 aus oder geben eine ihr inhaltlich entsprechende Erklärung ab. Die Erklärung kann elektronisch erfolgen, daher genügt eine entsprechende E-Mail an die Behörde, der als Anhang das ausgefüllte Formular beigefügt wird.

DIGITALE EXTRAS

Muster: Erklärung über die Erfüllung der Weiterbildungsverpflichtung nach § 34c Abs. 2a GewO i. V. m. § 15b Abs. 1 MaBV

Erklärung
über die Erfüllung der Weiterbildungsverpflichtung
nach § 34c Absatz 2a GewO i. V. m. § 15b Absatz 1 MaBV

Für den Zeitraum ....

Name, Vorname, ggf. Unternehmensbezeichnung des Gewerbetreibenden

Bei juristischen Personen: Name, Vorname des gesetzlichen Vertreters

Straße, Hausnummer

PLZ Ort

Telefon* Fax* Telefon*

Bezeichnung der Weiterbildungsmaßnahme, Datum, Inhalt, Umfang (Stunden), in Anspruch genommener Weiterbildungsanbieter

* Angaben sind freiwillig

Ich bestätige, dass die nach § 34c Absatz 2a GewO bestehende Verpflichtung zur Weiterbildung eingehalten wurde.

....

[Ort, Datum, Unterschrift des Gewerbetreibenden]

! **Wichtig**

Um die Teilnahme an einer Weiterbildungsmaßnahme nachweisen zu können, müssen Teilnahmebestätigung bzw. Teilnahmezertifikat folgende Angaben enthalten:

- Weiterbildungsumfang in Zeitstunden,
- Vor- und Nachname des Teilnehmers,
- Datum der Weiterbildungsmaßnahme,
- Inhalte der Weiterbildungsmaßnahme sowie
- Adresse und Kontaktdaten des Weiterbildungsanbieters.

Diese Angaben sind deshalb erforderlich, weil der Erklärung nach § 15b Abs. 3 MaBV keine Nachweise und keine Zertifikate beigefügt werden. Die Kontrolle erfolgt seitens der Behörde über eine Auskunft gemäß § 29 Abs. 1 GewO. Hiernach sind der Behörde auf Anforderung weitere Auskünfte und insbesondere Nachweise zu erteilen, also auch Teilnahmebestätigungen oder Teilnehmerzertifikate zu übermitteln.

Die behördliche Anordnung über die Vorlage der Erklärung in Form der Anlage 3 ist im Übrigen an keinen bestimmten Stichtag gebunden, kann also jederzeit nach Ablauf des ersten Dreijahreszyklus ab 2.1.2021 drohen. Wie bereits erwähnt, soll die Erklärung von allen weiterbildungspflichtigen Beschäftigten ausgehen, also auch von mittlerweile aus dem Unternehmen ausgeschiedenen Mitarbeitern, so sie im betreffenden Dreijahreszyklus der Fortbildungspflicht unterlagen.

Wichtig !

Ein Bußgeld bis zu 5.000 EUR droht nach § 18 Abs. 1 Nr. 11a MaBV i. V. m. § 144 Abs. 2 Nr. 6 GewO dann, wenn einer vollziehbaren Anordnung nach § 15b Abs. 3 MaBV zuwidergehandelt wird. Wer also auf Aufforderung der Behörde hin keine oder eine falsche Erklärung über absolvierte Weiterbildungsmaßnahmen abgibt, riskiert ein Bußgeld.

1.4 »Verwaltender« Makler

1.4.1 Zusätzliche Gewerbeerlaubnis erforderlich

Makler, die sich auch als Wohnungseigentumsverwalter betätigen, benötigen neben ihrer Gewerbeerlaubnis als Makler seit 1.8.2018 eine zusätzliche Gewerbeerlaubnis als Wohnimmobilienverwalter. Dies gilt jedenfalls dann, wenn die Verwaltung »gewerbsmäßig« betrieben wird. Gewerbsmäßig ist eine Tätigkeit, die nachhaltig ausgeübt wird, das heißt zumindest auf gewisse Dauer und mit gewisser Regelmäßigkeit. Gelegenheitsmakler beispielsweise, die lediglich bis zu zwei oder drei Maklertätigkeiten im Jahr entfalten, üben keine nachhaltige Tätigkeit aus.

Im Gegensatz hierzu ist die Tätigkeit des Wohnungseigentumsverwalters stets auf Dauer ausgerichtet, unabhängig davon wie viele Objekte er verwaltet. Während des Bestellungszeitraums sind regelmäßig bestimmte Verwaltertätigkeiten zu entfalten. Das Merkmal der nachhaltigen Tätigkeit ist daher bereits erfüllt, wenn der Verwalter nur eine Wohnungseigentümergemeinschaft verwaltet. Ausgenommen von der Erlaubnispflicht ist die nicht gewerbsmäßige Verwaltung von Wohnungseigentum durch die Eigentümergemeinschaft selbst sowie die nicht gewerbsmäßige Verwaltung etwa durch einen Miteigentümer, durch einen Verwandten oder näheren Bekannten eines Wohnungseigentümers. In solchen Fällen handelt es sich regelmäßig um kleinere Gemeinschaften, die entschieden haben, das Wohnungseigentum gerade nicht gewerbsmäßig verwalten zu lassen.

Wichtig !

Wie auch im übrigen Gewerberecht ist der Projektumfang entscheidend. So kann eine erlaubnispflichtige gewerbsmäßige Tätigkeit grundsätzlich dann vorliegen, wenn nur eine Wohnungseigentümergemeinschaft gegen Verwaltervergütung verwaltet wird und diese eine gewisse Größe hat.
In Zweifelsfällen sollte beim zuständigen Ordnungsamt ein Antrag auf Befreiung von der Erlaubnispflicht gestellt bzw. konkret vorgesprochen werden, um die Frage der Gewerbsmäßigkeit einer abschließenden Antwort zuzuführen.

1.4.2 Versicherungspflicht

Ursprünglich sollte eine Versicherungspflicht nicht nur für Verwalter von Wohnimmobilien, sondern auch für Makler eingeführt werden. Hiervon war man allerdings abgerückt. Eine Berufshaftpflichtversicherung ist nur für Verwalter von Wohnimmobilien verpflichtend. So sich Makler auch etwa als Wohnungseigentumsverwalter betätigen, benötigen sie für diese Funktion also entsprechenden Versicherungsschutz. Sie müssen mit dem Antrag auf Erteilung der Gewerbeerlaubnis eine Berufshaftpflichtversicherung nachweisen.

! **Wichtig**

Nach der entsprechenden Regelung in § 15a Abs. 1 MaBV darf die vom Versicherungsunternehmen erteilte Versicherungsbestätigung zum Zeitpunkt der Antragstellung nicht älter als drei Monate sein.

1.5 Versicherungsschutz

Auch ohne spezifische Versicherungspflicht empfiehlt sich für jeden Makler der Abschluss einer Vermögensschadenshaftpflichtversicherung sowie einer Vertrauensschadenshaftpflichtversicherung – dies im eigenen Interesse des Maklers und zusätzlich als vertrauensbildende Maßnahme nach außen zum Auftraggeber hin.

Der hier angesprochene Versicherungsschutz hat im Übrigen nichts mit der nach der Makler- und Bauträgerverordnung bestehenden Verpflichtung zur Durchführung von Sicherungsmaßnahmen zu tun. Die MaBV verlangt jedenfalls in § 2 und §§ 4 bis 8 von allen Gewerbetreibenden die Durchführung von Sicherungsmaßnahmen, wenn sie zur Ausführung ihres Auftrags Vermögenswerte des Auftraggebers erhalten oder zu ihrer Verwendung ermächtigt sind (siehe vertiefend Kapitel 2.5.5). Im Bereich der klassischen Immobilienmaklertätigkeit spielen diese Vorschriften allenfalls in Ausnahmefällen eine Rolle.

Betriebshaftpflichtversicherung

Zunächst empfiehlt sich der Abschluss einer Betriebshaftpflichtversicherung. Eine Haftpflichtversicherung ist ein Versicherungsvertrag, der einen Versicherer zum Ausgleich von Vermögensnachteilen infolge von gegen den Versicherungsnehmer gerichteten Schadensersatzansprüchen verpflichtet. Der Versicherer stellt den Versicherungsnehmer von begründeten Ansprüchen Dritter frei oder wehrt auf seine Kosten unbegründete Ansprüche ab. Dieser passive Rechtsschutz ergänzt den aktiven der Rechtsschutzversicherung.

Schadensersatzansprüche können begründet sein, wenn der Versicherungsnehmer eine Vertragspflicht verletzt und nicht nachweisen kann, dass dies nicht schuldhaft geschah (§ 280 BGB) oder er eine Sorgfaltspflicht schuldhaft verletzt oder sich gefahrerhöhend verhalten und dadurch einem Dritten Schaden zugefügt hat. Bei Verletzungen der Vertragspflichten ist zu beachten, dass viele daraus entstehende Schäden von der Haftpflichtversicherung nicht übernommen werden.

Vermögensschadenhaftpflichtversicherung
Zu empfehlen ist daher zudem der Abschluss einer Vermögensschadenshaftpflichtversicherung. Sie ist eine Berufshaftpflichtversicherung für alle Personen und Firmen, bei denen ein Berufsversehen echte Vermögensschäden zur Folge hat. Dies betrifft hauptsächlich Tätige aus dem Dienstleistungssektor, die aus beruflichen Gründen fremde Vermögensinteressen wahrnehmen sowie beratend, begutachtend, prüfend, verwaltend, vollstreckend, beurkundend und/oder aufsichtsführend für andere tätig werden.

Beispiel !

Der Makler ist mit dem Nachweis der Erwerbsmöglichkeit eines Baugrundstücks beauftragt. Er findet für seinen Auftraggeber ein Grundstück, doch nach Abschluss des Kaufvertrags stellt sich heraus, dass es sich nicht um Bauland handelt.

Hier haftet der Makler seinem Auftraggeber gegenüber wegen einer Pflichtverletzung auf Schadensersatz. In einem derartigen Fall würde die Vermögensschadenshaftpflichtversicherung eintreten.

Vertrauensschadenversicherung
Zu denken ist schließlich noch an den Abschluss einer Vertrauensschadenversicherung. Sie schützt den Makler vor Vermögensschäden aus unerlaubten Handlungen, die von Betriebsangehörigen oder sonstigen Vertrauenspersonen seines Unternehmens begangen werden. Dazu gehören Betrug, Unterschlagung, Diebstahl, Untreue, Sachbeschädigung, Sabotage oder andere vorsätzliche unerlaubte Handlungen, die nach § 823 BGB zum Schadensersatz verpflichten. Ersetzt werden in der Regel sowohl Schäden, die dem Unternehmen selbst entstehen, als auch Schäden, die Dritten zugefügt werden. Der Immobilienverband Deutschland IVD Bundesverband der Immobilienberater, Makler, Verwalter und Sachverständigen e. V. hat für alle seine Mitglieder eine Vertrauensschadenhaftpflichtversicherung mit einer Deckungssumme von 150.000 EUR abgeschlossen.

1.6 Maklerverbände

Grundsätzlich empfehlenswert ist selbstverständlich die Mitgliedschaft in einem Maklerverband. Auf nationaler Ebene existieren zwei Verbände, die sich der Wahrnehmung der Maklerinteressen verschrieben haben: der IVD und der noch recht junge BVFI. Auf europäischer Ebene ist am 6.3.2015 durch den Zusammenschluss von CEI und CEPI der CEPI-CEI (European Association of Real Estate Professions) entstanden. Daneben existiert der FIABCI, dem Immobilienunternehmen weltweit angeschlossen sind.

1.6.1 IVD

Durch die Verschmelzung der beiden ehemaligen großen Maklerverbände RDM und VDM ist im Jahr 2004 der IVD mit derzeit etwa 6.000 Mitgliedern entstanden. Die Beiträge schwanken zwischen 60 EUR (Juniorenmitglied) und 810 EUR (ordentliche Mitgliedschaft) jährlich (Stand: Januar 2020).

Die Aufnahme in den IVD erfolgt nach Abschluss einer Aufnahmeprüfung vor einer Aufnahmekommission und gegen Nachweis der Sach- und Fachkunde sowie des Abschlusses einer Vermögensschadenversicherung. Der Fachkundenachweis gilt in der Regel ohne Prüfung als erbracht, wenn der Makler entweder den Abschluss als Immobilienkauffrau/-mann oder die Prüfung zum Fachwirt in der Grundstücks- und Wohnungswirtschaft (IHK-Zertifikat) bzw. zum Immobilienwirt (VWA-Diplom) erfolgreich abgelegt hat.

IVD-Mitglieder sind automatisch im CEPI-CEI organisiert, ohne dass weitere Gebühren zu zahlen wären, zudem entfällt für sie die Aufnahmegebühr für die Mitgliedschaft im FIABCI. Darüber hinaus unterhält der IVD für alle seine Mitglieder eine Vertrauensschadenversicherung mit einer Deckungssumme bis 150.000 EUR.

Bundesverband
Immobilienverband IVD Bundesverband e. V.
Littenstraße 10, 10179 Berlin
Telefon: 0 30/27 57 26 – 0, Telefax: 0 30/27 57 26 – 49
www.ivd.net, info@ivd.net

IVD Nord
Immobilienverband Deutschland IVD Verband der Immobilienberater, Makler, Verwalter und Sachverständigen Region Nord e. V.
Geschäftsstelle Hamburg
Büschstraße 12, 20354 Hamburg
Telefon: 0 40/35 75 99 – 0, Telefax: 0 40/34 58 95
www.ivd-nord.de, info@ivd-nord.de

Niederlassung Hannover
Emmichplatz 3, 30175 Hannover
Telefon: 05 11/26 18 48 – 0; Telefax: 05 11/26 18 48 – 20
hannover@ivd-nord.de

IVD Berlin-Brandenburg
Immobilienverband Deutschland IVD Verband der Immobilienberater, Makler, Verwalter und Sachverständigen e. V. Region Berlin-Brandenburg
Knesebeckstraße 59–61, 10719 Berlin
Telefon: 0 30/89 73 53 64, Telefax: 0 30/89 73 53 68
www.ivd-berlin-brandenburg.de, info@ivd-berlin-brandenburg.de

IVD West
Immobilienverband Deutschland IVD Region West e. V.
Von-Werth-Straße 57, 50670 Köln
Telefon: 02 21/95 14 97–0, Telefax: 02 21/95 14 97–9
www.ivd-west.net, info@ivd-west.net

IVD Mitte
Zeil 46, 60313 Frankfurt/Main
Telefon: 0 69/28 28 23, Telefax: 0 69/28 09 79
www.ivd-mitte.de, info@ivd-mitte.de

IVD Mitte-Ost
Immobilienverband Deutschland IVD Verband der Immobilienberater, Makler, Verwalter und Sachverständigen Region Mitte-Ost e. V.
Ferdinand-Lassalle-Straße 15, 04109 Leipzig
Telefon: 03 41/6 01 94 95, Telefax: 03 41/6 00 38 78
www.ivd-mitte-ost.net, info@ivd-mitte-ost.net

IVD Süd
Immobilienverband Deutschland IVD Verband der Immobilienberater, Makler, Verwalter und Sachverständigen Region Süd e. V.
Geschäftsstelle Bayern
Gabelsbergerstraße 36, 80333 München
Telefon: 0 89/29 08 20–0, Telefax: 0 89/22 66 23
www.ivd-sued.net, info@ivd-sued.net

Geschäftsstelle Baden-Württemberg
Calwer Straße 11, 70173 Stuttgart
Telefon: 07 11/81 47 38–0, Telefax: 07 11/81 47 38 28
www.ivd-sued.net, info@ivd-sued-bw.net

1.6.2 RDM-Landes- und -Bezirksverbände

Da nicht alle RDM-Verbände dem Zusammenschluss mit dem VDM zum IVD zugestimmt hatten, existieren neben dem IVD Bundesverband und den Regionalverbänden nach wie vor RDM-Verbände, die einen Mitgliederbestand von circa 650 Mitgliedern haben .

Landesverband Berlin-Brandenburg
Ring Deutscher Makler – RDM Verband der Immobilienberufe und Hausverwalter Landesverband Berlin & Brandenburg e. V.
Potsdamer Straße 143, 10783 Berlin-Schöneberg
Telefon: 0 30/2 13 20 89, Telefax: 0 30/2 16 36 29
www.rdm-berlin-brandenburg.de, info@rdm-berlin-brandenburg.de

Landesverband Sachsen
RDM Landesverband Sachsen e. V.
Lingnerallee 3// 25 11, 01069 Dresden
Telefon: 03 51/2 67 99 68, Telefax: 03 51/2 67 99 69
www.rdm-sachsen.de, info@rdm-sachsen.de

Landesverband Sachsen-Anhalt
Ring Deutscher Makler Landesverband Sachsen-Anhalt e. V.
Hegelstraße 29, 39104 Magdeburg
Telefon: 03 91/5 31 16 14, Telefax: 03 91/5 31 16 15
www.rdm-sachsen-anhalt.de, lv-sachsen-anhalt@t-online.de

Bezirksverband Bremerhaven
RDM Fachverband Bremerhaven e. V.
Alsumer Straße 1, 27639 Wursten Nordseeküste OT Dorum
Telefon: 0 47 42/9 21 00, Telefax: 0 47 42/9 21 01
www.rdm-bremerhaven.de, mail@rdm-bremerhaven.de

Bezirksverband Essen
Ring Deutscher Makler – RDM Verband der Immobilienberufe Bezirksverband Essen e. V.
Hufelandstraße 2, 45147 Essen
Telefon: 02 01/86 55 77 – 0, Telefax: 02 01/86 55 77 – 1
www.rdm-essen.de, info@rdm-essen.de

Bezirksverband Düsseldorf
RDM Bezirksverband Düsseldorf e. V.
Kaiserstraße 25, 40479 Düsseldorf
Telefon: 02 11/5 80 50 – 50, Telefax: 02 11/5 80 50 – 5 80
www.rdm-duesseldorf.de, info@rdm-duesseldorf.de

Bezirksverband Münster
Ring Deutscher Makler – RDM Verband der Immobilienberufe und Hausverwalter Bezirksverband Münster e. V.
Friedrich-Ebert-Straße 110, 48153 Münster
Telefon: 02 51/9 72 12 – 0, Telefax: 02 51/9 72 12 – 22
www.rdm-ms.de, info@rdm-ms.de

1.6.3 BVFI

Neben dem IVD hat der noch relativ junge, im Jahr 2010 gegründete Bundesverband für die Immobilienwirtschaft e. V. (BVFI) ebenfalls in der Maklerbranche Fuß gefasst. Der Verband zählt mittlerweile bereits circa 12.000 Mitglieder. Der BVFI verlangt keine Zugangsvoraussetzungen. Für »Starter«-Mitglieder werden keine Mitgliedschaftsgebühren erhoben, im Übrigen belaufen sich die Gebühren auf 468 EUR bis 1.188 EUR jährlich.

Bundesverband
BVFI – Bundesverband für die Immobilienwirtschaft, Mehrwert- und Servicegesellschaft mbH
The Squaire 12, 60549 Frankfurt/Main
Telefon: 0 69/24 74 84 80, Telefax: 0 69/24 74 84 899
www.bvfi.de, info@bvfi.de

1.6.4 CEPI-CEI

Der CEPI-CEI (European Association of Real Estate Professions) ist am 6.3.2015 durch Zusammenschluss der beiden europäischen Maklerverbände CEI und CEPI entstanden. In ihm sind mehr als 300.000 Makler und Immobilienverwalter aus über 30 nationalen Verbänden organisiert. Die Geschäftsstelle befindet sich in Brüssel. Automatisch werden auch die Interessen der Mitglieder des IVD vertreten, da dieser ein Mitgliedsverband des CEPI-CEI ist.

1.6.5 FIABCI

Der FIABCI ist ein internationaler Verband der Immobilienberufe. Mit mehr als 3.500 Mitgliedern und über 100 nationalen Berufsverbänden in mehr als 60 Ländern auf dem amerikanischen Kontinent, in Europa, in Afrika und im Asien-Pazifik-Raum ist FIABCI der einzige globale Immobilienverband. Er umfasst mehr als 1,5 Millionen Immobilienfachleute, neben Maklern sind Verwalter, Projektentwickler, Architekten und

Immobiliensachverständige darunter. Die Aufnahmegebühr beträgt 55 EUR bis zum 35. Lebensjahr, danach 110 EUR. Mitglieder des IVD müssen keine Aufnahmegebühr zahlen. Der Jahresbeitrag beläuft sich auf 212,50 EUR bis zum 35. Lebensjahr, danach auf 425 EUR.

Geschäftsstelle
FIABCI Deutsche Delegation e. V.
Brodschrangen 4, 20457 Hamburg
Telefon: 0 40/41 45 16 16, Telefax: 0 40/41 45 16 17
www.fiabci.de, fiabci@fiabci.de

2 Öffentlich-rechtliche Pflichten

Den Immobilienmakler treffen eine Reihe öffentlich-rechtlicher Pflichten. Zunächst benötigt er eine Gewerbeerlaubnis. Des Weiteren muss er nach der Gewerbeordnung Anzeige- und Auskunftspflichten beachten. Die Makler- und Bauträgerverordnung erlegt dem Makler insbesondere Buchführungs- und Informationspflichten auf. Die Bestimmungen des Geldwäschegesetzes verpflichten zu bestimmten Sorgfaltspflichten im Umgang mit Auftraggebern sowie zu innerbetrieblichen Sicherungsmaßnahmen. Seine Fortbildungspflichten wurden bereits im ersten Kapitel dargestellt.

2.1 Gewerbeerlaubnis

Gewerbsmäßige Makler brauchen eine Gewerbeerlaubnis. Diese kann versagt oder mit Auflagen verbunden werden, eine einmal erteilte Erlaubnis kann auch widerrufen werden. Fehlt eine Gewerbeerlaubnis, berührt dies allerdings die Wirksamkeit eines Maklervertrags nicht. Daneben besteht eine Anzeigepflicht.

2.1.1 Gewerbliche Tätigkeit

Gewerblich ist eine Tätigkeit in aller Regel dann, wenn eine selbstständige und nachhaltige Tätigkeit mit Gewinnerzielungsabsicht entfaltet wird.

2.1.1.1 Selbstständige Tätigkeit

Selbstständig handelt zunächst, wer im eigenen Namen und auf eigene Rechnung tätig wird und dabei seine Arbeitszeit im Wesentlichen frei gestalten kann und die Verantwortung für sein Handeln tragen muss. Angestellte des Maklers bedürfen daher keiner Erlaubnis nach § 34c Abs. 1 Nr. 1 GewO. Freie Mitarbeiter benötigen jedoch nach überwiegender Auffassung zumindest dann eine Erlaubnis, wenn sie ein eigenes Büro betreiben.

Wird die Maklertätigkeit gegen Entgelt ausgeübt, wird das Merkmal der Gewinnerzielungsabsicht als gegeben angesehen. Zu beachten ist in diesem Zusammenhang, dass es im Rahmen der Gewinnerzielungsabsicht unerheblich ist, ob tatsächlich Gewinn erzielt wird. Auch dann, wenn sich etwa die Maklertätigkeit letztlich als Verlustgeschäft entpuppt, kann eine Erlaubnispflicht bestehen.

Entscheidendes Tätigkeitsmerkmal für das Vorliegen einer Erlaubnispflicht ist gemäß § 34c Abs. 1 Nr. 1 GewO die Vermittlung und der Nachweis der Gelegenheit zum Abschluss von Verträgen über Grundstücke, grundstücksgleiche Rechte, gewerbliche Räume oder Wohnräume. Diese Begriffe sind aus dem Bereich des Maklerrechts bestens bekannt, da der Immobilienmakler gemäß § 652 Bürgerliches Gesetzbuch (BGB) für eben den Nachweis oder die Vermittlung einer Kauf- oder Mietgelegenheit einen Provisionsanspruch erhält, soweit daneben sämtliche weitere Voraussetzungen einer provisionsauslösenden Maklertätigkeit gegeben sind.

Im öffentlichen Recht haben diese Begriffe eine umfassendere Bedeutung. Im gewerberechtlichen Sinne ist unter der »Vermittlung des Abschlusses von Verträgen« jede auf den Abschluss eines Vertrags abzielende Tätigkeit zu verstehen. Eine Vermittlung liegt daher selbst dann vor, wenn die darauf gerichtete Tätigkeit letztlich erfolglos bleibt. Da also § 34c Abs. 1 Nr. 1 GewO nicht allein auf die Tätigkeit des Immobilienmaklers im Sinne des § 652 BGB abstellt, ist weiter nicht entscheidend, ob dem Gewerbetreibenden für seine Tätigkeit eine Maklerprovision zusteht.

2.1.1.2 Nachhaltige Tätigkeit

Schließlich muss die Tätigkeit nachhaltig ausgeübt werden, das heißt zumindest auf gewisse Dauer und mit gewisser Regelmäßigkeit. Die Tätigkeit darf demnach also nicht nur gelegentlich erfolgen, um eine Erlaubnispflicht gemäß § 34c GewO nach sich zu ziehen.

2.1.1.2.1 Grundsätze

Vorsicht bei »Drei-Objekt-Grenze«

Die Grenze, wann eine erlaubnispflichtige und damit gewerbliche Tätigkeit vorliegt, kann grob bei ein bis zwei, ggf. maximal drei Tätigkeiten, gerichtet auf die Vermittlung von Vertragsabschlüssen pro Jahr gezogen werden. Die »Drei-Objekt-Grenze« nach der Rechtsprechung des Bundesfinanzhofs (BFH), wonach die Grenze gewerbsmäßiger Tätigkeit bei vier Erwerbshandlungen im Jahr liegt, ist mit Vorsicht zu genießen. Allgemein anerkannt ist jedenfalls, dass jeder zumindest ein- bis zweimal pro Jahr ohne Gewerbeerlaubnis nach § 34c Abs. 1 Nr. 1 GewO Maklerdienste anbieten oder erbringen kann.

! **Beispiel**

Vermittelt ein Wohnungseigentumsverwalter ein- bis zweimal im Jahr eine Eigentumswohnung, ist das Merkmal der Nachhaltigkeit nicht erfüllt, eine Erlaubnispflicht besteht nicht.

Projektumfang entscheidet

Zu beachten ist, dass eine erlaubnispflichtige, gewerbsmäßige Tätigkeit bereits dann vorliegen kann, wenn ein Bauherr oder Baubetreuer zur Durchführung eines einzigen

Bauprojekts entsprechende Erwerbshandlungen vornimmt, die angesichts der Tatsache, dass nur ein Projekt verwirklicht werden soll, an sich erlaubnisfrei wäre. Dies ist immer dann der Fall, wenn es sich bei dem Bauvorhaben um einen so bedeutenden Komplex handelt, dass sich die Abwicklung über einen längeren Zeitraum erstreckt, erheblichen Kapitaleinsatz erfordert und nur über einen kaufmännisch eingerichteten Betrieb möglich ist. Die Rechtsprechung bejaht dies bei der Errichtung und Veräußerung von vier Häusern mit 21 Wohneinheiten in einer Zeit von rund vier Jahren. Auch die einmalige Errichtung von sechs Reihenhäusern genügt bereits. Ebenso werden Bau und anschließender Verkauf von vier Eigentumswohnungen als gewerbsmäßige Handlung eingestuft.

Tipp !

In Zweifelsfällen sollte beim zuständigen Ordnungsamt ein Antrag auf Befreiung von der Erlaubnispflicht gestellt bzw. konkret vorgesprochen werden, um die Frage »gelegentlich oder gewerbsmäßig« einer abschließenden Antwort zuzuführen.

2.1.1.2.2 Sonstige »Gelegenheitsmakler«

Praktisch jeder kann Kauf- oder Mietverträge über Immobilien vermitteln, ohne den Beruf des Immobilienmaklers ausüben zu müssen. Außer dem Verwalter, der sich gelegentlich als Makler betätigt, können dies Angehörige anderer Berufsgruppen sein. Stets ist aber zu prüfen, ob im Einzelfall nicht eine behördliche Erlaubnis gemäß § 34c Abs. 1 Nr. 1 GewO erforderlich ist, soweit gerade die Maklertätigkeit nicht gewerblich ausgeübt wird. Da die Erlaubnispflicht grundsätzlich jedenfalls nur für gewerbliche Tätigkeiten gilt, können die sogenannten Gelegenheitsmakler Maklerdienste auch ohne Genehmigung erbringen, so sie eben nicht mehr als ein bis zwei, maximal drei Vermittlungstätigkeiten im Jahr entfalten.

2.1.1.2.3 Angehörige »freier« Berufe

Da die sogenannten freien Berufe gemäß § 6 GewO kein Gewerbe ausüben, bedürfen sie auch keiner Gewerbeerlaubnis. Typische freie Berufe sind diejenigen der Architekten, Rechtsanwälte, Steuerberater oder Wirtschaftsprüfer. Wenn allerdings die Angehörigen dieser Berufsgruppen eine Maklertätigkeit gewerbsmäßig ausüben, benötigen sie eine Erlaubnis nach § 34c Abs. 1 Nr. 1 GewO.

Steuerberater
Nach den einschlägigen Standesrichtlinien ist Steuerberatern eine Maklertätigkeit generell untersagt, da sie sich gemäß § 57 Abs. 4 i. V. m. § 57 Abs. 2 Steuerberatungsgesetz (StBerG) jeder gewerblichen Tätigkeit zu enthalten haben. Auch wenn die erwähnte Bestimmung auf eine »gewerbliche« Tätigkeit abstellt, sind die konkreten Vorausset-

zungen, die an eine gewerbliche Maklertätigkeit gestellt werden, nicht maßgeblich. Den Steuerberatern ist vielmehr auch die nur gelegentliche Maklertätigkeit untersagt. Allerdings kann die zuständige Steuerberaterkammer nach der Bestimmung des § 57 Abs. 4 Nr. 1 StBerG von diesem Verbot Ausnahmen zulassen, soweit durch die Tätigkeit eine Verletzung von Berufspflichten nicht zu erwarten ist.

ACHTUNG

Die von einem Steuerberater abgeschlossenen Maklerverträge sind wirksam, sodass diesem bei Vorliegen der übrigen Provisionsvoraussetzungen auch ein Anspruch auf Courtage zusteht (BGH, Urteil vom 23.10.1980, IVa ZR 28/80, NJW 1981, 90).

Rechtsanwälte

Auch bei einem Rechtsanwalt kann eine erlaubnispflichtige Tätigkeit nach § 34c Abs. 1 Nr. 1 GewO dann vorliegen, wenn eine hiermit zusammenhängende rechtsberatende Tätigkeit völlig in den Hintergrund tritt. Zwar standesrechtlich bedenklich dürfen sich Rechtsanwälte gelegentlich als Makler betätigen. Ein generelles Verbot jeglicher Maklertätigkeit ergibt sich jedenfalls nicht aus der Berufsordnung. Diese wäre gemäß § 14 Abs. 2 Nr. 8 Bundesrechtsanwaltsordnung (BRAO) allenfalls dann unzulässig, wenn sie ständig ausgeübt würde (BGH, Urteil vom 31.10.1991, IX ZR 303/90, NJW 1992, 681). Die Ausübung der Tätigkeit eines Maklers ist mit dem Beruf des Rechtsanwalts jedenfalls nicht schlechthin unvereinbar, sodass ein entsprechender Maklervertrag nicht unwirksam ist (BGH, Urteil vom 8.6.2000, III ZR 186/99, NJW 2000, 3067).

! **Wichtig**

Wenn auch zumindest die ständige Ausübung des Berufs eines Maklers für Rechtsanwälte unzulässig ist, kann sich der Rechtsanwalt grundsätzlich als Gelegenheitsmakler betätigen (BGH, Urteil vom 31.10.1991, IV ZR 303/90, NJW 1992, 681). Etwas anderes gilt dann, wenn es sich um einen anwaltlichen Sozius eines Notars handelt. Auch wenn der Rechtsanwalt selbst nicht gleichzeitig Notar ist, sondern nur mit einem Notar in der gleichen Sozietät zusammenarbeitet, ist ihm jegliche Maklertätigkeit untersagt. Maklerverträge mit ihm wären gemäß § 134 BGB nichtig (BGH, Urteil vom 22.2.2001, IX ZR 357/99, NJW 2001, 1569).

Notare

Nach § 14 Abs. 4 Satz 1 Bundesnotarordnung (BNotO) ist es dem Notar verboten, Grundstücksgeschäfte zu vermitteln und sich an jeder Art der Vermittlung von Urkundsgeschäften zu beteiligen. Diese für Nur-Notare und Anwaltsnotare in gleicher Weise geltende Vorschrift dient dem Zweck, die unparteiische Amtsführung zu sichern (BGH, Urteil vom 22.3.1990, IX ZR 117/88, NJW-RR 1990, 948). Die gesetzliche Regelung soll verhindern, dass der Notar an dem Zustandekommen eines Geschäfts, das er in amtlicher Funktion unabhängig und unparteilich zu führen hat, ein eigenes persönliches oder wirtschaftliches Interesse hat (BGH, Beschluss vom 31.7.2000, NotZ 13/00, ZNotP 2000, 437). Ob die Vermittlung zum Abschluss eines Vertrags führt, ist unerheblich. Schon die abstrakte Gefahr, dass der Anschein der Parteilichkeit entstehen könnte, soll auf diese Weise vermieden werden. Notare dürfen daher generell keine auf die Anbahnung von Grundstücksgeschäften ausgerichtete Maklertätigkeit ausüben, also auch keine Nachweisleistung erbringen.

Architekten

Architekten ist die Erbringung von Maklerleistungen nicht verboten (BGH, Urteil vom 18.3.1999, III ZR 93/98, MDR 1999, 736). Werden allerdings Architektenvertrag und Grundstückskaufvertrag miteinander verkoppelt, ist der Architektenvertrag nichtig, ebenfalls der darauf gerichtete Maklervertrag. Das Koppelungsverbot in Art. 10 § 3 des Gesetzes zur Verbesserung des Mietrechts (MRVG) ist verfassungsgemäß (BGH, Urteil vom 22.7.2010, VII ZR 144/09, NJW 2010, 3154).

Nach der Regelung des § 3 Abs. 4 Satz 2 Gesetz zur Regelung der Wohnungsvermittlung (WoVermRG) führen unzulässige Koppelungsgeschäfte nicht zur Unwirksamkeit des Vermittlungsvertrags. Vermittelt der Makler einen Architektenvertrag, der wegen Koppelung von Grundstückserwerb und Architektenvertrag nichtig ist, hat er auch keinen Provisionsanspruch (Art. 10 § 3 Satz 1 MRVG). Der Grundstückserwerber darf sich auf die Nichtigkeit auch berufen, wenn er die Leistungen des Architekten entgegengenommen hat. Das MRVG richtet sich gegen jede den Wettbewerb unter Architekten und Ingenieuren beeinträchtigende Bindung des Bauherrn, sofern sie mit dem Erwerb des Baugrundstücks im Zusammenhang steht. Es soll die Koppelung zwischen Grunderwerb und Architektenauftrag unterbinden. Ein auf den Nachweis oder die Vermittlung einer derartigen Abrede gerichteter Maklervertrag kann selbst eine nach Art. 10 § 3 Satz 1 MRVG verbotene Vereinbarung darstellen und damit nach § 134 BGB als nichtig anzusehen sein (BGH, Urteil vom 20.4.1979, IV ZR 27/78, WM 1979, 759).

Auch bei Wirksamkeit des Maklervertrags entsteht ein Provisionsanspruch für die Vermittlung eines Architektenvertrags schon deshalb nicht, weil der Architektenvertrag nichtig ist (BGH, Urteil vom 14.11.1979, IV ZR 99/78, WM 1980, 17). Selbst wenn der Kunde wirtschaftlich betrachtet erhalten hat, was die Vermittlungsgebühr wert war, ist die Weigerung des Kunden, eine Provision zu zahlen, nach Auffassung des BGH nicht treuwidrig. Den Ausschlag gibt, dass erst durch den wirksamen Abschluss eines Hauptvertrags, aus dem klagbare Ansprüche hergeleitet werden können, die Provision des Maklers verdient ist (BGH, a. a. O.).

2.1.1.2.4 Eigentümer/Vermieter als »Gelegenheitsmakler«

Häufig ist es für die Eigentümer von Verkaufs- bzw. Vermietungsobjekten aus dem eigenen Bestand verlockend, sich indirekt als Makler zu betätigen. Dem Vermieter bzw. Eigentümer ist zwar in der Regel bekannt, dass er im Hinblick auf Objekte aus dem eigenen Bestand keine provisionsauslösende Maklertätigkeit entfalten kann. Einerseits stehen dieser nämlich die Bestimmungen des Wohnungsvermittlungsgesetzes sowie der allgemeine Grundsatz des Maklerrechts entgegen, dass eine Provision stets nur dann gefordert werden kann, wenn der Hauptvertrag mit einem vom Makler unabhängigen »Dritten« zustande kommt.

Findige Vermieter/Eigentümer wollen sich dann unter Einschaltung eines gewerblichen Maklers zumindest eine Teilprovision sichern; derartige Versuche sind jedoch zum Scheitern verurteilt.

! **Beispiele**

Vereinbart etwa der Wohnungseigentümer oder Vermieter mit dem gewerblich tätigen Makler, dass dieser einen Makleralleinauftrag im Hinblick auf die Vermietung der Eigentumswohnung erhält, wenn er dem Vermieter einen Anteil an der vom künftigen Mieter zu entrichtenden Provision auszahlt, so liegt hierin ein nichtiges Umgehungsgeschäft in Bezug auf § 2 Abs. 2 Nr. 2 WoVermRG (AG Ebersberg, Urteil vom 14.11.1991, 3 C 492/91, NJW-RR 1992, 596). Dessen ungeachtet sind derartige Umgehungsgeschäfte selbstverständlich auch nach den Regelungen durch das am 1.6.2015 in Kraft getretene »Bestellerprinzip« (siehe Kapitel 4) unzulässig.
Ähnlich ist die Sachlage, wenn der Verkäufer eines Hausgrundstücks während des Notartermins äußert, er schließe den Vertrag mit dem Käufer nur dann ab, wenn ihn der Makler an der vom Käufer vereinnahmten Provision beteilige. Auch ein derartiges Rechtsgeschäft ist nichtig, weil es zum Nachteil des gewerblichen Maklers eine rechtswidrige Drohung beinhaltet (LG Frankfurt/Main, Urteil vom 3.8.1992, 2/24 S 334/91, NJW-RR 1992, 1273).

Anders ist die Rechtslage dann zu beurteilen, wenn bereits bei Einschaltung des gewerblichen Maklers zwischen den Parteien des Maklervertrags – also Verkäufer und Makler – eine entsprechende Abrede getroffen wird, den Auftraggeber beim Verkauf eines Objekts teilweise an der Maklerprovision zu beteiligen. In diesem Fall ist der Makler nicht schutzwürdig, da er von Beginn an weiß, welche Vergütung ihm effektiv zufließen wird, und er sich hierauf bei seiner Tätigkeit einstellen kann.

Eine derartige Abrede wäre aber dann wiederum unwirksam, wenn es sich beim zu veräußernden Objekt um ein Einfamilienhaus oder eine Wohnung handelt und der Makler auch für den Käufer provisionspflichtig tätig ist. Hier gilt der strenge »Halbteilungsgrundsatz« des § 656c BGB (siehe Kapitel 5).

2.1.1.2.5 Provisionshöhe

Hinsichtlich der Provision des Gelegenheitsmaklers vertritt die Rechtsprechung die Auffassung, dass diese niedriger sein soll, als die des gewerblich tätigen Maklers. Das OLG München (Urteil vom 31.1.1978, 9 U 3976/77) ist der Auffassung, dass der nur gelegentlich als Makler tätig werdende Repräsentant einer Bausparkasse dann nicht die

Vergütung eines »Voll«-Maklers beanspruchen kann, wenn die Provisionshöhe nicht vereinbart ist. Im konkreten Fall wurde dem Gelegenheitsmakler 1 % des Kaufpreises als Courtage zugesprochen.

Auch das OLG Düsseldorf (Urteil vom 28.11.1997, 7 U 77–97, NJW-RR 1998, 1667) ist der Auffassung, dass eine Tipp-Provision üblicherweise mit etwa einem Drittel einer üblichen Maklerprovision oder circa 1 % des Kaufpreises zu bemessen ist. Verspricht ein Kaufinteressent einem Dritten, der nicht als gewerblicher Makler tätig ist, für einen Hinweis auf eine Kaufgelegenheit die Zahlung einer der Höhe nach nicht bestimmten Summe, spricht man von einer Tipp-Provision.

Selbstverständlich ist es auch dem Gelegenheitsmakler möglich, eine Vereinbarung mit seinem Auftraggeber zu treffen, nach der er Anspruch auf die bei gewerbsmäßigen Maklern übliche Vergütung hat.

Tipp !

Da der Makler im Streitfall für die entsprechende Vereinbarung beweispflichtig ist, sollte diese Vereinbarung schriftlich getroffen werden.

Äußert der Gelegenheitsmakler andererseits gegenüber seinem Auftraggeber, es würde nur »etwas Provision anfallen«, gibt er zu erkennen, dass er als Gelegenheitsmakler keinen Anspruch auf die volle ansonsten übliche Maklerprovision erhebt (OLG München, Urteil vom 31.1.1978, 9 U 3976/77).

Wichtig !

Im Regelfall hat der gewerbsmäßig tätige Immobilienmakler nach § 653 BGB Anspruch auf die übliche Provision, soweit die Parteien des Maklervertrags keine Vereinbarung über die Provisionshöhe getroffen haben. Beruft sich nun der Maklerkunde darauf, es sei eine geringere als die übliche Maklerprovision vereinbart worden, trifft ihn dafür die Beweislast. Anders aber beim Gelegenheitsmakler: Hier nimmt die Rechtsprechung an, dass die übliche Provision niedriger ist als beim gewerbsmäßig tätigen Makler. Im Streitfall muss daher der Gelegenheitsmakler beweisen, dass er Anspruch auf die bei gewerbsmäßig tätigen Maklern übliche Provision hat.

2.1.2 Erteilung der Erlaubnis

Zunächst und grundsätzlich ist zu beachten, dass die Berufsfreiheit verfassungsrechtlich in Art. 12 Grundgesetz (GG) geschützt ist. Freilich aber ist der Rechtsverkehr auch vor unzuverlässigen Personen bzw. Gewerbetreibenden zu schützen, weshalb Art. 12 GG bereits eine Ausgestaltungsbefugnis durch Gesetz oder aufgrund eines Gesetzes zulässt. Doch wegen der grundrechtlich geschützten Berufsfreiheit kann die Versagung der Erteilung einer Gewerbeerlaubnis nur aus wichtigem Grund erfolgen.

2.1.2.1 Voraussetzungen

Grundsätzlich besteht ein Rechtsanspruch auf Erteilung der Gewerbeerlaubnis. Diese kann allerdings durchaus versagt werden.

Absolute Versagungsgründe
Die Erlaubnis ist unter folgenden Umständen zu versagen:

- Es liegen Tatsachen vor, die die Annahme rechtfertigen, dass der Antragsteller oder eine mit der Leitung des Betriebs oder einer Zweigniederlassung beauftragte Person die für den Gewerbebetrieb erforderliche Zuverlässigkeit nicht besitzt. Das trifft auf Personen zu, die in den letzten fünf Jahren vor Antragstellung wegen eines Verbrechens oder wegen Diebstahls, Unterschlagung, Erpressung, Betrugs, Untreue, Geldwäsche, Urkundenfälschung, Hehlerei, Wuchers oder einer Insolvenzstraftat rechtskräftig verurteilt worden ist.
- Der Antragsteller lebt in ungeordneten Vermögensverhältnissen. Dies ist in der Regel der Fall, wenn über das Vermögen des Antragstellers das Insolvenzverfahren eröffnet oder er in das Schuldnerverzeichnis eingetragen ist.

Vermutete Unzuverlässigkeit
Die Unzuverlässigkeit kann in folgenden Fällen vermutet und somit die Erteilung der Gewerbeerlaubnis versagt werden:

- Bei wiederholten gewerbebezogenen Ordnungswidrigkeiten oder solchen von einigem Gewicht
- Bei beharrlichen Verstößen gegen die Makler- und Bauträgerverordnung
- Bei illegaler Arbeitnehmerbeschäftigung
- Bei Steuerschulden oder nicht abgeführten Sozialversicherungsbeiträgen (BVerwG, Urteil vom 2.2.1982, 1 C 78/78, GewA 1982, 301)
- Bei Verstößen gegen das Betäubungsmittelgesetz (BTMG) (VG Berlin, Urteil vom 10.12.1980, 4 A 362/80, GewA 1981, 197)
- Bei mangelnder Fachkunde, wenn es an elementarsten Grundkenntnissen fehlt

Die Erlaubnis ist nicht übertragbar und gilt nur für die im Antrag genannten Betriebsarten. Sie wird auf Lebenszeit erteilt. Eine zeitliche Beschränkung oder ein Widerrufsvorbehalt ist unzulässig. Sie kann jedoch von Anfang an oder nachträglich mit Auflagen, Anordnungen und inhaltlichen Beschränkungen erteilt werden. So kann beispielsweise die Abberufung eines Geschäftsführers zur Wiederherstellung der Zuverlässigkeit angeordnet bzw. zur Auflage gemacht werden.

> ACHTUNG
>
> Die Verletzung einer Auflage kann gemäß § 144 Abs. 2 Nr. 3, Abs. 4 GewO als Ordnungswidrigkeit mit einer Geldbuße bis 3.000 EUR geahndet werden.

Tipp !

Wie erwähnt, stellen ungeordnete Vermögensverhältnisse insbesondere bei einem Eintrag ins Schuldnerverzeichnis einen Grund zur Versagung der Erteilung einer Gewerbeerlaubnis dar. Der Schutz des Rechtsverkehrs gebietet dies auch. Andererseits können unverschuldete Finanzengpässe einen jeden treffen, ohne dass er deshalb gleich »moralisch« oder im Geschäftsverkehr unzuverlässig wäre. So einem Makler jedenfalls die Gewerbeerlaubnis wegen ungeordneter Vermögensverhältnisse versagt wird, ist im Einzelfall zu überlegen, ob ggf. das Maklerunternehmen von einem – insoweit zuverlässigen! – Dritten geführt und sich der Makler in ein entsprechendes Beschäftigungsverhältnis begibt. Denn Voraussetzung für die Erteilung der Erlaubnis nach § 34c Abs. 1 Nr. 1 GewO sind nun gerade keine fachlichen Qualifikationen (siehe vertiefend Kapitel 1).

2.1.2.2 Antragstellung

Antragsteller und Erlaubnisinhaber sind entweder der Einzelunternehmer oder die juristische Person, vertreten durch den Geschäftsführer bzw. Vorstand. Bei Personengesellschaften ist für jeden Geschäftsführungsberechtigten der Gesellschaft eine Erlaubnis erforderlich. Wechselt der Inhaber oder der vertretungsberechtigte Gesellschafter einer Personengesellschaft, muss ein neuer Antrag auf Erteilung der Gewerbeerlaubnis gestellt werden.

Der Antrag wird als Formblatt bei der unteren Verwaltungsbehörde eingereicht, ein Führungszeugnis und eine Auskunft aus dem Gewerbezentralregister sind beizufügen. Dies ist im Ausnahmefall dann nicht erforderlich, wenn der Behörde die persönlichen Verhältnisse des Antragstellers zweifelsfrei bekannt sind. Zudem müssen eine Auskunft des Antragstellers über Einträge im Schuldnerverzeichnis und ggf. ein Auszug aus dem Handelsregister angefügt werden. Vor Erteilung der Erlaubnis kann die Behörde von sich aus die Industrie- und Handelskammer hören und in begründeten Einzelfällen die Strafverfolgungsbehörde im Hinblick auf laufende Ermittlungsverfahren einschalten.

Muster: Antrag für die Erteilung einer Erlaubnis zur Ausübung eines Gewerbes als Makler, Bauträger, Baubetreuer

DIGITALE EXTRAS

Antrag auf Erteilung einer Erlaubnis zur Ausübung eines Gewerbes als Makler, Bauträger, Baubetreuer nach § 34c GewO

Firmenbezeichnung (nur für im Handelsregister eingetragene Gewerbetreibende)

....

Ort und Nummer der Eintragung im Handelsregister

....

Name, Vorname der/des Gewerbetreibenden (ggf. auch Geburtsname); bei juristischen Personen: Name, Vorname der gesetzlichen Vertreter

....

Staatsangehörigkeit: ....

Geburtsdatum, Geburtsort: ....

Wohnanschrift: ....

Bei juristischen Personen: Name, Vorname der gesetzlichen Vertreter

....

Staatsangehörigkeit: ....

Geburtsdatum, Geburtsort: ....

Wohnanschrift: ....

Sitz der Geschäftsleitung (Straße, Hausnummer, Ort)

....

Telefon: ....

Betriebsstätte (Straße, Hausnummer, Ort)

....

Telefon: ....

Leiterin/Leiter des Betriebs (Name, Vorname, Anschrift)

....

Telefon: ....

Gewerbsmäßige Vermittlung des Abschlusses oder Nachweis der Gelegenheit zum Abschluss von Verträgen über

- ☐ Grundstücke, grundstücksgleiche Rechte
- ☐ gewerbliche Räume
- ☐ Wohnräume
- ☐ Darlehen

Vorbereitung oder Durchführung von

- □ Bauvorhaben als Bauherr im eigenen Namen für eigene oder fremde Rechnung unter Verwendung von Vermögenswerten von Erwerbern, Mietern, Pächtern oder sonstigen Nutzungsberechtigten oder von Bewerbern um Erwerbs- oder Nutzungsrechte

Wirtschaftliche Vorbereitung oder Durchführung von

- □ Bauvorhaben als Baubetreuer im fremden Namen für fremde Rechnung

Die folgenden Fragen beziehen sich auf die/den Gewerbetreibende/n, bei juristischen Personen auf die juristische Person und auf alle gesetzlichen Vertreter:
Ist über das Vermögen der Antragstellerin/des Antragstellers in den letzten fünf Jahren ein Insolvenzverfahren eröffnet oder mangels Masse abgewiesen worden?

□ nein
□ ja beim Amtsgericht .... Aktenzeichen ....

Ist gegen die Antragstellerin/den Antragsteller in den letzten fünf Jahren ein Verfahren auf Abgabe der Vermögensauskunft (gemäß § 802c ZPO) eingeleitet oder durchgeführt worden?

□ nein
□ ja beim Amtsgericht .... Aktenzeichen ....

Sind zurzeit Straf-, Bußgeld- oder Gewerbeuntersagungsverfahren anhängig?

□ nein
□ ja beim Amtsgericht .... Aktenzeichen ....

Bestehen Rückstände an Sozialversicherungsbeiträgen oder Steuern?

□ nein
□ ja beim Amtsgericht .... Aktenzeichen ....

Die Richtigkeit der Angaben wird versichert. Es ist bekannt, dass

- die Erlaubnis zurückgenommen werden kann, wenn sie aufgrund unwahrer Angaben oder sonstiger täuschender Handlungen erwirkt worden ist.
- die Ausübung eines Gewerbes nach § 34 c GewO ohne die dazu erforderliche Erlaubnis eine Ordnungswidrigkeit darstellt, die mit einer Geldbuße bis zu 5.000 EUR geahndet werden kann.
- das Gewerbe bei Beginn (unabhängig von der Erlaubniserteilung) gemäß § 14 GewO der für die Betriebsstätte zuständigen Ordnungsbehörde anzuzeigen ist.

Erklärung

Zu dem gestellten Antrag auf Erteilung einer Erlaubnis gemäß § 34c GewO wird ausdrücklich das Einverständnis erklärt, dass die Finanz- und Steuerbehörden jetzt und in Zukunft vollständig Auskunft über das steuerliche Verhalten geben können. Das Einverständnis erstreckt sich auch auf die Angabe der Höhe eventueller Steuerrückstände.

Datum: ....

....

[Unterschrift (bei juristischen Personen: Unterschrift aller gesetzlichen Vertreter)]

2.1.2.3 Konsequenzen fehlender Erlaubnis

Maklerverträge, die ohne die gemäß § 34c GewO erforderliche Erlaubnis geschlossen werden, sind und bleiben wirksam. Sie sind nicht etwa wegen eines Gesetzesverstoßes gemäß § 134 BGB nichtig (BGH, Urteil vom 23.10.1980, IVa ZR 33/80, NJW 1981, 387). Die vorsätzliche oder auch fahrlässige Ausübung der Maklertätigkeit ohne die erforderliche Gewerbeerlaubnis kann allerdings gemäß § 144 Abs. 1 Nr. 1h, Abs. 4 GewO als Ordnungswidrigkeit mit einer Geldbuße bis 5.000 EUR geahndet werden. Bei beharrlichem Verstoß kann sie gemäß § 148 Abs. 1 GewO auch als Straftat verfolgt werden.

Liegt bei Aufnahme der Gewerbetätigkeit keine Erlaubnis vor, kann die Aufsichtsbehörde die Gewerberäume gemäß § 15 Abs. 2 GewO zwangsweise schließen und bei Vorliegen gravierender Gründe das Gewerbe nach § 35 GewO untersagen.

! **Achtung**

Liegt keine Erlaubnis vor, besteht ein Provisionsanspruch gegen den jeweiligen Auftraggeber, soweit die Nachweis- oder Vermittlungstätigkeiten zum Abschluss des Hauptvertrags führen und die sonstigen Provisionsvoraussetzungen des § 652 BGB gegeben sind. Im Übrigen aber stellt eine an sich erlaubnispflichtige Maklertätigkeit, die ohne eine behördliche Erlaubnis erfolgt, eine bußgeldbewehrte Ordnungswidrigkeit und einen Wettbewerbsverstoß dar, der zu Abmahnungen und Unterlassungsansprüchen führen kann.

2.1.2.4 Erlöschen der Erlaubnis

Zunächst einmal erlischt die Erlaubnis wegen ihres persönlichen Charakters mit dem Tod der natürlichen Person oder mit dem Erlöschen der juristischen Person, der sie erteilt ist. Auch der gegenüber der Erlaubnisbehörde ausdrücklich oder schlüssig erklärte Verzicht bringt die Erlaubnis zum Erlöschen. In der Anzeige der Aufgabe des Gewerbebetriebs nach § 14 Abs. 1 Satz 2 Nr. 3 liegt jedoch nicht notwendigerweise ein Verzicht auf die Erlaubnis.

Die Erlaubnis kann weiter durch Rücknahme oder Widerruf nach den Bestimmungen der §§ 48, 49 Verwaltungsverfahrensgesetz (VwVfG) erlöschen. Vor der Rücknahme oder dem Widerruf ist der Betroffene zu hören. Des Weiteren können die für den Sitz der Hauptniederlassung zuständige Industrie- und Handelskammer und die für den Sitz von Zweigniederlassungen zuständigen Gewerbebehörden gehört werden.

2.2 Anzeigepflicht

Neben die Erlaubnis nach § 34c Abs. 1 Nr. 1 GewO tritt bei Aufnahme der Tätigkeit die Anzeige nach § 14 GewO. Auch sie hat auf einem amtlichen Formblatt zu erfolgen. Die Pflicht trifft den gewerbsmäßigen Makler bereits mit Anmietung eines Büros, bei Einstellung von Mitarbeitern und bei Schaltung von Zeitungsinseraten oder Veröffentlichungen im Internet. Ausschlaggebend ist also jede nach außen gerichtete Tätigkeit, die noch nicht zwangsläufig etwas mit einem konkreten Maklerauftrag zu tun haben muss.

Die Anzeigepflicht erstreckt sich auch auf die Einrichtung einer Zweigstelle, Betriebsverlegung, den Wechsel oder die Ausdehnung des Geschäftsgegenstands, den Wechsel des Geschäftsführers. Auch die Beendigung der gewerblichen Tätigkeit ist anzeigepflichtig.

Wichtig !

Nach der Bestimmung des § 15 Abs. 1 GewO bescheinigt die zuständige Behörde den Empfang der Anzeige innerhalb von drei Tagen nach Erhalt. Die Bescheinigung sollte sicher verwahrt werden, da ihr Beweisfunktion zukommt.

Die Verletzung der Anzeigepflicht kann gemäß § 146 Abs. 2 Nr. 2, Abs. 3 GewO als Ordnungswidrigkeit mit einer Geldbuße bis 1.000 EUR geahndet werden. Zusätzlich zur Anzeigepflicht des § 14 GewO ist die Anzeigepflicht des § 9 MaBV zu beachten (siehe Kapitel 2.5.1).

2.3 Auskunftspflicht/Nachschau

Nach der Bestimmung des § 29 Abs. 1 GewO haben Immobilienmakler den Beauftragten der zuständigen öffentlichen Stelle auf Verlangen die für die Überwachung des Geschäftsbetriebs erforderlichen mündlichen und schriftlichen Auskünfte unentgeltlich zu erteilen.

Nach der weiteren Bestimmung des § 29 Abs. 2 GewO sind die Beauftragten der zuständigen öffentlichen Stelle befugt, zum Zweck der Überwachung Grundstücke und Geschäftsräume des Maklers während der üblichen Geschäftszeit zu betreten, dort Prüfungen und Besichtigungen vorzunehmen, sich die geschäftlichen Unterlagen vorlegen zu lassen und Einsicht in diese zu nehmen. Zur Verhütung dringender Gefahren für die öffentliche Sicherheit oder Ordnung können die Grundstücke und Geschäftsräume tagsüber außerhalb der zuvor genannten Zeit sowie tagsüber dann betreten werden, wenn sie zugleich Wohnzwecken des Betroffenen dienen. Das Grundrecht der Unverletzlichkeit der Wohnung des Art. 13 GG ist insoweit eingeschränkt.

! **Achtung**

Der Makler kann gemäß § 29 Abs. 3 GewO die Auskunft auf solche Fragen verweigern, deren Beantwortung ihn selbst oder einen der in § 383 Abs. 1 Nr. 1 bis 3 Zivilprozessordnung (ZPO) bezeichneten Angehörigen der Gefahr strafgerichtlicher Verfolgung oder eines Verfahrens nach dem Gesetz über Ordnungswidrigkeiten aussetzen würde. Zu diesem Personenkreis gehören Verlobte, Ehegatten, auch wenn die Ehe nicht mehr besteht, Lebenspartner, auch wenn die Lebenspartnerschaft nicht mehr besteht, in gerader Linie Verwandte oder Verschwägerte, in der Seitenlinie bis zum dritten Grad Verwandte oder bis zum zweiten Grad Verschwägerte.

2.4 Exkurs: »Sonntagsarbeit«

Für die Makler ist in aller Regel gerade der Sonntag kein arbeitsfreier Tag. Vor der Ära des Internets galt dies verstärkt, denn in den Samstagsausgaben der Tageszeitungen wurde verstärkt geworben und am Samstag und insbesondere auch an den Sonntagen fanden Besichtigungstermine statt. Im Wesentlichen hat sich daran nichts geändert, da am Wochenende entweder die gesamte Familie das Immobilienobjekt in Augenschein nehmen kann oder insbesondere in den Wintermonaten der berufstätige Interessent die Gelegenheit hat, die Immobilie auch einmal bei Tageslicht in Augenschein zu nehmen.

Die Sonntagsarbeit ist dem Makler allerdings nur in (landes-)gesetzlich festgelegten Grenzen erlaubt. Grundsätzlich gilt nach den Feiertagsgesetzen der Bundesländer: Sonn- und Feiertage haben arbeitsfrei zu bleiben. Doch keine Regel ohne Ausnahme: Die Bedürfnis- oder Bedarfsgewerbeverordnungen fast aller Bundesländer erlauben es den Maklern, für eine Zeit von vier bis sechs Stunden Besichtigungstermine durchzuführen.

Bundesland	**Besichtigung**	**Musterhaus**
Baden-Württemberg (§ 1 Nr. 7/8)	4 Stunden nachmittags	4 Stunden nachmittags
Bayern (§ 1 Abs. 1 Nr. 6/7)	4 Stunden	6 Stunden
Berlin (§ 1 Abs. 1 Nr. 9/10)	4 Stunden	6 Stunden
Brandenburg (§ 1 Abs. 1 Nr. 8/10)	4 Stunden	6 Stunden
Bremen (§ 1 Abs. 1 Nr. 6/7)	Jeweils ab 11:00 Uhr ohne zeitliche Beschränkung	
Hamburg (§ 1 Abs. 1 Nr. 9/10)	4 Stunden	6 Stunden
Hessen (§ 1 Abs. 1 Nr. 5/6)	6 Stunden	6 Stunden
Mecklenburg-Vorpommern (§ 1 Abs. 1 Nr. 6/7)	6 Stunden	6 Stunden
Niedersachsen (§ 1 Nr. 7/8)	4 Stunden	6 Stunden
Nordrhein-Westfalen (§ 1 Nr. 6/7)	4 Stunden	6 Stunden
Rheinland-Pfalz (§ 1 Abs. 1 Nr. 7/8)	4 Stunden	6 Stunden
Saarland (§ 1 Abs. 1 Nr. 7/8)	4 Stunden	6 Stunden
Sachsen-Anhalt	4 Stunden	6 Stunden
Schleswig-Holstein (§ 1 Abs. 1 Nr. 6/7)	6 Stunden	6 Stunden
Thüringen	4 Stunden	6 Stunden

Lediglich in Sachsen besteht keine vergleichbare Regelung.

Wichtig

Mit der Hessischen Bedarfsgewerbeverordnung hatte sich das Bundesverwaltungsgericht (Urteil vom 26.11.2014, 6 CN 1.13) zu beschäftigen. Entsprechende Normenkontrollanträge hatten eine Gewerkschaft und zwei evangelische Gemeindeverbände gestellt. Das Ergebnis: Die Hessische Bedarfsgewerbeverordnung ist teilnichtig; das hat jedoch keine Auswirkung auf die Befugnisse der Makler, sonntags Besichtigungstermine und auch Musterhausausstellungen durchführen zu dürfen. Die Nichtigkeit bezieht sich auf die Bereiche Videotheken, öffentliche Bibliotheken, Callcenter sowie das Lotto-und-Toto-Geschäft.

2.5 Maklerpflichten nach der MaBV

Bei der Ausübung seiner Tätigkeit hat der Immobilienmakler die Bestimmungen der Makler- und Bauträgerverordnung zu beachten. Die MaBV ergänzt die einschlägigen Bestimmungen der Gewerbeordnung zum Schutz der Auftraggeber vor unseriösen und unzuverlässigen Gewerbetreibenden. Sie gilt für alle Makler, die eine Gewerbeerlaubnis gemäß §34c GewO benötigen – und zwar unabhängig davon, ob sie die Erlaubnis tatsächlich besitzen. Ausgenommen sind gemäß §1 Satz 3 Nr. 2 MaBV Hausverwalter wegen des Nachweises und der Vermittlung von Miet- (betrifft Wohn- und Geschäftsraum), Pacht- sowie sonstigen Nutzungsverträgen über bestimmte Objekte aus eigenem Verwaltungsbestand.

Nach den Bestimmungen der MaBV obliegen dem Makler Anzeige-, Aufzeichnungs-, Buchführungs- und Aufbewahrungspflichten. Vor allem ist er zur Sicherung von Vermögenswerten seiner Auftraggeber und zur getrennten Kontenführung im Zusammenhang mit der Verwaltung fremder Gelder verpflichtet.

2.5.1 Anzeigepflicht

Gemäß §9 MaBV hat der Makler zunächst der zuständigen Behörde die jeweils mit der Leitung des Betriebs bzw. der Zweigniederlassung beauftragten Personen unverzüglich anzuzeigen. Insoweit also ergänzt die MaBV die Anzeigepflicht des §14 GewO. Dies dient dem Zweck, der zuständigen Behörde Kenntnis von Personalveränderungen im Gewerbebetrieb nach Erteilung der Erlaubnis zu verschaffen. Für die Prüfung der Zuverlässigkeit nach §34c GewO ist nämlich nicht nur auf die Person des Gewerbetreibenden selbst, sondern auch auf den Betriebs- oder Zweigstellenleiter sowie Geschäftsführer und Vorstände der juristischen Person abzuheben. Anzugeben sind nach der Bestimmung des §9 Satz 3 MaBV Name, Geburtsname – sofern vom Namen abweichend –, Vorname(n), Staatsangehörigkeit, Geburtstag, Geburtsort und Anschrift der betroffenen Person.

Die erstmalige Bestellung von Zweigstellenleitern, der Wechsel in der Betriebsleitung oder ein Wechsel in der Person des Vertreters bei juristischen Personen sind unverzüglich der zuständigen Behörde anzuzeigen. Das kann formlos gegenüber der für die Erlaubniserteilung nach §34c GewO zuständigen Behörde erfolgen. Sie kann verlangen, dass ein Führungszeugnis und eine Auskunft aus dem Gewerberegister vorgelegt werden muss.

2.5.2 Buchführungs- und Informationspflicht

Die in §§10, 11 MaBV geregelten Buchführungs- und Informationspflichten sollen sowohl dem Auftraggeber des Maklers als auch der Behörde Einsicht in das Geschäftsgebaren und eine Überwachung im Rahmen einer außerordentlichen Prüfung gemäß § 16 Abs. 2 MaBV ermöglichen. Die unterlassene, unvollständige, unrichtige oder nicht rechtzeitige Erfüllung der Informations- und Aufzeichnungspflichten stellt eine Ordnungswidrigkeit dar und kann gemäß § 18 Abs. 1 Nr. 7, 8 MaBV i. V. m. § 144 Abs. 2 Nr. 6 GewO mit einer Geldbuße bis zu 5.000 EUR geahndet werden. Allerdings hat die Verletzung der Buchführungs- und Informationspflichten keine Auswirkungen auf den Maklervertrag.

§ 10 MaBV legt dem gewerbsmäßigen Makler eine besondere Buchführungspflicht auf, und zwar eine Verpflichtung zur Buchführung im gewerblichen Sinne. Sie darf nicht mit der Buchführung im handelsrechtlichen Sinne nach §§ 238 ff. Handelsgesetzbuch (HGB) verwechselt werden, die gemäß § 10 Abs. 6 MaBV unberührt bleibt. Die Aufzeichnungen sind unverzüglich nach Auftragsannahme in deutscher Sprache vorzunehmen. Die Aufzeichnungspflicht beginnt also in dem Zeitpunkt, in dem der Makler dem Auftraggeber den Nachweis oder die Vermittlung eines Vertrags zusagt.

Nach § 10 Abs. 2 MaBV müssen die Aufzeichnungen unter anderem folgende Informationen enthalten:

- Name und Vorname oder die Firma sowie die Anschrift des Auftraggebers
- Das für die Vermittler- oder Nachweistätigkeit zu entrichtende Entgelt; Wohnungsvermittler haben das Entgelt in einem Bruchteil oder Vielfachen der Monatsmiete anzugeben
- Angabe, ob der Gewerbetreibende zur Entgegennahme von Zahlungen oder sonstigen Leistungen ermächtigt ist; Art und Höhe der Vermögenswerte des Auftraggebers, die der Gewerbetreibende zur Ausführung des Auftrags erhalten oder zu deren Verwendung er ermächtigt werden soll
- Vertragsdauer

Aus den Aufzeichnungen und Unterlagen von Maklern, die Grundstücke oder grundstücksgleiche Rechte nachweisen oder vermitteln, müssen außerdem die Lage, Größe und Nutzungsmöglichkeit des Grundstücks, Art, Alter und Zustand des Gebäudes, Ausstattung, Wohn- und Nutzfläche, Zahl der Zimmer, Höhe der Kaufpreisforderung einschließlich zu übernehmender Belastungen, sowie Name, Vorname und Anschrift des Veräußerers hervorgehen.

Bei der Vermittlung oder dem Nachweis der Gelegenheit zum Abschluss von Verträgen über die Nutzung von Grundstücken oder grundstücksgleichen Rechten müssen aus den Unterlagen bzw. den Aufzeichnungen die Lage, Größe und Nutzungsmöglichkeit des Grundstücks, Art, Alter und Zustand des Gebäudes, Ausstattung, Wohn- und Nutzfläche, Zahl der Zimmer, die Höhe der Mietzinsforderung, ggf. eines Baukostenzuschusses, einer Kaution, einer Mietvorauszahlung, eines Mieterdarlehens oder einer Abstandssumme sowie Name, Vorname und Anschrift des Vermieters hervorgehen.

Bei der Vermittlung oder dem Nachweis der Gelegenheit zum Abschluss von Verträgen über die Nutzung von gewerblichen Räumen oder Wohnräumen müssen die Unterlagen über die Lage des Grundstücks und der Räume, Ausstattung, Nutz- und Wohnfläche, Zahl der Räume, die Höhe der Mietzinsforderung, ggf. eines Baukostenzuschusses, einer Kaution, einer Mietvorauszahlung, eines Mieterdarlehens oder einer Abstandssumme sowie Name und Vorname und Anschrift des Vermieters Auskunft geben.

2.5.3 Muster zur Auftragsannahme

DIGITALE EXTRAS

Muster: Annahme eines Auftrags für ein Einfamilienhaus

Auftragsannahme: Einfamilienhaus		§ 10 MaBV	Geschäftsnummer:
Makler		**Lage und Anschrift**	
		Straße	
		PLZ, Ort	
Anschrift Auftraggeber			
		Etagen	
		Anzahl Wohnungen	
		Grundbuch	
		Band/Blatt	
		Flur/Flurstück	
Verkäufer		Mieter?	Miete
Name		Name	
Straße		Telefon	
PLZ, Ort		**Alter und Zustand**	
Tel. Nr. 1		Baujahr	
Tel. Nr. 2		Fassade	
Kaufpreisforderung		Renovierung	
		Renovierung	
		Renovierung	

Grundstück		Ausstattung der Wohnung		
Abmessung .... ×	.... m²	Küche		
Sonstige Fläche	.... m²			
Anzahl Räume		Bad	Fliesen	Farbe Sanitär
Grundlage der Flächenermittlung			Wanne [ ] Dusche [ ] Bidet [ ]	
	.... m²		Gäste-WC [ ]	
	.... m²	Heizung		
	.... m²	Wasser w/k		
Garage	.... m²	Fenster		
Balkon/Loggia	.... m²	Böden		
Terrasse/Wintergarten	.... m²	Kabel/Antenne		
Gartenanlage		Erschließung		
Einfriedung, Wege				
Wohnfläche gesamt	.... m²	Gemeindeabgaben		
Nutzfläche	.... m²	Versicherung		
Maklervertrag: mündlich [ ] schriftlich [ ] einfach [ ] allein [ ]			vom:	
Vertragsdauer	von:	bis:		
Provision	Verkäufer:	Käufer:	Angenommene Vermögenswerte (§ 2 MaBV)	

Muster: Annahme eines Auftrags für ein Mehrfamilienhaus

DIGITALE EXTRAS

Auftragsannahme: Mehrfamilienhaus	§ 10 MaBV	Geschäftsnummer:
Makler	**Lage und Anschrift**	
	Straße	
	PLZ, Ort	

Anschrift Auftraggebe			Ausstattung		
			Fahrstuhl [ ]	Fahrradraum [ ]	
			Waschraum [ ]	Sprechanlage [ ]	
			Trockenraum [ ]	Müllschlucker [ ]	
			Grundbuch		
			Band/Blatt		
			Flur/Flurstück		
Verkäufer			Belastungen zu übernehmen		
Name			Abt. II Grundbuch		
Straße			Abt. III Grundbuch		
PLZ, Ort			**Alter und Zustand**		
Tel. Nr. 1			Baujahr		
Tel. Nr. 2			Fassade		
Kaufpreisforderung			Renovierung		
			Renovierung		
			Renovierung		
			Ausbaufähig?		
Grundstück			Ausstattung der Wohnung		
Abmessung .... ×		.... m^2	Küche		
Sonstige Fläche		.... m^2	Bäder	Fliesen	Farbe Sanitär
Gebäude (Räume)		Monats-mieten		Wanne [ ] Dusche [ ] Bidet [ ]	
Grundlage der Flächenermittlung				Gäste-WC [ ]	
Anzahl Wohnungen			Heizung		
Wohnung	Anzahl Zimmer	Fläche	Wasser w/k		
		.... m^2	Fenster		
		.... m^2	Böden		
		.... m^2	Kabel/Antenne		
		.... m^2	Sonstiges		
Gartenanlage			Erschließung		
Einfriedung, Wege					

Wohnfläche gesamt	.... m²	Gemeindeabgaben	
Nutzfläche	.... m²	Versicherung	
Maklervertrag: mündlich [ ] schriftlich [ ] einfach [ ] allein [ ]			vom:
Vertragsdauer	von:	bis:	
Provision	Verkäufer:	Käufer:	Angenommene Vermögenswerte (§ 2 MaBV)

Muster: Annahme eines Auftrags für eine Eigentumswohnung

DIGITALE EXTRAS

Auftragsannahme: Eigentumswohnung		§ 10 MaBV	Geschäftsnummer:
Makler		**Lage und Anschrift der Wohnung**	Sondereigentum Nr.
		Straße	
		PLZ, Ort	
Anschrift Auftraggeber		Sondereigentum	
		Etagen	links/Mitte/rechts
		Etagen gesamt	Anzahl Wohnungen
		Hauptsächliche Himmelsrichtung	N, O, S, W
		Grundbuch	
		Rücklagen	
		Hausgeld	
Verkäufer		Mieter?	Miete
Name		Name	
Straße		Telefon	
PLZ, Ort		**Alter und Zustand der Wohnung**	
Tel. Nr. 1		Baujahr	
Tel. Nr. 2		Fassade	

Kaufpreisforderung		Renovierung		
		Renovierung		
		Renovierung		
Anzahl/Größe der Räume		Ausstattung der Wohnung		
Grundlage der Flächenermittlung		Küche		
	.... m²			
	.... m²			
	.... m²			
	.... m²	Bäder	Fliesen	Farbe Sanitär
	.... m²		Wanne [ ] Dusche [ ] Bidet [ ]	
	.... m²		Gäste-WC [ ]	
Garage	.... m²	Heizung		
Balkon/Loggia	.... m²	Wasser w/k		
Terrasse/Wintergarten	.... m²	Fenster		
Wohnfläche gesamt	.... m²	Böden		
Nutzfläche	.... m²	Kabel/Antenne		
Maklervertrag: mündlich [ ] schriftlich [ ] einfach [ ] allein [ ]			vom:	
Vertragsdauer	von:	bis:		
Provision	Verkäufer:	Käufer:	Angenommene Vermögenswerte (§ 2 MaBV)	

DIGITALE EXTRAS

Muster: Annahme eines Auftrags für eine Mietwohnung

Auftragsannahme: Mietwohnung	§ 10 MaBV	Geschäftsnummer:
Makler	**Lage und Anschrift der Wohnung**	Sondereigentum Nr.
	Straße	
	PLZ, Ort	

Anschrift Auftraggeber		Ortsteil		
		Etage	links/Mitte/rechts	
		Etagen gesamt	Anzahl Wohnungen	
		Hauptsächliche Himmelsrichtung	N, O, S, W	
		Kaution		
		Nettomiete		
		Betriebskosten		
		Baukostenzuschuss		
		Mieterdarlehen		
		Abstandssummen		
Verkäufer		Jetziger Mieter		
Name		Name		
Straße		Telefon		
PLZ, Ort		**Alter und Zustand der Wohnung**		
Tel. Nr. 1		Baujahr		
Tel. Nr. 2		Fassade		
Beziehbar zum		Renovierung		
Bemerkung		Renovierung		
		Renovierung		
Größe der Räume		Ausstattung der Wohnung		
Grundlage der Flächenermittlung		Küche		
	.... m^2			
	.... m^2			
	.... m^2			
	.... m^2	Bäder	Fliesen	Farbe Sanitär
	.... m^2		Wanne [ ] Dusche [ ] Bidet [ ]	
	.... m^2		Gäste-WC [ ]	
Garage	.... m^2	Heizung		
Balkon/Loggia	.... m^2	Wasser w/k		
Terrasse/Wintergarten	.... m^2	Fenster		
Wohnfläche gesamt	.... m^2	Böden		
Nutzfläche	.... m^2	Kabel/Antenne		

Maklervertrag: mündlich [ ] schriftlich [ ] einfach [ ] allein [ ]			vom:
Vertragsdauer	von:	bis:	
Provision	Verkäufer:	Mieter:	Angenommene Vermögenswerte (§ 2 MaBV)

2.5.3.1 Aufbewahrungspflicht

Die vorerwähnten Unterlagen sind gemäß § 14 MaBV fünf Jahre in den Geschäftsräumen des Maklers aufzubewahren. Die Aufbewahrungsfrist beginnt mit dem Schluss des Kalenderjahres, in dem der letzte aufzeichnungspflichtige Vorgang für den jeweiligen Auftrag angefallen ist. Die handels- und steuerrechtlichen Aufbewahrungsfristen bleiben hiervon unberührt.

Die Unterlagen können in elektronischer Form aufbewahrt werden. Im Hinblick auf eine etwa nach § 16 Abs. 2 MaBV angeordnete außerordentliche Prüfung sind der Behörde entsprechende Ausdrucke vorzulegen. Bei der Prüfung in den Geschäftsräumen des Maklers hat er für entsprechende Einsichtnahme zu sorgen.

2.5.3.2 Informationspflicht

Gemäß § 11 i. V. m. § 10 MaBV muss der Makler seinen Interessenten in deutscher Sprache rechtzeitig schriftlich, vollständig und korrekt über die Objektmerkmale informieren.

Im unmittelbaren Zusammenhang mit der Annahme eines Maklerauftrags müssen zunächst Provisionshöhe und Vertragsdauer festgelegt sein. Spätestens mit Beginn der konkreten Vertragsverhandlungen im Zuge einer Nachweis- bzw. Vermittlungstätigkeit muss der Maklerkunde dem Makler die folgenden Angaben übermitteln.

Grundstückskauf, Gebäude, Eigentumswohnungen
Lage, Größe und Nutzungsmöglichkeiten, Art, Alter und Zustand, Ausstattung, Wohn- und Nutzfläche, Zahl der Räume, Kaufpreishöhe einschließlich zu übernehmender Belastungen, Name und Anschrift des Veräußerers sind unverzichtbare Mindestangaben.

DIGITALE EXTRAS

Muster: Objektinformation zu einem Einfamilienhaus

Objektinformation nach § 11 MaBV (Einfamilienhaus)		**Geschäftsnummer:**	
Makler		**Lage und Anschrift**	
		Straße	
		PLZ, Ort	
Anschrift Auftraggeber			
		Etagen	
			Anz. Whg.
		Grundbuch	
		Band/Blatt	
		Flur/Flurstück	
Verkäufer		Mieter	Miete
Name		Name	
Straße		Telefon	
PLZ, Ort		**Alter und Zustand**	
Tel. Nr. 1		Baujahr	
Tel. Nr. 2		Fassade	
Kaufpreisforderung		Renovierung	
		Renovierung	
		Renovierung	
Grundstück		Ausstattung der Wohnung	
Abmessung .... *	.... m^2	Küche	
Sonstige Fläche	.... m^2		

Anzahl Räume		Bad	Fliesen	Farbe Sanitär
Grundlage der Flächenermittlung			Wanne [ ] Dusche [ ] Bidet [ ]	
	.... m^2		Gäste-WC [ ]	
	.... m^2	Heizung		
	.... m^2	Wasser w/k		
Garage	.... m^2	Fenster		
Balkon/Loggia	.... m^2	Böden		
Terrasse/Wintergarten	.... m^2	Kabel/Antenne		
Gartenanlage		Erschließung		
Einfriedung, Wege				
Wohnfläche gesamt	.... m^2	Gemeindeabgaben		
Nutzfläche	.... m^2	Versicherung		
Der Makler hat seine Leistung mit Abschluss des wirksamen Kaufvertrags erbracht und damit vom Käufer/Verkäufer zu zahlende Provision in Höhe von ..... % des Kaufpreises inklusive USt. verdient, die mit Abschluss des wirksamen Kaufvertrags zur Zahlung fällig ist. Dieses Angebot ist vertraulich und darf nicht an Dritte weitergegeben werden. Wird es dennoch weitergegeben, ist eine entgangene Maklergebühr zu zahlen.				

DIGITALE EXTRAS

Muster: Objektinformation zu einem Mehrfamilienhaus

Objektinformation nach § 11 MaBV (Mehrfamilienhaus)	**Geschäftsnummer:**	
Makler	**Lage und Anschrift**	
	Straße	
	PLZ, Ort	
Anschrift Auftraggeber	Ausstattung	
	Fahrstuhl [ ]	Fahrradraum [ ]
	Waschraum [ ]	Sprechanlage [ ]
	Trockenraum [ ]	Müllschlucker [ ]
	Grundbuch	
	Band/Blatt	
	Flur/Flurstück	

Verkäufer			Belastungen zu übernehmen			
Name			Abt. II Grundbuch			
Straße			Abt. III Grundbuch			
PLZ, Ort			**Alter und Zustand**			
Tel. Nr. 1			Baujahr			
Tel. Nr. 2			Fassade			
Kaufpreisforderung			Renovierung			
			Renovierung			
			Renovierung			
			Ausbaufähig?			
Grundstück			Ausstattung der Wohnung			
Abmessung .... *		.... m^2	Küche			
Sonstige Fläche		.... m^2	Bäder		Fliesen	Farbe Sanitär
Gebäude (Räume)		Monatsmieten			Wanne [ ] Dusche [ ] Bidet [ ]	
Grundlage der Flächenermittlung					Gäste-WC [ ]	
Anzahl Wohnungen						
Wohnung	Anzahl Zimmer	Fläche	Wasser w/k			
			Fenster			
			Böden			
			Kabel/Antenne			
			Sonstiges			
Gartenanlage			Erschließung			
Einfriedung, Wege						
Wohnfläche gesamt		.... m^2	Gemeindeabgaben			
Nutzfläche		.... m^2	Versicherung			

Der Makler hat seine Leistung mit Abschluss des wirksamen Kaufvertrags erbracht und damit vom Käufer/Verkäufer zu zahlende Provision in Höhe von ..... % des Kaufpreises inklusive USt. verdient, die mit Abschluss des wirksamen Kaufvertrags zur Zahlung fällig ist. Dieses Angebot ist vertraulich und darf nicht an Dritte weitergegeben werden. Wird es dennoch weitergegeben, ist eine entgangene Maklergebühr zu zahlen.

DIGITALE EXTRAS

Muster: Objektinformation zu einer Eigentumswohnung

Objektinformation nach § 11 MaBV (Mehrfamilienhaus)		Geschäftsnummer:		
Makler Straße PLZ, Ort		**Lage und Anschrift der Wohnung**	Sondereigentum Nr.	
Anschrift Auftraggebe		Sondereigentum		
		Etage	links/Mitte/rechts	
		Etagen gesamt	Anzahl Wohnungen	
		Hauptsächliche Himmelsrichtung	N, O, S, W	
		Grundbuch		
		Rücklagen		
		Hausgeld		
Verkäufer		Mieter?		
Name		Name		
Straße		Telefon		
PLZ, Ort		**Alter und Zustand der Wohnung**		
Tel. Nr. 1		Baujahr		
Tel. Nr. 2		Fassade		
Kaufpreisforderung		Renovierung		
		Renovierung		
		Renovierung		
Anzahl/Größe der Räume		Ausstattung der Wohnung		
Grundlage der Flächenermittlung				
Küche	.... m^2			
	.... m^2			
	.... m^2			
	.... m^2	Bäder	Fliesen	Farbe Sanitär

	.... m²		Wanne [ ] Dusche [ ] Bidet [ ]
	.... m²		Gäste-WC [ ]
Garage	.... m²	Heizung	
Balkon/Loggia	.... m²	Wasser w/k	
Terrasse/Wintergarten	.... m²	Fenster	
Wohnfläche gesamt	.... m²	Böden	
Nutzfläche	.... m²	Kabel/ Antenne	
Der Makler hat seine Leistung mit Abschluss des wirksamen Kaufvertrags erbracht und damit vom Käufer/Verkäufer zu zahlende Provision in Höhe von ..... % des Kaufpreises inklusive USt. verdient, die mit Abschluss des wirksamen Kaufvertrags zur Zahlung fällig ist. Dieses Angebot ist vertraulich und darf nicht an Dritte weitergegeben werden. Wird es dennoch weitergegeben, ist eine entgangene Maklergebühr zu zahlen.			

Grundstücksnutzung/Pacht
Lage, Größe und Nutzungsmöglichkeiten, Art, Alter und Zustand, Ausstattung, Wohn- und Nutzfläche, Zahl der Räume, Höhe des Nutzungsentgelts sowie ggf. die Höhe eines Baukostenzuschusses, einer Kaution, einer Entgeltvorauszahlung, eines Nutzerdarlehens oder einer Abstandssumme sowie Name und Anschrift des Vermieters/Verpächters sind unverzichtbare Mindestangaben.

Mietverträge über Räume
Hier gelten die Lage des Grundstücks und der Räume, Ausstattung, Wohn- und Nutzfläche, Zahl der Räume, die Höhe der Miete sowie ggf. eines Baukostenzuschusses, einer Kaution, einer Mietvorauszahlung, eines Mieterdarlehens oder einer Abstandssumme, Name und Anschrift des Vermieters als unverzichtbare Mindestangaben.

Muster: Objektinformation zu einer Mietwohnung

DIGITALE EXTRAS

Objektinformation nach § 11 MaBV (Mehrfamilienhaus)	Geschäftsnummer:	
Makler	**Lage und Anschrift der Wohnung**	Sondereigentum Nr.
	Straße	
	PLZ, Ort	

Anschrift Auftraggeber		Ortsteil		
		Etage	links/Mitte/rechts	
		Etagen gesamt	Anzahl Wohnungen	
		Hauptsächliche Himmelsrichtung	N, O, S, W	
		Kaution		
		Nettomiete		
		Betriebskosten		
Vermieter		Jetziger Mieter		
Name		Name		
Straße		Telefon		
PLZ, Ort		**Alter und Zustand der Wohnung**		
Tel. Nr. 1		Baujahr		
Tel. Nr. 2		Fassade		
Beziehbar zum		Renovierung		
Bemerkung		Renovierung		
		Renovierung		
Größe der Räume		Ausstattung der Wohnung		
Grundlage der Flächenermittlung		Küche		
	.... m^2			
	.... m^2			
	.... m^2			
	.... m^2			
	.... m^2	Bad	Fliesen	Farbe Sanitär
	.... m^2		Wanne [ ] Dusche [ ] Bidet [ ]	
	.... m^2		Gäste-WC [ ]	
Garage	.... m^2	Heizung		
Balkon/Loggia	.... m^2	Wasser w/k		

<table>
<tr><td>Terrasse/ Wintergarten</td><td>........ m²</td><td>Fenster</td><td></td></tr>
<tr><td>Wohnfläche gesamt</td><td>........ m²</td><td>Böden</td><td></td></tr>
<tr><td>Nutzfläche</td><td>........ m²</td><td>Kabel/Antenne</td><td></td></tr>
<tr><td colspan="4">Der Makler hat seine Leistung mit Abschluss des Mietvertrags erbracht und damit vom Mieter/Vermieter zu zahlende Provision in Höhe von ..... Nettomonatsmieten zuzüglich gesetzlicher Umsatzsteuer verdient, die mit Abschluss des Mietvertrags zur Zahlung fällig ist.
Dieses Angebot ist vertraulich und darf nicht an Dritte weitergegeben werden. Wird es dennoch weitergegeben, ist eine entgangene Maklergebühr zu zahlen.</td></tr>
</table>

2.5.4 Außerordentliche Prüfung

Der Immobilienmakler unterliegt nicht der in §§ 16 und 17 MaBV geregelten Pflichtprüfung. Gemäß § 16 Abs. 2 MaBV kann die Behörde allerdings bei Anhaltspunkten für Unregelmäßigkeiten eine außerordentliche Prüfung anordnen.

Der Makler hat dabei dem Prüfer Einsicht in sämtliche Bücher, Aufzeichnungen und Unterlagen zu gewähren und die von diesem benötigten Aufklärungen und Nachweise zu erbringen. Der Prüfer ist seinerseits zur gewissenhaften und unparteiischen Prüfung sowie zur Verschwiegenheit verpflichtet. Er darf nicht unbefugt Geschäfts- und Betriebsgeheimnisse verwerten, die er bei seiner Tätigkeit erfahren hat. Ein Prüfer, der vorsätzlich oder fahrlässig seine Pflichten verletzt, ist dem Makler zum Ersatz des daraus entstandenen Schadens verpflichtet.

2.5.5 Exkurs: Sicherung von Vermögenswerten

Die MaBV verlangt in § 2 und §§ 4 bis 8 von allen Gewerbetreibenden die Durchführung von Sicherungsmaßnahmen, wenn sie zur Ausführung ihres Auftrags Vermögenswerte des Auftraggebers erhalten oder zu ihrer Verwendung ermächtigt sind. Im Bereich der klassischen Immobilienmaklertätigkeit spielen diese Vorschriften allenfalls in Ausnahmefällen eine Rolle.

Die Sicherheit ist jedenfalls zu leisten, bevor der Makler in den Besitz der Vermögenswerte seines Auftraggebers gelangt. Sie kann insbesondere geleistet werden durch die selbstschuldnerische Bürgschaft einer inländischen Körperschaft öffentlichen Rechts oder eines inländischen Kreditinstituts oder eines inländischen Versicherungsunternehmens, das eine Erlaubnis zum Betrieb einer Vertrauensschadensversicherung hat. Die Bürgschaft muss den Verzicht auf die Einrede der Vorausklage enthalten. Ersatzweise kann Sicherung durch eine Vertrauensschadensversicherung erfolgen. Die Berufshaftpflicht- oder Vermögensschadensversicherung reichen nicht aus.

Die Sicherung ist so lange aufrechtzuerhalten, bis die Vermögenswerte des Auftraggebers im vereinbarten Sinn verwendet worden sind. Der Makler ist zum Nachweis der Verwendung verpflichtet.

2.5.6 Exkurs: Getrennte Vermögensverwaltung

Aus dem Gebot getrennter Vermögensverwaltung und getrennter Kontoführung des §6 MaBV folgt, dass der Makler die Gelder, die er von seinem Auftraggeber zur Verwendung erhalten hat, unverzüglich auf ein Sonderkonto einer inländischen Bank einzahlt. Der Bank ist dabei offenzulegen, dass es sich um Gelder eines Auftraggebers handelt.

Der Makler muss dem Kreditinstitut mitteilen, dass die Gelder für fremde Rechnung eingezahlt werden und hierbei den Namen, Vornamen und die Anschrift des Auftraggebers angeben. Er hat das Kreditinstitut zu verpflichten, den Auftraggeber unverzüglich zu benachrichtigen, wenn die Einlage von dritter Seite gepfändet oder das Insolvenzverfahren über das Vermögen des Gewerbetreibenden eröffnet wird, und dem Auftraggeber jederzeit Auskunft über den Stand des Kontos zu erteilen. Ferner muss er das Kreditinstitut verpflichten, bei diesem Konto weder das Recht der Aufrechnung noch ein Pfand- oder Zurückbehaltungsrecht geltend zu machen, es sei denn wegen Forderungen, die in Bezug auf das Konto selbst entstanden sind.

2.6 Maklerpflichten nach dem Geldwäschegesetz

Auch Immobilienmakler gelten als sogenannte Verpflichtete nach dem Gesetz über das Aufspüren von Gewinnen aus schweren Straftaten (Geldwäschegesetz, GwG). Geldwäsche bezweckt bekanntermaßen die Verschleierung der wahren Herkunft illegal erzielter Einnahmen. Derart illegale Einnahmen werden bei der Geldwäsche in den legalen Wirtschafts- und Finanzkreislauf eingeführt. Da solche Vorgänge nur schwer erkennbar sind, verpflichtet das Geldwäschegesetz zu bestimmten Sorgfaltspflichten im Umgang mit Auftraggebern und ggf. für die für sie auftretenden Personen sowie zu innerbetrieblichen Sicherungsmaßnahmen. Ziel des Geldwäschegesetzes ist es zudem, die Finanzierung des Terrorismus zu verhindern. Vorsätzliche oder leichtfertige Verstöße gegen das Geldwäschegesetz stellen Ordnungswidrigkeiten dar und können mit empfindlichen Geldbußen von 100.000 EUR bis zu 5 Mio. EUR bei besonders renitenten Verstößen geahndet werden.

Wichtig !

Alle Verpflichteten nach dem GwG, also auch Makler, müssen sich seit 1.1.2020 auf dem Internetportal der Zentralstelle für Finanztransaktionsuntersuchungen (FIU) (goaml.fiu.bund.de) elektronisch registrieren. Hier sind auch entsprechende Verdachtsfälle zu melden. Bei der Registrierung muss der Makler Angaben zu seinem Unternehmen, seiner Person und seinen Mitarbeitern zu machen, die in geldwäscherelevanter Hinsicht betroffen sind.

Immobilienmakler sind gemäß § 2 Abs. 1 Nr. 14 i. V. m. § 11 GwG verpflichtet, Kunden bzw. Auftraggeber (Immobilieneigentümer, Kaufinteressenten sowie den Auftraggeber im Rahmen der Vermietung oder Verpachtung, soweit die monatliche Miete bzw. Pacht 10.000 EUR übersteigt) und ggf. für die für sie auftretenden Personen zu identifizieren und die Angaben zu überprüfen. Dies gilt unabhängig von der Höhe der zu erwartenden Transaktion aus dem Geschäft mit Blick auf Kaufverträge und bei Miet- oder Pachtverträgen, wenn die monatliche Miete 10.000 EUR übersteigt. Und es gilt bei allen baren oder unbaren Zahlungen. Das Geldwäschegesetz verpflichtet in erster Linie zu betriebsinternen Maßnahmen und begründet kundenbezogene Sorgfaltspflichten. Darunter ist vor allem die primäre Pflicht des Maklers zur Identifizierung seines Vertragspartners, also seines Auftraggebers, zu verstehen.

Wichtig !

Zwar verpflichtet das Geldwäschegesetz ausdrücklich den »Immobilienmakler«, dennoch bestanden Unsicherheiten, ob die Maklerpflichten nach dem Geldwäschegesetz auch im Bereich der Vermietung zu erfüllen sind. Am 27.1.2015 haben das Europäische Parlament und der Rat der Europäischen Union im Rahmen der »Trilogverhandlungen« über die 4. EU-Geldwäscherichtlinie eine Einigung über eine finale Fassung der neuen Richtlinie (Neue Geldwäscherichtlinie) erzielt und deutlich gemacht, dass nicht nur die bei einem Kauf oder Verkauf, sondern auch die bei einer Vermietung eingeschalteten Makler zu den Verpflichteten gehören. Insoweit regelt das GwG nunmehr in § 4 Abs. 4 für Immobilienmakler das Erfordernis eines wirksamen Risikomanagements bei der Vermittlung von Kaufverträgen und bei der Vermittlung von Miet- oder Pachtverträgen mit einer monatlichen Miete oder Pacht in Höhe von mindestens 10.000 EUR.

2.6.1 Welche Daten sind zu erheben?

Welche Daten der Makler von seinem Auftraggeber zu erheben hat, richtet sich danach, ob es sich um eine natürliche Person oder eine juristische Person handelt.

Natürliche Person

Handelt es sich bei dem Auftraggeber des Maklers um eine natürliche Person, sind folgende Daten zu erfassen:

- Name (Nachname und mindestens ein Vorname)
- Geburtsort und Geburtsdatum

- Staatsangehörigkeit
- Anschrift (keine Postfächer); sofern kein fester Wohnsitz mit rechtmäßigem Aufenthalt in der Europäischen Union besteht und die Überprüfung der Identität im Rahmen des Abschlusses eine Basiskontovertrags nach §38 Zahlungskontengesetz erfolgt, die postalische Anschrift, unter der der Vertragspartner sowie die gegenüber dem Verpflichteten auftretende Person erreichbar ist
- Art des Ausweises (zum Beispiel Personalausweis oder Reisepass)
- Ausweisnummer
- Ausstellende Behörde

Der Makler darf sich nicht auf bloße mündliche Angaben verlassen, sondern muss sich einen Personalausweis oder Reisepass vorlegen lassen.

! **Wichtig**

Dringend zu empfehlen ist, das Ausweisdokument zu fotokopieren. Zum einen erfüllt die Ausweiskopie die Pflichten nach dem Geldwäschegesetz, zum anderen kann der Makler den Nachweis führen, dass er bei der Datenerfassung seiner Fantasie nicht freien Lauf gelassen hat.

ACHTUNG

Der Makler muss sich ein amtliches Ausweispapier vorlegen lassen, ein Führerschein oder ein Studentenausweis reichen nicht aus. Zudem hat er darauf zu achten, dass der Ausweis gültig ist.

Da grundsätzlich entweder ein Reisepass oder Personalausweis vorzulegen ist, müssen nur die Daten erhoben werden, die im Dokument vermerkt sind. Ist also im Reisepass die Anschrift des Auftraggebers nicht enthalten, muss nicht noch ein weiteres Dokument zur Überprüfung herangezogen werden. Selbstverständlich muss der Makler hierbei den Datenschutz berücksichtigen. Die Ausweiskopie ist zwar zur Akte zu nehmen, Daten sind Dritten jedoch nicht weiterzugeben, es sei denn, es handelt sich um Strafverfolgungsbehörden.

Juristische Personen/Personengesellschaften

Handelt es sich beim Auftraggeber um eine juristische Person (unter anderem AG, GmbH, Verein) oder eine Personengesellschaft (unter anderem OHG, KG, GbR), muss nicht nur die Identität der Gesellschaft, sondern auch diejenige der hinter der Gesellschaft stehenden natürlichen Personen erhoben werden. Bei juristischen Personen oder Personengesellschaften sind folgende Daten zu erheben:

- Name bzw. Bezeichnung der juristischen Person oder Gesellschaft
- Rechtsform (wie GmbH, AG, KG, e.V., OHG)
- Registernummer (soweit vorhanden)

- Anschrift des Sitzes bzw. der Hauptniederlassung
- Namen der Mitglieder des Vertretungsorgans oder der gesetzlichen Vertreter (wie Geschäftsführer, Vorstand); insoweit genügen die Angaben von bis zu fünf Vertretern, soweit diese in öffentliche Register eingetragen sind

Die Daten sind den öffentlichen Registern wie beispielsweise dem Handels- oder Vereinsregister zu entnehmen. Auch hier gilt, dass die Anforderung oder Kopie etwa eines Handelsregisterauszugs genügt.

Wichtig !

Sowohl bei natürlichen als auch bei juristischen Personen oder Personengesellschaften muss der Makler Erkundigungen nach dem wirtschaftlich Berechtigten des Vertragspartners einholen oder diesen anhand der Dokumente ermitteln. Darüber hinaus muss der Makler seit 1.1.2020 einen Abruf beim zentralen elektronischen Transparenzregister machen, um die Angaben zum wirtschaftlichen Berechtigten und zum Unternehmen zu überprüfen.

2.6.2 Wann sind die Daten zu erheben?

Beim Nachweis bzw. bei der Vermittlung von Immobilienkaufverträgen muss die Identifizierung nach § 11 Abs. 2 GwG erfolgen, sobald der Vertragspartner des Maklers ein ernsthaftes Interesse an der Durchführung des Immobilienkaufvertrags äußert und die Kaufvertragsparteien hinreichend bestimmt sind. Ein ernsthaftes Interesse dürfte dann zu bejahen sein, wenn Reservierungsvereinbarungen getroffen wurden, Reservierungsvergütungen gar bereits gezahlt sind, ein Vorvertrag geschlossen wurde oder die Parteien des Kaufvertrags in ernsthafte Verhandlungen über den abzuschließenden Hauptvertrag getreten sind.

Etwas anderes gilt beim Nachweis bzw. bei der Vermittlung von Miet- oder Pachtverträgen mit einer monatlichen Miete bzw. Pacht über 10.000 EUR. Hier hat die Identifizierung spätestens bei Begründung der Geschäftsbeziehung zu erfolgen, also bei Abschluss des Maklervertrags.

Hatte der Makler einen Auftraggeber bereits zuvor identifiziert, treffen ihn auch bei einem neuen Auftrag wieder Identifizierungspflichten. Jedenfalls muss er die ihm vorliegenden Daten bzw. Angaben erneut prüfen und erforderlichenfalls aktualisieren.

2.6.3 Pflichten des Auftraggebers

Das Geldwäschegesetz verpflichtet den Auftraggeber in § 11 Abs. 6 zunächst, dem Makler die erforderlichen Informationen und Unterlagen zur Verfügung zu stellen. Der

Makler hat also Anspruch darauf, dass ihm zum Beispiel ein amtliches Ausweispapier oder ein aktueller Handelsregisterauszug vorgelegt wird. Der Auftraggeber ist weiter verpflichtet, sich im Lauf der Geschäftsbeziehung ergebende Änderungen dem Makler unverzüglich anzuzeigen.

Der Auftraggeber hat gegenüber dem Makler offenzulegen, ob er die Geschäftsbeziehung oder die Transaktion für einen wirtschaftlich Berechtigten begründen, fortsetzen oder durchführen will. Dabei muss er dem Makler auch die Identität des wirtschaftlich Berechtigten nachweisen.

2.6.4 Risikoanalyse

Im Rahmen des ihm obliegenden Risikomanagements ist der Makler nicht nur zur Durchführung betriebsinterner Sicherungsmaßnahmen verpflichtet, sondern auch zu einer Risikoanalyse. Im Rahmen der Risikoanalyse hat der Makler zu ermitteln, ob und in welchem Zusammenhang er in Kontakt mit Personen geraten kann, die Schwarzgeld durch einen Immobilienkauf waschen wollen, und dieses Risiko vollständig zu erfassen, zu bewerten und zu dokumentieren. Mögliche Risikofaktoren sind in Anlage 1 und 2 des GwG gelistet. Möglicher Risikofaktor könnte zum Beispiel ein Auftraggeber sein, der seinen Wohnsitz in einem Drittstaat hat, in dem Korruption oder andere kriminelle Tätigkeiten stark ausgeprägt sind.

2.6.5 Betriebsinterne Maßnahmen

Auf Grundlage der ermittelten Risikofaktoren hat der Makler betriebsinterne Sicherungsmaßnahmen durchzuführen. Er muss also geeignete Strategien, Kontrollen und Verfahren etablieren, um die Risiken der Geldwäsche zu minimieren und möglichst ganz zu vermeiden. In erster Linie sind hier die Mitarbeiter auf Zuverlässigkeit zu überprüfen und mit Blick auf die Vorgaben des Geldwäschegesetz zu schulen. Hierzu gehört auch die Entwicklung standardisierter Maßnahmen, etwa Vorgaben zur Datenspeicherung, insbesondere aber auch das Ausarbeiten von Kriterien der Zweifelhaftigkeit eines Geschäftskontakts. Die Makler müssen jedenfalls sicherstellen, dass die mit der Durchführung geschäftlicher Transaktionen und mit der Anbahnung und Begründung von Geschäftsbeziehungen befassten Mitarbeiter die Methoden der Geldwäsche und die sie selbst betreffenden gesetzlichen Pflichten kennen. Ein starrer Zeitrahmen oder konkrete Inhalte sind dabei nicht vorgegeben, vielmehr liegt es in der Verantwortung des Maklers, wann und wie er diese Schulungen vornimmt.

Alle nach dem Geldwäschegesetz erhobenen Angaben und Informationen über Vertragspartner, wirtschaftlich Berechtigte, Transaktionen und Geschäftsbeziehungen müssen aufgezeichnet werden. Wie dies geschieht – ob in Papierform oder auf Datenträger –, bleibt dem Makler überlassen. Unabhängig von anderen Vorschriften sieht das Geldwäschegesetz eine Aufbewahrungsfrist von mindestens fünf, höchstens zehn Jahren vor, soweit nicht weitergehende gesetzliche Aufbewahrungspflichten gelten. Den Behörden ist auf Verlangen darzulegen, dass man als Verpflichteter entsprechend angemessene Maßnahmen, je nach Risiko des Einzelfalls, getroffen hat.

2.6.6 Verdachtsmeldung

Bei einem Verdacht auf Geldwäsche oder Terrorismusfinanzierung muss der Makler gemäß § 43 Abs. 1 GwG unverzüglich eine Verdachtsmeldung bei der Zentralstelle für Finanztransaktionsuntersuchungen machen. Die Verdachtsmeldung muss nach § 45 Abs. 1 GwG grundsätzlich elektronisch erfolgen, und zwar über das Portal der Zentralstelle für Finanztransaktionsuntersuchungen FIU: goAML. In die Eingabemaske des Meldeportals trägt der Makler sämtliche relevanten Informationen zum Sachverhalt und zur betreffenden Transaktion ein. Hierzu zählen insbesondere die im Zusammenhang mit der Transaktion stehenden Personen, Organisationen und Konten.

Der Geschäftspartner darf über die Verdachtsanzeige nicht informiert werden. Das gilt auch bei erst nachträglich festgestellten Verdachtsfällen bezüglich bereits abgeschlossener Vorgänge. Wer den Strafverfolgungsbehörden eine solche Tatsache meldet, kann wegen dieser Anzeige – außer sie wurde vorsätzlich oder grob fahrlässig unwahr erstattet – nicht verantwortlich gemacht werden.

Hat der Makler eine Verdachtsmeldung erstattet, darf er die Geschäftsbeziehung erst fortführen, wenn danach mehr als drei Werktage – Achtung, der Samstag gilt hier nicht als Werktag – vergangen sind, ohne dass die Zentralstelle für Finanztransaktionsuntersuchungen den Vertragsabschluss untersagt hat.

In den folgenden Fällen muss der Makler eine Verdachtsmeldung erstatten:

- Erwerb einer Immobilie, deren Wert erkennbar weit über den finanziellen Möglichkeiten des Auftraggebers liegt
- Angebot, einen weit überhöhten Preis für eine Immobilie zu zahlen
- Angebot des Interessenten, das Immobiliengeschäft vollständig in bar abzuwickeln
- Angebot eines teilweisen Schwarzkaufs, nach dem im notariellen Kaufvertrag nicht der gesamte Kaufpreis ausgewiesen werden soll
- Angebot, Anzahlungen in bar zu leisten und auch die Provision sofort in bar auszugleichen
- Beharrliche Verweigerung des Nachweises einer Finanzierungszusage oder eines Kapitalnachweises für den Erwerb einer Immobilie trotz konkreter Nachfrage

- Anbahnung eines Immobiliengeschäfts aus dem Ausland, wobei der Makler zusätzlich als Vertreter zur Abwicklung des Immobiliengeschäfts fungieren soll
- Erkennbarer Erwerb einer Immobilie nicht für eigene Zwecke, sondern für eine nicht näher benannte Person (Strohmann-Erwerb)

2.6.7 Pflichtverletzung als Ordnungswidrigkeit

Verletzt der Immobilienmakler seine Identifizierungs-, Aufzeichnungs- oder Aufbewahrungspflichten, handelt er ordnungswidrig und kann mit einer Geldbuße bis zu 100.000 EUR belegt werden, im Fall vorsätzlicher Pflichtverstöße bis zu 150.000 EUR (§ 56 Abs. 1 GwG). Handelt es sich um einen schwerwiegenden, wiederholten oder systematischen Verstoß, kann eine Geldbuße bis zu einer Million Euro oder eine Geldbuße bis zum Zweifachen des aus dem Verstoß gezogenen wirtschaftlichen Vorteils verhängt werden (§ 56 Abs. 3 GwG).

3 Der Makler im Wettbewerb

Makler stehen ebenso wie andere Gewerbetreibende oder Freiberufler untereinander in Konkurrenz. Auch für sie gelten diverse gesetzliche Regelungen, dass die Konkurrenzsituation nicht in einen unlauteren Wettbewerb ausartet: das »Lauterkeitsrecht«. Von besonderer Relevanz in der Maklerpraxis sind das Gesetz gegen den unlauteren Wettbewerb (UWG), die Preisangabenverordnung (PAngV), das Telemediengesetz (TMG) nebst Dienstleistungs-Informationspflichten-Verordnung und das Rechtsdienstleistungsgesetz (RDG). Auch das Gebäudeenergiegesetz (GEG) kann für den Makler wettbewerbsrechtlich relevant werden.

3.1 Gesetz gegen den unlauteren Wettbewerb

Das UWG dient nach der Generalklausel seines § 1 dem Schutz der Mitbewerber, der Verbraucherinnen und Verbraucher sowie sonstiger Marktteilnehmer vor unlauteren geschäftlichen Handlungen. Es schützt zugleich das Interesse der Allgemeinheit an einem unverfälschten Wettbewerb.

»Mitbewerber« ist dabei jeder Unternehmer, der mit einem oder mehreren Unternehmern als Anbieter oder Nachfrager von Waren oder Dienstleistungen in einem konkreten Wettbewerbsverhältnis steht. Verbraucher sind nach § 13 BGB natürliche Personen, die ein Rechtsgeschäft zu Zwecken abschließen, die überwiegend weder ihrer gewerblichen noch ihrer selbstständigen beruflichen Tätigkeit zugerechnet werden können. Eine »geschäftliche Handlung« ist jedes Verhalten einer Person zugunsten des eigenen oder eines fremden Unternehmens bei oder nach einem Geschäftsabschluss, das mit der Förderung des Absatzes, dem Bezug von Waren oder Dienstleistungen oder mit dem Abschluss oder der Durchführung eines Vertrags über Waren oder Dienstleistungen objektiv zusammenhängt. Als Waren gelten auch Grundstücke.

Die Generalklausel des § 3 UWG bestimmt pauschal die Unzulässigkeit unlauterer geschäftlicher Handlungen. Seit der Novellierung des UWG vom Oktober 2015 stellt das Gesetz nicht mehr darauf ab, ob die geschäftliche Handlung geeignet ist, die Interessen von Mitbewerbern, Verbrauchern oder sonstigen Marktteilnehmern spürbar zu beeinträchtigen. Gegenüber Verbrauchern sind geschäftliche Handlungen stets dann unzulässig, wenn sie nicht der unternehmerischen Sorgfalt entsprechen und dazu geeignet sind, das wirtschaftliche Verhalten des Verbrauchers wesentlich zu beeinflussen. Dabei ist auf den durchschnittlichen Verbraucher oder, wenn sich die geschäftliche Handlung auf eine bestimmte Gruppe von Verbrauchern bezieht, auf ein durchschnittliches Mitglied dieser Gruppe abzustellen. Auf die Sicht eines durchschnittlichen Mitglieds einer aufgrund von geistigen oder körperlichen Gebrechen, Alter oder Leichtgläubigkeit besonders schutzbedürftigen und eindeutig identifizierbaren Gruppe von Verbrauchern ist abzustellen, wenn für den Unternehmer vorhersehbar ist, dass seine geschäftliche Handlung nur solche Personen betrifft.

Unlauter handelt nach § 3a UWG auch, wer einer gesetzlichen Vorschrift zuwiderhandelt, die unter anderem dazu bestimmt ist, im Interesse der Marktteilnehmer das Marktverhalten zu regeln, und wenn der Verstoß geeignet ist, die Interessen von Verbrauchern, sonstigen Marktteilnehmern oder Mitbewerbern spürbar zu beeinträchtigen.

! **Beispiel**

Der Makler bietet in einem der großen, überregionalen Immobilienportalen über das Internet eine Wohnung zum Kauf an. Unter der Überschrift »Sonstiges« findet sich unter anderem folgende Bestimmung: »Sollte Ihnen dieses Angebot bereits bekannt sein, so bitten wir um schriftliche Bekanntgabe unter Nennung des Anbieters innerhalb von 5 Tagen nach Erhalt des Angebots. Sollten wir keine Rückäußerung erhalten, ist unser Nachweis als Erstnachweis vom Empfänger akzeptiert.« Hierin liegt ein Verstoß gegen § 3a UWG. Jedenfalls ist eine unangemessene Benachteiligung des potenziellen Maklerkunden nach § 307 Abs. 2 Nr. 1 BGB im Zweifel anzunehmen, wenn die AGB-Bestimmung mit wesentlichen Grundgedanken der gesetzlichen Regelung, von der sie abweicht, nicht zu vereinbaren ist. Dies ist hier der Fall. Nach der Rechtsprechung des BGH ist der Auftraggeber nach dem gesetzlichen Leitbild des Maklervertrags nicht verpflichtet, den Makler darüber zu unterrichten, dass ihm das angebotene Objekt bereits bekannt ist (BGH, Urteil vom 9.11.1983, IV a ZR 60/82). Diese Verpflichtung wird dem Kunden aber durch die streitgegenständliche Klausel auferlegt (LG Berlin, Urteil vom 2.5.2019, 52 O 304/18, GE 2020, 57).

Ergänzend regeln § 4 UWG unlautere Handlungen in Bezug auf den Mitbewerberschutz, § 4a UWG in Bezug auf aggressive geschäftliche Handlungen und § 5 UWG irreführende geschäftliche Handlungen. Insbesondere letztgenannte Bestimmung ist im Bereich der Maklerbranche dann wichtig, wenn der Makler mit Selbstverständlichkeiten wirbt.

! **Beispiel**

Der Makler vermittelt Mietverträge über Wohnungen und wirbt drucktechnisch hervorgehoben mit der Angabe »provisionsfrei«. Hierin liegt eine Irreführung, denn die Provisionsfreiheit für den Mietsuchenden ergibt sich bereits aus § 2 Abs. 1a WoVermRG und ist daher als Selbstverständlichkeit anzusehen (Brandenburgisches Oberlandesgericht, Urteil vom 22.10.2019, 6 U 54/18).

3.1.1 »Wesentlichkeit« bzw. »Spürbarkeit« des Wettbewerbsverstoßes

Zwar muss die geschäftliche Handlung geeignet sein, eine geschäftliche Handlung »wesentlich« zu beeinflussen bzw. muss der Rechtsbruch zu einer »spürbaren« Beeinträchtigung führen; die gerichtliche Praxis ist allerdings streng. Nahezu alle unzulässigen geschäftlichen Handlungen überschreiten die Bagatellgrenze. Wesentlich ist eine Beeinträchtigung nach der Rechtsprechung bereits dann, wenn sie nicht bloß theoretisch möglich ist, sondern tatsächlich eintreten könnte. Dies ist grundsätzlich auch dann der Fall, wenn die geschäftliche Handlung ein einziges Mal vorgenommen wurde und ggf. in diesem Einzelfall ergebnislos geblieben ist (BGH, Urteil vom 10.2.2011, I ZR 8/09, GRUR 2011, 842). Für die Wesentlichkeit bzw. Spürbarkeit einer unzulässigen geschäftlichen Handlung reicht es aus, dass der Betroffene dem Angebot eines Unternehmers mehr Aufmerksamkeit widmet, als er es ohne das unzulässige Verhalten getan hätte (BGH, Urteil vom 18.3.2010, I ZR 16/08, GRUR 2010, 1110).

Bei geschäftlichen Handlungen gegenüber Verbrauchern liegt eine wesentliche Beeinträchtigung bereits vor, wenn sie geeignet ist, den Verbraucher davon abzuhalten, eine informierte Entscheidung zu treffen. Eine informierte Entscheidung ist nur dann möglich, wenn dem Verbraucher keine falschen Informationen erteilt und ihm alle Informationen zur Verfügung gestellt werden, die er für seine Entscheidung benötigen könnte (BGH, Urteil vom 28.6.2007, I ZR 153/04, GRUR 2008, 186).

Beispiele !

- Angaben müssen insbesondere vollständig sein. Wie weiter unten dargestellt sind im Bereich der Immobilien-Akquise auch die Pflichtangaben zum Energieausweis in der Annonce zu machen. Falls noch kein Energieausweis vorliegt, ist hierauf hinzuweisen. Das »Totschweigen« des Themas Energieausweis stellt jedenfalls einen Wettbewerbsverstoß dar, der auch »spürbar« ist (BGH, Urteil vom 5.10.2017, I ZR 229/16).
- Kommt der Makler nicht ausreichend seiner Impressumspflicht in sozialen Netzwerken wie XING nach, stellt dies zwar einen Wettbewerbsverstoß dar, der aber nicht wesentlich bzw. spürbar sein soll (LG München I, Urteil vom 3.6.2014, 33 O 4149/14, MMR 2014, 677).
- Werden in einer Annonce Quadratmeterpreise ausgewiesen, nicht aber der sich aufgrund der Fläche ergebende Endpreis, liegt ein Verstoß gegen die Preisangabenverordnung und gleichzeitig ein Wettbewerbsverstoß vor, der sich jedoch unter der »Wesentlichkeitsschwelle« bewegt (BGH, Urteil vom 5.10.2000, I ZR 210/98, NJW 2001, 522).
- Wirbt ein Wohnungsvermittler öffentlich für Wohnungen und gibt dabei ausschließlich den Preis für die Warmmiete an, ohne klarzustellen, ob die gesamten Nebenkosten enthalten sind, verstößt er gegen § 6 Abs. 2 WoVermRG, wonach er den Mietpreis anzugeben und darauf hinzuweisen hat, ob Nebenleistungen besonders zu vergüten sind. Das ist kein Bagatellverstoß, sondern ein spürbarer Wettbewerbsverstoß (LG Magdeburg, Urteil vom 7.1.2009, 36 O 197/08, WRP 2009, 350).
- Ein Verstoß gegen § 1 Abs. 1 Satz 1 PAngV und somit ein wesentlicher bzw. spürbarer Wettbewerbsverstoß liegt auch vor, wenn der Wohnungsvermittler die begehrte Provision entgegen § 3 Abs. 1 WoVermRG nicht in einem Bruchteil oder einem Vielfachen der Monatsmiete angibt (LG Osnabrück, Urteil vom 17.5.2013, 13 O 7/13, WRP 2013, 1261).
- Ein Verstoß gegen § 1 Abs. 1 PAngV, der zudem einen wesentlichen Wettbewerbsverstoß darstellt, liegt auch vor, wenn der Makler in seinem Angebot die Provision für die

Wohnungsvermittlung mit »2 Kaltmieten zzgl. gesetzl. MwSt.« angibt (LG Bielefeld, Urteil vom 15.10.2013, 17 O 122/13, WRP 2014, 255; LG Osnabrück, Urteil vom 17.5.2013, 13 O 7/13, WRP 2013, 1261).

- Wie bereits erwähnt, stellt die Werbung mit Selbstverständlichkeiten, die sich bereits aus dem Gesetz ergeben, eine Irreführung dar. Der Makler darf also bei Angeboten an Mietinteressenten über Wohnraum nicht mit »provisionsfrei« werben, da sich bereits aus § 2 Abs. 1a WoVermRG ergibt, dass der Makler keinen Provisionsanspruch gegen den Mieter hat (Brandenburgisches Oberlandesgericht, Urteil vom 22.10.2019, 6 U 54/18).
- Unerlaubte Rechtsberatung stellt immer einen »wesentlichen« Wettbewerbsverstoß dar.

3.1.2 Belästigungen

Unzulässig sind gemäß § 7 UWG insbesondere auch unzumutbare Belästigungen. Dies gilt insbesondere für Werbung, obwohl der angesprochene Marktteilnehmer diese erkennbar nicht wünscht.

Telefonische Werbung
Im Bereich der telefonischen Werbung gegenüber einem Verbraucher ist zu beachten, dass dessen »vorherige ausdrückliche« Einwilligung erforderlich ist. Das gesetzgeberische Ziel besteht darin, die Belästigung von Verbrauchern durch unerwünschte Telefonwerbung insbesondere in den Bereichen Lieferung von Zeitungen, Zeitschriften und Illustrierten, Wett- und Lotteriedienstleistungen sowie Telekommunikationsdienstleistungen einzudämmen. Man könnte darüber streiten, was ein Makler überhaupt mit vorerwähntem Produktkatalog zu tun hat. Doch da das UWG keine Bereichsausnahmen vorsieht, müssen die gesetzlichen Vorschriften auch von Maklern beachtet werden.

Zunächst einmal bedarf es der vorherigen Einwilligung des Verbrauchers. Nicht möglich ist es daher, den Verbraucher anzurufen und zu Beginn des Telefonats dessen Einwilligung zum weiteren Gespräch einzuholen; das wäre zu spät. Des Weiteren muss der Verbraucher ausdrücklich in das Telefonat eingewilligt haben, eine stillschweigende bzw. konkludente Einwilligung genügt nicht mehr. Der Privatmann muss gegenüber dem Makler vielmehr ausdrücklich und – wichtig für den Makler – beweisbar in eine telefonische Kontaktaufnahme eingewilligt haben.

Enthalten die Allgemeinen Geschäftsbedingungen (AGB) des Maklers beispielsweise eine Klausel, wonach der Verbraucher mit Unterzeichnung grundsätzlich auch in telefonische Werbeanrufe einwilligt, wird dies im Ernstfall wenig helfen. Eine derartige Klausel wäre gemäß § 307 Abs. 1 Satz 1 BGB unwirksam, da sie den Verbraucher unangemessen benachteiligt. Makler sollten auf derartige Klauseln in ihren AGB vollständig verzichten, da sie ansonsten Gefahr laufen, von einem Konkurrenten oder einem Verbraucherschutzverband kostenpflichtig abgemahnt zu werden. Zudem gilt, dass sich Makler nicht auf Zustimmungserklärungen und vermeintliche Einwilligungen berufen können, die der Verbraucher in einem völlig anderen Zusammenhang erteilt hat.

ACHTUNG

Verstöße gegen diese Vorgaben können teuer werden und gemäß § 20 UWG mit einer Geldbuße bis zu 300.000 EUR geahndet werden. Gänzlich fatal wird es, wenn zusätzlich die Telefonnummer unterdrückt wird. Dann droht gemäß § 102 i. V. m. § 149 Telekommunikationsgesetz (TKG) eine weitere Geldbuße bis zu 100.000 EUR.

Rechtsunsicherheiten

Erhebliche Rechtsunsicherheit besteht in den Fällen, in denen ein Verbraucher etwa in einer Kleinanzeige ein Haus oder eine Wohnung sucht oder eine Immobilie zum Verkauf oder zur Vermietung anbietet. In juristischer Hinsicht handelt es sich dabei um eine sogenannte *invitatio ad offerendum*, um die Aufforderung zur Abgabe eines Angebots. Auch hier lässt sich trefflich darüber streiten, ob diese Aufforderung nicht etwa auch an Makler gerichtet ist, die ggf. geeignete Objekte oder Interessenten haben. Es liegt allerdings nahe, dass es dem Makler lediglich dann gestattet sein dürfte, mit dem Privatinteressenten in telefonischen Kontakt zu treten, wenn er einen Käufer oder Verkäufer hat und – wichtig! – dessen Benennung nicht von der Zahlung einer Provision abhängig macht. Äußert der Makler hingegen ein Provisionsverlangen, dürfte die Grenze zur unerlaubten Telefonwerbung überschritten sein. In diesem Zusammenhang muss man sich nämlich vor Augen halten, dass sich der Verbraucher mit seiner Kleinanzeige gerade dagegen entschieden hat, einen Makler zu beauftragen.

Rechtsunsicherheiten bestehen zudem, wenn ein Verbraucher vom Makler etwa auf dessen Annonce hin ein Exposé anfordert. Hier wird man jedoch unterscheiden müssen: Enthält die Makler-Annonce bereits ein eindeutiges und ausdrückliches Provisionsverlangen, so stellt die Bitte des Interessenten um Übersendung eines Exposés ein Angebot auf Abschluss eines provisionspflichtigen Maklervertrags dar. Übersendet der Makler daraufhin das Exposé, hat er das Angebot angenommen und der Maklervertrag ist zustande gekommen (BGH, Urteil vom 3.5.2012, III ZR 62/11, MDR 2012, 829). Dies gilt allerdings im Hinblick auf Kaufverträge über Einfamilienhäuser und Wohnungen nur dann, wenn das Anfordern weiterer Informationen bzw. Unterlagen seitens des Kaufinteressenten in Textform erfolgt, wenn es sich bei ihm um einen Verbraucher handelt. Im Rahmen konkreter vertraglicher Beziehungen ist dann eine telefonische Kontaktaufnahme durchaus erlaubt, so sie nicht über den Vertragszweck hinausgeht.

Anders dürfte es aussehen, wenn der Makler nur allgemein werbend ohne Hinweis auf Provisionspflichten Objekte anbietet. Dann ist in der Kontaktaufnahme des Interessenten mit dem Makler noch kein Angebot auf Abschluss eines Maklervertrags zu sehen (BGH, Urteil vom 7.7.2016, I ZR 30/15; OLG Jena, Urteil vom 4.3.2015, 2 U 205/14). Übersendet der Makler dann Objektunterlagen an den Interessenten, sind diese nur als ein Angebot des Maklers auf Abschluss eines Maklervertrags zu werten, wenn er entweder in den Exposés oder gesondert darauf hinweist, dass der Interessent im Fall des Abschlusses eines Hauptvertrags dem Makler Provision schuldet. Nimmt der Interessent daraufhin weitere Maklertätigkeiten in Anspruch, ist ein Maklervertrag zustande gekommen. Vor diesem Zeitpunkt dürfte es dem Makler nicht erlaubt sein, dem Interessenten hinterher zu telefonieren, um beispielsweise einen Besichtigungstermin anzubieten. Denn mit der Exposéanforderung hat der Interessent noch keine »ausdrückliche vorherige« Einwilligung in eine telefonische Kontaktaufnahme erteilt. Dies ließe sich allenfalls als konkludente Einwilligung werten, die jedoch nicht ausreicht. Anders sieht es aus, wenn es sich beim Interessenten nicht um einen Verbraucher, sondern um einen Unternehmer handelt: Hier genügt die mutmaßliche Einwilligung.

E-Mail und Telefax

Mag die telefonische Kontaktaufnahme mit einem Verbraucher für den Makler auch etwas kritisch sein, wäre es dennoch verfehlt, frühzeitig die Flinte ins Korn zu werfen. Längst gängige Praxis im Maklergeschäft mit den Verbrauchern ist die Kommunikation per E-Mail oder Telefax. Nach der Bestimmung des §7 Abs. 3 UWG ist hier jedenfalls dann nicht von einer unzulässigen Belästigung auszugehen, wenn der Makler vom Interessenten E-Mail-Adresse und/oder Faxnummer erhalten hat, der Interessent der Verwendung nicht widersprochen hat und dieser klar und deutlich darauf hingewiesen wird, dass er der Verwendung seiner elektronischen Daten jederzeit widersprechen kann. Meldet sich demnach ein Verbraucher beispielsweise über das Internet auf ein entsprechendes Inserat beim Makler und bittet um Übersendung eines Exposés oder die Durchführung eines Besichtigungstermins, wird er in aller Regel seine E-Mail-Adresse zur weiteren elektronischen Abwicklung seines Wunsches hinterlassen. Der Makler kann nunmehr den Interessenten seinerseits per E-Mail kontaktieren und hinsichtlich des konkreten potenziellen Auftrags die Einwilligung des Interessenten zur telefonischen Kontaktaufnahme erbitten.

Übersendet daraufhin der Interessent eine entsprechende Antwort per E-Mail, ist der Makler hinsichtlich auch einer telefonischen Kontaktaufnahme auf der sicheren Seite, da er die ausdrückliche vorherige Einwilligung des Interessenten beweisen kann. Diese ist nach dem Gesetz nicht an eine bestimmte Form gebunden, sodass die elektronische Form ausreicht. Damit ist der Weg zur »legalen« telefonischen Erstkontaktaufnahme frei. Kommt es zum Abschluss eines Maklervertrags, darf der Makler seinen Kunden selbstverständlich jederzeit in Abwicklung des konkreten Auftrags telefonisch kontaktieren. Gefährlich wird es wiederum dann, wenn das Gesprächsthema über den konkreten Vertragsgegenstand hinausgeht.

3.1.3 Fehlender Vermittlungsauftrag

Im Bereich der Wohnraumvermittlung benötigt der Makler den Auftrag des Eigentümers bzw. Vermieters, wenn er eine Wohnung anbietet. Vor Inkrafttreten des Gesetzes zur Dämpfung des Mietanstiegs auf angespannten Wohnungsmärkten und zur Stärkung des Bestellerprinzips (Mietrechtsnovellierungsgesetz, MietNovG) am 1.6.2015, mit dem das »Bestellerprinzip« Gesetz wurde, hatte der fehlende Auftrag zwar keine Auswirkung auf den Provisionsanspruch des Maklers gegen den Wohnungssuchenden, dies stellte jedoch eine Ordnungswidrigkeit dar. Nun dürfte allerdings der Makler auch keinen Provisionsanspruch mehr gegen den Wohnungssuchenden haben (siehe vertiefend Kapitel 4.4.2.6).

Hiervon unabhängig stellt es einen wettbewerbsrelevanten Verstoß dar, wenn der Makler Wohnraum ohne Auftrag des Eigentümers bzw. Vermieters zur Miete anbietet. Zu berücksichtigen ist nämlich, dass der Makler bezüglich der Größe seines Auftragsbestands täuscht und sich einen Wettbewerbsvorsprung dadurch verschafft, dass er Mitbewerber davon abhält, sich um einen Vermittlungsauftrag hinsichtlich des betreffenden Wohnraums zu bemühen (OLG Köln, Urteil vom 12.3.1982, 6 U 8/82, WRP 1982, 356).

Ein Wettbewerbsverstoß liegt auch vor, wenn der Makler ein Grundstück ohne Auftrag des Eigentümers zum Verkauf anbietet (KG, Urteil vom 11.12.1981, 5 U 5338/80, DB 1982, 2079).

3.1.4 Objektangaben

Dass vom Makler gemachte Objektangaben zutreffen müssen, dürfte ohnehin eine Selbstverständlichkeit sein, will er sich nicht dem Risiko der Provisionsverwirkung oder gar des Schadensersatzes ausgesetzt sehen. Fehlerhafte Objektangaben können aber auch wettbewerbsrechtliche Konsequenzen haben. Die Objekt-Wahrheit beginnt insoweit schon mit den vom Makler verwendeten Lichtbildern. Stellt der Makler von ihm angebotene Objekte etwa im Internet oder in seinem Exposé bildlich dar, muss das abgebildete mit dem tatsächlich existierenden Objekt übereinstimmen (KG, Urteil vom 7.3.1978, 5 U 3894/77, WRP 1978, 720).

Weiter müssen die vom Makler gemachten Flächenangaben mit der Wirklichkeit übereinstimmen, dies betrifft sowohl die Angaben zur Wohnfläche wie auch die zur Nutzfläche. Irreführend ist jedenfalls eine Abweichung der tatsächlichen von der in der Annonce angegebenen Wohnfläche zumindest ab 25 % (LG Berlin, Urteil vom 22.8.2006, 102 O 48/06, WRP 2006, 1545). Zu berücksichtigen ist insoweit, dass die Wohnfläche oder die Nutzfläche im Bereich des gewerblichen Miet- oder Kaufrechts eine für den Markt entscheidungserhebliche Angabe darstellt. Insoweit dürfte die Grenze zur Wettbewerbswidrigkeit im Hinblick auf die Rechtsprechung zu Flächenabweichungen im Mietrecht bereits bei Angaben zu ziehen sein, die mehr als 10 % von der tatsächlichen Fläche abweichen. Der BGH (Urteil vom 20.7.2005, VIII ZR 347/04, NJW 2005, 2773) ist jedenfalls der Auffassung, dass ein Mangel der Mietsache gegeben ist, wenn die Flächenabweichung mehr als 10 % beträgt. Außerdem ist im Hinblick auf die Angaben zu Wohn- bzw. Nutzflächen darauf zu achten, dass die beiden Flächen nicht zusammengerechnet werden.

!

Beispiel

Die Angabe »Wohn-/Nutzfläche 120 m²« ist irreführend (KG, Urteil vom 26.10.2007, 5 U 154/06, WRP 2008, 386). Beim Interessenten könnte der Eindruck entstehen, Wohn- und Nutzfläche seien identisch. Dadurch könnte die unberechtigte Erwartung geschürt werden, es handele sich um ein besonders günstiges Angebot, obwohl die Wohnfläche in Wirklichkeit nur bei 80 m² liegt.

Falsche Angaben in Bezug auf Fertigstellung und Zustand des zu vermittelnden Objekts können ebenfalls unlauter sein. Ebenso eine Annonce, in der ein »notarieller Festpreis« ausgewiesen wird. Die Irreführung des Lesers folgt daraus, dass die Angabe den Eindruck erweckt, der Notar habe in seiner Funktion als Amtsperson bei der Bestimmung des Festpreises mitgewirkt (BGH, Urteil vom 1.2.1990, I ZR 161/87, MDR 1990, 796).

ACHTUNG

Aus Gründen der »Provisionswahrheit« dürfen auch keine irreführenden Angaben zur Maklerprovision gemacht werden. Wirbt der Makler damit, er verlange statt der üblichen Provision von 5 % nur 2,5 %, erhält aber vom Bauträgerverkäufer weitere 2,5 %, die dieser auf den Kaufpreis aufschlägt, verhält sich der Makler unlauter (OLG Frankfurt/Main, Urteil vom 17.2.1972, 6 U 39/71, NJW 1972, 1142).

3.1.5 Konsequenzen

Wettbewerbsverstöße können unangenehme Folgen haben. Beeinträchtigten Mitbewerbern, Wettbewerbsvereinen, Verbraucherverbänden und IHKs stehen unterschiedliche Ansprüche zu. In der Maklerpraxis ist der Unterlassungsanspruch der bedeutsamste. Mögliche weitere Ansprüche wären solche auf Beseitigung, Schadensersatz, Auskunft, eidesstattliche Versicherung, Gewinnabschöpfung oder Rechnungslegung.

ACHTUNG

Absichtlich unwahre und zur Irreführung geeignete Angaben gegenüber der Öffentlichkeit sind nach § 16 UWG strafbar und können mit Freiheitsstrafen bis zu zwei Jahren oder mit Geldstrafen geahndet werden.

Unterlassungsanspruch

Nicht nur in der Maklerpraxis, sondern überhaupt im Mittelpunkt der wettbewerbsrechtlichen Auseinandersetzungen steht der Unterlassungsanspruch. Ziel des Gläubigers eines Unterlassungsanspruchs ist zunächst, dass der Wettbewerber das unlautere Verhalten einstellt. Gerade dieses Ziel lässt sich mit dem Unterlassungsanspruch denkbar einfach und vor allem schnell realisieren – und zwar per Abmahnung und nachfolgender Erwirkung einer einstweiligen Verfügung. Gibt der Gegner auf die Abmahnung hin eine Unterlassungserklärung ab oder akzeptiert er die gerichtliche einstweilige Verfügung, ist die Angelegenheit in aller Regel abgeschlossen. Die Geltendmachung weiterer Ansprüche ist zwar nicht ausgeschlossen, doch meist bringen sie kaum etwas und die Verfahrensdauern sind beachtlich.

Der Unterlassungsanspruch ist darauf gerichtet, dass der unlautere Wettbewerber es künftig unterlässt, die zu beanstandende Handlung zu wiederholen. Im Regelfall wird er insoweit außergerichtlich durch eine Abmahnung aufgefordert, eine Unterlassungserklärung abzugeben. Weigert er sich, diese Erklärung abzugeben, kann ein Gericht ihm die Handlung auf einen Antrag auf Erlass einer entsprechenden einstweiligen Verfügung oder Unterlassungsklage hin verbieten. Wiederum in aller Regel wird die Unterlassungserklärung mit einer Vertragsstrafe verbunden, in der einstweiligen Verfügung oder dem Urteil werden Ordnungsmittel – Ordnungsgeld oder Ordnungshaft – angedroht. Ziel des Unterlassungsanspruchs ist es ja gerade, die Wiederholung des bemängelten Verhaltens zu vermeiden.

Zwar setzt der Unterlassungsanspruch eine Wiederholungsgefahr voraus, diese ist aber bereits bei der ersten unlauteren Handlung indiziert. Schon bei einmaligem Fehlverhalten droht also Wiederholungsgefahr. Darüber hinaus besteht Wiederholungsgefahr wegen jeder einzelnen Verletzungshandlung, die in der Vergangenheit begangen wurde (BGH, Urteil vom 15.8.2013, I ZR 188/11, NJW-RR 2014, 479). Eine Verletzungshandlung begründet dabei die Vermutung der Wiederholungsgefahr für die identische Verletzungsform und für alle im Kern gleichartigen Verletzungshandlungen (BGH, Urteil vom 29.4.2010, I ZR 202/07, NJW-RR 2010, 1343).

Achtung !

Ob dem wettbewerbswidrig Handelnden ein Verschuldensvorwurf zu machen ist oder nicht, spielt keine Rolle. Sein Verhalten ist auch dann wettbewerbswidrig, wenn der Handelnde die Tatumstände, die sein Verhalten wettbewerbswidrig erscheinen lassen, nicht kennt. Der subjektive Kenntnisstand des Handelnden ist insoweit ohne Bedeutung. Aufgabe des UWG ist es, das Marktverhalten im Interesse der Marktteilnehmer, insbesondere der Verbraucher und Mitbewerber, zu regeln (vgl. Begründung des Regierungsentwurfs zu § 1 UWG, BT-Drucks. 15/1487, S. 15). Hat eine Handlung in diesem Sinne bei objektiver Betrachtung nachteilige Auswirkungen auf das Wettbewerbsgeschehen, die so erheblich sind, dass sie unter Berücksichtigung des Schutzzwecks des Gesetzes von den Marktteilnehmern nicht hingenommen werden müssen, ist für ihre Bewertung als unlauter der subjektive Kenntnisstand des Handelnden ohne Bedeutung (BGH, Urteil vom 11.1.2007, I ZR 96/04, NJW 2007, 2999).

Für einen Unterlassungsanspruch ist es demnach nicht erforderlich, dass der Handelnde schuldhaft, das heißt vorsätzlich oder fahrlässig, gegen einen wettbewerbsrechtlichen Verbotstatbestand verstoßen hat. Auch insoweit kommt es nicht auf die subjektive Kenntnis des Handelnden an. Es reicht aus, dass er wettbewerbswidrig gehandelt hat; das wettbewerbswidrige Verhalten muss nicht vorwerfbar sein (KG Berlin, Urteil vom 20.7.2012, 5 U 90/11, GewA 2012, 463).

Andere Grundsätze gelten bei einem Schadensersatzanspruch. Dem wettbewerbswidrig Handelnden muss hier zumindest leichte Fahrlässigkeit zum Vorwurf zu machen sein. Hierfür genügt es, dass der Handelnde hätte wissen können, dass sein Verhalten zumindest rechtlich problematisch sein könnte, und er sich keinen entsprechenden Rechtsrat eingeholt hat.

Unterlassungsansprüche können grundsätzlich alle Mitbewerber – also andere Makler –, aber auch bestimmte Verbände zur Förderung gewerblicher oder selbstständiger beruflicher Interessen, bestimmte qualifizierte Einrichtungen zur Wahrung von Verbraucherinteressen oder die IHKs geltend machen.

Im Regelfall: vorherige Abmahnung

Die Bestimmung des § 13 Abs. 1 UWG sieht im Regelfall die Abmahnung vor; jedenfalls soll vor einer entsprechenden Unterlassungsklage abgemahnt werden. Die wettbewerbsrechtliche Abmahnung hat daher auch in der Maklerpraxis eine erhebliche Bedeutung. Sie ist nämlich die Regel, eine sofortige Klage hingegen die Ausnahme, wobei in verbreiteten Fällen der Dringlichkeit die Abmahnung durch den Antrag auf Erlass einer einstweiligen Verfügung ersetzt wird. Die Abmahnung wird stets mit einer strafbewehrten Unterlassungserklärung verbunden.

In diesem Buch wird bewusst darauf verzichtet, Tipps zu geben oder Ratschläge für den Fall einer wettbewerbsrechtlichen Abmahnung oder gar Unterlassungs- oder Schadensersatzklage zu erteilen. Zum einen sind stets die Maßgaben des konkreten Einzelfalls zu berücksichtigen, zum anderen gibt es für derartige Fälle Fachleute, nämlich die Fachanwälte für gewerblichen Rechtsschutz. Bedeutendes Teilgebiet dieser Fachanwaltschaft ist gerade das Wettbewerbsrecht. Für den Fall, dass typisch maklerrechtlicher Rat benötigt wird, sind Makler wohl am ehesten bei den Fachanwälten für

Miet- und Wohnungseigentumsrecht gut aufgehoben. Sie müssen bei der Zulassung zum Fachanwalt zwar keine praktischen Erfahrungen im Maklerrecht nachweisen, es ist jedoch Teil der theoretischen Ausbildung.

Fachanwälte findet der Makler über den jeweiligen Online-Auftritt der einzelnen Rechtsanwaltskammern:

Rechtsanwaltskammer Bamberg
Friedrichstraße 7, 96047 Bamberg
Telefon: 09 51/9 86 20 – 0, Telefax: 09 51/20 35 03
www.rakba.de, info@rakba.de

Rechtsanwaltskammer Berlin
Littenstraße 9, 10179 Berlin
Telefon: 0 30/30 69 31 – 0, Telefax: 030/30 69 31 – 99
www.rak-berlin.de; info@rak-berlin.org

Brandenburgische Rechtsanwaltskammer
Grillendamm 2, 14776 Brandenburg an der Havel
Telefon: 0 33 81/25 33 – 0, Telefax: 0 33 81/25 33 – 23
www.rak-brb.de, info@rak-brb.de

Rechtsanwaltskammer für den Oberlandesgerichtsbezirk Braunschweig
Lessingplatz 1, 38100 Braunschweig
Telefon: 05 31/1 23 35 – 0, Telefax: 05 31/1 23 35 – 66
www.rak-braunschweig.de, info@rak-braunschweig.de

Hanseatische Rechtsanwaltskammer Bremen
Knochenhauerstraße 36/37, 28195 Bremen
Telefon: 04 21/1 68 97 – 0, Telefax: 04 21/1 68 97 – 20
www.rak-bremen.de, kontakt@rak-bremen.de

Rechtsanwaltskammer für den Oberlandesgerichtsbezirk Celle
Bahnhofstraße 5, 29221 Celle
Telefon: 0 51 41/92 82 – 0, Telefax 0 51 41/92 82 – 42
www.rakcelle.de, info@rakcelle.de

Rechtsanwaltskammer Düsseldorf
Freiligrathstraße 25, 40479 Düsseldorf
Telefon: 02 11/4 95 02 – 0, Telefax: 02 11/4 95 02 – 28
www.rechtsanwaltskammer-duesseldorf.de, info@rechtsanwaltskammer-duesseldorf.de

Rechtsanwaltskammer Frankfurt
Bockenheimer Anlage 36, 60322 Frankfurt/Main
Telefon: 0 69/17 00 98 – 01, Telefax: 0 69/17 00 98 – 50)
www.rechtsanwaltskammer-ffm.de, info@rak-ffm.de

Rechtsanwaltskammer Freiburg
Bertoldstraße 44, 79098 Freiburg im Breisgau
Telefon: 07 61/3 25 63, Telefax: 07 61/28 62 61
www.rak-freiburg.de, info@rak-freiburg.de

Hanseatische Rechtsanwaltskammer Hamburg
Valentinskamp 88, 20355 Hamburg
Telefon: 0 40/35 74 41 – 0, Telefax: 0 40/35 74 41 – 41
www.rak-hamburg.de, info@rak-hamburg.de

Rechtsanwaltskammer für den Oberlandesgerichtsbezirk Hamm
Ostenallee 18, 59063 Hamm
Telefon: 0 23 81/98 50 – 00, Telefax: 0 23 81/98 50 – 50
www.rak-hamm.de, info@rak-hamm.de

Rechtsanwaltskammer Karlsruhe
Reinhold-Frank-Straße 72, 76133 Karlsruhe
Telefon: 07 21/2 53 40, Telefax: 07 21/2 66 27
www.rak-karlsruhe.de, info@rak-karlsruhe.de

Rechtsanwaltskammer Kassel
Karthäuser Straße 5a, 34117 Kassel
Telefon: 05 61/78 80 98 – 0, Telefax: 05 61/78 80 98 – 11
www.rechtsanwaltskammer-kassel.de, rak@rechtsanwaltskammer-kassel.de

Rechtsanwaltskammer Koblenz
Rheinstraße 24, 56068 Koblenz
Telefon: 02 61/3 03 35 – 0, Telefax: 02 61/3 03 35 – 22
www.rakko.de, info@rakko.de

Rechtsanwaltskammer Köln
Riehler Straße 30, 50668 Köln
Telefon: 02 21/97 30 10 – 0, Telefax: 02 21/97 30 10 – 50
www.rak-koeln.de, kontakt@rak-koeln.de

Rechtsanwaltskammer Mecklenburg-Vorpommern
Arsenalstraße 9, 19053 Schwerin
Telefon: 03 85/51 19 60 – 0, Telefax: 03 85/51 19 60 – 99
www.rak-mv.de, info@rak-mv.de

Rechtsanwaltskammer für den Oberlandesgerichtsbezirk München
Tal 33, 80331 München
Telefon: 0 89/53 29 44 – 0, Telefax: 0 89/53 29 44 – 28
www.rak-muenchen.de, info@rak-muenchen.de

Rechtsanwaltskammer Nürnberg
Fürther Straße 115, 90429 Nürnberg
Telefon: 09 11/9 26 33 – 0, Telefax: 09 11/9 26 33 – 33
www.rak-nbg.de, info@rak-nbg.de

Rechtsanwaltskammer für den Oberlandesgerichtsbezirk Oldenburg
Staugraben 5, 26122 Oldenburg
Telefon: 04 41/92 54 3 – 0, Telefax: 04 41/92 54 3 – 29
www.rak-oldenburg.de, info@rak-oldenburg.de

Rechtsanwaltskammer des Saarlandes
Am Schloßberg 5, 66119 Saarbrücken
Telefon: 06 81/58 82 80, Telefax: 06 81/58 10 47
www.rak-saar.de, zentrale@rak-saar.de

Rechtsanwaltskammer Sachsen
Glacisstraße 6, 01099 Dresden
Telefon: 03 51/31 85 90, Telefax: 03 51/3 36 08 99
www.rak-sachsen.de, info@rak-sachsen.de

Rechtsanwaltskammer des Landes Sachsen-Anhalt
Gerhart-Hauptmann-Straße 5, 39108 Magdeburg
Telefon: 03 91/25 27 21 – 0, Telefax: 03 91/25 27 20 – 3
www.rak-sachsen-anhalt.de, info@rak-sachsen-anhalt.de

Schleswig-Holsteinische Rechtsanwaltskammer
Gottorfstraße 13, 24837 Schleswig
Telefon: 0 46 21/93 91 – 0, Telefax: 0 46 21/93 91 – 26
www.rak-sh.de, info@rak-sh.de

Rechtsanwaltskammer Stuttgart
Königstraße 14, 70173 Stuttgart
Telefon: 07 11/22 21 55 – 0, Telefax: 07 11/22 21 55 – 11
www.rak-stuttgart.de, info@rak-stuttgart.de

Rechtsanwaltskammer Thüringen
Bahnhofstraße 46, 99084 Erfurt
Telefon: 03 61/6 54 88 – 0, Telefax: 03 61/6 54 88 – 20
www.rak-thueringen.de, info@rak-thueringen.de

Rechtsanwaltskammer Tübingen
Christophstraße 30, 72072 Tübingen
Telefon: 0 70 71/9 90 10 – 30, Telefax: 0 70 71/9 90 10 – 5 10
www.rak-tuebingen.de, info@rak-tuebingen.de

Pfälzische Rechtsanwaltskammer Zweibrücken
Landauer Straße 17, 66482 Zweibrücken
Telefon: 0 63 32/80 03 – 0, Telefax: 0 63 32/80 03 – 19
www.rak-zw.de, zentrale@rak-zw.de

Darüber hinaus gibt es zahlreiche Anbieter im Internet, bei denen eine Anwaltssuche möglich ist. Allerdings lässt sich nicht jeder Anwalt bzw. Fachanwalt – für ihn kostenpflichtig – dort registrieren.

3.2 Impressum im Internet

Wie sonstige Anbieter von elektronischen Informations- und Kommunikationsdiensten müssen auch Makler die Bestimmungen des Telemediengesetzes befolgen, ansonsten drohen Bußgelder bis zu 50.000 EUR. Hier heißt es insbesondere aufgepasst bei der Gestaltung des Impressums der Homepage. § 5 TMG schreibt insoweit bestimmte Informationspflichten vor.

Telemediendienste sind zunächst alle elektronischen Informations- und Kommunikationsdienste, also grundsätzlich alle Arten von Internetseiten. Anbieter im Sinne des § 1 TMG sind alle

- natürlichen Personen,
- juristischen Personen und
- öffentlichen Stellen,

die eigene oder fremde Telemedien zur Nutzung zur Verfügung stellen oder den bloßen Zugang zur Nutzung vermitteln.

Beispiel !

Paradebeispiel sind die Internetauftritte von Immobilienmaklern oder entsprechenden Vermittlungsplattformen wie Immobilienscout24, Immonet und Immowelt.

3.2.1 Erforderliche Angaben

Die Bestimmungen des § 5 TMG fordern die im Folgenden beschriebenen Angaben im Rahmen eines Internetauftritts.

Name des Unternehmens mit Angabe der Rechtsform (§ 5 Abs. 1 Nr. 1 TMG)
Ist die Maklerfirma im Handelsregister eingetragen, so ist der Firmenname anzugeben. Handelt es sich beim Inhaber um einen eingetragenen Kaufmann, muss ebenfalls der im Handelsregister eingetragene Name mit dem Zusatz »e. K.« angegeben werden, und zwar sowohl der Vor- als auch der Zuname.

Handelt es sich um ein Einzelunternehmen, das nicht im Handelsregister eingetragen ist, kann auch der Fantasiename angegeben werden, unter dem der Unternehmer im Geschäftsverkehr auftritt und insbesondere Werbung macht. Zusätzlich ist der Vor- und Zuname des Geschäftsinhabers anzugeben.

Stets ist neben dem Namen bzw. der Firma des Maklerunternehmens dessen Rechtsform anzugeben, also ob es sich beispielsweise um eine GbR, OHG, KG, GmbH, Ltd., UG haftungsbeschränkt, AG oder KGaA handelt.

Vertretungsberechtigte(r) (§ 5 Abs. 1 Nr. 1 TMG)
Stets müssen die Vor- und Zunamen der vertretungsberechtigten Person(en) angegeben werden.

Beispiele !

Was einzutragen ist, hängt von der jeweiligen Gesellschaftsform ab.

- Bei einer GmbH: Luxus-Immobilien GmbH, vertreten durch die Geschäftsführer Max Mustermann und Moritz Musterfeld
- Bei einer GmbH & Co KG: Luxus-Immobilien GmbH & Co KG, vertreten durch die Komplementärin Mustermann GmbH, diese vertreten durch den Geschäftsführer Moritz Musterfeld
- Bei einer KG: Luxus-Immobilien KG, vertreten durch die Komplementäre Max Mustermann und Moritz Musterfeld
- Bei einer OHG: Luxus-Immobilien OHG, vertreten durch die Gesellschafter Max Mustermann und Moritz Musterfeld
- Bei einer GbR: Luxus-Immobilien GbR, vertreten durch die Gesellschafter Max Mustermann und Moritz Musterfeld
- Bei einer AG: Luxus-Immobilien AG, vertreten durch den Vorstand Max Mustermann und Moritz Musterfeld

- Bei einem eingetragenen Kaufmann (e. K.): Luxus-Immobilien Max Mustermann e. K., Inhaber Max Mustermann
- Bei einem Einzelunternehmer ohne Handelsregistereintragung: Luxus-Immobilien Max Mustermann, Inhaber Max Mustermann

Stets ist die korrekte Bezeichnung des Vertretungsberechtigten anzugeben, zum Beispiel Geschäftsführer bei der GmbH oder Vorstand bei der AG. Insbesondere bei den eingetragenen Kaufleuten und den Einzelunternehmern sollte hingegen auf solche Begriffe verzichtet werden. Tatsächlich muss jeweils der Vertretungsberechtigte angegeben werden, allein die Angabe eines »inhaltlich Verantwortlichen« genügt nicht.

Kapital (§ 5 Abs. 1 Nr. 1 TMG)
Angaben zum Kapital sind nicht erforderlich. Werden sie allerdings gemacht, müssen das Stamm- oder Grundkapital und der Gesamtbetrag der ausstehenden Einlagen angegeben werden.

Anschrift (§ 5 Abs. 1 Nr. 1 TMG)
Einzutragen ist die vollständige Postanschrift des Geschäftssitzes oder der Niederlassung, also Straße, Hausnummer, Postleitzahl und Stadt. Sind mehrere Niederlassungen vorhanden, sollte im Zweifel die Hauptniederlassung gewählt werden. Allein die Angabe eines Postfachs genügt nicht, da die Zustellung von Schriftstücken und insbesondere gerichtlicher Korrespondenz möglich sein muss. Bei der angegebenen Adresse muss es sich um eine ladungsfähige Anschrift im Sinne des § 253 Abs. 2 Satz 1 ZPO i. V. m. § 130 Nr. 1 ZPO handeln. Die Angabe der Adresse einer Privatperson bzw. der Privatadresse eines kommerziellen Anbieters genügt als Geschäftsanschrift nicht.

Kontaktdaten (§ 5 Abs. 1 Nr. 2 TMG)
Die Angabe (weiterer) Kontaktdaten soll die schnelle Kontaktaufnahme und unmittelbare Kommunikation ermöglichen. Anzugeben ist daher in erster Linie die E-Mail-Adresse. Lange Zeit umstritten war, ob zwingend auch eine Telefonnummer erforderlich ist. Eine entsprechende Pflicht hatte das OLG Köln (Urteil vom 13.2.2004, 6 U 109/03, NJW-RR 2004, 1570) bejaht, das OLG Hamm (Urteil vom 17.3.2004, 20 U 222/03, NJW-RR 2004, 1045) verneint. Der BGH (Urteil vom 26.4.2007, I ZR 190/04, VersR 2007, 929) hatte das Problem dem Europäischen Gerichtshof (EuGH) zur Entscheidung vorgelegt. Dieser hält die Angabe einer Telefonnummer nicht zwingend für erforderlich (Urteil vom 16.10.2008, C – 298/07, NJW 2008, 3553). Neben der E-Mail-Adresse muss jedoch ein zweiter unmittelbarer und effizienter Kommunikationsweg angeboten werden. Das kann, muss aber nicht zwingend das Telefon sein. Genügen kann etwa eine elektronische Anfragemaske, soweit dem Nutzer innerhalb eines kurzen Zeitraums geantwortet wird. Ausreichend wäre freilich auch die Angabe der Telefaxnummer. Allerdings empfiehlt es sich, stets auch die Telefonnummer anzugeben.

Bei der Telefonnummer ist wenigstens die Stadtvorwahl anzugeben. Zwar nicht erforderlich, aber wünschenswert wäre zudem die jeweilige Landesvorwahl, für Deutschland also 0049. Wird eine Mehrwertdienstenummer genannt, ist deutlich auf den entsprechenden Tarif hinzuweisen.

Zuständige Aufsichtsbehörde (§ 5 Abs. 1 Nr. 3 TMG)
Da die Maklertätigkeit der behördlichen Zulassung bedarf, müssen entsprechende Angaben zur zuständigen Aufsichtsbehörde gemacht werden; diese ist namentlich samt Adresse zu bezeichnen. Soweit möglich, sollte auch ein entsprechender Link zu dem Internetportal der zuständigen Behörde gesetzt werden. Stets muss die aktuell zuständige Aufsichtsbehörde angegeben werden, darauf ist insbesondere nach Verlegung des Betriebssitzes zu achten, da sich damit die zuständige Aufsichtsbehörde ändern kann.

Welche Behörde die erforderliche gewerberechtliche Zulassung nach § 34c GewO erteilt hatte, muss hingegen nicht angegeben werden (LG Düsseldorf, Urteil vom 8.8.2013, 14c O 92/13 U, GRUR-RR 2014, 168).

Angabe von Registereintragungen (§ 5 Abs. 1 Nr. 4 TMG)
Ist die Maklerfirma etwa im Handels-, Partnerschafts- oder Genossenschaftsregister eingetragen, muss das entsprechende Register nebst dazugehöriger Registernummer angegeben werden. Auch die das Register führende Stelle ist anzugeben, also das insoweit zuständige Amtsgericht.

Angaben reglementierter Berufe (§ 5 Abs. 1 Nr. 5 TMG)
Da die Maklertätigkeit keinem der sogenannten reglementierten Berufe zuzuordnen ist, sind entsprechende Angaben obsolet. Als reglementierte Berufe gelten solche, deren Zugang gesetzlich geregelt ist, beispielsweise Arzt, Apotheker, Rechtsanwalt, Steuerberater und Wirtschaftsprüfer. Auch bei Berufen, die mit dem Führen eines Titels verbunden sind, der wiederum von bestimmten Voraussetzungen abhängt, sind ergänzende Angaben erforderlich. Dabei handelt es sich in erster Linie um die Berufe Architekt und Ingenieur sowie fast alle Heilberufe wie Physiotherapeut, Ergotherapeut oder Logopäde. Zu den zusätzlichen notwendigen Angaben gehören:

- Zuständige Berufskammer, der der Diensteanbieter angehört
- Gesetzliche Berufsbezeichnung
- Der Staat, in dem diese Berufsbezeichnung verliehen wurde
- Jeweils geltende berufsrechtliche Regelungen und wie diese zugänglich sind

Umsatzsteueridentifikationsnummer (§ 5 Abs. 1 Nr. 6 TMG)
Verfügt der Makler über eine Umsatzsteueridentifikationsnummer nach § 27a Umsatzsteuergesetz (UStG), muss er sie angeben. Ist dies nicht der Fall, muss er sie nicht beantragen, um seinen Pflichten nach dem Teledienstmediengesetz nachzukommen.

Die Umsatzsteueridentifikationsnummer wird nur dann benötigt, wenn nach dem Umsatzsteuergesetz innergemeinschaftliche Lieferungen getätigt werden. Die »normale« Steuernummer muss nicht angegeben werden.

In §5 Abs. 1 Nr. 6 TMG ist weiter von einer Wirtschafts-Identifikationsnummer die Rede, die zwar in §139c der Abgabenordnung (AO) existiert. Die Vergabe von Wirtschafts-Identifikationsnummern hat jedoch noch nicht begonnen. So die Wirtschafts-Identifikationsnummer allerdings vergeben wurde, ist sie im Impressum anzugeben.

Abwicklung oder Liquidation (§5 Abs. 1 Nr. 7 TMG)
Wird das Maklerunternehmen in der Rechtsform der AG, der KGaA oder der GmbH betrieben und befindet sich die Gesellschaft in Abwicklung oder Liquidation, sollte dies angegeben werden.

Ergänzende Angaben nach §55 Abs. 2 RStV
Anbieter mit journalistisch-redaktionell gestalteten Angeboten müssen die oben dargestellten Angaben nach §5 TMG machen und einen Verantwortlichen unter Angabe von Namen und Anschrift zu benennen.

3.2.2 Information zur Teilnahme am Streitbeilegungsverfahren

Im Internetauftritt des Maklerunternehmens ist auch ein Hinweis darüber aufzunehmen, ob der Makler bereit oder verpflichtet ist, an einem Streitbeilegungsverfahren vor einer Verbraucherschlichtungsstelle teilzunehmen. Das Streitbeilegungsverfahren steht lediglich Verbrauchern offen, nicht aber Unternehmern. Die Informationspflicht gilt aber dann nicht, wenn das Maklerunternehmen maximal zehn Personen beschäftigt und nicht bereit ist, an einem Streitschlichtungsverfahren teilzunehmen. Beschäftigt das Maklerunternehmen hingegen mehr als zehn Personen, besteht eine Informationspflicht unabhängig davon, ob Bereitschaft zur Teilnahme an einem Streitbeilegungsverfahren besteht oder nicht: *»XXX–Immobilien ist nicht verpflichtet und nicht bereit, im Fall einer sich aus einem Vertragsverhältnis zwischen XXX-Immobilien und einem Verbraucher ergebenden oder sich darauf beziehenden Streitigkeit vor Klageerhebung ein Streitbeilegungsverfahren vor einer Verbraucherschlichtungsstelle nach den Bestimmungen des Verbraucherstreitbeilegungsgesetzes (VSBG) durchzuführen.«*

3.2.3 Information für Streitigkeiten aus Online-Verträgen

Wiederum dem Verbraucherschutz dient die seit 2016 eingeführte Online-Streitbeilegung auch für Dienstleistungsverträge zwischen Verbrauchern und Unternehmern, also auch mit Blick auf Maklerverträge. Für den Fall, dass der Maklervertrag online abgeschlossen wird, muss der Verbraucher also über die Existenz der europaweiten Online-Plattform zur Streitbeilegung informiert werden. Hierfür ist es ausreichend, wenn der Makler im Impressum auf die EU-Plattform hinweist und einen entsprechenden aktiven Link platziert: *»Die Europäische Union stellt eine Plattform zur Online-Streitbeilegung (OS) bereit. Diese erreichen Sie über diesen Link:* http://ec.europa.eu/consumers/odr/. *Unsere E-Mail-Adresse lautet wie folgt:* info@XXX-immobilien.de. *XXX-Immobilien ist weder verpflichtet noch bereit, an dem Streitschlichtungsverfahren teilzunehmen.«*

3.2.4 Standort der Pflichtangaben

Grundsätzlich gilt: Die nach dem TMG erforderlichen Angaben müssen »leicht erkennbar, unmittelbar erreichbar und ständig verfügbar« sein. Die gesetzlichen Pflichtangaben müssen also auf einer gesonderten, gut erreichbaren Seite des Internetauftritts zu finden sein. Insoweit reicht es nach der Rechtsprechung aus, wenn der Nutzer durch Anklicken von zwei aufeinanderfolgenden Links auf die Seite mit den Pflichtangaben des Anbieters geführt wird (BGH, Urteil vom 20.7.2006, I ZR 228/03, NJW 2006, 3633).

Diese Seite sollte bestenfalls mit »Impressum« oder »Anbieterkennung« bezeichnet und der zu ihr führende Link jeweils an gleicher Stelle in der Navigationsleiste des Internetauftritts aufzufinden sein. Möglichst zu vermeiden ist eine Platzierung am unteren Ende der Seite, da sich der Link in diesem Fall nur durch Scrollen erreichen lässt. Dies dürfte im Ernstfall allerdings unschädlich sein, da es von unterschiedlichen Voraussetzungen abhängt, wie eine Webseite letztlich auf dem Bildschirm des Nutzers erscheint. Für den Nutzer ist jedenfalls stets anhand des Scroll-Balkens am rechten Rand des Browsers erkennbar, dass nicht die ganze Webseite in seinem Blickfeld liegt. Insoweit muss er dort mit dem Vorhandensein weiterer Informationen rechnen, die sichtbar werden, wenn er eben bis zum Ende der Seite scrollt.

ACHTUNG

Es genügt nicht, wenn der Link über eine Grafik aufrufbar ist, da der Nutzer die Darstellung von Grafiken im Browser deaktivieren kann. Ebenfalls nicht ausreichend ist, wenn zunächst ein Plug-in installiert werden muss, damit die Angaben lesbar sind. Müssen PDF-Dateien oder Java-Scripte ausgeführt werden, erfüllt dies nicht die Vorgaben. Dies gilt auch dann, wenn ein Link zum Download der entsprechenden Software zur Verfügung gestellt wird.

3.2.5 Missachtung der Informationspflichten

Nach der maßgeblichen Bestimmung des § 16 Abs. 2 Nr. 1 TMG müssen Anbieter, die absichtlich oder fahrlässig ihren Informationspflichten überhaupt nicht, fehlerhaft oder unvollständig nachkommen, mit einer Geldbuße bis zu 50.000 EUR rechnen. Außerdem kommt eine wettbewerbsrechtliche Abmahnung durch Konkurrenten oder Verbände infrage. In einem derartigen Fall drohen die Abgabe einer strafbewehrten Unterlassungserklärung sowie die Pflicht, die anfallenden Rechtsanwaltskosten zu tragen.

Daneben regelt § 5a UWG den Schutz vor Irreführung durch Unterlassen. Wettbewerbswidrig handelt demnach, wer einem Verbraucher wesentliche Informationen vorenthält. Gemäß § 5a Abs. 2 UWG handelt unlauter, wer die Entscheidungsfähigkeit von Verbrauchern dadurch beeinflusst, dass er eine Information nicht mitteilt, die im konkreten Fall unter Berücksichtigung aller Umstände einschließlich der Beschränkungen des Kommunikationsmittels wesentlich ist. Als wesentlich gelten nach § 5a Abs. 4 UWG Informationen, die dem Verbraucher aufgrund unionsrechtlicher Verordnungen oder nach Rechtsvorschriften zur Umsetzung unionsrechtlicher Richtlinien für kommerzielle Kommunikation einschließlich Werbung und Marketing nicht vorenthalten werden dürfen. Hierbei handelt es sich in erster Linie um die nach der E-Commerce-Richtlinie im Rahmen der Impressumspflicht zu machenden Angaben. Insoweit ist zu beachten, dass jeder noch so unbedeutende Verstoß gegen die Anzeigepflichten einen Wettbewerbsverstoß darstellt.

DIGITALE EXTRAS

Muster: Impressum für eine juristische Person (hier GmbH)

Traumhaus Immobilien GmbH
Vennhausen 4
40215 Düsseldorf
Tel.: (02 11) 12 34 56 78 – 9
Fax: (02 11) 12 34 56 78 – 10
E-Mail: kontakt@traumhaus-immobilien.de

Geschäftsführer: Egon Kalbfleisch
Registergericht: Amtsgericht Düsseldorf
Registernummer: HRB 10101
USt.-ID gemäß § 27a UStG: DE 123456789
(Wirtschafts-Identifikationsnummer, soweit sie vorliegt)

Inhaltlich Verantwortlicher gemäß § 10 Absatz 3 MDStV: Egon Kalbfleisch
Genehmigung nach § 34 c GewO
Aufsichtsbehörde: Gewerbe- und Ordnungsamt der Stadt Düsseldorf
Landeshauptstadt Düsseldorf, Heinrich-Erhardt-Straße 61, 40468 Düsseldorf
Kammer: Industrie- und Handelskammer zu Düsseldorf

Muster: Impressum für eine Handelsgesellschaft (hier: GmbH + Co. KG)

DIGITALE EXTRAS

Traumhaus Immobilien GmbH & Co. KG
Vennhausen 4
40215 Düsseldorf
Tel.: (02 11) 12 34 56 78 – 9
Fax: (02 11) 12 34 56 78 – 10
E-Mail: kontakt@traumhaus-immobilien.de
Registergericht: Amtsgericht Düsseldorf
Registernummer: HRA 01010
Persönlich haftende Gesellschafterin:
Traumimmobilien-Verwaltungs GmbH
Vennhausen 4
40215 Düsseldorf
Tel.: (02 11) 12 34 56 78 – 11
Fax: (02 11) 12 34 56 78 – 12
E-Mail: kontakt@traumimmo.de

Geschäftsführer: Egon Kalbfleisch
Registergericht: Amtsgericht Düsseldorf
Registernummer: HRB 10101
USt.-ID: gemäß § 27 a UStG: DE 123456789
(Wirtschafts-Identifikationsnummer, soweit sie vorliegt)

Inhaltlich Verantwortlicher gemäß § 10 Absatz 3 MDStV: Egon Kalbfleisch
Genehmigung nach § 34c GewO
Aufsichtsbehörde: Gewerbe- und Ordnungsamt der Stadt Düsseldorf
Landeshauptstadt Düsseldorf, Heinrich-Erhardt-Straße 61, 40468 Düsseldorf
Kammer: Industrie- und Handelskammer zu Düsseldorf

DIGITALE EXTRAS

Muster: Impressum für eine natürliche Person (hier: eingetragener Kaufmann)

Traumhaus-Immobilien Lilo Lieblich e. K.
Vennhausen 4
40215 Düsseldorf
Tel.: (02 11) 12 34 56 78 – 11
Fax: (02 11) 12 34 56 78 – 12
E-Mail: kontakt@traumhaus.de

Inhaberin: Lilo Lieblich
USt-IdNr.: DE 123456789 (sofern vorhanden)
(Wirtschafts-Identifikationsnummer, soweit sie vorliegt)

Inhaltlich Verantwortliche gemäß § 10 Absatz 3 MDStV: Lilo Lieblich
Registergericht: Amtsgericht Düsseldorf
Registernummer: HRA 01010
Genehmigung nach § 34c GewO
Aufsichtsbehörde: Gewerbe- und Ordnungsamt der Stadt Düsseldorf
Landeshauptstadt Düsseldorf, Heinrich-Erhardt-Straße 61, 40468 Düsseldorf
Kammer: Industrie- und Handelskammer zu Düsseldorf

DIGITALE EXTRAS

Muster: Impressum für eine natürliche Person

Traumhaus-Immobilien Lilo Lieblich
Vennhausen 4
40215 Düsseldorf
Tel.: (02 11) 12 34 56 78 – 11
Fax: (02 11) 12 34 56 78 – 12
E-Mail: kontakt@traumhaus.de

Inhaberin: Lilo Lieblich
USt-IdNr.: DE 123456789 (sofern vorhanden)
(Wirtschafts-Identifikationsnummer, soweit sie vorliegt)

Inhaltlich Verantwortliche gemäß § 10 Absatz 3 MDStV: Lilo Lieblich
Genehmigung nach § 34 c GewO
Aufsichtsbehörde: Gewerbe- und Ordnungsamt der Stadt Düsseldorf
Landeshauptstadt Düsseldorf, Heinrich-Erhardt-Straße 61, 40468 Düsseldorf
Kammer: Industrie- und Handelskammer zu Düsseldorf

3.2.6 Exkurs: Xing, LinkedIn, Facebook und Co.

Im Bereich der sozialen Netzwerke führen instanzgerichtliche Urteile immer wieder zu erheblichen Unsicherheiten, was die Erfordernisse und den Umfang der Impressumspflicht angeht.

Facebook und Google+

So ist das OLG Düsseldorf (Urteil vom 13.8.2013, I-20 U 75/13, MMR 2014, 393) der Auffassung, die Verlinkung einer Anbieterkennzeichnung nach § 5 TMG unter dem Button »Info« einer gewerbsmäßig betriebenen Facebook-Seite sei unzureichend. Auch Nutzer von Social-Media-Diensten wie Facebook-Accounts müssten eine eigene Anbieterkennung vorhalten, wenn diese Accounts zu Marketingzwecken benutzt würden und nicht nur eine rein private Nutzung vorliege (unter Bezugnahme auf OLG Düsseldorf, Urteil vom 18.12.2007, I-20 U 17/07, MIR 2008, Dok. 231). Die Verlinkung einer Anbieterkennzeichnung nach § 5 TMG unter dem Button »Info« einer gewerbsmäßig betriebenen Facebook-Seite sei unzureichend. Die Bezeichnung »Info« verdeutliche dem durchschnittlichen Nutzer nicht ausreichend, dass hierüber – auch – Anbieterinformationen abgerufen werden können. Die Entscheidung ist durchaus richtig und gilt auch für Accounts bei Google+. Für diese fehlt zwar einschlägige Rechtsprechung, doch lässt sich die zu Facebook ergangene durchaus übertragen.

Nicht wenige Makler bilden letztlich ihre eigene Firmenhomepage mehr oder weniger eins zu eins auf Facebook ab und inserieren ihre Immobilienangebote. Für derartige – kommerzielle – Fälle sieht Facebook keine gesonderte Impressumsrubrik vor, sondern lediglich den allgemeinen Link »Info«. In diesem Zusammenhang ist deshalb zweierlei zu beachten:

1. Das OLG Düsseldorf (a. a. O.) hält es nicht für ausreichend, dass unter vorbezeichneter Rubrik ein Impressum abrufbar ist; darüber lässt sich jedoch streiten.
2. Ganz gefährlich aber wird es, wenn nicht einmal unter dieser Rubrik ein Impressum abrufbar ist.

Die Entscheidung des OLG Düsseldorf dürfte aber auch im Hinblick darauf beachtlich sein, dass sie ein Impressum unter der Rubrik »Info« bei Facebook nicht für ausreichend ansieht, da nach der Rechtsprechung des BGH die Begriffe »Kontakt« und »Impressum« zu wählen sind. Mit diesen Begriffen würde jedenfalls ein durchschnittlicher Internetnutzer eine Internetseite mit den Angaben zur Anbieterkennzeichnung identifizieren (BGH, Urteil vom 20.7.2006, I ZR 228/03, NJW 2006, 3633). Dies gelte aber nicht für die Bezeichnung »Info« auf einer Facebook-Seite. Der Informationsgehalt dieser Bezeichnung bleibt deutlich hinter dem des Begriffs »Kontakt« zurück. Während letzterer dem Nutzer vermittelt, dass über einen so bezeichneten Link Informationen erlangt werden können, wie mit wem Kontakt aufgenommen werden kann (eingeschlossen der Informationen über Identität, Anschrift etc.), ist die Palette der mit dem Begriff »Info« bezeichneten und zu erwartenden Informationen breit.

Fehlt bei Facebook oder Google+ das Impressum, ist ein Wettbewerbsverstoß verwirklicht. Auch Nutzer von Social Media wie Facebook müssen eine eigene Anbieterkennung vorhalten, wenn diese zu Marketingzwecken benutzt werden und nicht nur eine reine private Nutzung vorliegt (LG Köln, Urteil vom 28.12.2010, 28 O 402/10; OLG Düsseldorf, Urteil vom 18.12.2007, I-20 U 17/07, MMR 2008, 682).

Die Informationspflichten des § 5 TMG dienen dem Verbraucherschutz und der Transparenz geschäftsmäßig erbrachter Teledienste, sie stellen daher Marktverhaltensregelungen im Sinne des § 4 Nr. 11 UWG dar (LG Aschaffenburg, Urteil vom 19.8.2011, 2 HK O 54/11, WM 2011, 2340).

! **Tipp**

Um in diesem Zusammenhang Schwierigkeiten – insbesondere wettbewerbsrechtliche Abmahnungen – zu vermeiden, kann der Impressumspflicht beispielsweise für einen Facebook-Account denkbar einfach nachgekommen werden. Da bei Aufruf des entsprechenden Accounts auf der Startseite links stets eine Zusammenfassung der Rubrik »Info« erscheint, sollte das Impressum derart gestaltet werden, dass es unmittelbar in diesem Bereich auf der Startseite erscheint. Des Weiteren besteht die Möglichkeit, ein Impressum von vornherein auf der Startseite zu platzieren.
Nach der maßgeblichen »Zwei-Klick-Rechtsprechung« des BGH (Urteil vom 20.7.2006, I ZR 228/03, NJW 2006, 3633) reicht es auch aus, wenn etwa auf der Startseite im oberen Bereich (sodass kein Scrollen erforderlich ist) deutlich ein Link »Impressum« angebracht ist, der auf die Firmenhomepage des Maklers führt, über die sich dann mit einem zweiten Klick das Impressum aufrufen lässt. Ganz elegant ist es, wenn bereits der Impressum-Button auf der Facebook- bzw. Google+-Seite unmittelbar zur Impressumsseite der eigenen Homepage führt.

XING und LinkedIn

Bei XING-Nutzern hatte eine Entscheidung des LG Stuttgart (Urteil vom 27.6.2014, 11 O 51/14) ganz erheblich für Unsicherheit gesorgt. Hintergrund war die Abmahnung eines Rechtsanwalts durch einen Kollegen. Der abgemahnte Rechtsanwalt hatte im unteren Bereich seines Profils einen Link zum Impressum seiner Homepage angebracht. Dies hielt das Gericht nicht für ausreichend, weil der Link zu klein und nicht hinreichend optisch wahrnehmbar sei.

Relativiert wurde diese Entscheidung in der Berufung vor dem OLG Stuttgart. Wermutstropfen insoweit: Die Gegenseite hatte den klägerischen Anspruch anerkannt, weshalb ein Urteil ohne Entscheidungsgründe erging. Die Richter des OLG Stuttgart hatten jedenfalls deutlich gemacht – die folgenden Ausführungen sind uneingeschränkt auf die Maklerbranche übertragbar –, dass XING-Profile keine selbstständigen Telemedien im Sinne des §5 TMG seien, sondern unselbstständige Teile der von der XING AG betriebenen Plattform. Dies folge daraus, dass nicht veränderbare Kategorien (Ich biete, Berufserfahrung usw.) vorgegeben sind, die der Nutzer lediglich ausfüllen könne. Grafisch ließen sich die Profile nicht verändern, sodass sie im Wesentlichen alle gleich gestaltet seien. Diese Voraussetzungen genügen, um kein eigenständiges Telemedium anzunehmen. Die Impressumspflicht scheitere mithin schon an den Voraussetzungen des §5 TMG. Gehe man dennoch von einer Impressumspflicht aus, genüge ein Profil den Anforderungen durch den Impressumshinweis am unteren Ende der Plattform, soweit auf ein vollständiges Impressum verlinkt werde. Selbst wenn der Link als zu klein angesehen würde, fehle es jedenfalls an einem »spürbaren« Wettbewerbsverstoß.

Wichtig ist in diesem Zusammenhang insbesondere eine Entscheidung des LG München I (Urteil vom 3.6.2014, 33 O 4149/14, MMR 2014, 677). Hier wird jedenfalls grundsätzlich eine Impressumspflicht angenommen. In der Veröffentlichung eines Profils bei XING liege eine geschäftliche Handlung im Sinne von §2 Abs. 1 Nr. 1 UWG, wenn dort nicht nur private Daten des Nutzers aufgeführt seien. Bei XING handele es sich um ein soziales Netzwerk für berufliche bzw. geschäftliche Kontakte, das es seinen Mitgliedern erlauben soll, geschäftliche und berufliche Kontakte zu knüpfen und sich mit anderen Mitgliedern auszutauschen. Hieran knüpfe die Impressumspflicht.

Allerdings sahen die Richter keinen »spürbaren« Wettbewerbsverstoß. Grundsätzlich komme dem Fehlen eines Impressums in der Regel geschäftliche Relevanz zu; die Internetplattform »XING« diene jedoch dazu, Kontakte zwischen Arbeitgebern und Arbeitnehmern bzw. Berufstätigen untereinander zu knüpfen. Dass darüber hinaus über XING üblicherweise Geschäftsabschlüsse angebahnt würden, wurde zumindest im Verfahren nicht vorgetragen. Die Richter konnten jedenfalls unter Zugrundelegung und Würdigung des Sachvortrags der Parteien eine Vergleichbarkeit zwischen einem Basisprofil bei XING und einem (Unternehmens-)Auftritt bei Facebook oder Google+ nicht sehen, weshalb der Verstoß im konkreten Streitfall wettbewerblich nicht relevant war.

ACHTUNG

Die erwähnten Entscheidungen des OLG Stuttgart und LG München I sind nur dann als Orientierungshilfe heranzuziehen, wenn der Makler lediglich allgemeine Angaben über sich oder sein Unternehmen macht und nicht gezielt werbend auf Geschäftsabschlüsse aus ist. Ganz grundsätzlich empfiehlt es sich hiervon unabhängig, dringend auch in XING- und LinkedIn-Profile ein Impressum aufzunehmen, zumindest aber einen weiterführenden Link zum Impressum der entsprechenden Seite.

3.2.7 Exkurs: Datenschutzerklärung

Neben dem Impressum ist in den Internetauftritt gemäß § 13 TMG eine Datenschutzerklärung zu integrieren. Ungeachtet vorgenannter Bestimmung verpflichtet bereits die am 25.5.2018 in Kraft getretene Datenschutz-Grundverordnung (DSGVO) zu einer Datenschutzerklärung im Rahmen des Internetauftritts. Wie das Impressum muss die Datenschutzerklärung mittels Navigationsbutton eindeutig auf jeder Seite der Homepage sicht- und erreichbar sein. Zwar kann sie mit der Impressumseite verbunden sein, der Navigationsbutton muss dann aber entsprechend eindeutig benannt werden: »Impressum/Datenschutzerklärung« oder »Impressum und Datenschutzerklärung«.

Sofern personenbezogene Daten erhoben oder verarbeitet werden, muss die Datenschutzerklärung Informationen darüber enthalten, welche personenbezogenen Daten auf der Homepage erfasst werden. Zudem sind Informationen und Auskünfte darüber erforderlich, zu welchem Zweck die Datenspeicherung erfolgt. Weiter muss der Nutzer erfahren, an wen erhobene Daten möglicherweise weitergegeben werden. Fehlen darf auch nicht die Angabe, ob auf der Webseite ein Webanalysetool eingesetzt wird und wie der Sicherheitsstandard aufgebaut ist. Wird ein Webanalysetool eingesetzt, muss dem Nutzer bzw. Besucher der Homepage die Möglichkeit gegeben werden, der Verwendung zu widersprechen.

Von besonderer Bedeutung sind deutliche Hinweise auf die Rechte der Website-Besucher nach der DSGVO:

- Art. 7 Abs. 3 DSGVO (Recht auf jederzeitigen Widerruf erteilter Einwilligung),
- Art. 15 DSGVO (Recht auf Auskunft über verarbeitete personenbezogene Daten),
- Art. 16 DSGVO (Recht auf unverzügliche Berichtigung unrichtiger oder Vervollständigung gespeicherter personenbezogener Daten),
- Art. 17 DSGVO (Recht auf Löschung gespeicherter personenbezogener Daten, soweit nicht die Verarbeitung zur Ausübung des Rechts auf freie Meinungsäußerung und Information, zur Erfüllung einer rechtlichen Verpflichtung, aus Gründen des öffentlichen Interesses oder zur Geltendmachung, Ausübung oder Verteidigung von Rechtsansprüchen erforderlich ist),
- Art. 18 DSGVO (Recht auf Einschränkung der Verarbeitung personenbezogener Daten),
- Art. 20 DSGVO (Recht auf Übermittlung der personenbezogenen Daten in einem strukturierten, gängigen und maschinenlesbaren Format),
- Art. 77 DSGVO (Recht auf Beschwerde bei einer Aufsichtsbehörde),
- Art. 21 DSGVO (Widerspruchsrecht).

DIGITALE EXTRAS

Muster: Datenschutzerklärung

Datenschutzerklärung
Im Folgenden möchten wir Sie über Art, Umfang und Zweck der Erhebung und Verwendung personenbezogener Daten bei der Nutzung unseres Internetauftritts informieren. Für Rückfragen stehen wir jederzeit gerne zur Verfügung. Unsere Kontaktdaten sind in unserem Impressum aufgeführt.

Die Benutzung unserer Webseite erfordert keine Angabe personenbezogener Daten. Wir erfassen und verarbeiten lediglich die Informationen, die Sie uns über Ihren Browser technisch automatisiert übermitteln. Hierbei handelt es sich um Browsertyp/-version, verwendetes Betriebssystem, Referrer URL, IP-Adresse des zugreifenden Rechners sowie Uhrzeit und Dauer der Serveranfrage. Diese Daten sind für uns nicht bestimmten Personen zuordenbar. Eine Zusammenführung dieser Daten mit anderen Datenquellen wird nicht vorgenommen, die Daten werden zudem nach einer statistischen Auswertung gelöscht. Diese automatisiert übermittelten Daten werden ausschließlich zum Zweck der ordnungsgemäßen und optimalen Darstellung der angebotenen Informationen sowie zum Zweck statistischer Auswertungen erfasst und ausgewertet. Unter Mitwirkung Ihres Internet-Access-Providers ist es allerdings theoretisch über einen gewissen Zeitraum möglich, den Inhaber des Internetanschlusses, über den Sie unsere Seite aufrufen, anhand der übermittelten IP-Adresse zu ermitteln. Informationen über die Dauer der Speicherung benutzter und zugeordneter IP-Adressen bei Ihrem Internet-Access-Provider erteilt dieser auf entsprechende Nachfrage.

Übermitteln Sie uns personenbezogene Daten über das in unserem Webauftritt enthaltene Kontaktformular, geschieht dies auf freiwilliger Basis. Diese Daten werden ausschließlich zur Bearbeitung Ihrer konkreten Mitteilung verwendet. Eine Weitergabe dieser Daten erfolgt ausschließlich nach den Maßgaben des Bundesdatenschutzgesetzes dann, wenn Sie in die Weitergabe der Daten zuvor eingewilligt haben, wir aufgrund gesetzlicher Vorschriften hierzu berechtigt und/ oder aufgrund von Gesetz, Verordnung, behördlicher oder gerichtlicher Anordnung zur Weitergabe verpflichtet sind.

Sie haben das jederzeitige Recht, auf Berichtigung, Sperrung oder Löschung personenbezogener Daten unter den gesetzlichen Voraussetzungen. Selbstverständlich erteilen wir Ihnen unentgeltliche Auskunft über die zu Ihrer Person gespeicherten personenbezogenen Daten, die Empfänger oder Kategorien von Empfängern, an die diese Daten weitergegeben werden sowie den Zweck der Speicherung.

Ergänzung bei Verwendung des Web-Analyse-Tools Google-Analytics

Diese Website benutzt Google Analytics, einen Webanalysedienst der Google Inc. (»Google«). Google Analytics verwendet sog. »Cookies«, Textdateien, die auf Ihrem Computer gespeichert werden und die eine Analyse der Benutzung der Website durch Sie ermöglichen. Die durch den Cookie erzeugten Informationen über Ihre Benutzung dieser Website werden in der Regel an einen Server von Google in den USA übertragen und dort gespeichert. In unserem Auftrag wird Google diese Informationen benutzen, um Ihre Nutzung der Website auszuwerten, um Reports über die Websiteaktivitäten zusammenzustellen und um weitere mit der Websitenutzung und der Internetnutzung verbundene Dienstleistungen gegenüber dem Websitebetreiber zu erbringen.

Die im Rahmen von Google Analytics von Ihrem Browser übermittelte IP-Adresse wird nicht mit anderen Daten von Google zusammengeführt. Sie können die Speicherung der Cookies durch eine entsprechende Einstellung Ihrer Browser-Software verhindern; wir weisen Sie jedoch darauf hin, dass Sie in diesem Fall gegebenenfalls nicht sämtliche Funktionen dieser Website vollumfänglich werden nutzen können. Sie können darüber hinaus die Erfassung der durch das Cookie erzeugten und auf Ihre Nutzung der Website bezogenen Daten (inklusive Ihrer IP-Adresse) an Google sowie die Verarbeitung dieser Daten durch Google verhindern, indem sie das unter dem folgenden Link verfügbare Browser-Plug-in herunterladen und installieren: tools.google.com/dlpage/gaoptout.

Betroffenenrechte

Sie haben das Recht,

- gemäß Art. 7 Abs. 3 DSGVO Ihre einmal erteilte Einwilligung jederzeit gegenüber uns zu widerrufen. Dies hat zur Folge, dass wir die Datenverarbeitung, die auf dieser Einwilligung beruhte, für die Zukunft nicht mehr fortführen dürfen.
- gemäß Art. 15 DSGVO Auskunft über Ihre von uns verarbeiteten personenbezogenen Daten zu verlangen. Insbesondere können Sie Auskunft über die Verarbeitungszwecke, die Kategorie der personenbezogenen Daten, die Kategorien von Empfängern, gegenüber denen Ihre Daten offengelegt wurden oder werden, die geplante Speicherdauer, das Bestehen eines Rechts auf Berichtigung, Löschung, Einschränkung der Verarbeitung oder Widerspruch, das Bestehen eines Beschwerderechts, die Herkunft Ihrer Daten, sofern diese nicht bei uns erhoben wurden, sowie über das Bestehen einer automatisierten Entscheidungsfindung einschließlich Profiling und gegebenenfalls aussagekräftigen Informationen zu deren Einzelheiten verlangen.

- gemäß Art. 16 DSGVO unverzüglich die Berichtigung unrichtiger oder Vervollständigung Ihrer bei uns gespeicherten personenbezogenen Daten zu verlangen.
- gemäß Art. 17 DSGVO die Löschung Ihrer bei uns gespeicherten personenbezogenen Daten zu verlangen, soweit nicht die Verarbeitung zur Ausübung des Rechts auf freie Meinungsäußerung und Information, zur Erfüllung einer rechtlichen Verpflichtung, aus Gründen des öffentlichen Interesses oder zur Geltendmachung, Ausübung oder Verteidigung von Rechtsansprüchen erforderlich ist.
- gemäß Art. 18 DSGVO die Einschränkung der Verarbeitung Ihrer personenbezogenen Daten zu verlangen, soweit die Richtigkeit der Daten von Ihnen bestritten wird, die Verarbeitung unrechtmäßig ist, Sie aber deren Löschung ablehnen, und wir die Daten nicht mehr benötigen, Sie jedoch diese zur Geltendmachung, Ausübung oder Verteidigung von Rechtsansprüchen benötigen oder Sie gemäß Art. 21 DSGVO Widerspruch gegen die Verarbeitung eingelegt haben.
- gemäß Art. 20 DSGVO Ihre personenbezogenen Daten, die Sie uns bereitgestellt haben, in einem strukturierten, gängigen und maschinenlesbaren Format zu erhalten oder die Übermittlung an einen anderen Verantwortlichen zu verlangen.
- gemäß Art. 77 DSGVO sich bei einer Aufsichtsbehörde zu beschweren. In der Regel können Sie sich hierfür an die Aufsichtsbehörde Ihres üblichen Aufenthaltsortes oder Arbeitsplatzes oder unseres Kanzleisitzes wenden.

Widerspruchsrecht

Sofern Ihre personenbezogenen Daten auf Grundlage von berechtigten Interessen gemäß Art. 6 Abs. 1 Satz 1 lit. f DSGVO verarbeitet werden, haben Sie das Recht, gemäß Art. 21 DSGVO Widerspruch gegen die Verarbeitung Ihrer personenbezogenen Daten einzulegen, soweit dafür Gründe vorliegen, die sich aus Ihrer besonderen Situation ergeben. Möchten Sie von Ihrem Widerspruchsrecht Gebrauch machen, genügt eine E-Mail an info@XXX-immobilien.de.

3.2.8 Dienstleistungs-Informationspflichten-Verordnung

Ungeachtet der Maklerpflichten nach dem TMG hat der Makler stets die Vorgaben der Dienstleistungs-Informationspflichten-Verordnung (DL-InfoV) zu erfüllen. Diese sind in aller Regel bereits durch das Impressum des Maklers und seines Internetauftritts im Übrigen erfüllt. Allerdings beschränken sich die Pflichten nach der DL-InfoV nicht nur auf den elektronischen Geschäftsverkehr, sondern sind allgemein zu beachten.

Kernvorschrift ist hier § 2 DL-InfoV. Hiernach hat der Makler vor Abschluss eines schriftlichen Maklervertrages oder, sofern ein schriftlicher Vertrag nicht geschlossen wird, vor Erbringung der Dienstleistung folgende Informationen in klarer und verständlicher Form zur Verfügung zu stellen:

1. seinen Familien- und Vornamen, bei rechtsfähigen Personengesellschaften und juristischen Personen die Firma unter Angabe der Rechtsform,
2. die Anschrift seiner Niederlassung oder, sofern keine Niederlassung besteht, eine ladungsfähige Anschrift sowie weitere Angaben, die es dem Maklerkunden ermöglichen, schnell und unmittelbar mit ihm in Kontakt zu treten, insbesondere eine Telefonnummer und eine E-Mail-Adresse oder Faxnummer,
3. falls der Makler in ein solches eingetragen ist, das Handelsregister, Vereinsregister, Partnerschaftsregister oder Genossenschaftsregister unter Angabe des Registergerichts und der Registernummer,
4. Name und Anschrift der zuständigen Aufsichtsbehörde,
5. falls er eine Umsatzsteuer-Identifikationsnummer nach § 27a des Umsatzsteuergesetzes besitzt, die Nummer,
6. die von ihm gegebenenfalls verwendeten allgemeinen Geschäftsbedingungen,
7. von ihm gegebenenfalls verwendete Vertragsklauseln über das auf den Vertrag anwendbare Recht oder über den Gerichtsstand,
8. gegebenenfalls bestehende Garantien, die über die gesetzlichen Gewährleistungsrechte hinausgehen,
9. falls eine Berufshaftpflichtversicherung besteht, Angaben zu dieser, insbesondere den Namen und die Anschrift des Versicherers und den räumlichen Geltungsbereich.

Diese Informationen sind wahlweise

- dem Dienstleistungsempfänger von sich aus mitzuteilen,
- am Ort der Leistungserbringung oder des Vertragsschlusses so vorzuhalten, dass sie dem Dienstleistungsempfänger leicht zugänglich sind,
- dem Dienstleistungsempfänger über eine von ihm angegebene Adresse elektronisch leicht zugänglich zu machen oder
- in alle von ihm dem Dienstleistungsempfänger zur Verfügung gestellten ausführlichen Informationsunterlagen über die angebotene Dienstleistung aufzunehmen.

Neben den vorerwähnten Angaben muss der Makler seinen Auftraggeber nach § 4 DL-InfoV vor Vertragsschluss bzw. Tätigkeitsaufnahme auch über seine Provisionserwartung aufklären.

Verstöße gegen die Vorschriften der DL-InfoV können gemäß § 6 DL-InfoV, 146 Abs. 2 Nr. 1 GewO mit einer Geldbuße in Höhe von bis zu 1.000 EUR geahndet werden.

3.3 Preisangaben

Von wettbewerbsrechtlicher Relevanz für Makler sind auch die Bestimmungen der Preisangabenverordnung. Insoweit sind »Preiswahrheit« und »Preisklarheit« durch sachlich zutreffende und vollständige Verbraucherinformation oberstes Gebot auch bei der Immobilienvermarktung. Die Preisangabenverordnung dient des Weiteren der Förderung von Preisvergleichen und Wettbewerb. Als Marktverhaltensregel im Sinne des § 3a UWG stellen Verstöße gegen sie unlautere geschäftliche Handlungen dar. Führt ein solcher Verstoß zu einer spürbaren Beeinträchtigung des Wettbewerbs zum Nachteil der Marktteilnehmer, droht also eine wettbewerbsrechtliche Abmahnung.

Die Preisangabenverordnung dient dem Schutz der Verbraucher. Unter diesen Begriff fallen die privaten Nachfrager, die die Waren oder Dienstleistungen für ihren privaten Bereich verwenden werden; insoweit ist er zwar nicht identisch, aber vergleichbar mit dem Verbraucherbegriff des § 13 BGB. Neben privaten Verbrauchern unterliegen grundsätzlich Gewerbetreibende, Freiberufler und der öffentlichen Hand zugehörige Abnehmer dem Schutzbereich der Preisangabenverordnung, so sie Waren oder Dienstleistungen für ihren Privatgebrauch verwenden wollen.

Beispiel !

Ein Rechtsanwalt sucht eine Bürofläche, um seine Kanzlei einzurichten. Da er ein Objekt für seine Geschäftstätigkeit mieten oder kaufen möchte, sind die Bestimmungen der Preisangabenverordnung nicht einschlägig. Sucht er hingegen eine Wohnung oder ein Haus, um darin zu wohnen, geht es um seinen Privatgebrauch. In diesem Fall sind die Bestimmungen der Preisangabenverordnung zu beachten.

Nach § 1 PAngV müssen die gewerbs- oder geschäftsmäßig Anbietenden Gesamtpreise angeben. Darunter ist das tatsächlich zu zahlende Gesamtentgelt zu verstehen (BGH, Urteil vom 7.7.1983, I ZR 113/81, NJW 1983, 2707), also der Gesamtpreis der Ware oder der Leistung einschließlich Umsatzsteuer. Grundstücke, Häuser und Wohnungen unterfallen dem Warenbegriff (BGH, Urteil vom 9.2.1995, I ZR 35/93, NJW 1995, 1755). Im Immobilienbereich gilt als Gesamtpreis der Betrag, der nach der Vorstellung des Werbenden im Grundstückskaufvertrag beurkundet werden soll. Kaufnebenkosten wie Makler-, Notargebühren oder Grunderwerbsteuer fließen hier nicht ein. Bei einem Mietobjekt macht der Gesamtpreis den Betrag aus, der ohne die später entstehenden verbrauchsabhängigen Kosten für die Gebrauchsüberlassung gezahlt werden soll. Wird ein Objekt zusammen mit einer Garage angeboten, muss der Gesamtpreis für Wohnung und Garage angegeben werden (OLG Düsseldorf, Urteil vom 29.7.1999, 2 U 52/92).

Gemäß § 6 Abs. 2 WoVermRG muss bei der Vermietung von Wohnräumen angegeben werden, ob zusätzlich zum Mietpreis Neben- bzw. Betriebskosten zu zahlen sind. Der

Begriff »Bruttokaltmiete« darf nicht verwendet werden, da er für den Mieter nicht verständlich ist (LG Berlin, Urteil vom 20.4.1999, 15 S 6/98).

! **Wichtig**

Werden Quadratmeterpreise ausgewiesen, nicht aber der sich aufgrund der Fläche ergebende Endpreis, liegt ein Verstoß gegen die Preisangabenverordnung vor. Gleichzeitig liegt ein Wettbewerbsverstoß vor, dieser bewegt sich jedoch unter der »Spürbarkeitsschwelle« bzw. der »Wesentlichkeitsschwelle«, sodass keine wettbewerbsrechtlichen Sanktionen drohen (BGH, Urteil vom 5.10.2000, I ZR 210/98, NJW 2001, 522). Entsprechendes gilt für »Blickfangangaben«: Wird der Endpreis genannt, der Quadratmeterpreis jedoch optisch deutlich hervorgehoben, liegt wiederum ein Verstoß gegen die Preisangabenverordnung vor, der gleichzeitige Wettbewerbsverstoß stellt lediglich eine Bagatelle dar (BGH, a. a. O.).

Eine Annonce mit dem Inhalt: »2-, 3- und 4-Zimmer-Wohnungen ab 37 m², ab 49.450 EUR, schlüsselfertig« stellt weder einen Verstoß gegen die Preisangabenverordnung dar, noch ist sie wettbewerbsrechtlich zu beanstanden, da nicht irreführend. Der Leser kann unproblematisch die Preisangabe auf die kleinste Wohnung beziehen (OLG Hamm, Urteil vom 5.7.1994, 4 U 27/94, OLGR Hamm 1994, 222).

Formulierungsbeispiele	
Richtig	**Falsch**
Grundstücksverkauf	
Baugrundstücke von 400 – 1.000 m², KP von 100.000 – 250.000 EUR	Baugrundstücke von 400 – 1.000 m², KP 250 EUR/m²
Baugrundstück, noch nicht vermessen, ca. 650 m², KP 130.000 EUR	Baugrundstück, noch nicht vermessen, ca. 650 m², KP ca. 130.000 EUR auf Basis 200 EUR/m²
Erbpacht	
Einfamilienhaus KP 300.000 EUR, Erbpachtgrundstück 600 m², Erbpacht 2 EUR/m²/Jahr = 1.200 EUR/Jahr, Erbbaurecht 99 Jahre	Einfamilienhaus KP 300.000 EUR, Erbpachtgrundstück 600 m², Erbpacht 2 EUR/m²/Jahr
Reihenhaus KP 180.000 EUR, Erbpachtgrundstück, Erbpacht 150 EUR/Monat, Erbbaurecht noch 50 Jahre	Reihenhaus, Erbpachtgrundstück, KP 180.000 EUR
Eigentumswohnung	
Eigentumswohnung KP 250.000 EUR + Garage 15.000 EUR, Gesamtpreis 265.000 EUR	Eigentumswohnung KP 250.000 EUR + Garage 15.000 EUR
Eigentumswohnung mit Garage KP 250.000 EUR	Eigentumswohnung mit Garage KP 240.000 EUR + 10.000 EUR
2-, 3- und 4-Zimmer-Wohnungen ab 37 m², ab 49.450 EUR, schlüsselfertig	2-, 3- und 4-Zimmer-Wohnungen ab 37 m², KP 2.672,97 EUR/m²

Formulierungsbeispiele	
Richtig	**Falsch**
Miete	
Miete 600 EUR + NK	Miete 8,50 EUR/m² + NK
Warmmiete 900 EUR inkl. NK	Warmmiete 900 EUR
Miete 750 EUR + NK + Garage 80 EUR, Gesamtmiete 830 EUR + NK	Miete 750 EUR + NK + Garage 80 EUR

3.4 Energieausweis

Bereits auf Grundlage der vormals geltenden Energieeinsparverordnung 2014 (EnEV 2014) waren mit Blick auf Verkauf und Vermietung bzw. Verpachtung Angaben zum Energieausweis zu machen. Makler wurden zwar von der EnEV nicht ausdrücklich als Verpflichtete genannt, allerdings traf auch sie die Verpflichtung zur Angabe der Energiekennwerte des Energieausweises auch im Bereich der Vermarktung, also beim Verkauf oder bei der Vermietung von Immobilienobjekten. Am 1.11.2020 ist das Gesetz zur Vereinheitlichung des Energieeinsparrechts für Gebäude (Gebäudeenergiegesetz, GEG) in Kraft getreten. Mit diesem Gesetz werden das Energieeinsparungsgesetz, die Energieeinsparverordnung und das Erneuerbare-Energien-Wärmegesetz in einem neuen Gesetz zusammengeführt. Mit Blick auf Angaben zum Energieausweis werden Makler insoweit ausdrücklich in die Pflicht genommen.

3.4.1 Vorlagepflicht

Im Fall der Veräußerung oder Vermietung bzw. Verpachtung einer »selbstständigen Nutzungseinheit« – in erster Linie also Wohnraum, Gewerberaum, Ein- oder Mehrfamilienhaus, Wohnungs- oder Teileigentum – ist dem Käufer bzw. Mieter oder Pächter vom Verkäufer, Vermieter oder Verpächter nach § 80 Abs. 4 GEG zwingend ein Energieausweis vorzulegen.

Wichtig !

Der Energieausweis muss vorgelegt werden. Erklärt etwa der Käufer, dass er darauf verzichtet, ist dies unbeachtlich. Eine entsprechende Vereinbarung mit dem Verkäufer ist gemäß § 134 BGB wegen Gesetzesverstoßes nichtig.
Ob etwas anderes gilt, wenn es sich um ein Abbruchgebäude handelt – es dem Käufer also nur auf den Grundstückserwerb ankommt und er das aufstehende Gebäude abreißen möchte –, liegt auf Grundlage der Bestimmungen des GEG nahe. Nach § 2 Abs. 2 Nr. 8 GEG sind vom Anwendungsbereich der Regelungen über den Energieausweis Wohngebäude ausgenommen, die

für eine Nutzungsdauer von weniger als vier Monaten im Jahr oder für eine begrenzte jährliche Nutzungsdauer bestimmt sind und deren zu erwartender Energieverbrauch für die begrenzte jährliche Nutzungsdauer weniger als 25 Prozent des zu erwartenden Energieverbrauchs bei ganzjähriger Nutzung beträgt.

Der Energieausweis muss den Interessenten bereits im Rahmen des Besichtigungstermins in Kopie vorgelegt werden. Die Vorlagepflicht wird auch durch einen deutlich sichtbaren Aushang oder ein deutlich sichtbares Auslegen während der Besichtigung erfüllt. Findet keine Besichtigung statt, hat der Verkäufer oder der Makler den Energieausweis oder eine Kopie hiervon dem potenziellen Käufer unverzüglich vorzulegen. Der Verkäufer oder Makler muss den Energieausweis als Original oder Kopie spätestens unverzüglich dann vorlegen, wenn der potenzielle Käufer ihn hierzu auffordert; ansonsten ist er unverzüglich nach Abschluss des Kaufvertrags dazu verpflichtet. Wie bereits erwähnt, wäre eine entsprechende Verzichtserklärung des Käufers unbeachtlich. Entsprechendes gilt bei der Vermietung, der Verpachtung und auch dem Leasing eines Gebäudes, einer Wohnung oder einer sonstigen selbstständigen Nutzungseinheit.

3.4.2 Inhalt von Werbemaßnahmen

Hinsichtlich des Inhalts von Immobilienanzeigen in kommerziellen Medien sind nach der Bestimmung des § 87 GEG bestimmte Pflichtangaben vorgeschrieben:

1. Art des Energieausweises: Energiebedarfsausweis oder Energieverbrauchsausweis
2. Der im Energieausweis genannte Wert des Endenergiebedarfs oder Endenergieverbrauchs für das Gebäude
3. Die im Energieausweis genannten wesentlichen Energieträger für die Heizung des Gebäudes
4. Bei Wohngebäuden das im Energieausweis genannte Baujahr
5. Bei Wohngebäuden die im Energieausweis genannte Energieeffizienzklasse

Bei Nichtwohngebäuden muss bei Energiebedarfs- und Energieverbrauchsausweisen als Pflichtangabe der Endenergiebedarf oder Endenergieverbrauch sowohl für Wärme als auch für Strom jeweils getrennt aufgeführt werden.

Die genannten Pflichtangaben sind stets bei Verkauf, Vermietung, Verpachtung und Leasing bei Immobilienanzeigen zum Verkauf, der Vermietung, der Verpachtung oder zum Leasing eines Gebäudes, einer Wohnung oder einer sonstigen selbstständigen Nutzungseinheit zu machen.

Bei Energieausweisen, die nach dem 30.9.2007 und vor dem 1.5.2014 ausgestellt wurden, sind folgende Pflichtangaben in Immobilienanzeigen zu machen:

1. Bei Energiebedarfsausweisen für Wohngebäude der Wert des Endenergiebedarfs, der auf Seite 2 des Energieausweises angegeben ist
2. Bei Energieverbrauchsausweisen für Wohngebäude der Energieverbrauchskennwert, der auf Seite 3 des Energieausweises angegeben ist (enthält der Energieverbrauchskennwert nicht den Energieverbrauch für Warmwasser, ist der Energieverbrauchskennwert um eine Pauschale von 20 Kilowattstunden (kWh) pro Jahr und m^2 Gebäudenutzfläche zu erhöhen)
3. Bei Energiebedarfsausweisen für Nichtwohngebäude der Gesamtwert des Endenergiebedarfs, der Seite 2 des Energieausweises zu entnehmen ist
4. Bei Energieverbrauchsausweisen für Nichtwohngebäude sowohl der Heizenergieverbrauchs- als auch der Stromverbrauchskennwert, die beide Seite 3 des Energieausweises zu entnehmen sind.

3.4.3 Verpflichtete

Ihrem Wortlaut nach verpflichtet die Bestimmung des § 80 Abs. 4 GEG hinsichtlich Vorlagepflicht und Pflichtangaben in Werbemedien sowohl den Verkäufer bzw. den Vermieter als auch den Makler.

Achtung !

Gegenüber der früheren Rechtslage auf Grundlage der EnEV ist der Makler also nunmehr unmittelbar gesetzlich verpflichtet.

Die nach § 87 Abs. 1 GEG geforderten Pflichtangaben hat der Makler also zwingend in seine Angebote aufzunehmen. Insoweit bestimmt § 5a Abs. 2 UWG, dass eine unlautere Handlung vorliegt, wenn die Entscheidungsfähigkeit von Verbrauchern dadurch beeinflusst wird, dass eine Information vorenthalten wird, die im konkreten Fall unter Berücksichtigung aller Umstände einschließlich der Beschränkung des Kommunikationsmittels wesentlich ist. Ergänzt wird diese Bestimmung durch § 5a Abs. 4 UWG. Hiernach gelten als wesentlich auch Informationen, »die dem Verbraucher aufgrund gemeinschaftsrechtlicher Verordnungen oder nach Rechtsvorschriften zur Umsetzung gemeinschaftsrechtlicher Richtlinien für kommerzielle Kommunikation einschließlich Werbung und Marketing nicht vorenthalten werden dürfen«. Da mit der EnEV 2014 und infolge dessen durch das GEG die europäische Richtlinie 2010/13/EU vom 19.5.2010 umgesetzt wurde, die in Art. 12 Abs. 4 die Angaben in der Werbung verlangt, muss also auch der Makler die Pflichtangaben nach EnEV bei seiner Akquise berücksichtigen. Tut er dies nicht, liegt ein Wettbewerbsverstoß vor, der Abmahnungen anderer Maklerunternehmen, der IHK oder von Wettbewerbsvereinen nach sich ziehen kann (BGH, Urteil vom 5.10.2017, I ZR 229/16).

! **Beispiel**

Die Pflichtangaben können bei Wohnimmobilien wie folgt in der Annonce gemacht werden:
Baujahr: 2003
Heizungsart: Zentralheizung
Wesentlicher Energieträger: Gas
Energieausweistyp: Verbrauchsausweis
Energieverbrauchskennwert: 123,50 kWh/m^2
Energieeffizienzklasse: D

Dies gilt nur dann, wenn der Eigentümer bzw. Vermieter einen Energieausweis überhaupt vorlegen kann. Kann der Eigentümer bzw. Vermieter einen Energieausweis noch nicht zur Verfügung stellen, sollte der Makler in seiner Werbung unbedingt darauf hinweisen, um nicht in Schwierigkeiten wettbewerbsrechtlicher Art zu geraten. Der Energieausweis darf nicht »totgeschwiegen« werden.

! **Tipp**

Liegt ein Energieausweis im Rahmen der Vermarktungsmaßnahmen des Maklers noch nicht vor, sollten die Internet-/Zeitungsannonce bzw. das Exposé folgenden deutlich sichtbaren Hinweis enthalten: »Energieausweis noch nicht vorhanden, Vorlage beim Besichtigungstermin«. Damit sind etwaige Abmahnrisiken gebannt. Dass noch kein Energieausweis vorliegt, sollte sich der Makler unbedingt beweisbar von seinem Auftraggeber bestätigen lassen. Auf der ganz sicheren Seite ist der Makler dann, wenn ihm sein Auftraggeber zudem bestätigt, über die Konsequenzen eines fehlenden Energieausweises aufgeklärt worden zu sein. Dazu ist folgender Formulierungsvorschlag geeignet: »Sehr geehrte/r ...., bitte bestätigen Sie mir mit Ihrer Unterschrift auf diesem Dokument, dass Ihnen ein Energieausweis derzeit noch nicht vorliegt und ich Sie auf die Risiken eines fehlenden Energieausweises – insbesondere im Hinblick auf etwaige Bußgelder – hingewiesen habe.«

Die in einer Immobilienanzeige enthaltenen Pflichtangaben nach dem GEG müssen selbstverständlich richtig sein. Überträgt der Makler nicht korrekte Energiewerte, könnte dies eine Verletzung der Nebenpflichten aus dem Maklervertrag darstellen und deshalb der Auftraggeber ggf. Schadensersatz beanspruchen. Des Weiteren droht nach § 108 Abs. 2 GEG ein Bußgeld bis zu 10.000 EUR. Zudem geht der Makler das Risiko einer wettbewerbsrechtlichen Abmahnung ein (§ 5a Abs. 2 UWG; § 4 Nr. 11 UWG).

3.5 Rechtsdienstleistungsgesetz

»Je geringer die bei der gebotenen typisierenden Betrachtungsweise für die nicht rechtsdienstleistende Haupttätigkeit erforderlichen Rechtskenntnisse sind, umso kleiner ist die Befugnis zur Erbringung von Rechtsdienstleistungen, wodurch über die für die Haupttätigkeit erforderliche berufliche Qualifikation ein gewisser Mindestqualitätsstandard auch für die rechtliche Beratung als Nebenleistung gewährleistet wird« – so der Tenor einer Entscheidung des OLG Düsseldorf (Urteil vom 17.6.2014, I-20 U 16/14, NJW-RR 2014, 1387; im Anschluss an BGH, Urteil vom 30.10.2012, XI ZR 324/11, NJW 2013, 59).

Rechtsdienstleistung ist nach § 2 Abs. 1 RDG jede Tätigkeit in konkreten fremden Angelegenheiten, sobald sie eine rechtliche Prüfung des Einzelfalls erfordert. § 5 Abs. 1 RDG erweitert die Möglichkeit, im Zusammenhang mit einer anderen beruflichen Tätigkeit Rechtsdienstleistungen zu erbringen. Diese sind zulässig, wenn sie als Nebenleistung zum Berufs- oder Tätigkeitsbild oder zur vollständigen Erfüllung der mit der Haupttätigkeit verbundenen Pflichten gehören. Die Rechtsdienstleistung darf jedoch nach ihrem Gewicht und ihrer Bedeutung nicht im Mittelpunkt des Leistungsangebots stehen und muss zum jeweiligen Berufsbild passen.

Ob eine Nebenleistung vorliegt, ist gemäß § 5 Abs. 1 Satz 2 RDG nach ihrem Inhalt, Umfang und sachlichen Zusammenhang mit der Haupttätigkeit unter Berücksichtigung der Rechtskenntnisse zu beurteilen, die für die Haupttätigkeit erforderlich sind. Hier nun schließt sich der Kreis zur zitierten ober- und höchstrichterlichen Rechtsprechung: Je geringer das Erfordernis von Rechtskenntnissen für die eigene Berufsausübung ist, desto eher muss von einer verbotenen Haupttätigkeit ausgegangen werden, wenn umfangreiche Rechtsberatung erfolgt.

In diesem Zusammenhang ist zu berücksichtigen, dass nach der Bestimmung des § 5 Abs. 2 RDG zu den Nebenleistungen Rechtsdienstleistungen gehören, die unter anderem mit der Haus- und Wohnungsverwaltung erbracht werden. Die zitierte Entscheidung des OLG Düsseldorf bezog sich gerade auf den Bereich der Wohnungsverwaltung. Der Verwalter hatte auf seinem Briefkopf Schriftsätze im Rahmen einer Werklohnklage gefertigt, die die Wohnungseigentümerin bei Gericht einreichte. Hier war das Maß definitiv voll.

Wirbt dagegen ein Immobilienmakler, der für seine Kundschaft ein Wohnungsmietobjekt sucht, in einer Anzeige mit der Formulierung »Mietvertrag kostenfrei«, entnehmen die angesprochenen Verkehrskreise dieser Werbung lediglich, dass der Makler potenziellen Vermietern anbietet, ihnen ein Mietvertragsformular kostenlos zu überlassen und ggf. beim Ausfüllen des Formulars behilflich zu sein. Darin liegt kein Verstoß gegen das Rechtsdienstleistungsgesetz (OLG Karlsruhe, Urteil vom 13.10.2010, 6 U 64/10, NJW-RR 2011, 119). Anders sieht es aus, wenn der Makler für seinen Kunden einen auf seine speziellen Wünsche und Vorstellungen angepassten, individuellen Mietvertrag ausarbeitet.

Die Unterstützung beim Ausfüllen eines Formularvertrags stellt keine erlaubnispflichtige Rechtsdienstleistung im Sinne des § 2 Abs. 1 RDG dar, da keine rechtliche Prüfung des Einzelfalls erforderlich ist. Als Unterstützung beim Ausfüllen eines Formularvertrags müssen lediglich die erforderlichen Angaben des Kunden erfragt und in das Formular eingesetzt werden. Auch wenn in diesem Zusammenhang vereinzelt Rechtsfragen aufkommen, etwa wenn es um die Zulässigkeit der Höhe einer Mietkaution geht, bedarf es hier keiner substanziellen Prüfung der Rechtslage im Einzelfall, wie sie der Gesetzgeber als Merkmal einer Rechtsdienstleistung ansieht. Alle Antworten auf wesentliche rechtliche Fragen sind in den handelsüblichen Formularen bereits vorgegeben.

Eine andere Beurteilung käme in Betracht, wenn der Makler auf Bitten der Kunden bereit wäre, mit diesen die Zweckmäßigkeit der im Formular vorgegebenen Regelungen zu erörtern und zu prüfen, ob sie nicht im Einzelfall durch andere, den individuellen Wünschen und Bedürfnissen eher entsprechende Regelungen ersetzt werden sollten (OLG Karlsruhe, Urteil vom 13.10.2010, 6 U 64/10, NJW-RR 2011, 119).

Auch die bloße Aufnahme der Personalien von Käufer und Verkäufer, des Kaufpreises und ähnlicher Informationen in einen notariellen Kaufvertragsentwurf ist erlaubt, da dies keine rechtliche Prüfung erfordert (OLG Bamberg, Urteil vom 10.1.2013, 6 U 60/12, IBRRS 91751). Entsprechendes gilt für Verhandlungen mit verkaufswilligen Grundstückseigentümern wegen eines eventuellen Preisnachlasses. Hierfür ist kein besonderes juristisches Hintergrundwissen notwendig. Etwas anderes kann ggf. gelten, wenn dem Grundstückskauf juristische Schwierigkeiten anhaften und diese vom Makler als Argument verwendet werden, um einen Preisnachlass zu erreichen. Erfahrungsgemäß ist jedoch vor allem Verhandlungsgeschick gefordert, um einen Preisnachlass zu erzielen, in aller Regel fällt aber keine auch nur kursorische rechtliche Prüfung an.

Dem Makler wird es sicherlich auch erlaubt sein, vereinzelten Rechtsrat zu einfachen Fragen zu erteilen. Fragt ihn etwa der Wohnraumvermieter, bis zu welcher Maximalhöhe er mit seinem Mieter eine Kaution vereinbaren kann, wird es dem Makler kaum zu untersagen sein können, auf die Bestimmung des § 551 BGB hinzuweisen.

Völlig unproblematisch darf der Makler selbstverständlich seinen Kunden über bestimmte Klauseln seines Maklervertrags aufklären. Möchte er mit ihm etwa eine Übererlösklausel vereinbaren, muss er auf Nachfragen seines Kunden sogar über das Wesen einer solchen Vereinbarung aufklären, um überhaupt deren Abschluss herbeiführen zu können. Entsprechendes gilt für sämtliche Fragen rund um den Maklervertrag.

Als Nebenpflicht aus dem Maklervertrag wird man vereinzelt gar von einer Verpflichtung des Maklers zur Erteilung von Rechtsrat ausgehen müssen. Dies betrifft alle diejenigen Bereiche, die eng mit Verkauf und Vermietung zu tun haben und in denen dem Makler vom verständigen Kunden ein Informationsvorsprung unterstellt wird. So darf es durchaus als Pflicht des Maklers angesehen werden, seinen Kunden darüber aufzuklären, dass er bei Verkauf oder Vermietung von Immobilien dem Käufer bzw. Mieter einen Energieausweis vorzulegen hat. Da der Makler bei der Vermarktung entsprechende Pflichtangaben zu machen hat (siehe Kapitel 3.4), kann er insoweit jedenfalls einen Informationsvorsprung gegenüber seinem ggf. gänzlich unbedarften Kunden haben; dieser wird einen Makler gerade deswegen einschalten, weil er sich dessen bewusst ist.

Was darf der Makler?

Unproblematisch darf der Makler folgende Dienstleistungen erbringen:

- Mietvertragsformulare zur Verfügung stellen, nicht aber das eigenständige Entwerfen von Verträgen (OLG Karlsruhe, Urteil vom 13.10.2010, 6 U 64/10, NJW-RR 2011, 119)
- Hilfestellung beim Ausfüllen von Mietvertragsformularen (OLG Karlsruhe, a. a. O.)
- Unterstützung bei Modifikationen an Miet- und Kaufverträgen
- Vorbereiten des Notartermins (OLG Bamberg, Urteil vom 10.1.2013, 6 U 60/12, IBRRS 91751)
- Begleitung eines Kunden bei Verhandlungen mit Planungsbehörden und Fachfirmen (OLG Bamberg, a. a. O.)
- Unterstützung des Kunden in der Korrespondenz mit Grundbuch- und Katasteramt (Ibold, Maklerrecht, Rn. 60)
- Beantragung einer Gaststättenerlaubnis für einen Kunden (Ibold, a. a. O.)
- Begleitung und Beratung des Kunden im Zwangsversteigerungsverfahren, wenn dem Makler auch für den Erwerb in der Zwangsversteigerung eine Provision zugesagt wurde (OLG Hamm, BB 1969, 895)
- Verhandlungen im Hinblick auf einen Preisnachlass (OLG Bamberg, a. a. O.)
- Vereinzelter Rechtsrat zu »einfachen« Rechtsfragen
- Auskunftserteilung zu Rechtsfragen den eigenen Maklervertrag betreffend

Was darf der Makler nicht?

Der Makler darf keine eigenen Miet- oder Kaufverträge entwerfen, denn hierzu werden ihm in aller Regel die juristischen Detailkenntnisse fehlen. Zudem darf er für seinen Kunden sicherlich keine Rechtsgutachten fertigen. Die außergerichtliche Vertretung eines Kunden und erst recht die gerichtliche Vertretung sind selbstverständlich ebenfalls verboten.

Die Grauzone zwischen noch erlaubter Beantwortung »einfacher« Rechtsfragen und nicht mehr erlaubter Beantwortung »komplexerer« Rechtsfragen hängt stets vom konkreten Einzelfall ab. Verfügt der Makler über überdurchschnittliche Rechtskenntnisse, vermag man ihm auch die vereinzelte Beantwortung schwierigerer Rechtsfragen nicht verwehren. Ob er im Einzelfall der gestellten Aufgabe gerecht werden kann, muss jeder Makler für sich beurteilen.

Erbringt der Makler unerlaubt Rechtsberatung, wird dies nicht nach dem Rechtsdienstleistungsgesetz sanktioniert. Erteilt der Makler unerlaubt Rechtsberatung, wird sein Provisionsanspruch hiervon nicht berührt und bleibt bestehen (BGH, Urteil vom 8.6.2000, III ZR 187/99, NJW-RR 2000, 1502). Unerlaubte Rechtsberatung stellt aber einen »spürbaren« Wettbewerbsverstoß dar, weshalb wettbewerbsrechtliche Konsequenzen drohen. Von entscheidender Bedeutung ist, dass der Makler seinem Kunden zum Beispiel für unzutreffend erteilten Rechtsrat haftet, eine fehlerhafte Rechtsberatung verpflichtet ihn zum Schadensersatz. Denn wenn der Makler eine Rechtsdienstleistung erbringt, wird der Maklervertrag zusätzlich zum Beratervertrag. Insoweit sei allen Maklern geraten, nur dann Rechtsrat zu erteilen, wenn tatsächlich entsprechende fundierte Kenntnisse vorhanden sind. Der Makler ist weder Rechtsanwalt noch Steuerberater – das weiß der durchschnittlich verständige und aufgeklärte Maklerkunde. Er wird es deshalb dem Makler sicherlich nicht negativ ankreiden, wenn dieser ihn bei rechtlichen Fragen an einen Rechtsanwalt und bei steuerlichen Fragen an einen Steuerberater verweist. Ganz im Gegenteil: Ein derartiges Verhalten schafft Vertrauen!

! **Wichtig**

Bei Rechtsfragen rund um den Immobilienkauf ist es der Notar, der zur Aufklärung und Beratung der Parteien des Kaufvertrags verpflichtet ist, wenn ihm die Beurkundung eines konkreten Immobilienkaufs übertragen wird und er von den Parteien des Hauptvertrags – in aller Regel dem Käufer – entsprechend entlohnt wird. Hierauf sollte der Makler bei auftretenden Rechtsfragen unbedingt hinweisen. Denn er wird für seinen Rechtsrat gerade nicht entlohnt, geht aber immense Haftungsrisiken ein. Für den Fall der Fälle einer unzutreffenden Rechtsauskunft des Maklers mit anschließender Haftung, sollte er sich – soweit vorhanden – bei seiner Vermögensschaden-Haftpflichtversicherung danach erkundigen, ob diese ggf. auch bei Verstößen gegen das Rechtsdienstleistungsgesetz eintritt.

4 Das »Bestellerprinzip« bei der Miete von Wohnraum

Äußerst kontrovers diskutiert, war mit dem Gesetz zur Dämpfung des Mietanstiegs auf angespannten Wohnungsmärkten und zur Stärkung des Bestellerprinzips bei der Wohnungsvermittlung das »Bestellerprinzip« doch noch Gesetz geworden und am 1.6.2015 in Kraft getreten. Die Beschränkung der Berufsfreiheit von Wohnungsvermittlern durch das »Bestellerprinzip« ist verfassungsrechtlich unbedenklich. Der hiermit verbundene Eingriff in die Berufsfreiheit ist als legitimes Ziel des Verbraucherschutzes sozialstaatlich gerechtfertigt und mangels milderer, gleich wirksamer Mittel erforderlich (BVerfG, Beschluss vom 29.6.2016, 1 BvR 1015/15, NJW-RR 2016, 1349). Zu beachten ist, dass die derzeit geltenden Regelungen zum »Bestellerprinzip« zunächst allein den Bereich der Wohnraumvermittlung umfassen. Auf dem großen Markt des Immobilienkaufs bzw. -verkaufs von Gewerbeobjekten sowie bei der Gewerbe- bzw. Geschäftsraummiete hat sich mit dem »Bestellerprinzip« zwar noch nichts an der geltenden Rechtslage geändert, allerdings ist mit dem »Gesetz über die Verteilung der Maklerkosten bei der Vermittlung von Kaufverträgen über Wohnungen und Einfamilienhäuser« am 23.12.2020 ein modifiziertes Bestellerprinzip im Bereich des Wohnimmobilienkaufs bzw. -verkaufs in Kraft getreten (siehe Kapitel 5).

4.1 Hintergrund

Bekanntermaßen sind die Mieten vor allem in gefragten Wohngegenden der Großstädte und Ballungsräume hoch. Dies ist logische Folge eines funktionierenden Markts: Angebot und Nachfrage regeln den Preis. Der aber war der Bundesregierung in manchen Gegenden dann doch zu hoch; das wiederum war Grund genug für eine Deckelung der Mieten und einen hoheitlichen Eingriff in das Marktgefüge. In diesem Zusammenhang wurde weiter als störend empfunden, dass die Maklerprovisionen bei der Wohnraumvermittlung mehr oder weniger »automatisch« vom Wohnungssuchenden zu zahlen waren. Allgemein war jedenfalls die Tendenz zu beobachten, dass derjenige, der nicht bereit war, einen Maklervertrag zu schließen bzw. Provision zu zahlen, durchs Raster fiel. Auch dies sollte sich ändern, weshalb das sogenannte »Bestellerprinzip« proklamiert wurde. Obwohl das im Prinzip nichts wirklich Neues ist, soll derjenige den Makler zahlen, der ihn bestellt. Und das sei schließlich in aller Regel der Vermieter, der seine Wohnung an die Frau oder den Mann gebracht wissen will – soll der also künftig zahlen. Nur ausnahmsweise, wenn der Wohnungssuchende dem Makler einen Suchauftrag erteilt, soll ihn unter weiteren Voraussetzungen eine Provisionspflicht treffen (siehe unten).

Mietpreisbremse und »Bestellerprinzip« haben nicht immer den gewünschten Effekt. Im Hinblick auf die Mietpreisbremse darf sich jedenfalls der gut betuchte Mieter in den noblen Gegenden der angesagten Großstädte freuen. Das »Bestellerprinzip« ist im Einzelfall für die Mieter in den weniger angesagten ländlichen Gegenden ärgerlich, da auch hier die Mieten zumindest vorsichtig anziehen, weil ggf. der Vermieter die von ihm zu zahlende Maklerprovision auf die Miete aufschlägt.

! **Beispiel**

Im sehr begehrten Münchner Stadtteil Lehel liegt die Marktmiete für eine 100 m² große Wohnung bei circa 2.200 EUR kalt. Die ortsübliche Vergleichsmiete aufgrund des qualifizierten Mietspiegels würde bei gehobener Ausstattung des Mietobjekts bei circa 1.700 EUR liegen. Nach den maßgeblichen Bestimmungen der Mietpreisbremse darf der Vermieter bei einer Neuvermietung 10 % hiervon aufschlagen, er kann die Wohnung also für 1.870 EUR vermieten.

Es bedarf keiner Diskussion, dass dieser Preis ohnehin schon sehr hoch ist und eine derartige Wohnung sicherlich nichts für eine Familie mit einem Durchschnittsverdiener und zwei Kindern ist. Hingegen darf sich der Besserverdienende freuen, dass er für die ersehnte Wohnung im Lehel immerhin 330 EUR weniger im Monat berappen muss. Aufs Jahr gerechnet spart er also knapp 4.000 EUR. Dass er obendrein aufgrund des »Bestellerprinzips« ggf. noch die Maklerprovision in Höhe von knapp 4.500 EUR spart, ist ein willkommener Nebeneffekt.

! **Beispiel**

Kostet die Wohnung mit 100 m² auf dem Land bislang 800 EUR kalt, könnte der Vermieter, so er provisionspflichtig einen Makler beauftragt, auf die Idee kommen, die Maklerprovision von 1.904 EUR der Miete zuzuschlagen. Bei veranschlagter dreijähriger Mietzeit würde die Miete demnach auf circa 850 EUR steigen.

4.2 Was heißt »Bestellerprinzip«?

Das »Bestellerprinzip« besagt vereinfacht, dass derjenige, der den Makler beauftragt, ihn zu bezahlen hat. Grundsätzlich zahlt nach dem Maklerrecht derjenige den Makler, der ihn beauftragt. Doch im Bereich der Wohnraumvermittlung wurde dieser Grundsatz in der Praxis regelmäßig aufgeweicht. Denn nicht der eigentlich beauftragende Vermieter hatte die Zeche tatsächlich gezahlt, sondern der künftige Mieter. Zwar konnte die entsprechende Provisionspflicht nur durch einen Maklervertrag mit dem Wohnungssuchenden realisiert werden, der war aber mehr oder weniger zum Abschluss des Vertrags gezwungen, wollte er weiter im Rennen bleiben.

! **Beispiel**

Ein Makler inseriert in einem überregionalen Immobilien-Internetportal eine Wohnung, die Annonce enthält bereits ein ausdrückliches Provisionsverlangen. Zudem werden die Interessenten aufgefordert, sich zu einem bestimmten Besichtigungstermin einzufinden. Vor Ort überreicht der Makler den Anwesenden jeweils ein Maklervertragsformular, das er ausgefüllt unmittelbar zurückhaben möchte. Bei dieser Gelegenheit werden in aller Regel auch Selbstauskunftsformulare unter den Mietinteressenten verteilt.

In aller Regel war hier der Makler vom Vermieter beauftragt – nur der wollte eben keine Provision zahlen, obwohl er den Auftrag zum Anbieten seiner Wohnung erteilt hatte. Aus Maklersicht zunächst ein wichtiger Aspekt, denn bereits vor Inkrafttreten des »Bestellerprinzips« galt der Grundsatz im Bereich der Wohnungsvermittlung, dass der Makler nur dann tätig werden darf, wenn er einen entsprechenden Auftrag vom Vermieter hat. Dies gilt selbstverständlich weiterhin. Erteilt der Vermieter dem Makler den Auftrag, seine Wohnung anzubieten, führt dies allein allerdings nicht zu einer Provisionspflicht des Vermieters. Der Vermieterauftrag soll nur verhindern, dass ein Makler beispielsweise Angebote anderer Makler kopiert und sich zu Vermarktungszwecken zu eigen macht. Makler, die so vorgehen, werden den Wohnraum letztlich nicht erfolgreich vermitteln können, denn in aller Regel wollen Mietinteressenten das Objekt besichtigen. Der betreffende Makler ist aber mangels Vermieterauftrag nicht in der Lage, einen Besichtigungstermin zu organisieren – und verschwendet somit Zeit und Geld der Wohnungssuchenden.

Da der Vermieterauftrag bzw. der »Auftrag zum Anbieten« des Wohnraums allein keine Provisionspflicht des Vermieters auslöste und die Vermieter größtenteils nicht bereit waren, dem Makler eine Provision zu zahlen, bemühten sich die Makler verständlicherweise darum, das Geld vom Mieter zu bekommen. Dieser Praxis hatte der Gesetzgeber einen Riegel vorgeschoben. Mit der Vermarktung der Wohnung wird der Makler vom Vermieter beauftragt, weshalb dieser zahlen soll. Der potenzielle Mieter hat den Makler nicht beauftragt – zumindest nicht im engeren Sinn – und soll daher auch keine Provision zahlen müssen. Der Makler wird im Interesse des Vermieters tätig; hat dieser dem Makler eine Wohnung zur Suche eines für ihn geeigneten Mieters an die Hand gegeben, soll der Mieter keinesfalls zur Zahlung einer Courtage verpflichtet sein. Vereinbarungen, die die Zahlungspflicht für die Maklervergütung auf den Mieter abwälzen, sind unwirksam.

Entgeltpflichtige Maklerverträge zwischen einem Wohnungssuchenden und dem Wohnungsvermittler sind zwar nach wie vor möglich, allerdings ist der Provisionsanspruch des Maklers an strenge Voraussetzungen gebunden. Er entsteht nur dann, wenn der Wohnungssuchende in Textform – etwa per E-Mail – einen Suchauftrag erteilt und der Makler ausschließlich aufgrund dieses Suchauftrags diejenige Wohnung beschafft, über die der Mietvertrag schließlich zustande kommt. Verstöße von Maklern gegen die vorbezeichneten Grundsätze stellen Ordnungswidrigkeiten dar, die mit Bußgeldern geahndet werden können.

4.3 Geltungsbereich des »Bestellerprinzips«

Der Regelungsgehalt des Mietrechtsnovellierungsgesetzes ist hinsichtlich der Mietpreisbremse räumlich beschränkt auf angespannte Wohnungsmärkte, also auf Gebiete, in denen die ausreichende Versorgung der Bevölkerung mit Mietwohnungen in einer Gemeinde oder einem Teil der Gemeinde zu angemessenen Bedingungen besonders gefährdet ist. Welche Gebiete das betrifft, müssen die Länder bis 31.12.2020 festlegen. Dies ist in den meisten Bundesländern bereits geschehen (siehe Kapitel 4.4.2.3).Im Gegensatz hierzu gilt das »Bestellerprinzip« unbeschränkt in ganz Deutschland seit seinem Inkrafttreten am 1.6.2015, es ist also gerade nicht auf die »angespannten Wohnungsmärkte« begrenzt.

Weiter sind die Regelungen des Mietrechtsnovellierungsgesetzes zur Mietpreisbremse zeitlich auf jeweils fünf Jahre beschränkt. Nach § 556d Abs. 2 BGB dürfen die Landesregierungen Gebiete mit angespannten Wohnungsmärkten durch Rechtsverordnung für die Dauer von höchstens fünf Jahren bestimmen. Der Regelungsgehalt des »Bestellerprinzips« gilt hingegen zeitlich unbeschränkt.

4.4 Provisionspflicht des Mieters

Das »Bestellerprinzip« hat nicht etwa zur Folge, dass Mieter per se nicht provisionspflichtig würden. Wenn sie als »Besteller« auftreten, können auch sie Provisionszahlungspflichten treffen. Nach den Vorstellungen des Gesetzgebers ist diese Konstellation aber auf den Ausnahmefall beschränkt, in dem der Mietinteressent an den Makler herantritt und diesem einen Suchauftrag erteilt. Weitere Voraussetzung für eine Provisionspflicht ist, dass der Suchauftrag zumindest in Textform erteilt wurde. Weiter muss der Makler aufgrund dieses Suchauftrags tatsächlich suchend tätig werden und schließlich den Auftrag des Vermieters zum Anbieten des Wohnraums einholen.

! **Beispiel**

Der Wohnungssuchende tritt an den Makler heran und beauftragt ihn mit dem Nachweis bzw. der Vermittlung einer geeigneten Wohnung für ihn. Ein entsprechender provisionspflichtiger Vertrag wird – mindestens in Textform – geschlossen. Daraufhin veröffentlicht der Makler entweder im Internet oder in einer Tageszeitung eine Annonce, in der er geeigneten Wohnraum sucht. Wiederum daraufhin setzen sich mit ihm Vermieter in Verbindung. Der Makler bittet um den Auftrag, die Wohnungen seinem Kunden anbieten zu können, den die Vermieter erteilen. Kommt ein Mietvertrag hinsichtlich eines der Objekte tatsächlich zustande, hat der Makler einen Provisionsanspruch gegen den Mieter.

4.4.1 Suchauftrag in Textform

Grundsätzlich hat der Makler gegen den Wohnungsmieter als seinem Kunden nur dann einen Provisionsanspruch, wenn der entsprechende provisionspflichtige Suchauftrag zumindest in Textform erteilt wurde. Das Bundesverfassungsgericht hat ausdrücklich klargestellt, dass auch dieses Textformerfordernis verfassungskonform ist und keinen Eingriff in das Grundrecht auf freie Berufsausübung darstellt (BVerfG, Beschluss vom 29.6.2016, 1 BvR 1015/15, NJW-RR 2016, 1349).

Die Bestimmung des § 126b BGB charakterisiert die Textform als »eine lesbare Erklärung, in der die Person des Erklärenden genannt ist« und die »auf einem dauerhaften Datenträger abgegeben« ist. Ein dauerhafter Datenträger ist dabei jedes Medium, das es dem Empfänger ermöglicht, eine auf dem Datenträger befindliche, an ihn persönlich gerichtete Erklärung so aufzubewahren oder zu speichern, dass sie ihm während eines für ihren Zweck angemessenen Zeitraums zugänglich ist, und das geeignet ist, die Erklärung unverändert wiederzugeben.

Im Gegensatz zur Schriftform ist keine (Original)Unterschrift erforderlich. Der Textform genügen also insbesondere Telefax, E-Mail und SMS. Da der Makler im Streitfall beweisen muss, dass ein Auftrag zumindest in Textform vorliegt, sollte er auf das Medium SMS verzichten.

Achtung !

Genügt der Vermittlungsauftrag des Wohnungssuchenden nicht der Textform des § 126b BGB, ist er gemäß § 125 BGB nichtig (AG Dülmen, Urteil vom 22.3.2016, 3 C 348/15, WuM 2016, 374). Konsequenz: Der Makler hat keinen Provisionsanspruch gegen den Wohnungssuchenden, auch wenn aufgrund seiner Bemühungen tatsächlich ein Mietvertrag geschlossen wird. Im Übrigen muss nicht nur der Maklervertrag mit dem Wohnungssuchenden der Textform entsprechen, sondern nach der Neuregelung in § 2 Abs. 1 Satz 2 WoVermRG auch der provisionspflichtige Maklerauftrag mit dem Vermieter im Hinblick auf die Wohnraumvermittlung.

Insbesondere wenn Maklerverträge in Textform gemäß § 126b BGB geschlossen werden, handelt es sich in aller Regel um Fernabsatzverträge. Hier ist vor allem im Bereich der Wohnraumvermittlung zu beachten, dass es sich beim Mieter in aller Regel um einen Verbraucher gemäß § 13 BGB handelt und dieser insoweit über sein Widerrufsrecht aufzuklären ist (siehe Kapitel 6.5). Allein der in Textform abgeschlossene Maklervertrag sichert also noch nicht den Provisionsanspruch des Maklers.

Das Erfordernis der Textform wird den Makler nun nicht vor größere Herausforderungen stellen. Ganz im Gegenteil verbessert sich die Situation für den Makler ganz erheblich, wenn der Maklervertrag zumindest in Textform vorliegt, da sich der Abschluss des Maklervertrags so einfacher beweisen lässt als beim lediglich mündlichen Auftrag.

Stets ist freilich Voraussetzung, dass tatsächlich auch ein Vertrag geschlossen wird. Hierfür genügt nicht eine einseitige Erklärung des Maklers, im Fall der erfolgreichen Vermittlung Provision zu verlangen – mag diese auch der Textform genügen. Der Maklerkunde muss dem vielmehr zustimmen, dies ebenfalls in Textform (AG Dülmen, a. a. O.).

4.4.2 Suchauftrag gerichtet auf ein neues Objekt

Eine erhebliche Herausforderung stellt die Voraussetzung dar, dass der Makler dem Wohnungssuchenden keine Bestandsimmobilien anbieten darf, die ihm bereits vom Vermieter an die Hand gegeben wurden. Er muss vielmehr aufgrund des Suchauftrags neue Objekte akquirieren und den entsprechenden Auftrag vom Vermieter zum Anbieten des Objekts einholen.

! **Beispiel**

Der Mietinteressent beauftragt den Makler mit dem Nachweis oder der Vermittlung einer Mietgelegenheit einer 3-Zimmer-Wohnung. Mehrere Vermieter waren in der Vergangenheit bereits an den Makler herangetreten und hatten ihm die Gelegenheit zur Vermittlung entsprechender Mietobjekte angeboten – freilich »provisionsfrei«, da es ja Usus sei, dass sich der Makler seine Provision vom Mieter hole.

Der Makler kann durchaus auf derartige Objekte zurückgreifen und sie seinen Mietinteressenten anbieten. Allerdings hat er dann keinen Anspruch auf Provision gegen den Mietinteressenten, auch wenn dieser eine der Wohnungen anmietet. Der Makler war nämlich bereits vom Vermieter beauftragt. Dass dieser nicht bereit war, eine Provision zu zahlen, ist unerheblich. Ein dennoch mit dem Wohnungssuchenden geschlossener Maklervertrag wäre nichtig, etwa vom Wohnungssuchenden gezahlte Provisionen wären nach § 812 BGB zurückzuzahlen (AG Freiburg, Urteil vom 31.1.2017, 5 C 1869/16, WuM 2017, 220).

In der Praxis dürften insoweit Kollusionsfälle nicht ausgeschlossen sein; also Fälle, in denen der Makler zusammen mit dem Vermieter zum Nachteil des Mietinteressenten agiert. Nach wie vor dürfte es nämlich kaum dem Vermieterinteresse entsprechen, auf eigene Faust zeit- und kostenintensiv – eben ohne professionelle Tätigkeit des Maklers – potenzielle Mieter selbst akquirieren zu müssen. Ebenso dürfte der Vermieter nach wie vor kein Interesse daran haben, den Makler aus eigener Tasche zu bezahlen. Es könnte also in der Praxis vereinzelt darauf hinauslaufen, dass sich Vermieter und Makler zu gegenseitigem Stillschweigen verpflichten und insoweit dem Maklerkunden – sprich Mietinteressenten – eine angeblich neue Mietvertragsgelegenheit nachgewiesen oder vermittelt wird, obwohl sich das entsprechende Objekt bereits im Maklerbestand befindet.

Achtung !

Auf derartige Spielchen sollten sich Makler auf keinen Fall einlassen. So nämlich die Wahrheit ans Licht kommt, hat der Makler den Tatbestand einer Ordnungswidrigkeit gemäß § 8 Abs. 1 Nr. 1 WoVermRG verwirklicht, was ihn gemäß § 8 Abs. 2 WoVermRG bis zu 25.000 EUR kosten kann. Im Wiederholungsfall riskiert er gar die Gewerbeuntersagung oder den Entzug der Gewerbeerlaubnis.

Der Makler kann nach den Vorgaben des Gesetzes nur dann eine Provision von seinem Kunden – also dem Wohnungssuchenden – verlangen, wenn er tatsächlich ein neues, noch nicht in seinem Bestand befindliches Mietobjekt akquiriert. Um der Voraussetzung des § 2 Abs. 1a WoVermRG gerecht werden zu können, muss der Makler in derartigen Fällen wie folgt vorgehen:

1. Zunächst lässt er sich den Suchauftrag zumindest in Textform bestätigen.
2. Sodann macht er sich auf die Suche nach geeigneten Mietobjekten.
3. Ist er fündig geworden, nimmt er Kontakt mit dem Vermieter auf und lässt sich von diesem den Auftrag erteilen, das betreffende Mietobjekt dem Mietinteressenten anbieten zu dürfen.
4. Er bietet dieses Mietobjekt seinen Kunden – also dem Mietinteressenten – an.
5. Kommt daraufhin tatsächlich ein Mietvertrag zustande, hat der Makler einen Provisionsanspruch gegen den Mietinteressenten.

4.4.2.1 Problem: Wohnungsinserat

Nicht im Gesetzestext selbst, sondern lediglich in der Gesetzesbegründung kommt zum Ausdruck, dass der Makler nach Willen und Vorstellung des Gesetzgebers keinen Provisionsanspruch gegen den Wohnungssuchenden haben soll, wenn er eine Wohnung inseriert: »§ 2 Absatz 1a WoVermRG bestimmt, dass der Wohnungsvermittler vom Wohnungssuchenden – sofern ein Mietvertrag zustande kommt – nur dann die Zahlung eines Entgelts verlangen darf, wenn ein Wohnungsvermittlungsvertrag zwischen ihm und dem Wohnungssuchenden besteht und der Vermittler nur zu dessen Erfüllung den Auftrag zum Angebot einer Wohnung im Sinne des § 6 Absatz 1 WoVermRG vom Vermieter einholt. Der Wohnungssuchende, der sich auf ein Wohnungsinserat hin beim Vermittler meldet, darf also nicht zur Zahlung verpflichtet werden.«

Unabhängig davon also, ob der Makler einen Auftrag vom Vermieter hat oder nicht, genügt bereits das Anbieten einer bestimmten Wohnung vor Abschluss des provisionspflichtigen Vermittlungsvertrags mit dem Wohnungssuchenden, einen Provisionsanspruch gegen diesen untergehen zu lassen.

4.4.2.2 Problem: Nachträglicher Vermieterauftrag

Nach der Gesetzesbegründung soll der Wohnungsvermittler auch dann keinen Provisionsanspruch gegen den Wohnungssuchenden haben, wenn er noch keinen Auftrag vom Vermieter hat und ihm der Mietinteressent einen provisionspflichtigen Vermittlungsauftrag erteilt, sich danach aber der Vermieter an ihn zwecks Mieterakquise wendet: »Gibt er dem Vermittler eine Wohnung an die Hand, um einen Mieter zu finden, kommt die wirksame Verpflichtung eines Wohnungssuchenden zur Zahlung der Courtage nicht mehr in Betracht: Nur der Vermieter ist dann Besteller. Das gilt denklogisch ausnahmslos dann, wenn der künftige Mieter sich nach diesem Kontakt zwischen Vermieter und Wohnungsvermittler meldet. Es verhält sich jedoch ebenso, wenn der Wohnungssuchende einen Vermittlungsvertrag geschlossen hat und sich danach ein Vermieter zwecks Mietersuche an den Wohnungsvermittler wendet: Auch in diesem Fall ist nach der Neuregelung der Mieter nicht provisionspflichtig, weil der Wohnungsvermittler nicht ausschließlich wegen des Vermittlungsvertrags mit dem künftigen Mieter tätig geworden ist, sondern auch im Interesse des Vermieters.«

4.4.2.3 Problem: Wohnungsvermittlung in »angespannten Wohnungsmärkten«

Zumindest nach der Gesetzesbegründung ist die Position des Maklers in den »angespannten Wohnungsmärkten«, also den Gebieten, in denen die ausreichende Versorgung der Bevölkerung mit Mietwohnungen in einer Gemeinde oder einem Teil der Gemeinde zu angemessenen Bedingungen besonders gefährdet ist, problematischer als in sonstigen Gebieten. Hier nämlich unterstellt der Gesetzgeber eine Vermutung dahingehend, dass die Initiative stets vom Vermieter ausgeht: »In der Praxis allerdings geht gerade auf angespannten Wohnungsmärkten die Initiative regelmäßig vom Vermieter aus.« Allerdings hat die forensische Praxis der letzten Jahre gezeigt, dass es auf den »angespannten Wohnungsmärkten« gerade nicht verstärkt zu gerichtlichen Auseinandersetzungen zwischen Maklern und Wohnungssuchenden im Hinblick auf die Provision des Maklers gekommen ist.

4.4.2.4 Problem: Abspringen des Mietinteressenten

Nach der maßgeblichen Bestimmung des § 2 Abs. 1a WoVermRG hat der Makler lediglich dann Anspruch auf eine Provision gegen den Mieter, wenn er »ausschließlich wegen des Vermittlungsvertrags mit dem Wohnungssuchenden vom Vermieter oder von einem anderen Berechtigten den Auftrag einholt, die Wohnung anzubieten«.

Beispiel !

Ein Mitarbeiter eines Automobilherstellers soll innerhalb Deutschlands an eine andere Betriebsstätte versetzt werden. Er setzt sich daraufhin mit einem Makler in Verbindung und beauftragt ihn, eine geeignete Mietwohnung zu suchen. Makler und Mitarbeiter schließen einen entsprechend provisionspflichtigen Maklervertrag. Der Makler macht sich an die Arbeit und es gelingt ihm, den Auftrag eines Vermieters zur Vermittlung einer Wohnung einzuholen. Kurze Zeit später teilt der Mitarbeiter dem Makler mit, aus der Versetzung würde nichts, da er weiter an seinem aktuellen Arbeitsplatz beschäftigt wird.

Zunächst einmal ist klar, dass der Makler keinen Anspruch auf Provision hat, denn es ist ja kein Hauptvertrag – sprich Mietvertrag – zustande gekommen. Dies ist allgemeines Maklerrisiko und hat mit dem »Bestellerprinzip« nichts zu tun. Doch gerade wegen des »Bestellerprinzips« problematisch ist die Tatsache, dass der Makler zwar ein für ihn »neues« Wohnungsobjekt akquiriert hat, dieses aber wohl – zumindest nach dem strengen Wortlaut des Wohnungsvermittlungsgesetzes – keinem anderen Mietinteressenten mehr provisionspflichtig wird anbieten können. Wendet sich nämlich ein neuer Mietinteressent an ihn, der als potenzieller Mieter eben dieser Wohnung infrage käme, könnte der Makler gerade nicht »ausschließlich« wegen des Vermittlungsvertrags mit dem Neuinteressenten den Vermieterauftrag einholen. Vielmehr hat er den Vermieterauftrag bereits anlässlich des ersten Mietinteressenten eingeholt; dieser ist demnach »verbraucht«.

Wird also der Mietvertrag zwischen Vermieter und Zweitinteressenten geschlossen, hat der Makler zumindest nach dem Wortlaut des Wohnungsvermittlungsgesetzes keinen Provisionsanspruch gegen den Mieter.

Dieses Problem hatte im Lauf des Gesetzgebungsverfahrens auch der Bundesrat erkannt. Seine Bedenken wurden allerdings nicht aufgenommen, wie die Regelung in § 2 Abs. 1a WoVermRG belegt. Selbst wenn der zweite Mietinteressent, der die Wohnung anmietet, den Makler für seine Mühen entschädigen möchte, tut der Makler gut daran, entsprechende Entgelte nicht entgegenzunehmen. Dies nämlich würde als Ordnungswidrigkeit nach § 8 WoVermRG eine Geldbuße bis zu 25.000 EUR nach sich ziehen.

4.4.2.5 Problem: mehrere gleichgerichtete Mietersuchaufträge

Eng verwandt mit dem geschilderten Problem des Abspringens eines Mietinteressenten ist dasjenige gleichgerichteter Suchaufträge von Mietinteressenten.

Beispiel !

Kurz vor Beginn des Wintersemesters wenden sich nach und nach mehrere Studenten auf der Suche nach 1- oder 2-Zimmer-Wohnungen an den Makler. Am 6.9. kommen Studentin A, am 7.9. die Studenten B und C, am 10.9. Studentin D auf den Makler zu, am 14.9. schließlich

Student E. Am 8.9. hatte der Makler den Auftrag zur Vermittlung vom Vermieter eingeholt; dieser entscheidet sich schließlich für Studentin D als neue Mieterin.

Da der Makler den Auftrag beim Vermieter zwei Tage vor Abschluss des Maklervertrags mit der Studentin und zukünftigen Mieterin eingeholt hat, ist er nicht »ausschließlich« aufgrund des mit ihr geschlossenen Vermittlungsauftrags tätig geworden. Vielmehr hatte er die Wohnung zu diesem Zeitpunkt bereits in seinem Bestand. Insoweit müsste der Makler also auch in dieser Konstellation angesichts des strengen Wortlauts des § 2 Abs. 1a WoVermRG leer ausgehen, falls er nicht einen provisionspflichtigen Maklervertrag mit dem Vermieter geschlossen hat.

! **Achtung**

Im Gesetzgebungsverfahren wurde auch dieses Problem vom Bundesrat thematisiert. Dennoch hat die Bundesregierung hier keine Abhilfe geschaffen, das Gesetz ist stattdessen unverändert in Kraft getreten. Angesichts des Gesetzeswortlauts und eben der Gesetzgebungshistorie dürften wohl auch Gerichte im Streitfall dem Makler keine Provision zusprechen.

4.4.2.6 Problem: fehlender Vermieterauftrag

Hat der Makler keinen entsprechenden Auftrag des Vermieters erhalten, sondern auf anderem Weg von einer Vermietungsgelegenheit erfahren, verwirklicht er zumindest den Tatbestand der Ordnungswidrigkeit des § 8 Abs. 1 Nr. 3 WoVermRG, weil er ohne Auftrag des Vermieters Wohnräume anbietet. Diese Ordnungswidrigkeit kann mit einer Geldbuße bis zu 2.500 EUR geahndet werden (§ 8 Abs. 2 WoVermRG).

! **Beispiel**

Der Makler inseriert Mietangebote im Internet oder in der Tageszeitung oder hängt sie in seinen Geschäftsräumen bzw. im Schaufenster aus, obwohl er keinen Vermieterauftrag hat.

Streng genommen müsste der Makler unter diesen Umständen seinen Provisionsanspruch gegen den Mieter aber behalten, wenn er mit ihm einen entsprechenden Vermittlungsvertrag geschlossen hat und erst daraufhin tatsächlich den Auftrag des Vermieters zur Wohnraumvermittlung einholt. Jedenfalls hatte der fehlende Vermieterauftrag die Gerichte im Rahmen von Provisionsstreitigkeiten zwischen Makler und Mieter bereits in der Vergangenheit beschäftigt. Höchstrichterlich (BGH, Urteil vom 25.7.2002, III ZR 113/02) wurde insoweit entschieden, dass es nicht zur Nichtigkeit des mit dem Wohnungssuchenden geschlossenen Maklervertrags führt, wenn ein Wohnungsvermittler trotz des Verbots in § 6 Abs. 1 WoVermRG Wohnräume anbietet, ohne dass er einen Auftrag vom Vermieter oder von einem anderen Berechtigten hat.

In diesem Zusammenhang ist nun aber die Gesetzesbegründung dringend zu beachten. Wie bereits ausgeführt, soll der Makler grundsätzlich keinen Provisionsanspruch gegen den Wohnungssuchenden haben, wenn sich dieser auf ein Inserat hin beim Makler meldet. Denn auch der Makler, der ohne Auftrag des Vermieters entsprechende Annoncen schaltet, wird letztlich im Interesse des Vermieters tätig. Vorerwähnte BGH-Rechtsprechung ist demnach überholt, der Makler hat in derartigen Konstellationen keinen Provisionsanspruch gegen den Wohnungssuchenden.

Achtung !

Hat der Makler keinen Auftrag des Vermieters zur Wohnraumvermittlung, bietet aber dennoch Wohnungen an, begeht er nicht nur die bereits erwähnte Ordnungswidrigkeit, sondern auch einen Wettbewerbsverstoß mit all seinen negativen Konsequenzen (siehe Kapitel 3.1.5).

Zusammenfassende Beispiele

Zur Veranschaulichung folgen an dieser Stelle drei Beispiele.

Beispiel !

Der Makler erfährt, dass eine Wohnung zur Vermietung steht. Er hat keinen Auftrag vom Vermieter, diese Wohnung anzubieten. Nachdem der Makler die Wohnung inseriert hat, meldet sich ein Mietinteressent bei ihm. Der Mietvertrag wird geschlossen.

Der Makler hat den Tatbestand einer Ordnungswidrigkeit nach § 8 Abs. 1 Nr. 3 WoVermRG verwirklicht, da er die Wohnung ohne Vermieterauftrag nach § 6 Abs. 1 WoVermRG angeboten hat. Gleichzeitig riskiert er wettbewerbsrechtliche Konsequenzen. Gegen den Wohnungssuchenden bzw. Mietinteressenten hat er keinen Provisionsanspruch, da er die Wohnung angeboten hat und insoweit zunächst im Interesse des Vermieters tätig wurde.

Beispiel !

Der Makler hat vom Vermieter den Auftrag bekommen, dessen Wohnung anzubieten. Der Makler inseriert entsprechend und ein Mietinteressent meldet sich bei ihm. Der Mietvertrag wird geschlossen.

Da der Makler die Wohnung im Auftrag des Vermieters angeboten hatte, sind die Voraussetzungen des § 6 Abs. 1 WoVermRG erfüllt. Der Makler hat keinerlei Konsequenzen zu befürchten. Allerdings ist er im Interesse des Vermieters tätig geworden und hat deshalb keinen Provisionsanspruch gegen den Mieter.

Beispiel !

Ein Mietinteressent wendet sich an den Makler mit der Bitte um Nachweis oder Vermittlung einer Mietgelegenheit. Makler und Mietinteressent schließen einen Vermittlungsvertrag in Textform. Der Makler inseriert diesen Suchauftrag. Ein Vermieter meldet sich und der Mietvertrag wird abgeschlossen.

Der Makler hat alles richtig gemacht. Da er keine Bestandsimmobilie angeboten, sondern sich ausschließlich wegen des Mieterauftrags um Wohnungen bemüht hat, besteht auch einen Provisionsanspruch gegen den Mieter.

4.4.2.7 Problem: Vermieterauftrag vor Abschluss des Vermittlungsvertrags

Der Makler hat unzweifelhaft dann keinen Provisionsanspruch gegen den Wohnungssuchenden, wenn er bereits vor Abschluss eines Vermittlungsvertrags den Auftrag des Vermieters zur Wohnungsvermittlung bekommen hat. Wie der Vermieter an den Makler herangetreten ist, hat keine Bedeutung.

! **Beispiel**

Der Wohnungseigentümer ruft den Makler an und teilt ihm mit, er könne gerne seine Wohnung in seinen Bestand aufnehmen. Wenn er einen geeigneten Mieter wüsste, könne er sich ja melden.

Ein derartiges Szenario reicht bereits aus, um eine Provisionspflicht des Wohnungssuchenden auszuschließen. Der Makler wird hier im Interesse des Vermieters tätig, auch wenn dieser den Makler nicht ausdrücklich »beauftragt«. Ein dennoch mit dem Wohnungssuchenden abgeschlossener Maklervertrag wäre nichtig. Der Wohnungssuchende hätte gegen den Makler einen Anspruch auf Rückzahlung ggf. geleisteter Provisionen (AG Freiburg, Urteil vom 31.1.2017, 5 C 1869/16, WuM 2017, 220).

4.4.2.8 Problem: verweigerte Textform

Selbst wenn der Makler im Übrigen sämtliche anspruchsbegründenden Voraussetzungen an einen Provisionsanspruch erfüllt, kann er diesen nicht realisieren, wenn der mit dem Wohnungssuchenden geschlossene Vermittlungsauftrag nicht der Textform genügt.

! **Beispiel**

Der Wohnungssuchende setzt sich telefonisch mit dem Makler in Verbindung und bittet ihn, eine geeignete Wohnung zu suchen. Der Makler bittet um kurze Auftragsbestätigung per E-Mail. Der Wohnungssuchende wendet ein, er wolle derzeit »nichts Schriftliches«, da er noch mit anderen Maklern in Kontakt steht.

Führt der Makler die entscheidende provisionsauslösende Tätigkeit aus und holt eigens aufgrund des Auftrags des Wohnungssuchenden den Auftrag des Vermieters zur Vermittlung der Wohnung ein, kann sich der Wohnungssuchende erfolgreich auf die fehlende Textform berufen. Dies dürfte auch nicht treuwidrig sein, da er ja von Anfang an mitgeteilt hat, dass er einen formentsprechenden Auftrag nicht erteilen will. Hier handelt der Makler auf eigenes Risiko entsprechend den Grundsätzen der »aufgedrängten Maklerleistung« (siehe Kapitel 7.1.3). Weitere bittere Pille: Der Makler kann den akquirierten Vermieterauftrag nicht mehr provisionspflichtig für einen anderen Wohnungsinteressenten nutzen, da dieser »verbraucht« ist.

4.4.2.9 Problem: der Wohnungssuchende ist nicht der spätere Mieter

Fraglich ist, ob sich der Makler ggf. einfacher einen Provisionsanspruch gegen einen Dritten sichern kann, der nicht Mieter wird.

Beispiel !

Der Vater macht sich auf die Suche nach einer kleinen Wohnung für seine Tochter, die demnächst ihr Studium beginnen wird. Mieterin soll die Tochter werden. Er meldet sich auf eine entsprechende Annonce beim Makler. Makler und Vater schließen einen provisionspflichtigen Maklervertrag ab, schließlich kommt ein Mietvertrag zustande.

Hier könnte ein Provisionsanspruch gegen den Vater nach den allgemeinen Regeln des Maklerrechts der §§ 652 ff. in Betracht kommen; jedoch nicht, wenn die vorrangigen Spezialregelungen des Wohnungsvermittlungsgesetzes anzuwenden wären. Nach hier vertretener Ansicht ist dies aber gerade der Fall. Im gesamten Wohnungsvermittlungsgesetz ist stets vom »Wohnungssuchenden« die Rede. Auch bei einem Dritten, der nicht für sich selbst, sondern für andere nach Wohnraum sucht, handelt es sich um einen »Wohnungssuchenden«. Der Makler hat also gegen den Dritten als Wohnungssuchenden nur dann einen Provisionsanspruch, wenn er sich ausschließlich wegen dieses Auftrags auf die Suche nach (neuen) Mietobjekten macht.

4.5 Provisionspflicht des Vermieters

Nach wie vor besteht die Möglichkeit, einen provisionspflichtigen Vermittlungsvertrag mit dem Vermieter zu schließen; nach Auffassung des Gesetzgebers soll dies der Regelfall werden. Zu beachten ist in diesem Zusammenhang aber, dass es Maklern kaum noch gelingen dürfte, provisionspflichtige Verträge mit Vermietern zu schließen, die einen Verwalter beschäftigen. Vielmehr dürfte insoweit auf die Verwalter eine neue Aufgabe zukommen, nämlich die Mieterakquise. Dies gilt in erster Linie für den Sondereigentumsverwalter eines Wohnungseigentümers und vor allem für den klassischen Mietverwalter. Es dürfte für den Vermieter jedenfalls deutlich billiger und vor allem unkomplizierter sein, seinen (Sondereigentums-)Verwalter auf Mietersuche zu schicken.

4.5.1 Keine »automatische« Provisionspflicht des Vermieters

Die Modifizierungen des Wohnungsvermittlungsgesetzes aufgrund des Mietrechtsnovellierungsgesetzes führen nicht automatisch zu einer Provisionspflicht des Vermieters. Sie umschreiben lediglich, unter welchen strengen Voraussetzungen eine Provisionspflicht des potenziellen Mieters begründet werden kann. Dennoch kann der Makler auch mit dem Vermieter einen provisionspflichtigen Vermittlungsauftrag abschließen. Sein Provisionsanspruch ist dann gegeben, wenn die Voraussetzungen des § 2 Abs. 1 WoVermRG erfüllt sind, der insoweit mit der Regelung des § 652 Abs. 1 BGB übereinstimmt. Aufgrund des Nachweises oder der Vermittlung des Maklers muss ein Mietvertrag zustande gekommen sein.

! **Achtung**

Im Gegensatz zum allgemeinen Maklerrecht der §§ 652 ff. BGB bedarf der Vermittlungsauftrag über Wohnraum zwischen Makler und Vermieter gemäß § 2 Abs. 1 Satz 2 WoVermRG nunmehr der Textform des § 126b BGB (künftig soll dies auch für den Nachweis bzw. die Vermittlung von Kaufverträgen über Wohnimmobilien gelten; siehe Kapitel 5). Genügt der Vertrag dieser Form nicht, besteht kein Provisionsanspruch gegen den Vermieter, auch wenn ansonsten sämtliche Voraussetzungen eines Provisionsanspruchs erfüllt sind. Insbesondere die Rechtsprechung des BGH (Urteil vom 24.9.2009, III ZR 96/09, NJW-RR 2010, 257) zum sog. Suchauftrag im Bereich des Immobilienkaufs ist auf den Bereich der Wohnraumvermittlung nicht zu übertragen. Hiernach kommt ein provisionspflichtiger Maklervertrag dann zustande, wenn der Kunde dem Makler einen Suchauftrag erteilt und der Makler seine Tätigkeit aufnimmt. Denn derjenige, der sich an einen Makler wendet und Dienste in Form eines Suchauftrags erbittet, macht insoweit ein Angebot auf Abschluss eines Nachweismaklervertrags. Sieht hingegen das Gesetz wie im Bereich der Wohnraumvermittlung bestimmte Formvorschriften für den Maklervertrag vor, kann ein Provisionsanspruch nur erfolgreich realisiert werden, wenn der Maklervertrag diesen Vorgaben entspricht.

Der nach § 6 Abs. 1 WoVermRG erforderliche Auftrag des Vermieters zur Erbringung einer für den Mieter provisionspflichtigen Maklertätigkeit stellt jedenfalls weder einen Auftrag im Sinne des §§ 662 ff. BGB noch eine Willenserklärung zum Abschluss eines Maklervertrags dar (BT-Drucks. 6/1549, S. 13). Die Vorschrift soll nur verhindern, dass Wohnungsvermittler Wohnräume anbieten, von denen sie zufällig durch Dritte erfahren oder die sie aus Anzeigen in Zeitungen entnommen haben, ohne dass sie von dem Berechtigten entsprechend beauftragt wurden. Dadurch sollen den Wohnungssuchenden Zeit und Kosten für die vergebliche Besichtigung von Wohnräumen erspart werden (BT-Drucks. 6/1549, S. 13). Dementsprechend darf ein Wohnungsvermittler einem Wohnungssuchenden eine konkrete Wohnung auch nach einer Suchanfrage des Mieters nur anbieten, wenn er vom Berechtigten hierzu den »Auftrag« eingeholt hat, also die Zustimmung im Sinne des § 6 WoVermRG. Die Zustimmung kann formlos und unabhängig davon erteilt werden, ob der Vermieter einen Vermittlungsvertrag abschließt.

Voraussetzung dafür, dass ein Provisionsanspruch des Maklers gegen den Vermieter entsteht, sind also ein Maklervertrag, die Entfaltung einer typischen Maklertätigkeit – Nachweis oder Vermittlung –, der Abschluss eines Mietvertrags und das weitere Erfordernis, dass der Mietvertrag ursächlich auf die Tätigkeit des Maklers zurückzuführen ist.

4.5.2 Provisionshöhe

Die Bestimmungen des Wohnungsvermittlungsgesetzes regeln lediglich die Provisionshöhe in Bezug auf die vom Mieter als Maklerkunde zu zahlende Provision. Die Beschränkung auf zwei Monatsmieten in § 3 Abs. 2 WoVermRG gilt also nicht für Maklerverträge mit Vermietern als Vertragspartner des Maklers. Vermieter und Makler können vielmehr bis zu den Grenzen der Sittenwidrigkeit und des Wuchers die konkrete Provisionshöhe frei vereinbaren. Es dürfte jedoch davon auszugehen sein, dass wohl kein Vermieter bereit sein wird, dem Makler eine Provision in Höhe von mehr als zwei Monatsmieten entsprechend den Bestimmungen des Wohnungsvermittlungsgesetzes zu zahlen. Dies kann im Einzelfall natürlich anders sein, zum Beispiel wenn es sich um ein besonders schwer zu vermittelndes Objekt handelt.

Interessant und brennend wird die Frage nach der vom Vermieter zu zahlenden Provision in all den Fällen sein, in denen der Vermieter den Makler mit dem Nachweis bzw. der Vermittlung eines Mietvertrags beauftragt und die Frage der konkreten Provisionshöhe nicht thematisiert wurde. Haben die Parteien des Maklervertrags die Provisionshöhe nicht einvernehmlich vereinbart, sieht die Bestimmung des § 653 Abs. 2 BGB Anspruch auf »taxmäßigen« Lohn bei Bestehen einer Taxe – also einer Gebühr mit festen Höchst- und Mindestsätzen – vor, in Ermangelung einer Taxe die übliche Vergütung. Was als übliche Vergütung im Bereich der Wohnraumvermittlung anzusehen ist, brauchte im Hinblick auf die Provisionspflicht der Vermieter bislang nicht geklärt zu werden, da es ja üblich war, dass nicht die Vermieter, sondern die Mieter die Provision des Maklers zu zahlen hatten. Des Weiteren ist zu berücksichtigen, dass es sich bei dem Wohnungsvermittlungsgesetz um ein Schutzgesetz in erster Linie zugunsten der Mieter handelt. Dennoch dürften die Bestimmungen über die Provisionshöhe nach dem Wohnungsvermittlungsgesetz auch für die Provisionshöhe des Vermieters maßgeblich sein, sollten die Partner des Maklervertrags die Provisionshöhe nicht geregelt haben. Es wird also auch im Verhältnis zum Vermieter von einer »üblichen« Provision zweier Monatsmieten auszugehen sein. Zudem dürfte auch im Hinblick auf den Vermieter Bemessungsgrundlage die Kaltmiete ohne Nebenkostenvorauszahlungen sein (siehe vertiefend Kapitel 15.4).

Damit wäre auch die Frage geklärt, wann eine sittenwidrige bzw. wucherische Provisionshöhe anzunehmen ist. Seinem objektiven Tatbestand nach erfordert Wucher ein auffälliges Missverhältnis zwischen Leistung und Gegenleistung. Auffällig ist das Missverhältnis dann, wenn die vom Maklerkunden zu erbringenden Leistung um 100 % oder mehr über dem Marktpreis liegt (LG Berlin, Urteil vom 30.5.2013, 9 O 540/11, ZMR 2014, 419). Geht man also davon aus, dass die übliche Vergütung bzw. der »Marktpreis« im Rahmen der Wohnraumvermittlung auch im Hinblick auf den Vermieter als Maklerkunden bei zwei Monatsmieten liegt, wäre der objektive Wuchertatbestand dann erfüllt, wenn der Makler vier Monatsmieten Kaution verlangen würde.

Zum Tatbestand des Wuchers gehört zudem in subjektiver Hinsicht, dass der Wucherer die beim anderen Teil bestehende Schwächesituation ausnutzt. Von einer Schwäche des Vertragspartners ist auszugehen, wenn bei ihm eine Zwangslage, Unerfahrenheit, mangelndes Urteilsvermögen oder erhebliche Willensschwäche vorliegt.

! **Beispiel**

Der Vermieter beauftragt den Makler mit dem Nachweis bzw. der Vermittlung einer Vermietungsgelegenheit. Bei der Wohnung handelt es sich um ein äußerst hochwertiges Objekt, allerdings in äußerst schlechter Lage. Aufgrund des entsprechend höheren Arbeits- und Kostenaufwands bei der Vermittlung des Objekts zu Mietvorstellungen des Vermieters, erbittet der Makler im Erfolgsfall vier Monatsmieten Provision.

In diesem Fall ist die Provisionsvereinbarung unbedenklich. Für das Verlangen einer höheren Provision sprechen gute Gründe. Unabhängig hiervon fehlen im Beispiel außerdem jegliche Anhaltspunkte für eine Schwäche des Vermieters, die der Makler hätte unlauter ausnutzen können.

! **Beispiel**

Die sehr betagte und gebrechliche Eigentümerin einer Wohnung ist nach Kündigung ihrer Mieter gezwungen, das Objekt möglichst unverzüglich weiterzuvermieten. Im Hinblick auf die Kosten ihrer Pflege ist sie dringend auf die Mieteinnahmen angewiesen. Der Makler spricht vom schlechten Umfeld sowie problematischer Ausstattung und unzureichendem Zustand des Mietobjekts und schlägt als Provision die »üblichen« vier Monatsmieten vor.

In diesem Fall hat der Makler die Zwangslage der Seniorin und deren Unerfahrenheit in unlauterer Weise ausgenutzt. Deshalb wäre hier Wucher zu bejahen.

Rechtsfolge des Wuchers ist im Übrigen die Nichtigkeit des Maklervertrags. Eine geltungserhaltende Reduktion dergestalt, dass der Makler wenigstens Anspruch auf die »übliche« Provision von zwei Monatsmieten hat, scheidet aus. Kann also im Ausnahmefall tatsächlich Wucher angenommen werden, hat der Makler umsonst gearbeitet.

4.5.3 Keine Abwälzungsmöglichkeit auf den Mieter

Die Bestimmung des § 2 Abs. 5 WoVermRG regelt die Unwirksamkeit von Vereinbarungen, durch die der Wohnungssuchende verpflichtet wird, eine vom Vermieter oder einem Dritten geschuldete Provision zu zahlen.

Beispiel

!

Der Vermieter hatte den Makler provisionspflichtig beauftragt, seine hochwertig ausgestattete und in Bestlage befindliche Wohnung an einen zuverlässigen Mieter zu vermitteln. Der akquirierte Mieter hat mit der Wohnung sein Traumobjekt gefunden, was er mehrfach auch dem Vermieter gegenüber äußert. Dieser stellt in Aussicht, den Interessenten »bevorzugt« zu behandeln, wenn er bereit sei, für ihn die Maklerprovision zu übernehmen. Begeistert sagt der Interessent zu. Der Mietvertrag wird geschlossen.

Zahlt der Mieter nicht, kann der Makler seinen Provisionsanspruch jedenfalls nicht gegen den Mieter realisieren, da die entsprechende Vereinbarung unwirksam ist. Hat der Mieter ggf. die Provision gezahlt, kann er sich innerhalb der maßgeblichen Verjährungsfrist eines Besseren besinnen und die an den Makler geleistete Provision zurückfordern (siehe Kapitel 4.7.2).

4.6 Umgehungsstrategien

Angesichts der erheblich verschärften Voraussetzungen für einen Provisionsanspruch gegen den Mieter nach dem novellierten Wohnungsvermittlungsgesetz gilt es, im Hinblick auf mögliche Strategien des Maklers zur Provisionssicherung zunächst die Bestimmung des § 8 WoVermRG im Hinterkopf zu behalten. Sie regelt diverse Ordnungswidrigkeiten, die je nach Ausprägung Geldbußen bis zu 25.000 EUR nach sich ziehen.

4.6.1 Bußgeldtatbestand

Neben den im Wohnungsvermittlungsgesetz bereits verankerten Bußgeldtatbeständen sieht § 8 Abs. 1 Nr. 1 WoVermRG im Zuge der Einführung des »Bestellerprinzips« einen weiteren Bußgeldtatbestand vor: »Ordnungswidrig handelt, wer als Wohnungsvermittler vorsätzlich oder fahrlässig entgegen § 2 Absatz 1a vom Wohnungssuchenden ein Entgelt fordert, sich versprechen lässt oder annimmt.« Nach der in Bezug genommenen Vorschrift des § 2 Abs. 1a WoVermRG darf der Makler vom Wohnungssuchenden nur dann eine Provision verlangen, wenn er ausschließlich aufgrund des mit ihm geschlossenen Vermittlungsvertrags vom Vermieter den Auftrag einholt, die Wohnung anzubieten. Wie bereits ausgeführt, scheiden sämtliche Bestandswohnungen insoweit aus. Der Makler muss sich vielmehr auf die Suche nach einem völlig neuen Mietobjekt machen. Die Ordnungswidrigkeit kann nach der weiteren Bestimmung des § 8 Abs. 2 WoVermRG mit einer Geldbuße bis zu 25.000 EUR geahndet werden.

Ordnungswidrig handelt der Makler also dann, wenn er entgegen diesem Grundsatz
- ein Entgelt fordert,
- sich ein Entgelt versprechen lässt oder
- ein Entgelt annimmt.

Die gesetzliche Regelung stellt nicht ausdrücklich auf eine »Vermittlungsprovision« oder Ähnliches ab, sondern verwendet allgemein den umfassenden Begriff »Entgelt«. Holt der Makler also nicht ausschließlich aufgrund des Vermittlungsauftrags des Wohnungssuchenden einen Auftrag vom Vermieter ein, hat er gegen den Wohnungssuchenden keinerlei Ansprüche, wenn es zum Abschluss des Mietvertrags kommt. Der Makler hat also weder einen Provisionsanspruch noch einen Anspruch auf Aufwendungsersatz.

Der Makler handelt zunächst ordnungswidrig, wenn er ohne Vorliegen der Voraussetzungen des § 2 Abs. 1a WoVermRG vom Wohnungssuchenden ein Entgelt fordert. Fraglich ist insoweit, ob bereits der Abschluss eines provisionspflichtigen Wohnungsvermittlungsauftrags eine Entgeltforderung auslöst, wenn die Voraussetzungen des § 2 Abs. 1a WoVermRG nicht gegeben sind. Da jedoch schon das Entgeltversprechen des Wohnungssuchenden für den Makler eine Ordnungswidrigkeit darstellt, dürfte die soeben gestellte Frage klar mit »Ja« zu beantworten sein. Angesichts der beiden anderen Alternativen einer Ordnungswidrigkeit stellt die Annahme eines Entgelts konsequenterweise ebenso eine Ordnungswidrigkeit dar.

4.6.2 Weitere Konsequenzen

Es sind Strategien denkbar, die gesetzlichen Regelungen zum Nachteil des Wohnungssuchenden auszuhebeln. Bei all diesen Konstellationen hat der Makler allerdings im Fall der Fälle nicht nur den Tatbestand einer Ordnungswidrigkeit erfüllt, sondern riskiert eine Gewerbeuntersagung wegen Unzuverlässigkeit nach § 35 GewO oder den Widerruf seiner Gewerbeerlaubnis nach § 49 VwVfG. Nach dieser Vorschrift kann nämlich ein begünstigender Verwaltungsakt – nach § 34c GewO handelt es sich bei der Gewerbeerlaubnis um einen solchen – widerrufen werden, wenn die Behörde aufgrund nachträglich eingetretener Tatsachen berechtigt wäre, den Verwaltungsakt nicht zu erlassen und ohne den Widerruf das öffentliche Interesse gefährdet würde. Wie in Kapitel 2.1 ausgeführt, kann die Erteilung der Gewerbeerlaubnis jedenfalls bei vermuteter Unzuverlässigkeit versagt werden. Diese wird angenommen, wenn sich der

Makler wiederholt gewerbebezogene Ordnungswidrigkeiten zuschulden kommen lässt. Hieraus folgt zwar, dass die Gewerbeerlaubnis noch nicht bei einem einmaligen Ausrutscher auf dem Spiel steht, sie ist jedoch ernsthaft in Gefahr, wenn der Makler ein zweites Mal ordnungswidrig handelt.

Hat der Makler einen Provisionsanspruch gegen den Wohnungssuchenden lediglich dann, wenn er ausschließlich aufgrund eines entsprechenden Vermittlungsauftrags den Auftrag des Vermieters zur Vermittlung eines Mietvertrags einholt, liegt es nahe, mit dem Vermieter unerlaubt zum Nachteil des Mieters zusammenzuwirken. In diesem Fall würde der Makler vorgeben, wegen des Vermittlungsauftrags des Wohnungssuchenden für diesen beim Vermieter den Vermittlungsauftrag eingeholt zu haben, während sich der Vermieter verpflichten würde, im Hinblick auf den tatsächlich zuvor erteilten »kostenlosen« Vermittlungsauftrag Stillschweigen zu bewahren. So fraglich es ist, ob sich ein Vermieter auf derartige Manöver einlässt, muss der Makler immer damit rechnen, dass der Wohnungssuchende die Provision nicht freiwillig zahlt und der Makler somit den Rechtsweg beschreiten muss. Dann muss der Makler sämtliche anspruchsbegründenden Voraussetzungen nicht nur darlegen, sondern im Fall der Fälle auch beweisen. Allein der Vermittlungsauftrag, der ja in Textform vorliegen wird, hilft dem Makler jedenfalls dann nicht weiter, wenn er nicht beweisen kann, dass er aufgrund dieses Vermittlungsauftrags ausschließlich für den betreffenden Wohnungssuchenden den Auftrag vom Vermieter eingeholt hat, die Wohnung anzubieten. Der Beweis, dass der Makler den Auftrag, die Wohnung anzubieten, ausschließlich wegen des Vermittlungsvertrags mit dem Wohnungssuchenden eingeholt hat, kann zum Beispiel durch Zeugnis des Vermieters, von Mitarbeitern des Vermittlers oder durch Würdigung einer persönlichen Anhörung des Vermittlers erbracht werden (BT-Drucks. 18/3121).

Geht es um eine Zeugeneinvernahme des Vermieters, kann der Makler nicht darauf hoffen, dass dieser vor Gericht lügen wird. Hierzu wird er sich wahrscheinlich selbst dann nicht durchringen können, wenn er seinem Mieter auf entsprechende Nachfrage hin ausdrücklich mitgeteilt hatte, der Makler sei tatsächlich aufgrund des Vermittlungsauftrags des Mieters vorstellig geworden. Mit dieser Lüge hätte der Vermieter zwar den Tatbestand des versuchten Betrugs erfüllt, doch die Strafandrohung einer uneidlichen Falschaussage geht über die eines versuchten Betrugs hinaus.

4.7 Die Vermittlungscourtage vor Gericht

Bislang ist nicht zu beobachten, dass die Gerichte aufgrund des »Bestellerprinzips« vermehrt mit Provisionsklagen beschäftigt sind. Jedenfalls sind zwei Konstellationen zu unterscheiden: Die Klage des Maklers gegen seinen Kunden auf Zahlung der Provision und die Klage des Maklerkunden gegen den Makler auf Rückzahlung bereits geleisteter Provision.

4.7.1 Makler klagt auf Zahlung

Hat der Makler dem Wohnungssuchenden erfolgreich den Abschluss eines Mietvertrags vermittelt und zahlt dieser die Provision nicht freiwillig, muss der Makler den Rechtsweg beschreiten. Gänzlich erfolglos wird seine Klage dann sein, wenn der mit dem Wohnungssuchenden abgeschlossene Vermittlungsvertrag nicht mindestens der Textform entspricht. Bestreitet der Wohnungssuchende, dass der Makler einen Auftrag vom Vermieter zum Anbieten der Wohnung erst nach Vertragsschluss eingeholt hat, muss der Makler einen Beweis erbringen. Dies ist zum Beispiel durch Zeugnis des Vermieters, von Mitarbeitern des Maklers oder durch Würdigung einer persönlichen Anhörung des Maklers möglich (BT-Drucks. 18/3121). Gelingt der Nachweis nicht, ist die Klage erfolglos.

Grundsätzlich kann der Makler bei Streitwerten bis 5.000 EUR seine Rechte ohne anwaltlichen Beistand geltend machen, da bis zu dieser Grenze die Amtsgerichte zuständig sind. Gleichwohl ist hiervon dringend abzuraten. Makler sollten bei Streitigkeiten mit ihren Kunden stets anwaltliche Hilfe in Anspruch nehmen. Vor den Landgerichten – also bei Streitigkeiten mit einem Streitwert über 5.000 EUR – herrscht ohnehin Anwaltszwang.

4.7.2 Mieter klagt auf Rückzahlung

Klagt der Mieter auf Rückzahlung geleisteter Provisionszahlungen, hat seine Klage bereits dann Erfolg, wenn der zugrunde liegende Vermittlungsvertrag nicht wenigstens der Textform genügt. Auch hier muss der Makler letztlich beweisen können, dass er ausschließlich aufgrund des Suchauftrags des Mieters beim Vermieter den Auftrag zum Anbieten der Wohnung eingeholt hat. War der Makler bereits vom Vermieter mit der Vermittlung eines Mietvertrags beauftragt, ist ein dennoch mit dem Wohnungssuchenden abgeschlossener Maklervertrag nichtig und der Wohnungssuchende hat gegen den Makler Anspruch auf Rückzahlung etwa geleisteter Provisionen nach der Bestimmung des § 812 BGB (AG Freiburg, Urteil vom 31.1.2017, 5 C 1869/16, WuM 2017, 220).

Für den Rückzahlungsanspruch des Mieters gilt wie für die Zahlungsklage des Maklers die Regelverjährungsfrist der §§ 195, 199 BGB. Nach der Bestimmung des § 195 BGB beträgt die regelmäßige Verjährungsfrist drei Jahre. Sie beginnt gemäß § 199 Abs. 1 BGB mit dem Schluss des Jahres, in dem der Rückzahlungsanspruch entstanden ist und der Mieter von den Anspruch begründenden Tatsachen Kenntnis erlangt oder ohne grobe Fahrlässigkeit erlangen müsste. Entstanden ist der Rückzahlungsanspruch nach erfolgter Zahlung. Maßgeblich ist allerdings der Zeitpunkt der Kenntnis der die Rückzahlung rechtfertigenden Gründe. Insoweit muss in diesem Fall die Höchstverjährungsfrist des § 199 Abs. 4 BGB beachtet werden: Demnach verjähren etwaige Rückzahlungsansprüche ohne Rücksicht auf die Kenntnis oder grob fahrlässige

Unkenntnis in zehn Jahren von ihrer Entstehung an. Für den Makler kann es also auch noch nach zehn Jahren »gefährlich« werden, falls ein Provisionsanspruch zu Unrecht geltend gemacht und vom Maklerkunden befriedigt wurde.

!

Beispiel

Ein Makler vermittelt einem Wohnungssuchenden erfolgreich im Juli 2022 die Gelegenheit zum Abschluss eines Mietvertrags. Der Wohnungssuchende hatte dem Makler zuvor einen formgültigen Suchauftrag erteilt. Am 20.7.2022 stellt der Makler seine Provision in Rechnung, die der Mieter am 2.8.2022 zahlt. Das Mietverhältnis verläuft reibungslos, über die Jahre freunden sich Mieter und Vermieter samt Familien an. Anlässlich eines gemeinsamen Grillabends zur Feier des zehnjährigen »Mietjubiläums« am 15.7.2032 lässt dem Vermieter sein schlechtes Gewissen keine Ruhe mehr und er gesteht, mit dem Makler gemeinsame Sache wegen der Maklergebühr gemacht zu haben. Er gibt zu, dem Makler die Wohnung zur Vermittlung schon kurz vor dem Kontakt des Mieters mit dem Makler an die Hand gegeben zu haben.

Der Mieter hat nunmehr bis zum 2.8.2032 Zeit, seinen Rückzahlungsanspruch hinsichtlich der geleisteten Provision gegen den Makler gerichtlich geltend zu machen. Entstanden ist der Rückzahlungsanspruch mit Zahlung am 2.8.2022. Die dreijährige Regelverjährungsfrist des § 195 BGB würde am 31.12.2022 beginnen, verjährt wäre der Rückzahlungsanspruch also mit Ablauf des 31.12.2025. Voraussetzung wäre allerdings, dass der Mieter im Lauf des Jahres 2022 von den anspruchsbegründenden Umständen Kenntnis erlangt hat. Im Beispiel ist dies aber erst am 15.7.2032 geschehen. Hier greift die Bestimmung des § 199 Abs. 4 BGB, die auf den Zeitpunkt der Kenntnis von den anspruchsbegründenden Umständen abstellt. Demnach gilt die taggenaue Verjährungsfrist von zehn Jahren.

4.8 »Bestellerprinzip« als Chance?

Makler sollten das Bestellerprinzip als Chance nutzen und sich nicht auf Schlupflöcher und Umgehungsmöglichkeiten hinsichtlich der geltenden Rechtslage kaprizieren.

4.8.1 Bestandswohnungen

Mietwohnungen im Bestand können Makler provisionspflichtig nicht vermitteln, wenn sie keinen provisionspflichtigen Maklervertrag mit dem Vermieter geschlossen haben. Im eigenen Interesse ist es daher sinnvoll, den Bestand zu bereinigen. Melden sich also Mietinteressenten, sollten die Makler mit offenen Karten spielen und die Wohnungen »verschenken«, selbst wenn die potenziellen Mieter bereit wären, einen provisionspflichtigen Maklervertrag abzuschließen. Diese Fairness wird sich sowohl generell als auch konkret positiv auswirken. Die Maklerbranche gewinnt insgesamt teilweise verspieltes Vertrauen zurück; der einzelne Makler darf auf einen Folgeauftrag eines höchst zufriedenen Kunden hoffen und wird ganz sicher weiterempfohlen. Makler können derartige Objekte ungeachtet etwaiger Mietinteressenten aus dem Bestand nehmen, wobei dies bedeuten würde, die Positiveffekte ungenutzt zu lassen.

4.8.2 Vermieter-Annoncen

Angesichts des Bestellerprinzips entfalten Vermieter vermehrt eigenständig Vermarktungsaktivitäten. Dies kann für den Makler eine weitere Chance, seinen Provisionsanspruch gegen den Wohnungssuchenden als seinen Kunden zu sichern. Bietet etwa ein Vermieter in einem der Internetportale oder in der Tageszeitung eine Mietwohnung an, hindert dies den Makler nicht daran, eben dieses Vermietungsangebot für eigene Zwecke zu nutzen. Wendet sich ein Wohnungssuchender mit einem Suchauftrag an ihn, kann der Makler sich mit dem entsprechenden Vermieter in Verbindung setzen und den Auftrag zur Vermittlung einholen. Die Provision verdient der Makler dann bei Abschluss eines Mietvertrags, vorausgesetzt er hat mit dem Wohnungssuchenden einen provisionspflichtigen Maklervertrag geschlossen. Aus der Gesetzesbegründung ergibt sich schließlich nur, dass der Makler keinen Provisionsanspruch gegen den Wohnungssuchenden haben soll, wenn sich dieser zwar vor dem Vermieterinserat mit dem Makler in Verbindung gesetzt und einen provisionspflichtigen Vermittlungsvertrag geschlossen hatte und sich danach ein Vermieter zwecks Mietersuche an den Makler wendet. Auch in diesem Fall ist nach der Neuregelung der Mieter nicht provisionspflichtig, weil der Wohnungsvermittler nicht ausschließlich wegen des Vermittlungsvertrags mit dem künftigen Mieter tätig geworden ist, sondern auch im Interesse des Vermieters.

Tritt aber der Vermieter gerade nicht zwecks Mietersuche an den Makler heran, sondern schaltet er eigenständig ein Inserat, kann es keinesfalls dem Makler zum Nachteil gereichen, dass er und nicht sein Auftraggeber auf das Mietangebot des Vermieters gestoßen ist. Nach der Gesetzesbegründung steht es dem Makler grundsätzlich frei, wie und auf welche Weise er den Auftrag zum Anbieten des Wohnraums vom Vermieter einholt. Es muss ihm daher auch möglich sein, auf Inserate von Vermietern hin den Auftrag zum Anbieten der entsprechenden Wohnung einzuholen, ohne dass dies negative Auswirkungen auf seinen Provisionsanspruch gegen den Wohnungssuchenden hat. Auch hier ist allerdings das letzte Wort noch nicht gesprochen und man wird aufmerksam die Rechtsprechung zu dieser Problematik beobachten müssen.

4.8.3 Kostenlose Mieterakquise gegen Verkaufsaufträge

Weit verbreitet sind Fälle, in denen der Vermieter zwar den Makler beauftragt, ein Mietverhältnis nachzuweisen oder zu vermitteln, jedoch deutlich zum Ausdruck bringt, dass er dafür keine Provision bezahlen wird. Ob der Makler sich auf derartige »Umsonst-Geschäfte« einlässt, dürfte vom jeweiligen Auftraggeber abhängen. Handelt es sich um ein größeres Wohnungsbauunternehmen, das neben Vermietung im großen Stil den Verkauf von Wohnungen betreibt, und kann sich der Makler etwa im Gegenzug das Alleinvermarktungsrecht für die Kaufimmobilien sichern, dürfte die Mischkalkulation im Einzelfall durchaus einmal Gratis-Geschäfte erlauben.

4.8.4 »Vermietungsservice« gegen Entgelt

Auch nicht alle Vermieter sind selbstverständlich glücklich über das »Bestellerprinzip«. Sofern sie die Mieterakquise nicht an ihren (Sondereigentums-)Verwalter delegieren können, tun sie sich vereinzelt schwer, geeignete Mieter zu finden. Die Makler sollten durchaus versuchen, durch attraktive Angebote den Vermietern eine Beauftragung des Maklers schmackhaft zu machen. Beispielsweise könnte es sich anbieten, dem Vermieter gegen Zahlung eines angemessenen Honorars nicht nur die Mietersuche abzunehmen, sondern auch die weiteren Formalien der Begründung eines Mietverhältnisses. Zu nennen wären hier der Abschluss des Mietvertrags in den Grenzen des Erlaubten nach dem Rechtsdienstleistungsgesetz (siehe Kapitel 3.5) oder die Wohnungsübergabe bzw. Wohnungsrücknahme mit Anfertigen entsprechender Protokolle. Bewegt sich das Honorar hierfür etwa in Höhe einer Netto-Monatsmiete, dürften Vermieter ein solches Angebot durchaus zu schätzen wissen.

An dieser Stelle folgen einige Arbeitshilfen, die Sie beim Erbringen solcher Dienstleistungen einsetzen können.

Muster: Mieterselbstauskunft

DIGITALE EXTRAS

	Mietinteressent	Mitmieter
Name		
Vorname		
Geburtsdatum		
Familienstand		
Derzeitige Anschrift		
Telefon privat		
Personalausweisnummer		
Ausstellungsbehörde		

Telefon dienstlich		
Beruf		
Ausgeübte Tätigkeit		
Derzeitiger Arbeitgeber		
Dort beschäftigt seit		
Derzeitiges Nettoeinkommen*		
* Zu belegen durch die letzten drei Lohn-/Gehaltsabrechnungen; bei Selbstständigen durch Bestätigung des Steuerberaters		

Weitere Personen, die in die Wohnung ziehen wollen, ohne als Mitmieter zu fungieren (bspw. Familienangehörige, Pflegepersonen)

	Weiterer Bewohner	**Weiterer Bewohner**
Name		
Vorname		
Geburtsdatum		
Derzeitige Anschrift		
Personalausweisnummer		
Ausstellungsbehörde		

Bitte beantworten Sie folgende Fragen für jede Person, die beabsichtigt Mietvertragspartei zu werden, und ergänzen Sie ggf. Ihre Antworten entsprechend:

	Ja	**Nein**	**Art und Umfang**
Tierhaltung beabsichtigt?			
Gewerbliche/berufliche Nutzung der Wohnung?			
Gehaltspfändungen in den letzten fünf Jahren?			
Mahnverfahren oder Zahlungsklagen in den letzten fünf Jahren?			

Abgabe der Vermögensauskunft in den letzten fünf Jahren?			
Sonstige Maßnahmen der Zwangsvollstreckung in den letzten fünf Jahren?			
Ist das Insolvenzverfahren über Ihr Vermögen eröffnet bzw. befinden Sie sich in der Wohlverhaltensphase?			

Bitte reichen Sie für jede Person, die beabsichtigt, Mietvertragspartei zu werden, in den nächsten zehn Tagen entweder eine Bankauskunft oder eine beschränkte Schufa-Selbstauskunft ein. Im Übrigen versichern Sie durch Ihre Unterschrift, dass Ihre Angaben wahrheitsgemäß und vollständig sind. Des Weiteren versichern Sie mit Ihrer Unterschrift, Mieten, Betriebskosten und Kaution zahlen zu können.

....

Datum Mietinteressent Mitmieter

Muster: Übergabeprotokoll bei Übergabe der Mietsache

DIGITALE EXTRAS

Übergabeprotokoll

Wohnung/Haus ....

....

[Anschrift bzw. genaue Bezeichnung]

....

....

....

Vermieter [Name und Anschrift]

....

....

....

Mieter [Name/n und Anschrift/en]

I. Schlüsselverzeichnis

Dem Mieter werden folgende Schlüssel übergeben:

	Schlüsselnummer (soweit vorhanden)	**Anzahl**
Haustür		
Wohnungsabschlusstür		
Briefkasten		
Keller		
Garage		
Zählerkasten		
Wasch-/Trockenraum		
Wohnzimmer		
Schlafzimmer 1		
Schlafzimmer 2		
Schlafzimmer 3		
Schlafzimmer 4		
Küche		
Bad		
WC		
Hauswirtschaftsraum		
Abstellraum		
Terrassentür 1		
Terrassentür 2		
Balkontür 1		
Balkontür 2		

II. Inventarverzeichnis

Gerät/Einrichtung	Zustand/Mängel
Küche	
Spüle	
Armaturen	
Kühlschrank	
Kühltruhe	
Kühlkombination	
Herd	
Ofen	
Dunstabzugshaube	
Mikrowelle	
Kaffeemaschine	
Hängeschrank rechts	
Hängeschrank Mitte	
Hängeschrank links	
Speiseschrank	
Arbeitsplatte	
Unterschrank rechts	
Unterschrank Mitte	
Unterschrank links	
Küchenbeleuchtung Decke	
Küchenbeleuchtung Wand	

Gerät/Einrichtung	Zustand/Mängel
Bad	
Waschbecken links	
Waschbecken rechts	
Armatur links	
Armatur rechts	
Badewanne	
Dusche	
Bidet	
WC	
Handtuchhalter	
Spiegel	
Elektronischer Entlüfter	
Badbeleuchtung Decke	
Badbeleuchtung Wand	
[Beschreibung weiteres Mobiliar]	
Bad	
Waschbecken links	
Waschbecken rechts	
Armatur links	
Armatur rechts	
Badewanne	
Dusche	
Bidet	
WC	
Handtuchhalter	
Spiegel	
Elektronischer Entlüfter	

Gerät/Einrichtung	Zustand/Mängel
Badbeleuchtung Decke	
Badbeleuchtung Wand	
[Beschreibung weiteres Mobiliar]	

III. Zustandsbeschreibung

Wohnungsbereich	Ohne Mängel (soweit ja, nur ankreuzen)	Vorhandene Mängel (detaillierte Beschreibung)
Eingangstür		
Flur		
Wände		
Decke		
Boden		
Fenster		
Heizkörper		
Steckdosen		
Lichtschalter		
Wohnzimmer		
Zimmertür		
Wände		
Decke		
Boden		
Fenster		
Steckdosen		
Lichtschalter		
Heizkörper		

Wohnungsbereich	Ohne Mängel (soweit ja, nur ankreuzen)	Vorhandene Mängel (detaillierte Beschreibung)
Terrassentür		
Balkontür		
Schlafzimmer 1		
Zimmertür		
Wände		
Decke		
Boden		
Fenster		
Steckdosen		
Lichtschalter		
Heizkörper		
Terrassentür		
Balkontür		
Schlafzimmer 2		
Zimmertür		
Wände		
Decke		
Boden		
Fenster		
Steckdosen		
Lichtschalter		
Heizkörper		
Terrassentür		
Balkontür		
[Bei Bedarf erweitern]		

Wohnungsbereich	**Ohne Mängel (soweit ja, nur ankreuzen)**	**Vorhandene Mängel (detaillierte Beschreibung)**
Küche		
Zimmertür		
Wände		
Decke		
Boden		
Fenster		
Steckdosen		
Lichtschalter		
Heizkörper		
Terrassentür		
Balkontür		
Bad		
Zimmertür		
Wände		
Decke		
Boden		
Fenster		
Steckdosen		
Lichtschalter		
Heizkörper		
WC		
Zimmertür		
Wände		
Decke		
Boden		
Fenster		
Steckdosen		

Wohnungsbereich	**Ohne Mängel (soweit ja, nur ankreuzen)**	**Vorhandene Mängel (detaillierte Beschreibung)**
Lichtschalter		
Heizkörper		
Hauswirtschaftsraum		
Zimmertür		
Wände		
Decke		
Boden		
Fenster		
Steckdosen		
Lichtschalter		
Heizkörper		
Abstellraum		
Zimmertür		
Wände		
Decke		
Boden		
Fenster		
Steckdosen		
Lichtschalter		
Heizkörper		
Keller		
Zimmertür		
Wände		
Decke		
Boden		

Wohnungsbereich	Ohne Mängel (soweit ja, nur ankreuzen)	Vorhandene Mängel (detaillierte Beschreibung)
Fenster		
Steckdosen		
Lichtschalter		
Heizkörper		
Balkon		
Brüstung		
Fliesen		
Außenwand		
Beleuchtung		
Markise		
Terrasse		
Außenwand		
Fliesen		
Beleuchtung		
Markise		

IV. Zählerstände

Zähler	Zählernummer	Zählerstand
Kaltwasser		
Warmwasser		
Strom		
Gas		

....

Datum Mietinteressent Mitmieter

DIGITALE EXTRAS

Muster: Übergabeprotokoll bei Rücknahme der Mietsache

Übergabeprotokoll

Wohnung/Haus ....

....

[Anschrift bzw. genaue Bezeichnung]

....

....

....

Vermieter [Name und Anschrift]

....

....

....

Mieter [Name/n und Anschrift/en]

I. Schlüsselverzeichnis

Dem Vermieter werden folgende Schlüssel übergeben:

	Schlüsselnummer (soweit vorhanden)	**Anzahl**
Haustür		
Wohnungsabschlusstür		
Briefkasten		
Keller		
Garage		
Zählerkasten		
Wasch-/Trockenraum		
Wohnzimmer		
Schlafzimmer 1		
Schlafzimmer 2		
Schlafzimmer 3		
Schlafzimmer 4		
Küche		
Bad		

	Schlüsselnummer (soweit vorhanden)	Anzahl
WC		
Hauswirtschaftsraum		
Abstellraum		
Terrassentür 1		
Terrassentür 2		
Balkontür 1		
Balkontür 2		

II. Inventarverzeichnis

Gerät/Einrichtung	Zustand/Mängel	Mängelursache
Küche		
Spüle		
Armaturen		
Kühlschrank		
Kühltruhe		
Kühlkombination		
Herd		
Ofen		
Dunstabzugshaube		
Mikrowelle		
Kaffeemaschine		
Hängeschrank rechts		
Hängeschrank Mitte		
Hängeschrank links		
Speiseschrank		
Arbeitsplatte		
Unterschrank rechts		

Gerät/Einrichtung	Zustand/Mängel	Mängelursache
Unterschrank Mitte		
Unterschrank links		
Küchenbeleuchtung Decke		
Küchenbeleuchtung Wand		
Bad		
Waschbecken links		
Waschbecken rechts		
Armatur links		
Armatur rechts		
Badewanne		
Dusche		
Bidet		
WC		
Handtuchhalter		
Spiegel		
Elektronischer Entlüfter		
Badbeleuchtung Decke		
Badbeleuchtung Wand		
[Beschreibung weiteres Mobiliar]		
Bad		
Waschbecken links		
Waschbecken rechts		

Gerät/Einrichtung	Zustand/Mängel	Mängelursache
Armatur links		
Armatur rechts		
Badewanne		
Dusche		
Bidet		
WC		
Handtuchhalter		
Spiegel		
Elektronischer Entlüfter		
Badbeleuchtung Decke		
Badbeleuchtung Wand		
[Beschreibung weiteres Mobiliar]		

III. Zustandsbeschreibung

Wohnungsbereich	Ohne Mängel (soweit ja, nur ankreuzen)	Vorhandene Mängel (detaillierte Beschreibung)	Mängelursache
Eingangstür			
Flur			
Wände			
Decke			
Boden			
Fenster			
Heizkörper			
Steckdosen			
Lichtschalter			

Wohnungsbereich	**Ohne Mängel (soweit ja, nur ankreuzen)**	**Vorhandene Mängel (detaillierte Beschreibung)**	**Mängelursache**
Wohnzimmer			
Zimmertür			
Wände			
Decke			
Boden			
Fenster			
Steckdosen			
Lichtschalter			
Heizkörper			
Terrassentür			
Balkontür			
Schlafzimmer 1			
Zimmertür			
Wände			
Decke			
Boden			
Fenster			
Steckdosen			
Lichtschalter			
Heizkörper			
Terrassentür			
Balkontür			
Schlafzimmer 2			
Zimmertür			
Wände			
Decke			
Boden			
Fenster			
Steckdosen			

Wohnungsbereich	**Ohne Mängel (soweit ja, nur ankreuzen)**	**Vorhandene Mängel (detaillierte Beschreibung)**	**Mängelursache**
Lichtschalter			
Heizkörper			
Terrassentür			
Balkontür			
[Bei Bedarf erweitern]			
Küche			
Zimmertür			
Wände			
Decke			
Boden			
Fenster			
Steckdosen			
Lichtschalter			
Heizkörper			
Terrassentür			
Balkontür			
Bad			
Zimmertür			
Wände			
Decke			
Boden			
Fenster			
Steckdosen			
Lichtschalter			
Heizkörper			

Wohnungsbereich	**Ohne Mängel (soweit ja, nur ankreuzen)**	**Vorhandene Mängel (detaillierte Beschreibung)**	**Mängelursache**
WC			
Zimmertür			
Wände			
Decke			
Boden			
Fenster			
Steckdosen			
Lichtschalter			
Heizkörper			
Hauswirtschaftsraum			
Zimmertür			
Wände			
Decke			
Boden			
Fenster			
Steckdosen			
Lichtschalter			
Heizkörper			
Abstellraum			
Zimmertür			
Wände			
Decke			
Boden			
Fenster			
Steckdosen			
Lichtschalter			
Heizkörper			

Wohnungsbereich	Ohne Mängel (soweit ja, nur ankreuzen)	Vorhandene Mängel (detaillierte Beschreibung)	Mängelursache
Keller			
Zimmertür			
Wände			
Decke			
Boden			
Fenster			
Steckdosen			
Lichtschalter			
Heizkörper			
Balkon			
Brüstung			
Fliesen			
Außenwand			
Beleuchtung			
Markise			
Terrasse			
Außenwand			
Fliesen			
Beleuchtung			
Markise			

IV. Zählerstände

Zähler	Zählernummer	Zählerstand
Kaltwasser		
Warmwasser		
Strom		
Gas		

V. Mängelbeseitigung
In diesem Protokoll festgehaltene Mängel, die im Übergabeprotokoll anlässlich der Übergabe des Mietobjekts an den Mieter vom .... nicht vorhanden waren, sind vom Mieter auf seine Kosten innerhalb von 14 Tagen fachgerecht zu beseitigen. Dem Mieter werden zur Mängelbeseitigung ein Haus- und ein Wohnungsschlüssel überlassen. Die Nachabnahme findet am .... um .... Uhr statt.

....	....	....
Datum	Mietinteressent	Mitmieter

4.9 Exkurs: Tricksereien der Vermieter

Gehen Vermieter im Einzelfall nicht selbst oder über ihren Sondereigentums- bzw. Mietverwalter auf Mietersuche, sondern beauftragen hiermit provisionspflichtig einen Makler, könnten sie auf die Idee kommen, sich die gezahlte Maklercourtage auf verschlungenen Pfaden vom Mieter wieder zurückzuholen.

4.9.1 Provisionsumlage auf Miete

Wie dargestellt, besteht die Gefahr, dass die Vermieter vereinzelt gezahlte Maklerprovisionen auf die Miete aufschlagen. Diese Möglichkeit besteht uneingeschränkt in den Gebieten, die nicht als »angespannte Wohnungsmärkte« gelten. Natürlich muss sich ein Mieter zu der dann erhöhten Miete finden. In den angespannten Wohnungsmärkten ist dies nur im Rahmen der 10 %igen Erhöhung der ortsüblichen Vergleichsmiete möglich.

4.9.2 Abstandszahlungen

Immer dann, wenn der Wohnraum über besondere Ausstattungsmerkmale verfügt, könnten Vermieter auf die Idee kommen, vorhandenes Inventar in Form von Abstandszahlungen zu Geld zu machen, um mit der Maklerprovision gegenzurechnen. Paradebeispiele sind hier insbesondere Einbauküchen, Einbauschränke oder auch etwa vorhandene Saunen. Das Gesetz schützt hier den Mieter in § 4a Abs. 2 Satz 2 WoVermRG nur insoweit, als entsprechende Entgeltabreden dann unwirksam sind, wenn das zu zahlende Entgelt in einem auffälligen Missverhältnis zum Wert der Einrichtung oder des Inventarstücks steht. Ein auffälliges Missverhältnis wird man sicher dann annehmen können, wenn etwa für eine Pantry-Küche 2.000 EUR zu zahlen wären. Schwieriger wird die Einschätzung bei einer voll ausgestatteten Einbauküche oder einer Kombination aus Abstandszahlungen für mehrere Einrichtungsgegenstände.

Beispiel !

Der Vermieter hat die vom Vormieter eingerichtete hochwertige Einbauküche für 10.000 EUR abgelöst. Der Vormieter hatte ursprünglich hierfür 15.000 EUR ausgegeben. Der Gebrauchswert der Küche liegt bei circa 11.000 EUR. Im Zuge der Neumieterakquise hatte der Vermieter einen Makler beauftragt und mit diesem eine Honorarpauschale von 2.000 EUR vereinbart. Der Vermieter verlangt nun 13.000 EUR als Ablöse für die Küche.

Zwar verlangt der Vermieter vom Mieter mehr Geld für die Küche, als er selbst gezahlt hat. Auch liegt die Ablösesumme über dem tatsächlichen Wert der Küche; dies aber nur in Höhe von circa 18 %, sodass von einem auffälligen Missverhältnis nicht gesprochen werden kann. Ein auffälliges Missverhältnis ist dann gegeben, wenn der Preis für das Inventarstück, also etwa eine gebrauchte Küche, mehr als die Hälfte über dem Zeitwert liegt (BGH, Urteil vom 23.4.1997, VIII ZR 212/96, NJW 1997, 1845).

4.9.3 Kungelei mit Makler

Während Kungeleien mit dem Vermieter für den Makler erhebliche Konsequenzen nach sich ziehen können, sind sie für den Vermieter zwar nach dem Wohnungsvermittlungsgesetz folgenlos, können aber im Einzelfall ggf. den Tatbestand des (versuchten) Betrugs nach § 263 Strafgesetzbuch (StGB) erfüllen.

Beispiel !

Der Vermieter will den Makler mit der Suche nach geeigneten Mietern beauftragen. Der Makler gibt zu verstehen, dass er hierzu nur gegen Provisionszahlung bereit ist. Daraufhin äußert der Vermieter, es sei doch Usus, dass der Makler vom Mieter bezahlt werde. Ausführlich erklärt ihm der Makler die neue Rechtslage nach dem »Bestellerprinzip«, nach der er keinen Provisionsanspruch gegen einen Mieter realisieren kann, der die Wohnung des beauftragenden Vermieters anmietet. Der Vermieter wiederum schlägt vor, man müsse dem Mieter ja nicht auf die Nase binden, dass der Makler bereits einen Auftrag zur Vermittlung der Wohnung habe. Er verspricht, darüber absolutes Stillschweigen gegenüber dem Mieter zu wahren.
Nach Abschluss des Mietvertrags erkundigt sich der Mieter beim Vermieter, ob denn der Makler tatsächlich erst mit seinem Suchauftrag an den Vermieter herangetreten sei, es wäre alles so schnell gegangen. Der Vermieter versichert, dass der Makler erst nach Abschluss des Maklervertrags mit dem Mieter an ihn herangetreten sei und den Auftrag zum Anbieten der Wohnung eingeholt hätte. Der Mieter zahlt daraufhin die Provision an den Makler.

Kommt die Wahrheit ans Licht, muss der Vermieter mit einer Strafanzeige seines Mieters wegen (versuchten) Betrugs rechnen. Hätte der Mieter allerdings nicht nachgefragt, dürfte eine Strafbarkeit ausscheiden, da den Vermieter keine Aufklärungspflicht trifft. In derartigen Fällen muss auch der Makler mit einer Strafanzeige zumindest wegen Beihilfe rechnen. Er hat unabhängig einer etwaigen Strafbarkeit jedenfalls den Tatbestand einer Ordnungswidrigkeit erfüllt, die ihn bis zu 25.000 EUR kosten kann.

5 Modifiziertes Bestellerprinzip beim Verkauf von Einfamilienhäusern und Wohnungen

Die Tatsache, dass gerade Menschen mit geringem und mittlerem Einkommen in den heutigen Zeiten erhebliche Schwierigkeiten haben, für sich und ihre Familien ausreichenden und bezahlbaren Wohnraum zu finden, hat den Gesetzgeber erneut aktiv werden lassen. Nach den im Jahr 2015 in Kraft getretenen Neuregelungen über das sogenannte »Bestellerprinzip« im Rahmen der Vermietung von Wohnraum, hatte der Gesetzgeber dann Wohnimmobilientransaktionen im Fokus. Am 23.12.2020 ist das »Gesetz über die Verteilung der Maklerkosten bei der Vermittlung von Kaufverträgen über Wohnungen und Einfamilienhäuser« in Kraft getreten und hat einschneidende Änderungen bezüglich der Maklerprovision bei Kaufverträgen über Wohnimmobilien gebracht.

Nach Auffassung des Gesetzgebers wird die Bildung von Wohneigentum auch durch hohe Erwerbsnebenkosten erschwert, die in der Regel aus Eigenkapital geleistet werden müssen. Auf den Kostenfaktor Maklerprovision haben insbesondere die Kaufinteressenten ebenso regelmäßig keinen Einfluss. Hinzu kommt, dass sich Aufteilung und Höhe der Maklerprovision von Bundesland zu Bundesland unterschieden hatten. In den Ländern Berlin, Brandenburg, Bremen, Hamburg, Hessen und einigen Regionen Niedersachsens musste der Käufer die gesamte Provision tragen, in den übrigen Bundesländern teilten sich Käufer und Verkäufer für gewöhnlich die Provision etwa zu gleichen Teilen.

Allerding waren nicht allein die ortsüblichen Gepflogenheiten entscheidend, sondern die jeweilige individuelle Vereinbarung zwischen Makler und Verkäufer. In den Bundesländern, in denen an sich eine Teilung der Provision üblich war, wurden dem Verkäufer häufig erhebliche Zugeständnisse gemacht. Vielfach wurden Makler hier ohne Provision tätig, die sie dann in voller Höhe vom Käufer verlangten. Weigerte sich der Kaufinteressent, fiel er regelmäßig aus dem Bewerberkreis heraus.

Der Gesetzgeber hat nunmehr durch bundesweit einheitliche und verbindliche Regelungen die Transparenz und Rechtssicherheit bei der Vermittlung von Kaufverträgen über Wohnungen und Einfamilienhäuser erhöht und die Käufer letztlich davor geschützt, dass eine faktische Zwangslage ausgenutzt wird. Maklerkosten, die vom Verkäufer verursacht wurden und in erster Linie in seinem Interesse angefallen sind, können im Kaufvertrag nicht mehr vollständig oder zu einem überwiegenden Teil dem Käufer aufgebürdet werden. Mit Blick auf die Tatsache, dass jedoch auch der Käufer von der Maklertätigkeit profitiert, kann zwar im Kaufvertrag eine Provisionszahlungspflicht zugunsten des Maklers geregelt werden, allerdings begrenzt auf 50 % der insgesamt zu zahlenden Maklerprovision. Außerdem ist der Käufer zur Zahlung erst verpflichtet, wenn der Verkäufer nachweist, dass er seinen Anteil an der Maklerprovision gezahlt hat. Diesen Nachweis kann auch der Makler erbringen.

Entsprechende Grundsätze gelten beim Suchauftrag. Ist also der Käufer alleiniger Vertragspartner des Maklers, bleibt es auch hier bei dem Grundsatz, dass primär er zahlungspflichtig ist und höchstens eine hälftige Kostenteilung mit dem Verkäufer erwirken kann. Beauftragen beide Parteien den Makler, wird eine entsprechende Teilung der Maklerprovision verbindlich festgelegt.

Zur Umsetzung dieses modifizierten Bestellerprinzips für den Bereich des Kaufs von Wohnimmobilien wurden die Bestimmungen des Maklerrechts im BGB um einen weiteren Untertitel ergänzt, der mit »Vermittlung von Kaufverträgen über Wohnungen und Einfamilienhäuser« überschrieben ist.

Die Neuregelungen im Überblick
»Untertitel 4 Vermittlung von Kaufverträgen über Wohnungen und Einfamilienhäuser«

§ 656a Textform
Ein Maklervertrag, der den Nachweis der Gelegenheit zum Abschluss eines Kaufvertrags über eine Wohnung oder ein Einfamilienhaus oder die Vermittlung eines solchen Vertrags zum Gegenstand hat, bedarf der Textform.
§ 656b Persönlicher Anwendungsbereich der §§ 656c und 656d
Die §§ 656c und 656d gelten nur, wenn der Käufer ein Verbraucher ist.
§ 656c Lohnanspruch bei Tätigkeit für beide Parteien
(1) Lässt sich der Makler von beiden Parteien des Kaufvertrags über eine Wohnung oder ein Einfamilienhaus einen Maklerlohn versprechen, so kann dies nur in der Weise erfolgen, dass sich die Parteien in gleicher Höhe verpflichten. Vereinbart der Makler mit einer Partei des Kaufvertrags, dass er für diese unentgeltlich tätig wird, kann er sich auch von der anderen Partei keinen Maklerlohn versprechen lassen. Ein Erlass wirkt auch zugunsten des jeweils anderen Vertragspartners des Maklers. Von Satz 3 kann durch Vertrag nicht abgewichen werden.
(2) Ein Maklervertrag, der von Absatz 1 Satz 1 und 2 abweicht, ist unwirksam. **§ 654 bleibt unberührt.**
§ 656d Vereinbarungen über die Maklerkosten
(1) Hat nur eine Partei des Kaufvertrags über eine Wohnung oder ein Einfamilienhaus einen Maklervertrag abgeschlossen, ist eine Vereinbarung, die die andere Partei zur Zahlung oder Erstattung von Maklerlohn verpflichtet, nur wirksam, wenn die Partei, die den Maklervertrag abgeschlossen hat, zur Zahlung des Maklerlohns mindestens in gleicher Höhe verpflichtet bleibt. Der Anspruch gegen die andere Partei wird erst fällig, wenn die Partei, die den Maklervertrag abgeschlossen hat, ihrer Verpflichtung zur Zahlung des Maklerlohns nachgekommen ist uns sie oder der Makler einen Nachweis hierüber erbringt.
(2) § 656c Absatz 1 Satz 3 und 4 gilt entsprechend.«

5.1 Einfamilienhäuser und Wohnungen

Der Anwendungsbereich der Neuregelungen im Maklerrecht ist beschränkt auf Wohnimmobilien und hier ausschließlich auf Einzelimmobilien, namentlich Einfamilienhäuser und Wohnungen, also insbesondere Eigentumswohnungen. Unschädlich ist, wenn das Einfamilienhaus etwa noch über eine Einliegerwohnung verfügt. Auch in diesem Fall kommen die Neuregelungen zur Anwendung.

Ausgenommen vom Anwendungsbereich sind zunächst also sämtliche Gewerbeobjekte und Wohnimmobilien, die aus mehreren Einheiten bestehen. Beim Erwerb eines Doppelhauses ist der Anwendungsbereich also nicht betroffen, beim Erwerb einer Doppelhaushälfte hingegen eröffnet.

Nach den Vorstellungen des Gesetzgebers ist eine »Wohnung« jede Zusammenfassung von Räumen, die zu Wohnzwecken dient. Ein »Einfamilienhaus« ist jedes Gebäude, das in erster Linie den Wohnzwecken der Mitglieder eines einzelnen Haushalts dient. Auf die rechtliche Ausgestaltung kommt es nicht an. Der Begriff »Wohnung« erfasst deshalb

- Wohnungseigentum im Sinne des § 1 Abs. 2 des Wohnungseigentumsgesetzes (WEG),
- Wohnungserbbaurechte (§ 30 WEG),
- Dauerwohnrechte (§ 31 Abs. 1 Satz 1 WEG) und
- Miteigentumsanteile an einem Grundstück in Verbindung mit einer Regelung zur Nutzung von Wohnräumen (vgl. § 1010 BGB).

Der Begriff »Einfamilienhaus« erfasst neben dem klassischen Grundstückseigentum etwa auch Erbbaurechte nach dem Gesetz über das Erbbaurecht.

5.2 Textform des Maklervertrags

Nach § 656a BGB bedarf ein Maklervertrag, der den Nachweis der Gelegenheit zum Abschluss eines Kaufvertrags über eine Wohnung oder ein Einfamilienhaus oder die Vermittlung eines solchen Vertrags zum Gegenstand hat, der Textform des § 126b BGB. Ziel dieser Regelung ist es, sowohl für den Kaufinteressenten als auch für den Verkäufer den Inhalt des Maklervertrags zu dokumentieren. Im Sinne gebotener Rechtssicherheit können so Unklarheiten über häufig streitträchtige Fragen mit Blick auf den Inhalt des Maklervertrags vermieden werden.

Achtung !

Wird ein solcher Maklervertrag nicht in Textform geschlossen, ist der Vertrag nach § 125 Satz 1 BGB nichtig.

Anders als § 656c und § 656d BGB ist § 656a BGB auch dann anwendbar, wenn dem Käufer als Vertragspartner des Maklers keine Verbrauchereigenschaft zukommt. In der Praxis streiten die Parteien nämlich häufig darüber, ob und mit welchem Inhalt ein Maklervertrag zustande gekommen ist. Durch die Neuregelung sollen Unklarheiten hinsichtlich des Vertragsinhalts von vornherein vermieden und die Transparenz im Wohnimmobilienvermittlungsgeschäft erhöht werden. Die Neuregelung gilt also für sämtliche Maklerverträge, die den Nachweis oder die Vermittlung einer Gelegenheit zum Abschluss eines Kaufvertrags über ein Einfamilienhaus oder eine Wohnung zum Gegenstand haben, und eben unabhängig davon, ob die Vertragsparteien Verbraucher im Sinne des § 13 BGB sind oder nicht.

5.3 Persönlicher Anwendungsbereich

Mit Ausnahme der Neuregelung in § 656a BGB über das Erfordernis der Textform eines Maklervertrags über den Nachweis oder die Vermittlung eines Einfamilienhauses oder einer Wohnung gelten die Neuregelungen nach der weiteren Bestimmung des § 656b BGB nur, wenn der Käufer ein Verbraucher ist. Die Anwendung der Neuregelungen setzt also nicht voraus, dass der Makler ein Unternehmer ist. Erfasst sind also auch die Gelegenheitsmakler, die keinen dauerhaften kaufmännischen Betrieb führen.

Im Übrigen muss es sich beim Käufer um einen Verbraucher handeln. Typischerweise werden hiermit also Privatpersonen erfasst, für die der Erwerb einer Wohnung oder eines Einfamilienhauses in der Regel insbesondere in wirtschaftlicher Hinsicht eine Entscheidung von besonderer Tragweite darstellt und die daher besonders schutzwürdig sind. Das trifft im Übrigen nicht nur für Personen zu, die die Wohnung oder das Einfamilienhaus selbst nutzen oder einem Angehörigen zur Verfügung stellen möchten, sondern auch für solche, die eine Wohnimmobilie zur Altersvorsorge erwerben. Hingegen fallen Immobilieninvestoren, die in größerem Umfang Wohnimmobilien erwerben und in aller Regel in der Rechtsform einer juristischen Person organisiert sind, nicht in den Anwendungsbereich der gesetzlichen Neuregelungen. Entsprechendes gilt für natürliche Personen, die im Rahmen ihrer gewerblichen Tätigkeit eine Immobilie erwerben.

Grundsätzlich ist zu beachten, dass Verbrauchereigenschaft auch dann vorliegt, wenn eigenes Vermögen verwaltet wird. Und hierzu gehört grundsätzlich auch der Erwerb oder die Verwaltung eigener Immobilien. Die Grenze zum Unternehmer ist allerdings dann überschritten, wenn die Verwaltung einen eigenen Geschäftsbetrieb erfordert, also etwa die Unterhaltung eines Büros oder Angestellte.

Auch eine Gesellschaft bürgerlichen Rechts (GbR) ist dann als Verbraucherin anzusehen, wenn sie ausschließlich aus Verbrauchern besteht und der Immobilienerwerb allein zu privaten Zwecken erfolgt.

Ob der Verkäufer eine natürliche oder eine juristische Person ist, ob er Unternehmer oder Verbraucher ist, spielt für die Anwendung andererseits keine Rolle. Denn die faktische Zwangslage der Kaufinteressenten ergibt sich aus der eingetretenen Marktentwicklung und den als üblich vorgegebenen Vertragsgestaltungen und Provisionssätzen, die nicht auf Verkäufe von Unternehmern an natürliche Personen bzw. Verbraucher beschränkt sind.

5.4 Tätigkeit für beide Kaufvertragsparteien

Die Neuregelung in § 656c BGB regelt den Provisionsanspruch des Maklers bei einer Tätigkeit für beide Parteien wie folgt:

> »(1) Lässt sich der Makler von beiden Parteien des Kaufvertrags über eine Wohnung oder ein Einfamilienhaus einen Maklerlohn versprechen, so kann dies nur in der Weise erfolgen, dass sich die Parteien in gleicher Höhe verpflichten. Vereinbart der Makler mit einer Partei des Kaufvertrags, dass er für diese unentgeltlich tätig wird, kann er sich auch von der anderen Partei keinen Maklerlohn versprechen lassen. Ein Erlass wirkt auch zugunsten des jeweils anderen Vertragspartners des Maklers. Von Satz 3 kann durch Vertrag nicht abgewichen werden.
> (2) Ein Maklervertrag, der von Absatz 1 Satz 1 und 2 abweicht, ist unwirksam. § 654 bleibt unberührt.«

Diese Vorschrift stellt neben der in § 656d BGB ein zentrales Herzstück der Neuregelungen dar. Mit § 656c BGB soll der bislang weit verbreiteten Praxis einen Riegel vorgeschoben werden, nach der der Verkäufer den Makler zwar beauftragt, mit diesem aber eine Vereinbarung trifft, dass letztlich provisionspflichtig allein der Erwerber sein soll. Treffen Verkäufer und Makler eine entsprechende Abrede, kann der Makler also auch vom Erwerber keine Provision verlangen und geht letztlich leer aus. Insoweit stellt Abs. 2 klar, dass ein Maklervertrag unwirksam ist, wenn von diesen Grundsätzen abgewichen wird, und der Makler jedenfalls seinen Provisionsanspruch gegen den Käufer nach § 654 BGB verwirkt, weil er sich eine Pflichtverletzung zum Vorwurf zu machen hat.

! **Beispiel**

Der Verkäufer beauftragt den Makler mit der Vermarktung seines Einfamilienhauses. Er selbst will keine Provision zahlen, vielmehr soll der Makler eine Provisionsabrede mit dem potenziellen Erwerber treffen. Handelt es sich nun bei dem weiteren Vertragspartner des Maklers, also dem potenziellen Erwerber, um einen Verbraucher, kann der Makler einen provisionspflichtigen Maklervertrag mit dem potenziellen Erwerber nicht mehr abschließen – auch nicht im Wege der Individualvereinbarung.

! **Beispiel**

Wiederum beauftragt der Verkäufer den Makler mit der Vermarktung seines Einfamilienhauses. Der Verkäufer ist bereit, eine Provision in Höhe von 3,57 % des Kaufpreises an den Makler zu zahlen. Will der Makler mit dem potenziellen Erwerber ebenfalls eine Provision vereinbaren, so darf diese eine Höhe von 3,57 % des Kaufpreises nicht überschreiten. Hier gilt ebenfalls, dass eine höhere Provision auch nicht im Wege einer Individualvereinbarung festgelegt werden kann.

Grundsätzlich ist zu beachten, dass die gesetzlichen Neuregelungen für das gesamte Bundesgebiet gelten, also auch in den Regionen, in denen sich die Praxis herausgebildet hatte, dass Verkäufer keine Provision zahlen. Selbst in Regionen, in denen eine hälftige Teilung der Maklercourtage üblich war. Die Provisionszahlungspflicht der Beteiligten richtet sich nicht mehr danach, welche Partei aufgrund der örtlichen Gegebenheiten und der allgemeinen Marktlage in der Position ist, eine Abwälzung der Maklerkosten auf die andere Partei durchzusetzen. Sie orientiert sich vielmehr daran, dass der Makler in vielen Fällen den Interessen beider Parteien dient und eine hälftige Teilung der Provision daher angemessen ist. Dies gilt insbesondere dann, wenn der Makler sowohl mit dem Verkäufer als auch mit dem Käufer über einen Maklervertrag verbunden ist. In diesen Fällen ist seine Tätigkeit von strengen Neutralitätspflichten geprägt, sodass keine Gründe für eine abweichende Verteilung der Kosten bestehen. Damit sich auch unter dem Eindruck einer angespannten Marktlage von vornherein keine Partei veranlasst sehen muss, der Forderung nach einer anderen Vereinbarung nachzukommen, ist die hälftige Teilung der Provision in diesen Fällen zwingend vorgesehen. Abweichende Vereinbarungen sind deshalb unwirksam.

! **Wichtig**

Vom Anwendungsbereich des § 656c BGB nicht erfasst sind die Fälle, in denen eine Kaufvertragspartei den Makler unter Ausschluss der Doppeltätigkeit allein mit der Wahrnehmung ihrer Interessen beauftragt. Dies bleibt unverändert möglich. Im Fall eines ausschließlichen Suchauftrags des Kaufinteressenten oder eines alleinigen Vermittlungsauftrags des Verkäufers besteht nur zwischen jeweils einer Partei und dem Makler eine vertragliche Beziehung, sodass auch zunächst nur der Auftraggeber die vereinbarte Provision schuldet.

Dieser Grundsatz kann auch nicht dadurch umgangen werden, dass der Makler, wie es in den Fällen des sogenannten »An-die-Hand-Gebens« häufig erfolgt, mit dem ersten

Auftraggeber – in der Regel also dem Verkäufer – die Unentgeltlichkeit seiner Tätigkeit vereinbart und sich anschließend nur von dem Käufer eine Provision versprechen lässt. Selbst wenn unter diesen Umständen aufgrund der negativen Provisionsabrede sowie etwa der fehlenden Textform nicht von einem Maklervertrag im Sinne von § 652 BGB und insoweit § 656a BGB auszugehen sein sollte, wird der Makler tatsächlich dennoch für diesen Auftraggeber tätig. In diesen Fällen kann der Makler auch mit der anderen Partei des Kaufvertrags keine Provisionsvereinbarung mehr treffen. Andernfalls bestünde die Gefahr, dass die Regelung des § 656c BGB dadurch umgangen wird, dass der Makler für den Verkäufer unentgeltlich tätig wird und mit dem Käufer unter Ausnutzung einer faktischen Zwangslage eine unangemessen hohe Provision vereinbart. Aus diesem Grund ist auch unerheblich, ob die Unentgeltlichkeit bereits von Anfang an vereinbart wird oder sich erst aus einem späteren Erlass, der keiner besonderen Form bedarf und auch durch schlüssiges Verhalten zustande kommen kann, ergibt. Ein nachträglicher Wegfall oder eine Herabsetzung des Provisionsanspruchs gegen eine Partei wirkt sich auch zugunsten der anderen Partei aus.

Faktisch einfach ist die Ausgangslage dann, wenn sich ein Kaufinteressent mit einem Suchauftrag an den Makler wendet. Der Kaufinteressent ist dann im Zuge des Abschlusses eines entsprechenden Maklervertrags in Textform provisionspflichtig. Akquiriert der Makler dann ein Objekt, ändert sich nichts an der alleinigen Provisionszahlungspflicht des Käufers, wenn der Verkäufer nicht bereit ist, ebenfalls einen Maklervertrag mit dem Makler abzuschließen. Ist der Verkäufer ebenfalls bereit, mit dem Makler einen Maklervertrag wegen des zu vermittelnden Objekts zu schließen, kann der Makler vom Veräußerer keine höhere Provision verlangen als vom Kaufinteressenten.

Faktisch einfach, aber für Makler unbefriedigend, ist die Ausgangslage dann, wenn der Veräußerer dem Makler ein Objekt an die Hand gibt. Ist der Verkäufer nicht bereit, einen Maklervertrag abzuschließen, weil er keine Provision zahlen möchte, kann der Makler auch vom potenziellen Käufer keine Provision verlangen. Zwar besteht zwischen Makler und Verkäufer kein Maklervertrag, allerdings besteht ein entsprechendes Auftragsverhältnis, weil der Makler im Auftrag des Verkäufers tätig wird. Diese Konsequenz bringt die Bestimmung des § 656c Abs. 1 Satz 2 BGB direkt zum Ausdruck.

Wichtig !

Die gesamte gesetzliche Regelung würde ins Leere laufen, würde man dem Maklerkunden nicht einen Auskunftsanspruch dergestalt zusprechen, diesem auf Verlangen über die Höhe der Provision des anderen Teils des Hauptvertrags und über etwaige Erlassabreden Auskunft zu erteilen. Zwar ist ein derartiger Auskunftsanspruch im Gesetz nicht geregelt, allerdings könnte man den Makler entsprechend aus dem Maklervertrag verpflichtet halten als »ungeschriebene« vertragliche Nebenpflicht. Würde man auch dies nicht annehmen wollen, würde der Auskunftsanspruch aber aus den Grundsätzen von Treu und Glauben nach § 242 BGB folgen.

5.5 Übernahme der Provisionspflicht

In der Praxis sind all diejenigen Fälle weit verbreitet, in denen der Verkäufer den Makler beauftragt, die Provisionszahlungspflicht letztlich aber den Käufer treffen soll und insoweit im notariellen Kaufvertrag eine Maklerklausel aufgenommen wird, die den Provisionsanspruch des Maklers gegen den Käufer sichern soll (siehe vertiefend Kapitel 12). Auch hier ist im Bereich der Kaufverträge über Einfamilienhäuser und Wohnungen das Prinzip der Provisionsteilung in § 656d BGB wie folgt verankert:

> »§ 656d Vereinbarungen über die Maklerkosten
> (1) Hat nur eine Partei des Kaufvertrags über eine Wohnung oder ein Einfamilienhaus einen Maklervertrag abgeschlossen, ist eine Vereinbarung, die die andere Partei zur Zahlung oder Erstattung von Maklerlohn verpflichtet, nur wirksam, wenn die Partei, die den Maklervertrag abgeschlossen hat, zur Zahlung des Maklerlohns mindestens in gleicher Höhe verpflichtet bleibt. Der Anspruch gegen die andere Partei wird erst fällig, wenn die Partei, die den Maklervertrag abgeschlossen hat, ihrer Verpflichtung zur Zahlung des Maklerlohns nachgekommen ist und sie oder der Makler einen Nachweis hierüber erbringt.
> (2) § 656c Absatz 1 Satz 3 und 4 gilt entsprechend.«

Nach wie vor besteht also die Möglichkeit, Vereinbarungen zur anteiligen Übernahme der Maklerkosten durch die Kaufvertragspartei zu treffen, die in keinem Vertragsverhältnis zu dem Makler steht. Dies betrifft sowohl Vereinbarungen der Parteien des Kaufvertrags untereinander, aus denen sich ein unmittelbarer oder mittelbarer Anspruch des Maklers ergibt (beispielsweise Vertrag zugunsten Dritter, Erfüllungsübernahme, Freistellung), als auch Vereinbarungen des Maklers mit der Kaufvertragspartei, die nicht sein Vertragspartner ist (beispielsweise Schuldübernahme). Voraussetzung ist aber in jedem Fall, dass der Vertragspartner des Maklers zur Zahlung einer Provision mindestens in gleicher Höhe verpflichtet bleibt. Die andere Kaufvertragspartei kann sich also wirksam allenfalls zur Begleichung der hälftigen Gesamtkosten verpflichten.

! **Wichtig**

Ein Schuldbeitritt der nicht am Maklervertrag beteiligten Partei kommt künftig also nicht mehr in Betracht, weil dieser zur Entstehung einer Gesamtschuld führt. Der Makler soll jedoch gerade nicht in die Lage versetzt werden, von einer anderen Partei als seinem Vertragspartner die Maklerprovision in voller Höhe verlangen zu können. Allerdings spielt ein Schuldbeitritt in der Maklerpraxis ohnehin keine bedeutende Rolle.

Wie in Fällen des § 656c BGB wirkt sich zum Schutz vor Umgehungen auch eine nachträgliche Herabsetzung oder ein Wegfall des Provisionsanspruchs gegen den Vertragspartner zugunsten der anderen Partei aus (§ 656d Abs. 2 BGB). Vereinbart also etwa der Verkäufer mit dem Makler, ihn selbst solle doch keine Provisionspflicht treffen, kann auch der Erwerber nicht entsprechend verpflichtet werden. Wiederum wäre die Maklerklausel bzw. eine anderweitige Regelung unwirksam.

Von besonderer Bedeutung ist in diesem Zusammenhang die weitere Bestimmung des § 656d Abs. 1 Satz 2 BGB. Diese will nämlich gerade Tricksereien zwischen Makler und Verkäufer zulasten des Käufers unterbinden. Spiegeln jedenfalls Makler und Verkäufer dem Käufer vor, der Verkäufer habe ebenfalls eine Maklerprovision in Höhe von 3,57 % brutto des Verkaufspreises zu zahlen, kann sich der Käufer, bevor er die ihm auferlegte Provision in Höhe von 3,57 % brutto zahlt, nachweisen lassen, dass der Verkäufer bereits an den Makler entsprechende Zahlung geleistet hat. Hierzu kann er durchaus verlangen, dass ihm der entsprechende Überweisungsbeleg, ein Kontoauszug oder die Quittung des Maklers vorgelegt wird. Freilich hindert dies Makler und Verkäufer nicht daran, eine versteckte Abrede dahingehend zu treffen, dass der Makler die ihm vom Verkäufer zugeflossene Provision wieder an diesen zurückzahlt. Allerdings müssen sich Makler und Verkäufer dabei vor Augen führen, dass sie sich eines Betrugs strafbar machen und nicht nur strafrechtliche Konsequenzen drohen: Der Makler wird darüber hinaus seine Gewerbeerlaubnis verlieren.

5.6 Übergangsregelung

Nach Art. 229 § 53 EGBGB sind die Neuregelungen erst auf Rechtsverhältnisse nach ihrem Inkrafttreten anwendbar. Stichtag war insoweit der 23.12.2020. Maßgeblich ist insoweit der Abschluss des Maklervertrags und nicht etwa die Fälligkeit des Provisionsanspruchs.

6 Der Maklervertrag

Als Generalklausel des Maklerrechts umschreibt die Bestimmung des § 652 BGB in Abs. 1, unter welchen Voraussetzungen der Makler Anspruch auf Provision gegen seinen Auftraggeber hat: »Wer für den Nachweis der Gelegenheit zum Abschluss eines Vertrags oder für die Vermittlung eines Vertrags einen Maklerlohn verspricht, ist zur Entrichtung des Lohnes nur verpflichtet, wenn der Vertrag infolge des Nachweises oder infolge der Vermittlung des Maklers zustande kommt. Wird der Vertrag unter einer aufschiebenden Bedingung geschlossen, so kann der Maklerlohn erst verlangt werden, wenn die Bedingung eintritt.«

Der Auftraggeber des Maklers muss also zunächst einen »Maklerlohn« versprechen. Das kann er nur, wenn der Makler seinem Kunden zu verstehen gibt, einen solchen auch zu beanspruchen. Weiß also der Kunde, dass der Makler – was in aller Regel der Fall sein wird – Provision für seine Tätigkeit verlangt und »verspricht« er daraufhin die Zahlung einer Provision, ist der provisionspflichtige Maklervertrag im Sinne des § 652 Abs. 1 BGB zustande gekommen.

Von diesem Grundsatz macht die Bestimmung des § 653 Abs. 1 BGB eine wichtige Ausnahme. Hiernach gilt eine Maklerprovision als stillschweigend vereinbart, wenn die Maklertätigkeit den Umständen entsprechend nur gegen Vergütung zu erwarten ist.

Beispiel !

Der Kaufinteressent wendet sich an den Makler und beauftragt diesen, seinen Vorstellungen entsprechende Objekte zu suchen und insoweit die Gelegenheit zum Abschluss eines Kaufvertrags nachzuweisen oder zu vermitteln.

Der Maklerkunde wendet sich hier mit einem Suchauftrag an den Makler. In einem derartigen Fall kann er nicht davon ausgehen, dass der Makler für ihn unentgeltlich tätig wird. Vielmehr muss er den Umständen nach annehmen, dass er im Erfolgsfall eine Provision an den Makler zahlen muss (BGH, Urteil vom 24.9.2009, III ZR 96/09, NJW-RR 2010, 257). Hat der Suchauftrag allerdings ein Einfamilienhaus oder eine Wohnung zum Gegenstand, muss der Maklervertrag nach der Bestimmung des § 565a BGB aufgrund des am 23.12.2020 in Kraft getretenen »Gesetzes über die Verteilung der Maklerkosten bei der Vermittlung von Kaufverträgen über Wohnungen und Einfamilienhäuser« in Textform abgeschlossen werden, ansonsten ist er unwirksam.

Entsprechendes gilt selbstverständlich im umgekehrten Fall, in dem sich der Verkäufer an den Makler wendet und ihn mit der Suche nach einem Käufer beauftragt. Auch hier muss der Verkäufer selbstverständlich damit rechnen, dass der Makler nicht umsonst für ihn arbeiten wird, und auch hier bedarf der Maklervertrag der Textform des § 126b BGB, wenn er ein Einfamilienhaus oder eine Wohnung zum Gegenstand hat.

Grundsätzlich gilt auch im Bereich der Geschäftsraummiete nichts anderes. Wendet sich hier ein Mietinteressent an den Makler und beauftragt ihn mit dem Nachweis oder der Vermittlung einer Mietgelegenheit, so muss auch dieser davon ausgehen, dass der Makler nicht unentgeltlich tätig wird. Allerdings können Maklerverträge über Gewerbeobjekte, egal ob hinsichtlich Miete oder Kauf, weiterhin formlos geschlossen werden.

Wird der Makler dann für seinen Auftraggeber tätig, ist stillschweigend ein provisionspflichtiger Maklervertrag zustande gekommen (siehe Kapitel 6.1.8). Im Erfolgsfall hat dann der Makler Anspruch auf Zahlung einer Provision. Dass insoweit die Höhe der Provision nicht geregelt ist, ändert an der grundsätzlichen Provisionszahlungspflicht des Maklerkunden nichts.

! **Achtung**

Auch im Bereich der Wohnungsvermittlung muss zwar der Vermieter, der einen Makler mit der Mietersuche beauftragt, davon ausgehen, dass der Makler nicht umsonst für ihn tätig wird. Der Wohnungsvermittlungsvertrag bedarf jedoch ebenfalls zwingend der Textform gemäß § 126b BGB. Dies regelt die Bestimmung des § 2 Abs. 1 Satz 2 WoVermRG, die im Zuge des am 1.6.2015 in Kraft getretenen Mietrechtsnovellierungsgesetzes in das Wohnungsvermittlungsgesetz aufgenommen wurde. Auch Wohnungsvermittlungsverträge, die mit einem Mietinteressenten abgeschlossen werden, bedürfen zwingend der Textform. Wird diese Form nicht eingehalten, hat der Makler selbst dann keinen Provisionsanspruch, wenn seine Tätigkeit erfolgreich war und ein Mietvertrag zustande kommt.

Eine scheinbar weitere Ausnahme sieht § 354 Abs. 1 HGB vor: »Wer in Ausübung seines Handelsgewerbes einem anderen Geschäfte besorgt oder Dienste leistet, kann dafür auch ohne Verabredung Provision … nach den an dem Ort üblichen Sätzen fordern.« Auch ohne ausdrückliches Provisionsverlangen kann der Makler also einen Anspruch auf Maklerprovision haben, wenn es sich bei ihm um einen Kaufmann handelt.

§ 1 Abs. 1 HGB setzt für die Kaufmannseigenschaft das Betreiben eines Handelsgewerbes voraus. Die Kaufmannseigenschaft besteht unabhängig davon, ob der Betreiber des Handelsgewerbes im Handelsregister eingetragen ist oder nicht. Daher ist auch bei dem gewerblich tätigen Immobilienmakler unabhängig von dessen Eintragung im Handelsregister grundsätzlich davon auszugehen, dass er Kaufmann ist. Eine Ausnahme gilt nach § 1 Abs. 2 HGB nur, wenn das Unternehmen nach Art oder Umfang einen in kaufmännischer Weise eingerichteten Geschäftsbetrieb nicht erfordert. Dies ist allerdings bei gewerbsmäßigen Immobilienmaklern kaum vorstellbar.

! **Achtung**

Zwar dürfte jeder Makler ein Kaufmann im Sinne des Handelsgesetzbuchs sein, die Vorschrift des § 354 Abs. 1 HGB hat dennoch in der Maklerpraxis keine große Bedeutung. Stets nämlich – außer bei einem Suchauftrag – hat auch der Makler als Kaufmann unmissverständlich darauf hinzuweisen, dass er für seine Tätigkeit eine Provision beansprucht (LG Düsseldorf, Urteil vom 11.11.2014, 35 O 75/13, juris). Die Vorschrift des § 354 Abs. 1 HGB sollte also nicht dazu verleiten, das Thema Provision unter den Tisch fallen zu lassen. Die Bedeutung dieser Bestimmung erschöpft sich im Wesentlichen darin, entsprechend § 653 Abs. 1 BGB für den großen Bereich der Handelsgeschäfte klarzustellen, dass ein Kaufmann eben nicht unentgeltlich tätig wird, so er einen entsprechenden Auftrag erhält. Für den Auftraggeber muss wiederum klar sein, dass der Kaufmann für ihn nicht unentgeltlich tätig wird. Jedenfalls ist auch für einen Provisionsanspruch nach § 354 Abs. 1 HGB in aller Regel eine vertragliche Grundlage erforderlich (BGH, Urteil vom 7.7.2005, III ZR 397/04, NJW-RR 2005, 1572).

6.1 Zustandekommen eines Maklervertrags

Die Bestimmungen des »klassischen« Maklerrechts der §§ 652 ff. BGB sehen keine bestimmten Formerfordernisse für das Zustandekommen eines Maklervertrags vor. Er kann also grundsätzlich mündlich, in Textform oder schriftlich geschlossen werden. Vielfach kommt ein Maklervertrag auch durch schlüssige Handlung konkludent zustande. Im Bereich der Wohnungsvermittlung ist dies allerdings anders. Das Wohnungsvermittlungsgesetz sieht nach Inkrafttreten des Mietrechtsnovellierungsgesetzes im Zuge der Einführung des »Bestellerprinzips« in § 2 Abs. 1 Satz 2 zwingend die Textform für den Vermittlungsvertrag vor (siehe Kapitel 4.4.1). Auch Maklerverträge, die den Verkauf eines Einfamilienhauses oder einer Wohnung zum Gegenstand haben, bedürfen auf Grundlage des am 23.12.2020 in Kraft getretenen »Gesetzes über die Verteilung der Maklerkosten bei der Vermittlung von Kaufverträgen über Wohnungen und Einfamilienhäuser« zwingend der Textform des § 126b BGB.

Achtung !

Besondere Formvorschriften gelten auch nach den einzelnen Gemeindeordnungen der Länder auch für Maklerverträge mit Gemeinden (vgl. unter anderem § 71 Abs. 2 Satz 1 GemO HE und § 64 Abs. 1 GO NRW). Maklerverträge stellen jedenfalls in aller Regel keine Geschäfte der laufenden Verwaltung dar, die der Formvorschrift nicht bedürften. Denn es handelt sich weder um ihrer Natur nach im gewöhnlichen Betriebsablauf regelmäßig wiederkehrende Geschäfte noch um Maßnahmen, die in ihrem Umfang und in ihrer finanziellen Tragweite für die jeweilige Gemeinde von sachlich weniger erheblicher Bedeutung ist (OLG Frankfurt/Main, Urteil vom 30.9.2015, 19 U 19/15, juris). Wahrt der Maklervertrag nicht die erforderliche Form – in aller Regel Schriftform –, hat der Makler keinen Provisionsanspruch gegen die Gemeinde.

Auch beim Nachweis oder bei der Vermittlung eines Kaufvertrags über ein Einfamilienhaus oder eine Wohnung muss der Maklervertrag nach der neuen Bestimmung des § 565a BGB der Textform entsprechen (siehe Kapitel 5.3). Derartige Verträge können demnach ausschließlich zustande kommen, wenn diesem Formerfordernis Rechnung getragen ist. Insbesondere ein konkludenter Vertragsschluss ist hier nicht möglich. Entsprechendes gilt für den Bereich der Wohnraumvermittlung.

Wie jeder sonstige schuldrechtliche Vertrag, setzt im Übrigen auch der Maklervertrag grundsätzlich ein Angebot und dessen Annahme voraus.

6.1.1 Kundeninitiative

! **Beispiel**

Der Kaufinteressent, der für sich und seine Familie ein Eigenheim erwerben möchte, sucht den Makler auf und beauftragt ihn mit der Suche nach einem geeigneten Einfamilienhaus. Der Makler teilt dem Kaufinteressenten mit, dass er gerne für ihn tätig und sich auf die Suche nach geeigneten Objekten machen wird.

Damit ist ein Maklervertrag zustande gekommen. Der Makler hat das Angebot des Kaufinteressenten angenommen. Allerdings muss dieser Maklervertrag gemäß § 656a BGB der Textform des § 126b BGB entsprechen. Der Makler muss weiterbeachten, seinen Kunden über dessen Widerrufsrecht aufzuklären, wenn es sich bei diesem um einen Verbraucher handelt und der Maklervertrag im Wege des Fernabsatzes oder außerhalb der Geschäftsräume des Maklers geschlossen wird. Dies gilt im Beispielsfall aber deshalb nicht, weil der Kaufinteressent den Makler in dessen Geschäftsräumen aufgesucht und dort den Vertrag geschlossen hat. Dass die Provisionspflicht nicht thematisiert wurde, ist nicht bedeutsam, da der Kunde einen Suchauftrag erteilt und er insoweit davon ausgehen muss, dass der Makler nur gegen Entgelt tätig wird (BGH, Urteil vom 24.9.2009, III ZR 96/09, NJW-RR 2010, 257).

! **Achtung**

Auch im Fall des Suchauftrags sollte der Makler in seinem eigenen Interesse eine ausdrückliche und eindeutige Vereinbarung zur Provision mit seinem Kunden treffen. Denn letztlich ist es immer eine Frage des konkreten Einzelfalls, ob nun ein Suchauftrag vorliegt, bei dem der Kunde auch ohne ausdrückliches Provisionsverlangen davon ausgehen muss, dass der Makler nur gegen Provision tätig wird.

6.1.2 Maklerinitiative

Die Initiative für einen Auftrag kann auch vom Makler ausgehen.

! **Beispiel**

Anlässlich eines Besichtigungstermins mit mehreren Interessenten wird der Makler auf einen Teilnehmer aufmerksam, dem das Besichtigungsobjekt offensichtlich nicht zusagt. Er bietet diesem Interessenten an, nach einem für ihn geeigneten Objekt zu suchen. Dieser nimmt dankend an.

Anders als beim Suchauftrag muss der Interessent hier nicht davon ausgehen, dass der Makler im Erfolgsfall eine Provision von ihm verlangen wird. Vielmehr kann er annehmen, dass der Makler ggf. entsprechende Objekte in seinem Bestand hat und insoweit vom Verkäufer entlohnt wird (OLG München, Urteil vom 12.12.2016, 21 U 3086/15). Ein »klassischer« provisionspflichtiger Maklervertrag ist hier also nicht zustande gekommen. Bietet der Makler allerdings nicht nur die Suche an, sondern macht er auch deutlich, dass der Interessent im Fall des Abschlusses eines Hauptvertrags Provision an den Makler zahlen muss, ist ein provisionspflichtiger Maklervertrag zustande gekommen, so der Interessent sein Einverständnis mit der Provisionsforderung erklärt hat. Allerdings gilt auch hier wiederum, dass der Maklervertrag gemäß § 656a BGB dann der Textform entsprechen muss, wenn er auf den Nachweis oder die Vermittlung eines Einfamilienhauses oder einer Wohnung gerichtet ist.

6.1.3 Das »Gefallenlassen« von Maklerleistungen

Das bloße »Gefallenlassen« von Maklerleistungen seitens eines Interessenten genügt nicht, damit ein Maklervertrag zustande kommt (LG Düsseldorf, Urteil vom 11.11.2014, 35 O 75/13, juris). Tritt der Makler als Verkäufermakler oder als Vermietungsmakler auf, muss er sich stets vor Augen halten, dass etwaige Kauf- oder Mietinteressenten davon ausgehen, dass seine Leistung bereits vom Verkäufer oder Vermieter bezahlt wird. Es ist Sache des Maklers, will er sich eine Provision vom Interessenten sichern, dass er diese beweisbar verlangt und sein Kunde dann in Kenntnis dieses Provisionsverlangens weitere Maklerleistungen in Anspruch nimmt (BGH, Urteil vom 3.5.2012, III ZR 62/11, MDR 2012, 829). In derartigen Konstellationen sollte der Makler es vermeiden, die Maklertätigkeit bereits zu erbringen, bevor der Interessent dem konkreten Provisionsverlangen zustimmt. Denn sonst hat der Makler dem Interessenten seine Tätigkeit mehr oder weniger aufgedrängt, weshalb kein Provisionsanspruch entsteht. Der Makler kann in derartigen Fällen immer noch versuchen, nachträglich ein Provisionsversprechen des Auftraggebers herbeizuführen, wobei dieser nur in den seltensten Fällen darauf eingehen wird.

Achtung !

Ist der Makler im Bereich der Wohnraumvermittlung bereits vom Vermieter beauftragt – egal, ob provisionspflichtig oder nicht –, hat er grundsätzlich keinen Anspruch auf Zahlung einer Provision gegen den Mieter. Dies gilt selbst dann, wenn der Makler mit dem Mietinteressenten einen der Textform entsprechenden Maklervertrag geschlossen hat (siehe Kapitel 4.4.1).

Auch bei bereits erbrachter Maklerleistung kann ein Provisionsanspruch gegen den Interessenten bestehen, nämlich dann, wenn er in Kenntnis eines ausdrücklichen Provisionsverlangens des Maklers weitere Maklerdienste in Anspruch nimmt.

! **Beispiel**

Der Makler ist vom Eigentümer eines Einfamilienhauses damit beauftragt, eine Verkaufsgelegenheit nachzuweisen oder zu vermitteln. Er wird entsprechend tätig und inseriert das Objekt in einem der großen Internetportale. Daraufhin meldet sich ein Interessent beim Makler und bittet um einen Besichtigungstermin. Vor Ort teilt der Makler dem Interessenten die Kontaktdaten des Verkäufers mit. Am Ende des Besichtigungstermins überreicht er dem Interessenten ein Exposé, das ein ausdrückliches Provisionsverlangen des Maklers enthält. Am nächsten Tag setzt sich der Interessent mit dem Makler in Verbindung und bittet darum, weitere Objektunterlagen zu übersenden, und um einen zweiten Besichtigungstermin.

Der Makler hat in diesem Fall einen Provisionsanspruch gegen den Interessenten, sollte dieser schließlich das Objekt erwerben. Zwar hätte sich der Interessent mit dem ersten Besichtigungstermin begnügen können, bei dem er sogar die Kontaktdaten des Verkäufers bekommen hat. Dann hätte der Makler keinen Provisionsanspruch gegen den Interessenten. Da dieser aber vom Provisionsverlangen des Maklers wusste und weitere Tätigkeiten bzw. Leistungen entgegengenommen hat, hat er das im Exposé enthaltene Angebot, einen provisionspflichtigen Maklervertrag abzuschließen, konkludent bzw. stillschweigend angenommen. Allerdings ist auch hier wieder zu beachten, dass nach der gesetzlichen Neuregelung des § 565a BGB auf Grundlage des am 23.12.2020 in Kraft getretenen »Gesetzes über die Verteilung der Maklerkosten bei der Vermittlung von Kaufverträgen über Wohnungen und Einfamilienhäuser« der Maklervertrag der Textform entsprechen muss, wenn er eine Wohnung oder ein Einfamilienhaus zum Gegenstand hat, und andernfalls ein Provisionsanspruch nicht besteht. Des Weiteren ist in dieser Konstellation zu beachten, dass der Makler vom Kaufinteressenten keine höhere Provision verlangen darf als vom Verkäufer, so er für beide Parteien als Doppelmakler fungiert.

6.1.4 Invitatio ad offerendum

! **Beispiel**

Der Makler inseriert für den Verkäufer ein Einfamilienhaus in einem der großen Internetportale. Die Annonce enthält neben den Objektdaten ein Provisionsverlangen, wonach der Interessent bei Abschluss des notariellen Kaufvertrags zur Zahlung einer Provision in Höhe von 3,57 % inklusive Umsatzsteuer des Kaufpreises verpflichtet ist.

Diese nicht personalisierte und an einen unbestimmten Interessentenkreis gerichtete Angabe stellt noch kein Angebot des Maklers dar. Dies und die folgenden Grundsätze gelten ebenfalls für Annoncen des Maklers in Zeitungen und Zeitschriften sowie für Aushänge in seinem Geschäftslokal. Eine derartige Offerte stellt vielmehr eine *invitatio ad offerendum* dar, also die an einen unbestimmten Interessentenkreis gerichtete Einladung, ein Angebot abzugeben (BGH, Urteile v. 7.7.2016, I ZR 30/15 und v. 3.5.2012, III ZR 62/11, MDR 2012, 829; OLG Jena, Urteil vom 4.3.2015, 2 U 205/14).

Tritt daraufhin ein Kaufinteressent mit dem Makler in Kontakt und wünscht von ihm weitere Informationen, ein Exposé oder die Durchführung eines Besichtigungstermins, gibt er auf Grundlage der *invitatio ad offerendum* des Maklers ein entsprechendes Angebot auf Abschluss eines provisionspflichtigen Maklervertrags ab (BGH, Urteil vom 7.7.2016, I ZR 30/15). Erbringt nun der Makler die gewünschte Tätigkeit und übersendet er dem Interessenten ein Exposé oder erbringt sogleich die eigentliche Nachweistätigkeit in Angabe der Objektanschrift und der Kontaktdaten des Verkäufers, so hat der Makler das Angebot des Interessenten – konkludent bzw. stillschweigend – angenommen. So der Makler bereits unter Angabe der Objektdaten und der Kontaktdaten des Verkäufers seine Nachweistätigkeit erbracht hat, hat er Anspruch auf seine Provision (BGH, a. a. O.).

Allerdings ist auch in dieser Konstellation beim Vertrieb von Einfamilienhäusern und Wohnungen das Textformerfordernis des § 656a BGB zu beachten. Der Kaufinteressent muss also in Textform mit dem Makler in Kontakt treten. Mit der anschließenden Übersendung des Exposés hat der Makler für sich die Textform gewahrt.

Beispiel !

Der Makler inseriert in einem Immobilienportal ein Kaufobjekt. Auf eine etwa zu zahlende Provision weist er (noch) nicht hin.

Wiederum stellt die Annonce des Maklers eine *invitatio ad offerendum* dar. Eine daraufhin erfolgende Kontaktaufnahme eines Interessenten stellt im Gegensatz zum ersten Beispiel aber kein Angebot auf Abschluss eines Maklervertrags dar, weil noch offen ist, ob Provision zu zahlen ist oder nicht. Vielmehr kommt auch der Kontaktaufnahme des Inserenten mit dem Makler lediglich die Rechtswirkung einer *invitatio ad offerendum* zu (BGH, Urteil vom 7.7.2016, I ZR 30/15). Übersendet nun der Makler dem Interessenten etwa ein Exposé mit einem ausdrücklichen Provisionsverlangen, stellt dies das Angebot des Maklers auf Abschluss eines provisionspflichtigen Maklervertrags dar. Bittet der Interessent dann um weitere Informationen oder die Durchführung eines Besichtigungstermins, hat er das Angebot des Maklers auf Abschluss des Maklervertrags angenommen. Erteilt der Makler weitere Informationen bzw. führt er den Besichtigungstermin durch und erbringt eine provisionsauslösende Maklertätigkeit in Form eines Nachweises oder einer Vermittlung, hat er bei Abschluss des Kaufvertrags einen Provisionsanspruch gegen den Interessenten (OLG Jena, Urteil vom 4.3.2015, 2 U 205/14).

Achtung !

Im Bereich des Nachweises bzw. der Vermittlung von Kaufverträgen über Wohnungen oder Einfamilienhäuser muss die Bitte des Interessenten der Textform des § 126b BGB entsprechen, damit der Provisionsanspruch entsteht.
Im Bereich der Wohnungsvermittlung hat der Makler grundsätzlich ebenfalls keinen Provisionsanspruch gegen seinen Auftraggeber, so der Wohnungsvermittlungsvertrag nicht zumindest in Textform abgeschlossen wurde.

Der Abschluss des Maklervertrags ist stets nur die erste Hürde, die der Makler nehmen muss, um seine Provision zu verdienen. Auf Grundlage des Maklervertrags muss er eine typische Maklertätigkeit entfalten – Nachweis oder Vermittlung –, zudem muss sein Kunde bzw. Auftraggeber mit dem Veräußerer oder Vermieter einen entsprechenden Hauptvertrag schließen. Außerdem muss der Abschluss des Hauptvertrags kausal bzw. ursächlich auf die Tätigkeit des Maklers zurückzuführen sein.

6.1.5 Mündlicher Vertragsabschluss

Der Abschluss des Maklervertrags kann mit Ausnahme der Wohnungsvermittlung und des Vertriebs von Einfamilienhäusern und Wohnungen (siehe Kapitel 6.1.7) zunächst mündlich erfolgen. Da der Makler regelmäßig einen Vertrag schließt, um seine Provision zu sichern, muss er sich vor Augen halten, dass er im Zweifelsfall sämtliche anspruchsbegründenden Tatsachen zu beweisen hat. In erster Linie obliegt ihm die Beweislast dafür, dass die Vertragsparteien überhaupt eine Maklerprovision vereinbart haben. Treffen bei einer Provisionsklage des Maklers gegenläufige Aussagen der Vertragsparteien aufeinander, geht dieses sogenannte *non liquet* zulasten des Maklers. Falls also ausnahmsweise ein mündlicher Vertrag bestehen sollte, muss der Makler zumindest für einen entsprechenden Zeugenbeweis sorgen, um am Ende nicht leer auszugehen. Mündliche Abreden nützen nur dann etwas, wenn sie vor Zeugen gemacht werden und der Makler sie im Streitfall beweisen kann.

Aber auch hier kann es für den Makler eng werden, falls sein vermeintlicher Zeuge im Fall der Fälle unter plötzlichen Gedächtnislücken leidet oder schlicht das Lager wechselt und sich auf die Seite des Maklerkunden schlägt. Deshalb ist es für den Makler ratsam, eine schriftliche Aktennotiz über einen entsprechenden Vertragsabschluss zu fertigen und sich diese von seinem Zeugen unterzeichnen zu lassen. Angesichts dieses Aufwands sollte am besten gleich ein schriftlicher Maklervertrag oder ein Maklervertrag in Textform mit dem Interessenten abgeschlossen werden.

Handelt es sich bei dem Maklerkunden um einen Verbraucher gemäß § 13 BGB ist außerdem zu berücksichtigen, dass dieser über sein Widerrufsrecht aufzuklären ist, wenn der Vertragsschluss außerhalb der Geschäftsräume des Maklers oder im Wege des Fernabsatzes erfolgt. In diesem Zusammenhang ist ebenfalls zu beachten, dass eine wirksame Widerrufsbelehrung nach der Bestimmung des Art. 46 Abs. 3 EGBGB mindestens Textform erfordert (siehe Kapitel 6.5.4).

! **Wichtig**

Beim mündlichen Vertragsabschluss kann zwar noch eine gesonderte Widerrufsbelehrung in Textform nachgeliefert werden, doch wie schnell ist das vergessen. Bei einem Vertragsabschluss außerhalb der Geschäftsräume des Maklers oder im Wege des Fernabsatzes muss der Makler dann eventuell mit einem Widerruf seines Kunden rechnen obwohl er seine Leistungen erbracht hat.

6.1.6 Schriftlicher Vertragsabschluss

Auf der sicheren Seite ist der Makler stets dann, wenn der Maklervertrag schriftlich abgeschlossen wird. Wesen der Schriftform ist die Originalunterschrift der Vertragsparteien. Kann der Makler im Streitfall eine Vertragsausfertigung mit der Originalunterschrift seines Kunden vorlegen, liegt ein echter Beweis vor. Die meisten Makler haben in ihren Verträgen ohnehin das Widerrufsrecht des Auftraggebers integriert, zumindest sollte dies bei Verträgen mit Verbrauchern der Fall sein.

6.1.7 Vertragsabschluss in Textform

Nachdem mit dem Gesetz zur Dämpfung des Mietanstiegs auf angespannten Wohnungsmärkten und zur Stärkung des Bestellerprinzips bei der Wohnungsvermittlung das »Bestellerprinzip« eingeführt wurde, sieht § 2 Abs. 1 Satz 2 WoVermRG die Textform für den Wohnungsvermittlungsvertrag vor. Die Neuregelung des § 656a BGB sieht die Textform auch für Maklerverträge vor, die auf den Nachweis oder die Vermittlung von Einfamilienhäusern und Wohnungen gerichtet sind. Hiermit sollen Unklarheiten hinsichtlich des Vertragsabschlusses von vornherein vermieden werden.

Die Textform ist in der Bestimmung des § 126b BGB geregelt. Hiernach muss eine lesbare Erklärung, in der die Person des Erklärenden genannt ist, auf einem dauerhaften Datenträger abgegeben werden. Ein dauerhafter Datenträger ist jedes Medium, das es dem Empfänger ermöglicht, eine auf Datenträger befindliche, an ihn persönlich gerichtete Erklärung so aufzubewahren oder zu speichern, dass sie ihm während eines für ihren Zweck angemessenen Zeitraums zugänglich ist. Zudem muss die Form dazu geeignet sein, die Erklärung unverändert wiederzugeben.

Die Erklärung muss also zur dauerhaften Wiedergabe in geeigneter Weise abgegeben werden. Diesen Anforderungen genügen Verkörperung auf Papier, Diskette, CD-ROM sowie E-Mail oder (Computer-)Fax (LG Kleve, Urteil vom 22.11.2002, 5 S 90/02, NJW-RR 2003, 196). Bei elektronischer durch E-Mail übermittelter Erklärung genügt es, dass der Empfänger sie ausdrucken und speichern kann. Nicht erforderlich ist, dass der Empfänger sie auch tatsächlich ausdruckt. Bei Texten, die in eine Homepage eingestellt sind, dem Empfänger aber nicht übermittelt werden, ist die Textform nur dann gewahrt, wenn es tatsächlich zu einem Download seitens des Empfängers kommt (EUGH, Urteil vom 5.7.2012, C-49/11, EuZW 2012, 638; BGH, Urteil vom 29.4.2010, I ZR 66/08, NJW 2010, 3566).

In der Erklärung muss die Person des Erklärenden genannt sein, also der Aussteller. Eine mechanisch hergestellte Unterschrift reicht aus, selbst die bloße Namensangabe genügt.

6.1.8 Konkludenter Vertragsabschluss

Der konkludente bzw. stillschweigende Abschluss eines provisionspflichtigen Maklervertrags spielt in der Praxis im Wesentlichen nur noch im Bereich der Gewerbeimmobilien eine wichtige Rolle. Dies liegt darin begründet, dass Makler tendenziell die Provisionspflicht ihrer Auftraggeber eher in den Hintergrund rücken und die Maklerkunden in aller Regel von einer Provisionspflicht nichts wissen wollen. Das direkte Gespräch über dieses heikle Thema wird daher vermieden, die schriftliche Fixierung sowieso. Makler müssen sich insoweit vor Augen halten, dass etwaige Unklarheiten zu ihren Lasten gehen. Sie sollten daher für klare Verhältnisse sorgen (BGH, Urteile v. 7.7.2016, I ZR 30/15 und v. 11.4.2002, III ZR 37/01, NZM 2002, 533; LG Düsseldorf, Urteil vom 11.11.2014, 35 O 75/13).

Außer bei einer Wohnungsvermittlung und der Vermittlung von Kaufverträgen über Wohnungen und Einfamilienhäuser kann ein provisionspflichtiger Maklervertrag jedenfalls auch konkludent zustande kommen. Zu beachten ist, dass auch hier Angebot und Annahme erforderlich sind. Der Makler macht ein Angebot, das sein Kunde dann durch schlüssige Handlung annimmt.

Für das Zustandekommen eines konkludenten Maklervertrags ist Voraussetzung, dass das Angebot des Maklers ein ausdrückliches Provisionsverlangen enthält (BGH, Urteil vom 7.7.2016, I ZR 30/15; LG Düsseldorf, Urteil vom 11.11.2014, 35 O 75/13). Außerdem ist Voraussetzung, dass der potenzielle Kunde in Kenntnis dieses Provisionsverlangens Maklertätigkeiten verlangt und entgegennimmt. Wer Maklerleistungen in Anspruch nimmt und davon ausgehen muss, dass diese nur gegen eine entsprechende Provision vom Makler erbracht werden, erkennt durch schlüssiges Verhalten eine Provisionspflicht bei Abschluss eines Hauptvertrags an (OLG Frankfurt/Main, Urteil vom 25.3.2011, 19 U 217/10, NJW-RR 2011, 1500). Ein provisionspflichtiger Maklervertrag kommt immer dann zustande, wenn der Interessent in Kenntnis eines eindeutigen Provisionsverlangens Maklerdienste entgegennimmt (LG Düsseldorf, Urteil vom 22.7.2010, 10 O 44/06, AIZ 2010, 68). Dieser Grundsatz ist ebenso gängige Rechtsprechung wie der, dass der Makler bei Zweifeln über ein provisionspflichtiges Tätigwerden dafür verantwortlich ist, für klare Verhältnisse zu sorgen, was seinen Anspruch angeht (BGH, Urteil v 11.4.2002, III ZR 37/01, NZM 2002, 533). Wer sich jedenfalls an einen Makler wendet, der mit »Angeboten« werbend im geschäftlichen Verkehr auftritt, erklärt damit noch nicht schlüssig seine Bereitschaft zur Zahlung einer Maklerprovision für den Fall, dass ein Vertrag über das angebotene Objekt zustande kommt. Der Interessent darf nämlich, soweit ihm Gegenteiliges nicht bekannt ist, davon ausgehen, dass der Makler das Objekt von dem Verkäufer an die Hand bekommen hat und deshalb mit der angetragenen Weitergabe von Informationen eine Leistung für den Anbieter erbringen will (OLG München, Urteil vom 12.12.2016, 21 U 3086/15, BeckRS 2016, 20902).

Wie eingangs erwähnt, stellt eine Annonce des Maklers mit dem ausdrücklichen Provisionsverlangen lediglich die Einladung an einen unbestimmten Interessentenkreis dar, ein konkretes Angebot auf Abschluss eines Maklervertrags abzugeben, was der Interessent mit seiner Bitte nach konkreten Maklertätigkeiten abgibt (BGH, Urteile v. 7.7.2016, I ZR 30/15 und v. 3.5.2012, III ZR 62/11, MDR 2012, 829).

Zudem kommt ein Maklervertrag konkludent zustande, wenn der Makler dem Interessenten auf dessen Bitte hin ein Exposé übersendet, das wiederum ein ausdrückliches Provisionsverlangen enthält, nach dem der Makler bei Abschluss des Hauptvertrags eine Provision in bestimmter Höhe erwartet (OLG Jena, Urteil vom 4.3.2015, 2 U 205/14). Kann der Makler den Zugang des Exposés beweisen und nimmt der Auftraggeber – auch ohne das Exposé gelesen zu haben – weitere Maklerdienste in Anspruch, ist ein provisionspflichtiger Maklervertrag zustande gekommen. Der Kunde ist verpflichtet, bei Abschluss des Hauptvertrags dem Makler die Provision zu zahlen (BGH, Urteil vom 16.11.2006, III ZR 57/06, NJW-RR 2007, 400). Es können auch auf weitere Nachfragen gegebene Auskünfte des Maklers per E-Mail oder Telefon für einen konkludenten Vertragsschluss ausreichen (LG Hamburg, Urteil vom 22.1.2010, 322 O 341/09, NJW-RR 2010, 1073).

Der Makler kann allerdings nicht davon ausgehen, dass der Kaufinteressent ein überreichtes Exposé mit der Courtageforderung unmittelbar im Rahmen eines Besichtigungstermins durchliest und diese zur Kenntnis nimmt (Schleswig-Holsteinisches OLG, Urteil vom 25.9.2009, 14 U 66/09, MDR 2010, 561). Dies kann im Einzelfall durchaus provisionsvernichtend sein.

Beispiel !

Auf eine Annonce hin wendet sich ein Kaufinteressent an den Makler und bittet um einen Besichtigungstermin in einem Gewerbeobjekt. Die Anzeige selbst enthält noch kein ausdrückliches Provisionsverlangen. Beim Besichtigungstermin überreicht der Makler dem Interessenten ein Objektexposé, in dem ein ausdrückliches Provisionsverlangen zu finden ist. Vor Ort interessiert den Interessenten verständlicherweise das Exposé zunächst nicht. Nach dem Besichtigungstermin und kurzer Bedenkzeit kauft der Interessent das Objekt, ohne den Makler noch einmal einzuschalten.

In diesem Fall hat der Makler keinen Anspruch auf Provision, denn das eigentliche Angebot auf Abschluss eines provisionspflichtigen Maklervertrags hat er erst mit Übergabe des Exposés abgegeben. Dieses Angebot wurde vom Interessenten nicht (mehr) angenommen. Unabhängig davon, ob er nach dem Besichtigungstermin überhaupt Kenntnis vom Inhalt des Exposés genommen hat, hat er auch in unterstellter Kenntnis des Provisionsverlangens keine Maklertätigkeiten mehr beansprucht. Insoweit konnte ein konkludenter Maklervertrag nicht (mehr) zustande kommen. Allein der Abschluss des Hauptvertrags – also des Kaufvertrags mit dem Veräußerer – genügt hierfür nicht.

! **Achtung**

Eng verwandt mit der gerade beschriebenen Situation sind die »aufgedrängten« Maklerleistungen. Häufig kommen in der Praxis Fälle vor, in denen gerade der Nachweismakler seine Tätigkeit erbringt, ohne hinsichtlich seiner Provision für klare Verhältnisse zu sorgen. Übersendet er beispielsweise einem Interessenten – ohne im Vorfeld auf seine Provision hinzuweisen – ein Exposé, das die erforderlichen Daten wie Anschrift des Objekts sowie Name und Anschrift des Verkäufers oder Vermieters enthält, kann er seinen Provisionsanspruch nicht mehr durchsetzen. Das gilt selbst dann, wenn das Exposé ein ausdrückliches Provisionsverlangen enthält. Bedingung ist allerdings, dass der Interessent keine weiteren Maklerdienste in Anspruch nimmt. Das wird er in den allermeisten Fällen auch nicht mehr tun, hat er doch bereits die elementaren Informationen, um den gewünschten Hauptvertrag abschließen zu können. Grundsätzlich hat der Makler die Möglichkeit, mit dem Interessenten auch nachträglich noch einen provisionspflichtigen Maklervertrag abzuschließen (BGH, Urteil vom 3.7.2014, III ZR 530/13, NJW-RR 2014, 1272), hierfür ist aber selbstverständlich dessen Einverständnis erforderlich, im Bereich des Nachweises oder der Vermittlung von Einfamilienhäusern und Wohnungen muss zusätzlich die Textform gewahrt sein.

Ebenfalls verbreitet sind Fälle, in denen aufgrund einer Annonce des Maklers um Übersendung eines Objektexposés gebeten wird, das ein ausdrückliches Provisionsverlangen enthält. Nach Abschluss des Hauptvertrags wird dann aber behauptet, ein Exposé sei niemals angekommen. Wer dem Makler seine E-Mail-Adresse nennt, muss aber damit rechnen, dass dieser sie auch nutzt, um Exposés und andere Mitteilungen zu übersenden. Wenn der Kunde – weil er sich »gutgläubig« halten will – seinen E-Mail-Account nicht öffnet und/oder seine E-Mails nicht abruft und nicht liest, kann er sich nicht auf fehlenden Zugang des Exposés berufen (OLG Düsseldorf, Urteil vom 26.3.2009, I-7 U 28/08, MDR 2009, 974).

! **Achtung**

Übergibt der Makler seinem Kunden das Exposé eines anderen Maklers, bringt er damit grundsätzlich nicht zum Ausdruck, dass er im Erfolgsfall selbst eine Provision beansprucht. Er gibt damit kein Angebot auf Abschluss eines Maklervertrags mit ihm selbst ab. Will der Makler auch für solche Objekte eine Provision beanspruchen, die ihm durch einen dritten Makler benannt wurde, muss er dies gegenüber dem Interessenten unmissverständlich zum Ausdruck bringen. Geschieht dies nicht, kann die Übergabe eines fremden Exposés, selbst wenn ihr ein Besichtigungstermin nachfolgt, nicht als Angebot auf Abschluss eines Maklervertrags im eigenen Namen angesehen werden (BGH, Urteil vom 17.12.2015, I ZR 172/14, NJW 2016, 2317.

6.1.9 Zusammenfassung

Kommt im klassischen Fall des Maklerangebots über das Internet – entweder auf der Homepage des Maklers oder in einem Immobilienportal – ein eindeutiges Provisionsverlangen zum Ausdruck, entsteht durch das Entgegennehmen von Maklerleistungen konkludent ein provisionspflichtiger Maklervertrag. Der Auftraggeber ist also bei weiterer Inanspruchnahme von Dienstleistungen des Maklers im Fall des Hauptvertragsschlusses verpflichtet, an den Makler eine Provision zu bezahlen (BGH, Urteile v. 7.7.2016, I ZR 30/15 und v. 3.5.2012, III ZR 62/11, MDR 2012, 829).

Zu beachten ist jedoch, dass auch die Angabe einer Maklerprovision in einer Internetanzeige nicht dazu führt, dass in jeder anschließenden Interessenbekundung und Kontaktaufnahme mit dem Makler ein verbindliches Angebot zum Abschluss eines Maklervertrags zu sehen ist. Gibt der Makler in einem ersten Telefonat mit dem Kaufinteressenten den Namen des Verkäufers an, erfolgt dies vor Vereinbarung eines Maklervertrags auf eigenes Risiko und führt auch nicht zum Abschluss eines Maklervertrags (LG Landshut, Urteil vom 10.2.2012, 72 O 2097/11, juris).

Beispiel !

Der Makler inseriert ein Immobilienobjekt nebst einem entsprechenden Provisionsverlangen. Ein Interessent setzt sich telefonisch mit ihm in Verbindung und erbittet lediglich Auskunft, ob das Objekt noch zum Verkauf steht. Hierin liegt noch kein Angebot auf Vertragsabschluss. Bejaht der Makler nun von sich aus die Frage des Interessenten und gibt in diesem Zusammenhang Objekt- und Verkäuferdaten preis, hat er keinen Provisionsanspruch.

Der stillschweigende Abschluss eines Maklervertrags erfordert auch dann ein ausdrückliches Provisionsverlangen, wenn dem Kunden das zwischenzeitlich hinsichtlich der Größe und der Eigentumsverhältnisse veränderte Grundstück Jahre zuvor provisionspflichtig angeboten wurde (OLG Frankfurt/Main, Urteil vom 25.3.2011, 19 U 217/10, NJW-RR 2011, 1500). So der Makler also bereits vor langer Zeit einmal ein Immobilienobjekt mit eindeutigem Provisionsverlangen angeboten hatte, muss er sein Provisionsverlangen erneuern, wenn er das Objekt weiter anbietet und sich wesentliche Merkmale des Objekts verändert haben.

Erteilt der Kunde dem Makler einen Suchauftrag, kommt ein provisionspflichtiger Maklervertrag zustande, sobald der Makler seine Tätigkeit aufnimmt (BGH, Urteil vom 24.9.2009, III ZR 96/09, NJW-RR 2010, 257). Derjenige, der sich an einen Makler wendet und Dienste in Form eines Suchauftrags erbittet, macht insoweit ein Angebot auf Abschluss eines Nachweismaklervertrags. Die Annahme eines solchen Antrags muss nicht mit einer ausdrücklichen Erklärung erfolgen. Anders sieht dies bei einer »Bestandsnachfrage« aus. Der Kaufinteressent darf jedenfalls dann, wenn er sich ohne Bezug auf ein konkretes Angebot an einen Makler wendet, um sich Objekte aus dessen »Bestand« nachweisen zu lassen, mangels einer ausdrücklichen Provisionsforderung des Maklers in der Regel davon ausgehen, dass die betreffenden Objekte dem Makler bereits vom Verkäufer an die Hand gegeben wurden (BGH, Urteil vom 22.9.2005, III ZR 393/04, NJW 2005, 3779).

Wiederum zu beachten ist, dass diese Grundsätze dann nicht gelten, wenn der Maklervertrag den Kauf einer Wohnung oder eines Einfamilienhauses zum Gegenstand hat. Dann bedarf der Maklervertrag zwingend der Textform des § 126b BGB. Allerdings genügt es, dass das Angebot des Maklers der Textform entspricht und auch die Annahmeerklärung des Kauf- bzw. Verkaufsinteressenten.

6.1.10 Kaufmännisches Bestätigungsschreiben

Ein Maklervertrag kann darüber hinaus nach den Grundsätzen des Schweigens auf ein kaufmännisches Bestätigungsschreiben zustande kommen. Voraussetzung ist, dass es sich beim Makler sowie beim Maklerkunden um Kaufleute handelt. Die Grundsätze des Schweigens auf ein kaufmännisches Bestätigungsschreiben sind daher im Bereich des gewerblichen Grundstückshandels und insbesondere im Bereich des gewerblichen Mietrechts von Bedeutung. Diese Grundsätze gelten zudem, wenn der Bestätigende oder der Bestätigungsempfänger zwar kein Kaufmann ist, aber in erheblichem Umfang am Geschäftsleben teilnimmt (OLG Frankfurt/Main, Urteil vom 3.8.1999, 17 U 123/96, NJW-RR 2000, 434). Diese Grundsätze gelten allerdings nicht, wenn der Vertragspartner eigenes Vermögen verwaltet und ggf. zahlreiche, darunter auch millionenschwere Immobilienobjekte sein Eigen nennt (arg. e. OLG Hamm, Urteil vom 20.10.2016, 18 U 152/15, BeckRS 2016, 20371). Durch das kaufmännische Bestätigungsschreiben kann sich der Makler jedenfalls noch im Nachhinein bei nur mündlichen Vereinbarungen mit seinem Auftraggeber zusätzlich absichern.

Infolge des Schweigens auf ein kaufmännisches Bestätigungsschreiben gilt der Vertrag als mit dem Inhalt abgeschlossen, den das unwidersprochen gebliebene Bestätigungsschreiben wiedergibt. Dies gilt selbstverständlich dann nicht, wenn der Bestätigende das Verhandlungsergebnis bewusst unrichtig wiedergegeben hat oder wenn das Bestätigungsschreiben inhaltlich so weit vom Verhandlungsergebnis abweicht, dass der Absender vernünftigerweise nicht mit dem Einverständnis des Empfängers rechnen konnte. Dies ist insbesondere dann der Fall, wenn der Makler erstmals im kaufmännischen Bestätigungsschreiben überhaupt eine im Vorfeld nicht vereinbarte Provision verlangt.

Dem kaufmännischen Bestätigungsschreiben müssen Verhandlungen vorausgegangen sein, hierbei kann es sich um mündliche, telefonische oder etwa per E-Mail geführte Korrespondenz handeln. Für ein kaufmännisches Bestätigungsschreiben ist begriffswesentlich, dass es das wirkliche oder vermeintliche Ergebnis vorangegangener Vertragsverhandlungen wiedergibt (LG Düsseldorf, Urteil vom 11.11.2014, 35 O 75/13). Der Empfänger des kaufmännischen Bestätigungsschreibens muss diesem innerhalb kurzer Frist widersprechen, wenn er mit dem Inhalt nicht einverstanden ist. Zu empfehlen ist hier ein unverzüglicher Widerspruch nach Erhalt des Schreibens.

Wichtig !

Das Schweigen auf ein kaufmännisches Bestätigungsschreiben führt aber im Bereich der Vermittlung bzw. des Nachweises von Einfamilienhäusern und Wohnungen nicht zum Abschluss eines Maklervertrags. Hier ist nach § 656a BGB die Textform des Vertrags zwingend.

6.2 Beendigung des Maklervertrags

Außer im Fall des Makleralleinauftrags (siehe Kapitel 6.4) wird der Maklervertrag in aller Regel nicht befristet. Er kann jederzeit von beiden Vertragsparteien gekündigt werden, wenn keine Befristung vereinbart wurde.

6.2.1 Kündigung

Der Maklerkunde ist – außer beim Alleinauftrag – ohnehin berechtigt, andere Makler zu beauftragen und Eigengeschäfte abzuschließen. Für den Makler entsteht durch die jederzeit mögliche Kündigung ebenso kein Nachteil, da er nicht zum Tätigwerden verpflichtet ist.

Achtung !

Hat der Makler vor Kündigung des Maklervertrags bereits eine Maklertätigkeit entfaltet, die schließlich zum Abschluss des Hauptvertrags führt, hat die vom Kunden erklärte Kündigung keine Auswirkung auf den Provisionsanspruch des Maklers. War dessen Tätigkeit ursächlich oder zumindest wesentlich mitursächlich für das Zustandekommen des Hauptvertrags, hat er trotz Kündigung Anspruch auf Provision (BGH, Urteil vom 20.1.2005, III ZR 251/04, NJW 2005, 1357; OLG Zweibrücken, Urteil vom 15.12.1998, 8 U 95/98, NJW-RR 1999, 1502).

6.2.2 Fristablauf

Ist der Maklervertrag befristet, was in aller Regel beim Alleinauftrag der Fall ist, endet er mit Zeitablauf. Der Vertrag kann allerdings bei Vorliegen eines wichtigen Grundes auch außerordentlich fristlos gekündigt werden.

Achtung !

Ein Maklervertrag kann auch bereits vor Ablauf der Befristung enden, wenn der Makler seinen Kunden auf unbegrenzte Dauer binden möchte. Entsprechende Klauseln wären zumindest in AGB wegen eines Verstoßes gegen die Bestimmung des § 307 BGB nichtig (BGH, Urteil vom 6.11.1985, IVa ZR 96/84, NJW 1986, 1173). Der Vertrag im Übrigen wäre wirksam, der Maklerkunde könnte ihn aber jederzeit kündigen.

Wiederum gilt, dass der Makler seinen Provisionsanspruch behält, wenn er eine (mit) ursächliche Maklerleistung vor Ablauf der Befristung erbracht hat, in deren Folge der Hauptvertrag geschlossen wird.

6.2.3 Aufhebungsvertrag

Die Parteien des Maklervertrags können auch einvernehmlich einen Aufhebungsvertrag schließen. Dies kommt auch bei einem Alleinauftrag in Betracht.

6.2.4 Tod

Im Fall des Todes einer der beiden Vertragspartner endet auch der Maklervertrag. Ein eventueller Provisionsanspruch des Maklers geht auf dessen Erben über.

6.3 AGB-Klauseln

Im Hinblick auf die Vertragsgestaltung müssen sich Makler stets vor Augen halten, dass es sich bei den von ihnen verwendeten Formularverträgen in aller Regel um Allgemeine Geschäftsbedingungen handelt, die der Klauselkontrolle der §§ 305 ff. BGB unterliegen. Insoweit muss dem gesetzlichen Leitbild der Bestimmungen in §§ 652 ff. BGB und den Regelungen des Gesetzes über die Wohnungsvermittlung entsprochen werden. Abweichende Regelungen sind nur in Form von Individualvereinbarungen möglich.

Der ursprünglich vom Gesetzgeber ins Auge gefasste Idealfall sah so aus: Die Vertragspartner setzen sich zusammen an einen Tisch und regeln als gleichberechtigte Partner einvernehmlich den Vertragsinhalt. Der Gesetzgeber hatte im BGB daher zunächst weitgehend darauf verzichtet, genauere Regelungen aufzustellen. Doch bereits in den 1930er Jahren begann die Diskussion. Tatsache war und ist nämlich, dass der wirtschaftlich und vereinzelt auch intellektuell Überlegene seinem Vertragspartner »Allgemeine Geschäftsbedingungen« vorlegte und vorlegt, die selbstverständlich Regelungen zu seinen Gunsten enthalten. Grund genug für den Gesetzgeber, in den 1970er Jahren gesetzliche Regelungen zu verankern, die heute in den §§ 305 ff. BGB enthalten sind.

6.3.1 Formularvertrag

In diesem Zusammenhang stellt sich zunächst die Frage, wann eine AGB überhaupt vorliegt. Hier sei zuallererst mit dem Irrglauben aufgeräumt, dass nur das »Kleingedruckte« und mit »Allgemeine Geschäftsbedingungen« überschriebene Beiblatt zum

Maklervertrag oder dessen Rückseite AGB im Rechtssinne darstellen. In aller Regel ist bereits der Maklervertrag an sich eine AGB.

Maklerverträge unterliegen in aller Regel der Klauselkontrolle nach den Bestimmungen über AGB gemäß §§ 305 ff. BGB, unabhängig davon, ob es sich um Nachweis- und/ oder Vermittlungsverträge handelt und ob es um Kauf oder Miete, Wohnraum oder Geschäftsraum geht. Nach der Definition des § 305 Abs. 1 Satz 1 BGB versteht man unter AGB alle für eine Vielzahl von Verträgen vorformulierten Vertragsbedingungen, die eine Vertragspartei – der »Verwender« – der anderen Vertragspartei beim Abschluss des Vertrags stellt. Dabei spielt es keine Rolle, ob die Bestimmungen einen äußerlich gesonderten Bestandteil des Vertrags bilden oder in die Vertragsurkunde aufgenommen werden, welchen Umfang sie haben, in welcher Schriftart sie verfasst sind und welche Form der Vertrag hat. Die gesetzlichen Bestimmungen über AGB erfassen damit vom eigentlichen Vertragstext getrennte Bedingungen und selbstverständlich auch ganze Formularverträge oder nur einzelne Textpassagen.

Daneben muss ihre mehrfache Verwendung beabsichtigt sein. Eine mehrfache Verwendung liegt dann vor, wenn der Makler vorhat, den Vertrag mindestens dreimal zu verwenden (BGH, Urteil vom 27.9.2001, VII ZR 388/00, NJW 2002, 138). Es kommt also auf die Verwendungsabsicht an und nicht auf die tatsächliche Verwendung, sodass von einem Formularvertrag bereits dann auszugehen ist, wenn dieser das erste Mal eingesetzt wird. Eine einmalige Verwendungsabsicht genügt gemäß § 310 Abs. 3 Nr. 2 BGB sogar dann, wenn der Makler diesen Vertrag für einen Verbraucher im Sinne des § 13 BGB verwendet.

Vielfach bedienen sich Makler vorgefasster Maklervertragsformulare. Diese sind im Internet insbesondere über Portale spezialisierter Verlagshäuser oder Immobilien-/ Maklerverbände erhältlich. Auch wenn der Makler lediglich eine einmalige Verwendungsabsicht hat und sich eines derartigen Formulars bedient, unterliegen die einzelnen Klauseln der Inhaltskontrolle nach den §§ 305 ff. BGB (BGH, Urteil vom 16.11.1990, V ZR 217/89, NJW 1991, 843). Entsprechendes gilt, wenn der Makler eine von einem Dritten verfasste Klausel verwendet (BGH, Urteil vom 17.2.2010, VIII ZR 67/09, NJW 2010, 1131 = ZMR 2010, 519; LG Freiburg, Urteil vom 9.10.2007, 9 S 37/07, WuM 2008, 334). Hier kommt es also nicht auf eine mehrfache Verwendungsabsicht an.

Selbst handschriftlich verfasste Verträge können AGB darstellen. Und auch handschriftliche oder maschinenschriftliche Änderungen des Formularvertrags oder Vertragszusätze sprechen nicht gegen den Formularcharakter. Dies wäre lediglich dann der Fall, wenn die Änderung oder der Zusatz im Hinblick auf die konkreten Besonderheiten des Einzelfalls verfasst sind – insbesondere mit Rücksicht auf die Person des Auftraggebers.

! **Achtung**

Bei einem Vertrag zwischen einem Unternehmer, also etwa einem Makler, und einem privaten Kauf- oder Wohnraummietinteressenten gilt gemäß § 310 Abs. 3 Nr. 1 BGB die gesetzliche Vermutung, dass der Unternehmer, also der Makler, die AGB gestellt hat.

AGB liegen auch dann vor, wenn die Vertragsbedingungen in mehreren Verträgen sprachlich zwar unterschiedlich gefasst, in ihrem wesentlichen Kerngehalt aber identisch sind (OLG Düsseldorf, Urteil vom 16.10.2003, I-10 U 46/03, ZMR 2003, 921).

6.3.2 Klauselkontrolle

Wenn von einem Formularvertrag auszugehen ist, der der Klauselkontrolle nach den §§ 305 ff. BGB unterliegt, sind überraschende oder mehrdeutige Klauseln unwirksam (§ 305c BGB). Klauseln, die den Auftraggeber des Maklers entgegen den Geboten von Treu und Glauben unangemessen benachteiligen, sind ebenfalls unwirksam (§ 307 BGB). Zudem sind die Klauselverbote der §§ 308 und 309 BGB zu beachten.

! **Achtung**

Handelt es sich bei dem Auftraggeber des Maklers nicht um einen Verbraucher, sondern um einen Unternehmer im Sinne des § 14 BGB, regelt § 310 Abs. 1 BGB einen eingeschränkten Anwendungsbereich der §§ 305 ff. BGB. In solchen Fällen haben die Vertragsparteien einen erheblich größeren Gestaltungsspielraum, was ihre vertraglichen Rechte und Pflichten angeht.

6.3.3 Vorrang der Individualvereinbarung

Nach der Bestimmung des § 305b BGB haben Individualvereinbarungen stets Vorrang vor allgemeinen Geschäftsbedingungen. Dabei ist es unerheblich, ob die Vereinbarung schriftlich oder mündlich getroffen wurde. Streiten Makler und Auftraggeber über das Vorliegen einer Individualvereinbarung, ist derjenige beweispflichtig, der aus der Zusatzabrede bzw. Individualvereinbarung Rechte für sich herleiten will. An den Beweis werden hohe Anforderungen gestellt, denn es gilt die Vermutung, dass der Inhalt des Vertrags durch die Vertragsurkunde vollständig und richtig wiedergegeben wird.

Wesen der Individualvereinbarung ist, dass der Inhalt der vertraglichen Regelung gänzlich zur Disposition steht. Konkret bringt also der Makler abseits der übrigen vertraglichen Regelungen beispielsweise das Thema »Objekterwerb in der Zwangsversteigerung« auf den Tisch. Er fragt seinen Auftraggeber, ob dieser auch dann zur Zahlung der Maklerprovision bereit wäre, wenn der Makler ihm eine Erwerbsmöglichkeit im Wege der Zwangsversteigerung bekannt gibt. Bejaht dies der Auftraggeber, sollte Entsprechendes handschriftlich festgehalten und von beiden Vertragsparteien gesondert unterzeichnet werden. Ob die handschriftliche Ergänzung im Maklervertrag selbst erfolgt oder außerhalb, ist nicht wichtig. Von größter Bedeutung ist allerdings, dass der Makler im Streitfall das Vorliegen einer Individualvereinbarung beweisen kann.

Es nützt nichts, unter einen vorformulierten Vertrag in Fettdruck zu schreiben, dieser sei zwischen den Parteien individuell ausgehandelt worden. Hierin liegt ein Verstoß gegen § 309 Nr. 12 b) BGB, wonach eine derartige »Schlussbestimmung« unwirksam ist.

Tipp !

Grundsätzlich empfiehlt es sich, zu gesonderten Vertragsverhandlungen mit dem Auftraggeber einen Zeugen hinzuzuziehen. Denn wie erwähnt: Auch handschriftliche Vereinbarungen können AGB darstellen. Und häufig bestreitet der zuvor bereitwillige Maklerkunde, dass der Inhalt der maßgeblichen Klausel tatsächlich zur Disposition gestellt wurde.

Eine vertragliche Regelung gilt dann nicht als zur Disposition gestellt, wenn dem Maklerkunden nicht die Chance gegeben wird, auf den Inhalt der Zusatzregelung tatsächlich Einfluss zu nehmen, oder wenn ihm die Möglichkeit genommen wird, von dieser Abstand zu nehmen.

Beispiel !

Der Makler will mit seinem Kunden einen »qualifizierten« Alleinauftrag schließen und legt ihm einen Vertrag vor, der eine Klausel enthält, dass der Kunde auch bei einem Eigengeschäft Provision zahlen muss. Der Inhalt der Klausel wurde mit dem Kunden besprochen. In diesem Zusammenhang hatte der Makler darauf hingewiesen, dass er Derartiges mit seinen Kunden üblicherweise vereinbart. Als er den Kunden fragte, ob dieser mit der konkreten Provisionshöhe von 3,57 % des Kaufpreises einverstanden sei, falls er ein Eigengeschäft tätigen würde, verneinte dieser. Daraufhin wollte der Makler eine entsprechende Provision in Höhe von 3 %, der Kunde unterschrieb den Maklervertrag.

Zunächst einmal ist eine derartige »Eigenverkaufsklausel« mit dem Grundgedanken der gesetzlichen Regelung des § 652 Abs. 1 BGB unvereinbar (BGH, Urteil vom 2.11.1983, IVa ZR 86/82, BGHZ 88, 368, 371; OLG Hamm, Urteil vom 7.1.2021, 18 U 109/18, NZM 2021, 311) und damit gesetzesfremd. Sie kann also nicht durch AGB vereinbart werden. Zudem hat der Makler die Klausel nicht inhaltlich zur Disposition gestellt, sondern nur ihren Sinn und Zweck erörtert, die Bereitschaft zur konkreten Abänderung hat er nicht kundgetan. Deshalb konnte der Kunde das Verlangen nur so verstehen, dass der Makler auf jeden Fall darauf beharren und seinem Kunden keinen Entscheidungsspielraum dafür lassen wollte, ob die Klausel gelten sollte. Das wurde durch den weiteren Verlauf des Gesprächs noch verstärkt. Indem er nämlich den Auftraggeber gefragt hat, ob dieser mit 3,57 % Provision einverstanden sei und auf dessen Verneinung 3 % angeboten hatte, hat er nicht die vorformulierte Eigenverkaufsklausel, sondern nur die Höhe der darin vorgesehenen Provision zur Disposition gestellt. Das aber genügt für das Aushandeln nicht (vgl. BGH, Urteil vom 27.3.1991, IV ZR 90/90, NJW 1991, 1678).

6.3.4 ABC kritischer Klauseln

Was die AGB des Maklers angeht, muss man sich stets vor Augen halten, dass die Rechtsprechung einen äußerst strengen Maßstab anlegt, wenn es darum geht, die Provisionspflicht des Auftraggebers über das Maß des § 652 BGB hinaus auszudehnen. Nach dieser Bestimmung hat der Makler nur dann einen Provisionsanspruch, wenn alle der vier im Folgenden aufgezählten Voraussetzungen erfüllt sind:

1. Auftraggeber und Makler müssen einen provisionspflichtigen Maklervertrag geschossen haben.
2. Der Makler muss seinem Auftraggeber entweder eine Nachweis- oder Vermittlungsleistung erbracht haben.
3. Es muss zu einem Hauptvertrag – entweder Miet- oder Kaufvertrag – gekommen sein.
4. Dieser Hauptvertrag muss aufgrund der Nachweis- oder Vermittlungsleistung des Maklers zustande gekommen sein.

Die Praxis zeigt immer wieder, dass diese Voraussetzungen zum Teil unüberwindbare Hürden für den Provisionsanspruch des Maklers darstellen, dieser mithin nach getaner Arbeit des Öfteren mit leeren Händen dasteht. Verständlich daher, dass Makler etwaige Risiken möglichst minimieren, wenn nicht gar gänzlich ausschließen wollen. Da aber immer noch die Scheu vor klaren Worten herrscht, ist die Versuchung groß, im »Kleingedruckten« die Angelegenheiten zu regeln, die beim Auftraggeber nicht unbedingt auf offene Ohren stoßen. Doch das kann ins Auge gehen.

Eine Entscheidung des OLG Hamm (Urteil vom 29.5.2000, 18 U 236/99, NJW-RR 2001, 567) – zwar rechtsdogmatisch unhaltbar – verdeutlicht drastisch, welche Anforderungen an einen »sauberen« Kundenkontakt gestellt werden. Der Makler hatte in seine AGB eine Verweisungs- und Hinzuziehungsklausel aufgenommen, das wurde ihm zum Verhängnis. Es entspricht zwar ständiger Rechtsprechung, dass eine Verpflichtung des Auftraggebers, eigene und ohne Beteiligung des Maklers gefundene Interessenten an den Makler zu verweisen, nur per Individualvereinbarung begründet werden kann. In § 307 Abs. 1 BGB steht aber andererseits geschrieben, dass eine Klausel, die gegen die Bestimmungen über AGB verstößt, unwirksam ist. Das OLG Hamm überspannte hier den Bogen und unterstellte Maklern, die entgegen dieser verfestigten Rechtsprechung eine derartige Klausel in ihre AGB aufnehmen, derart unlautere Motive zulasten ihrer Auftraggeber, dass gar eine Verwirkung des Provisionsanspruchs überhaupt angenommen wurde. Das hat dann auch der BGH (Urteil vom 19.5.2005, III ZR 322/04, NJW-RR 2005, 1423) so gesehen und sich von der Rechtsprechung des OLG Hamm distanziert. Zwischenzeitlich hatte auch dieses Gericht von seiner rigiden Haltung Abstand genommen (vgl. aktuell OLG Hamm, Urteil vom 7.1.2021, 18 U 109/18, NZM 2021, 311). Dies ändert jedoch nichts an der Brisanz der AGB in der Maklerpraxis, die im Folgenden anhand der wichtigsten Beispiele dargestellt ist.

Achtung !

Für den Bereich der Wohnraumvermittlung, also Maklertätigkeiten, die auf Nachweis oder Vermittlung von Wohnraummietverträgen gerichtet sind, ist der Makler mit Blick auf die Gestaltung von AGB zumindest dann in das enge Korsett des Wohnraumvermittlungsgesetzes gezwängt, wenn es sich bei seinem Kunden um den Mietinteressenten handelt. Vom Gesetz abweichende Vereinbarungen sind hier allenfalls in Form von Individualvereinbarungen möglich – und auch das wiederum nur in äußerst engen Grenzen.

In all denjenigen Fällen, in denen sich die Maklertätigkeit auf den Nachweis bzw. die Vermittlung von Kaufverträgen über Einfamilienhäuser und Wohnungen bezieht, wird der Makler durch AGB ebenfalls keine Modifizierungen mit Blick auf die grundsätzliche Provisionsteilungspflicht zwischen Veräußerer und Erwerber herbeiführen können. Keinesfalls können von den seit 23.12.2020 in Kraft getretenen Bestimmungen der §§ 656a bis 656d BGB abweichende Regelungen zum Nachteil von Veräußerer und Erwerber vereinbart werden.

Abschlussklauseln

Unwirksam sind Klauseln, wonach durch Stillschweigen des Kunden auf ein Angebot des Maklers automatisch ein Maklervertrag geschlossen würde. Hier fehlt es nämlich in aller Regel an einer Annahme dieser vertraglichen Verpflichtung des Maklerkunden. Im Bereich der Wohnraumvermietung und der Veräußerung von Einfamilienhäusern und Wohnungen bedarf der Maklervertrag ohnehin der Textform des § 126b BGB. Für den Bereich der Wohnraumvermietung ist dies in § 2 Abs. 1 Satz 2 WoVermRG geregelt, für den Bereich der Veräußerung von Einfamilienhäusern und Wohnungen ist dies in § 656a BGB geregelt.

Alleinauftrag

Der »einfache« Alleinauftrag kann unproblematisch formularvertraglich vereinbart werden. Makler müssen allerdings beachten, dass aus dem entsprechenden Vertrag die Rechte und Pflichten der Vertragsparteien deutlich hervorgehen. Es genügt nicht die Bezeichnung »Alleinauftrag«, vielmehr muss eindeutig erkennbar sein, dass der Auftraggeber keinen anderen Makler beauftragen darf. Ergibt sich dies nicht eindeutig aus der vertraglichen Abrede, hat der Makler gegen seinen Kunden keinerlei Anspruch auf Schadensersatz, wenn der Auftraggeber den Vertrag über den Alleinauftrag verletzt, dieser also die Dienste eines anderen Maklers in Anspruch nimmt und dessen Tätigkeit schließlich zum Abschluss des Hauptvertrags führt.

Makler sollten des Weiteren beachten, dass durch AGB keine längere Bindung des Auftraggebers an den Makler als ein Jahr vereinbart werden kann. Auf der sicheren Seite ist der Makler dann, wenn die Befristung einen Zeitraum vom einem halben Jahr nicht überschreitet (BGH, Urteil vom 28.5.2020, I ZR 40/19, NJW 2020, 3306; LG Hamburg, Urteil vom 20.1.2012, 304 O 241/11, ZMR 2014, 499). Unwirksam sind auch Klauseln, nach denen sich mangels Kündigung des Alleinauftrags dieser automatisch um mehr als ein Jahr verlängert. Demgegenüber sind aber Klauseln gültig, die eine Verlängerung des Alleinauftrags um jeweils drei Monate bei unterbliebener Kündigung vorsehen (BGH, Urteil vom 28.5.2020, I ZR 40/19, NJW 2020, 3306).

Der »qualifizierte« Alleinauftrag lässt sich nicht durch AGB vereinbaren (OLG Hamm, Urteil vom 7.1.2021, 18 U 109/18, NZM 2021, 311; OLG Jena, Urteil vom 8.12.2004, 2 U 559/04, OLG-NL 2005, 5). Anders als beim einfachen Alleinauftrag darf der Auftraggeber des Maklers beim qualifizierten Alleinauftrag den beabsichtigten Hauptvertrag nicht mit eigenen Interessenten abschließen (siehe vertiefend Kapitel 6.4).

Aufwendungsersatz

Die Bestimmung des § 652 Abs. 2 BGB verleiht dem Makler ausdrücklich einen Aufwendungsersatzanspruch gegen seinen Auftraggeber. Was viele Makler immer wieder übersehen, ist die Bedeutung des zweiten Satzes dieser Bestimmung, dort heißt es: »Dies gilt auch dann, wenn ein Vertrag nicht zustande kommt.« Demnach steht dem Makler erst recht ein Aufwendungsersatzanspruch gegen seinen Auftraggeber zu, wenn der Hauptvertrag zustande kommt – vorausgesetzt, dies wurde mit dem Auftraggeber so vereinbart. Eine derartige Vereinbarung bedarf nicht der Schriftform und kann auch durch AGB vereinbart werden.

Die grundsätzliche Möglichkeit, einen Aufwendungsersatzanspruch mit dem Auftraggeber vereinbaren zu können, verleitet vielfach dazu, unter diesem Deckmantel eine erfolgsunabhängige Provisionspflicht zu begründen. Häufig werden mit dem Auftraggeber Aufwendungsersatzpauschalen vereinbart, die den gewöhnlichen Aufwand des Maklers deutlich übersteigen und insbesondere bei Nichtzustandekommen des Hauptvertrags enttäuschte Provisionserwartungen ausgleichen sollen. Derartige Aufwendungsersatzpauschalen können aber allenfalls in mäßigem Rahmen vereinbart werden, maximal 10 bis 15 % der zu erwartenden Provision. Über diese Spanne hinausreichende Beträge bedürfen gar der notariellen Beurkundung, da über die Zahlungspflicht bei Nichtabschluss des Hauptvertrags ein mittelbarer Erwerbszwang auf den Maklerkunden ausgeübt wird.

Eine Pauschalierung bis zu einem mäßigen Höchstbetrag ist zulässig. Die noch vertretbare Grenze ist bei einer Pauschale von 4.500 EUR allerdings deutlich überschritten (OLG Oldenburg, Urteil vom 19.5.2005, 8 U 10/05, NJW-RR 2005, 1287). Bereits eine formularvertragliche Vereinbarung, nach der Aufwendungsersatz in Höhe von 1.500 EUR auch bei Nichtzustandekommen des Grundstückskaufvertrags zu zahlen sei, wurde als erfolgsunabhängige Provision angesehen. Sie war daher wegen eines Verstoßes gegen § 307 Abs. 1 Nr. 1 BGB unwirksam (siehe vertiefend Kapitel 10.2).

Ausschluss von Gegenrechten

Ist im Maklervertrag als Nebenabrede ein Verzicht auf die Geltendmachung jeglicher Gegenrechte vorformuliert, liegt hierin eine unangemessene Benachteiligung des Maklerkunden und somit ein Verstoß gegen § 307 BGB (LG Leipzig, Urteil vom 13.3.2015, 4 O 2821/13, NJW-RR 2015, 1329).

Bauherrenmodell

Nicht durch AGB kann im Rahmen eines Bauherrenmodells vereinbart werden, dass eine dem Makler für die Vermietung versprochene Provision auch dann zu zahlen ist, wenn die Leistung des Baubetreuers einvernehmlich nicht in Anspruch genommen wird.

Bestätigungsklauseln

Häufig wollen Makler ihren Provisionsanspruch vor dem Einwand ungenügender Maklerleistung ihrer Auftraggeber schützen, indem der Auftraggeber bereits im Rahmen des Maklervertrags bestätigt, das vom Makler angebotene Objekt besichtigt zu haben und ausreichend über die Kaufvertragsbedingungen informiert worden zu sein. Dass dies in all den Fällen, in denen der Makler dem Auftraggeber vor Besichtigung eines Objekts oder überhaupt einer Individualisierung eines bestimmten Objekts entsprechende Informationen gibt, widersinnig ist, dürfte klar sein. Aber auch ansonsten kann Derartiges nicht in AGB vereinbart werden, da in unzulässiger Weise und gegen die Bestimmung des § 309 Nr. 12 BGB verstoßend die Beweislast zu Ungunsten des Auftraggebers umgekehrt würde.

Nach § 309 Nr. 12 b) BGB ist eine Bestimmung in AGB, durch die der Verwender die Beweislast zum Nachteil des anderen Vertragspartners ändert, indem er den anderen Vertragspartner bestimmte Tatsachen bestätigen lässt, unwirksam. Von dieser Regelung wird auch eine Bestätigungserklärung des Inhalts umfasst, eine Widerrufsbelehrung »zur Kenntnis genommen« zu haben. Hier reicht im elektronischen Verkehr auch nicht aus, dass etwa über die Homepage des Maklers ein zusätzliches Häkchen zu setzen ist (BGH, Urteil vom 15.5.2014, III ZR 368/13, NJW 2014, 2857).

Nicht ausreichend ist des Weiteren, wenn sich die Unterschrift des Maklerkunden nicht ausschließlich auf die Erklärung, die Widerrufsbelehrung »gelesen, verstanden und sich mit ihr einverstanden erklärt zu haben«, bezieht, sondern zugleich auch inhaltliche Erklärungen zum Makler-Suchauftrag abdeckt. Die Beweislast zum Thema Widerrufsbelehrung verbleibt dann vielmehr beim Makler. Hier wären zwei Unterschriften erforderlich gewesen: zum einen diejenige über den Suchauftrag und weiter diejenige über das Widerrufsrecht (BGH, Urteil vom 14.3.2019, I ZR 134/18, NZM 2019, 882).

Doppeltätigkeit

Die Doppeltätigkeit ist dem Makler grundsätzlich erlaubt, er darf sich aber beispielsweise nicht vom Kaufinteressenten auch für den Fall des Nichtzustandekommens des Hauptvertrags eine Provisionspflicht ausbedingen. Mit einer derartigen Klausel würde der Makler gegen das Gebot der fairen Gleichbehandlung beider Auftraggeber verstoßen. Eine entsprechende Individualvereinbarung bedürfte notarieller Beurkundung. Im Bereich des Nachweises bzw. der Vermittlung von Einfamilienhäusern und Wohnungen steht dem bereits die Bestimmung des § 656c BGB entgegen, wenn es sich beim Käufer um einen Verbraucher handelt.

Eigenabschluss durch Makler

In seltenen Fällen kann es vorkommen, dass der Makler selbst das ihm vom Verkäufer zur Vermittlung an die Hand gegebene Objekt erwirbt. Zumindest durch AGB kann der Makler aber nicht mit seinem Auftraggeber – also dem Verkäufer – vereinbaren, dass dieser auch dann die Maklerprovision schuldet, wenn der Makler selbst das Verkaufsobjekt erwirbt. Denn Voraussetzung des Provisionsanspruchs ist, dass der Vertrag mit einem vom Makler unabhängigen »Dritten« zustande kommt. Eine entsprechende Abrede kann aber individualvertraglich getroffen werden.

Eigenverkaufsverbot

Grundsätzlich ist der Maklerkunde im Rahmen des Maklervertrags sowie im Rahmen des »einfachen« Alleinauftrags berechtigt, Hauptverträge mit »eigenen« Interessenten zu schließen. Immer dann, wenn sich Makler ausbedingen wollen, dass der Auftraggeber Eigenverkäufe zu unterlassen hat, muss dies per Individualvereinbarung geschehen, entsprechende AGB sind unwirksam (OLG Hamm, Urteil vom 7.1.2021, 18 U 109/18, NZM 2021, 311).

Erfolgsunabhängige Provision

Durch AGB kann sich der Makler keine Provision für den Fall ausbedingen, dass kein Hauptvertrag geschlossen wird. Aufgepasst heißt es in diesem Zusammenhang insbesondere bei der Vereinbarung eines Aufwendungsersatzes, der sich meist als nichts anderes entpuppt als eine erfolgsunabhängige Provision. Wie bereits ausgeführt bestehen keinerlei Bedenken dagegen, mit dem Auftraggeber einen Ersatz konkreter Aufwendungen zu vereinbaren, dies auch durch AGB. Der Betrag darf aber nicht über die tatsächlich anfallenden Kosten hinausgehen. Brisant wird es immer dann, wenn Aufwandsersatzpauschalen gelten sollen. Hier sollte der Makler eine Individualvereinbarung mit seinem Auftraggeber treffen und darauf achten, dass bei einer Aufwandsersatzpauschale ab circa 10 bis 15 % der Provisionshöhe eine notarielle Beurkundung der Abrede erforderlich wird, falls die Aufwandsersatzpauschale bei Nichtabschluss des Hauptvertrags zu zahlen sein soll.

Ersatzgeschäft

Von einem Ersatzgeschäft ist immer dann die Rede, wenn ein Hauptvertrag über ein Objekt zustande kommt, das nicht Gegenstand des Maklervertrags ist. Wird der Makler also mit dem Auftrag konfrontiert, seinem Auftraggeber ein Mietobjekt zu vermitteln, und wird das betreffende Objekt stattdessen gekauft, handelt es sich um ein typisches Ersatzgeschäft. Gleiches gilt im umgekehrten Fall, wenn der Makler den Auftrag erhält, ein Kaufobjekt nachzuweisen oder zu vermitteln und stattdessen nur ein Mietvertrag zustande kommt. Der Makler ist selbstverständlich daran interessiert, sich für seine Bemühungen, die auf jeden Fall zu einem Hauptvertrag geführt haben, entlohnen zu lassen. Er sollte sich dann aber selbst im Maklervertrag bereits bezüglich des möglichen Ersatzgeschäftes beauftragen lassen, was unproblematisch auch per AGB möglich ist. Im Übrigen aber kann eine Provision »für abweichende Geschäfte« nicht durch AGB, sondern nur durch Individualvereinbarung wirksam getroffen werden (OLG Hamburg, Urteil vom 4.5.1991, 9 U 146/90, MDR 1992, 27).

Fälligkeitsklauseln

Im Interesse des Maklers liegt es, alsbald nach getaner Arbeit und herbeigeführtem Erfolg die Provision vereinnahmen zu können. Häufig finden sich daher in AGB der Makler Klauseln, wonach die Maklerprovision nach Abschluss des notariellen Hauptvertrags zur Zahlung fällig wird. Vereinzelt wird die Auffassung vertreten, eine derartige AGB sei unwirksam, da sie den Auftraggeber des Maklers unangemessen benachteilige. Denn zum gesetzlichen Leitbild des Maklervertrags gehöre es, dass der Provisionsanspruch erst bei wirksamem Zustandekommen des Hauptvertrags entstehe und fällig werde. Jedoch könne auch der notariell beurkundete Hauptvertrag nicht in allen Fällen wirksam zustande gekommen sein, etwa weil erforderliche Genehmigungen noch ausstünden. Die Fälligkeit der Maklerprovision könne demnach nur individualvertraglich abweichend vom Grundsatz des § 652 BGB geregelt werden. Selbst wenn man dieser Auffassung nicht folgen sollte, ist die Provision jedenfalls erst dann zur Zahlung fällig, wenn der Hauptvertrag wirksam zustande gekommen ist, also sämtliche etwaigen Bedingungen für seine Wirksamkeit eingetreten sind. Jedenfalls kann unproblematisch per AGB geregelt werden, dass »die Maklerprovision mit Zustandekommen des wirksamen Hauptvertrags fällig« ist.

Für den Bereich des Nachweises bzw. der Vermittlung von Einfamilienhäusern und Wohnungen regelt die Bestimmung des § 656d Abs. 1 Satz 2 BGB, dass der Anspruch des Maklers auf seine Provision in erster Linie gegen den Käufer erst dann fällig wird, wenn der Verkäufer oder der Makler nachgewiesen hat, dass der Verkäufer seiner Verpflichtung zur Zahlung der Maklerprovision bereits nachgekommen ist, soweit es sich beim Käufer um einen Verbraucher handelt und die Provisionszahlungspflicht insbesondere aus einer Maklerklausel resultiert.

Finanzierung

Insbesondere im Rahmen von Suchaufträgen für Kaufobjekte bieten Makler als zusätzliche Dienstleistung Vermittlungsbemühungen hinsichtlich der Finanzierung des Kaufpreises an. Das Versprechen einer erfolgsunabhängigen Provision für den Nachweis oder die Vermittlung einer Finanzierung in AGB ist jedoch unwirksam. Dies gilt auch dann, wenn der Makler eine Verpflichtung zur Tätigkeit und in gewissem Maß eine Garantie übernommen hat (BGH, Urteil vom 20.3.1985, IVa ZR 223/83, MDR 1985, 653).

Folgegeschäfte

Praktisch bedeutsam sind immer wieder die Fälle, in denen der Makler Mietobjekte vermitteln soll und abzusehen ist, dass der Auftraggeber das Objekt später kaufen wird. Durchaus nachvollziehbar ist hier das Bestreben des Maklers, zwei Fliegen mit einer Klappe schlagen zu wollen, nämlich sich einerseits die Provision für die Vermittlung des Mietvertrags zu sichern und andererseits die für den ggf. bevorstehenden Kauf des Objekts. Eine Vereinbarung über solche Folgegeschäfte kann mit dem Auftraggeber zwar durchaus getroffen werden, dies jedoch nicht durch AGB, sondern ausschließlich in Form einer Individualvereinbarung (OLG Düsseldorf, Urteil vom 28.11.1997, 7 U 63/97, NJW-RR 1998, 1594).

Haftungsbeschränkung

Makler können in AGB gemäß §309 Nr. 7 BGB ihre Haftung bis zur Grenze der groben Fahrlässigkeit ausschließen, das heißt, für die leichte und »normale« oder mittlere Fahrlässigkeit haften sie dann nicht. Doch in der Praxis sind derartige Haftungsfreizeichnungsklauseln nicht das Papier wert, auf dem sie stehen. Zunächst wird meist übersehen, dass eine Haftungsbeschränkung bei Verletzung von Leben, Körper und Gesundheit nach §309 Nr. 7 a) BGB ohnehin nicht möglich ist und Haftungsbeschränkungen in AGB dies häufig nicht ausdrücklich berücksichtigen.

Hiervon unabhängig ist die Haftungsgrenze bereits überschritten, wenn der Makler seinem Auftraggeber gegenüber Angaben »ins Blaue hinein« macht. Gemeint sind damit all diejenigen Fälle, in denen der Makler auf Nachfragen des Auftraggebers zwar keine genaue Kenntnis hat, jedoch eine Auskunft gibt, die in aller Regel dem Provisionsinteresse des Maklers dient, also geschönt ist. Entpuppt sich eine Auskunft als unrichtig, ist in aller Regel mindestens grobe Fahrlässigkeit, wenn nicht bedingter Vorsatz des Maklers gegeben, denn er hätte sich erkundigen müssen, bevor er eine falsche Angabe macht.

Hinzuziehungs- und Verweisungsklausel

Hinzuziehungs- und Verweisungsklauseln finden sich in aller Regel bei Alleinaufträgen und machen den »einfachen« Alleinauftrag zu einem »qualifizierten« Alleinauftrag. Derartige Klauseln regeln, dass der Auftraggeber einen Selbstverkauf zu unterlassen,

Interessenten an den Makler zu verweisen und diesen bei Vertragsverhandlungen hinzuzuziehen hat. Allerdings sind diese Pflichten des Auftraggebers dem typischen und dem gesetzlichen Leitbild folgenden Maklervertrag fremd. Daher können sie ausschließlich per Individualvereinbarung begründet werden (OLG Hamm, Urteil vom 7.1.2021, 18 U 109/18, NZM 2021, 311; OLG Jena, Urteil vom 8.12.2004, 2 U 559/04, OLG-NL 2005, 5).

Hinzuziehungs- und Verweisungsklauseln werden bereits wegen der mit ihnen verbundenen Handlungspflicht des Maklerkunden beanstandet, nicht erst wegen der an die Verletzung der Klausel geknüpften Sanktion der Provisionspflicht (BGH, Urteil vom 2.11.1983, IVa ZR 86/82, NJW 1984, 360). Geht also der Maklerkunde von der Wirksamkeit einer Hinzuziehungs- und Verweisungsklausel aus und verweist er tatsächlich einen eigenen Interessenten an den Makler, hat der Makler keinen Provisionsanspruch gegen seinen Kunden. Er hat nämlich keine typische Maklertätigkeit entfaltet – zweifelsfrei jedenfalls keinen Nachweis erbracht. Hinsichtlich einer möglichen Vermittlungstätigkeit ist zwar zu berücksichtigen, dass der Makler in den Fällen nicht eingeschaltet werden soll, in denen der Kunde ohne ihn zum Abschluss des gewünschten Geschäfts gelangt wäre. Der Makler kann dabei dennoch eine Vermittlungstätigkeit entfalten, wenn er auf die Abschlussbereitschaft des Interessenten hinwirkt (OLG Hamm, Urteil vom 29.5.2000, 18 U 236/99, NJW-RR 2001, 567).

Beispiel !

Der Eigentümer eines Einfamilienhauses beauftragt den Makler mit dem Nachweis bzw. der Vermittlung einer Verkaufsgelegenheit. Im Maklervertrag findet sich eine Hinzuziehungs- und Verweisungsklausel, die nicht individuell vereinbart wurde. Kurz darauf meldet sich bei dem Eigentümer ein Kaufinteressent, der von einem Nachbarn von der Kaufgelegenheit erfahren hatte. Der Eigentümer verweist den Interessenten an den Makler. Mit diesem Interessenten führt der Makler mehrere Besichtigungstermine durch, da sich der Interessent unsicher ist, ob er das Haus erwerben soll. Der Makler verhandelt intensiv mit dem Interessenten, was schließlich zum Erfolg führt: Der Kaufvertrag wird geschlossen.

Ob hier allerdings dem Makler ein Provisionsanspruch gegen den Hausverkäufer zusteht, ist äußerst fraglich und umstritten. Zu berücksichtigen ist, dass sein Auftraggeber den Interessenten lediglich aufgrund vermeintlicher Verpflichtung an den Makler verwiesen hat. In Kenntnis der wahren Rechtslage hätte er dies ggf. unterlassen. Da die Hinzuziehungs- und Verweisungsklausel nicht individuell ausgehandelt wurde, ist sie jedenfalls unwirksam.

Kausalitätsklausel

Die Kausalität der Maklerleistung ist gemäß § 652 BGB unabdingbare Voraussetzung für den Courtageanspruch. Demnach kann nicht wirksam per AGB vereinbart werden, dass eine Provisionspflicht unabhängig von der Ursächlichkeit des Nachweises oder der Vermittlung des Maklers bestehen soll. Derartige Kausalitätsklauseln sollen dem Maklerkunden in der Regel den Einwand der Vorkenntnis gegen den Provisionsanspruch erschweren. Häufig wehren sich die Maklerkunden gegen den Provisionsanspruch des Maklers mit dem Einwand, sie hätten das nachgewiesene Objekt bereits gekannt. Dieser Vorkenntniseinwand kann aber ohnehin erfolglos bleiben, wenn der Makler wesentliche Maklertätigkeiten erbracht hat (BGH, Urteil vom 3.7.2014, III ZR 530/13, NJW-RR 2014, 1272, siehe vertiefend Kapitel 9.2).

Kündigung

Alleinaufträge, egal ob »einfache« oder »qualifizierte«, werden in aller Regel für einen bestimmten Zeitraum erteilt und vereinbart. Versuche, eine Provisionspflicht für den Fall der vorzeitigen Kündigung des Auftraggebers zu begründen, scheitern jedenfalls dann, wenn dies durch AGB geschieht.

So die Möglichkeit der Kündigung des Maklervertrags vereinbart wird, ist darauf zu achten, dass nach § 309 Nr. 13b BGB in AGB keine strengere Form als die Textform nach § 126b BGB für Kündigungen des Maklerkunden vereinbart werden kann. Dies gilt allerdings nicht, soweit es sich bei diesem um einen Unternehmer handelt. Hier kann Schriftform vereinbart werden, weil vorerwähnte gesetzliche Regelung im Verkehr zwischen Unternehmern keine Anwendung findet.

Nichtabschlussklausel

Durch eine sogenannte Nichtabschlussklausel wird der Maklerkunde zur Zahlung der Gesamtprovision oder eines Teils davon verpflichtet, wenn er mit einem vom Makler nachgewiesenen, abschlussbereiten und geeigneten Interessenten nicht abschließt, obwohl der Makler seiner Leistungsverpflichtung in vollem Umfang nachgekommen ist. Derartige Klauseln stellen einen Eingriff in die Abschlussfreiheit des Kunden dar und sind daher unwirksam (BGH, Urteil vom 10.2.1988, IVa ZR 268/86, NJW 1988, 1716). Bei einer Doppeltätigkeit des Maklers kann auch eine entsprechende Individualvereinbarung gemäß § 138 Abs. 1 BGB wegen Sittenwidrigkeit unwirksam sein (BGH, Urteil vom 18.5.1973, IV ZR 21/72, NJW 1973, 1458).

! **Beispiel**

Der Makler wurde vom Verkäufer damit beauftragt, eine Verkaufsgelegenheit nachzuweisen oder zu vermitteln. Er wird entsprechend tätig und akquiriert einen Interessenten, mit dem er ebenfalls einen Maklervertrag abschließt. Mit diesem trifft er eine Zusatzvereinbarung, nach der er auch dann einen Provisionsanspruch haben soll, wenn der Interessent den Kaufvertrag nicht abschließen sollte oder aus sonstigen Gründen ein Kaufvertrag nicht zustande kommt.

Nichtabschlussklauseln bedürfen im Übrigen nach § 311b Abs. 1 BGB notarieller Beurkundung, wenn ein erheblicher Druck auf den Maklerkunden hin zum Kauf oder

Verkauf ausgeübt wird (BGH, Urteil vom 6.12.1979, VII ZR 313/78, NJW 1980, 829). Unerheblich ist insbesondere, ob der Maklerkunde Kaufmann ist oder nicht (BGH, Urteil vom 7.7.1976, IV ZR 229/74, NJW 1976, 2345). Nichtabschlussabreden müssen dann notariell beurkundet werden, wenn ein wie auch immer bezeichnetes Entgelt 10 bis 15 % der vereinbarten Provision übersteigt (BGH, Urteil vom 2.7.1986, IVa ZR 102/85, NJW 1987, 54; LG Bonn, Urteil vom 30.10.2009, 10 O 230/09, juris).

Provisionsvorschuss

Dem gesetzlichen Leitbild in § 652 BGB entsprechend verdient der Makler erst dann eine Provision, wenn ein wirksamer Hauptvertrag über die nachgewiesene oder vermittelte Gelegenheit geschlossen wurde. Daher ist es zumindest in der juristischen Literatur umstritten, ob eine Vorschussvereinbarung in AGB getroffen werden kann. Einschlägige Rechtsprechung wurde zu diesem Thema nicht veröffentlicht. Dies gilt jedoch nicht für die Wohnungsvermittlung; hier ist es dem Makler nach § 2 Abs. 4 WoVermRG gesetzlich verboten, Vorschüsse zu verlangen. Im Übrigen muss sich der Makler vor Augen halten, dass ihm der größte Vorschuss nicht weiterhilft, wenn letztlich kein Hauptvertrag abgeschlossen wird – dann nämlich muss er den vereinnahmten Vorschuss zurückerstatten.

Reservierungsgebühr

Weit verbreitet in der Maklerpraxis ist die sogenannte Reservierungsvereinbarung. Der Makler verpflichtet sich gegen eine entsprechende Gebühr, das Objekt während eines bestimmten Zeitraums für seinen Auftraggeber zu reservieren und es keinem anderen Interessenten anzubieten. Als Gegenleistung lässt sich der Makler von seinem Auftraggeber eine Reservierungsgebühr versprechen – in der Regel fällt diese niedriger aus als die Maklerprovision. In AGB kann eine Reservierungsgebühr jedoch selbst dann nicht vereinbart werden, wenn sie auf die im Erfolgsfall zu zahlende Provision angerechnet wird (BGH, Urteil vom 23.9.2010, III ZR 21/10, NJW 2010, 3568; AG Charlottenburg, Urteil vom 2.4.2015, 235 C 33/15, juris). Denn die Reservierungsgebühr stellt nichts anderes dar als eine erfolgsunabhängige Provision, falls das entsprechende Objekt schließlich doch nicht angemietet oder erworben wird (siehe vertiefend Kapitel 6.6).

Schriftform

Klauseln, die Schriftform für bestimmte Erklärungen des Maklerkunden fordern, sind im nicht unternehmerischen Bereich unwirksam. Hier darf nach der Bestimmung des § 309 Nr. 13b BGB keine strengere Form als die Textform vorgegeben werden. Umfasst sind einseitige Erklärungen des Maklerkunden wie unter anderem Kündigung, Rücktritt oder Anfechtung. Nicht umfasst sind allerdings Vertragsänderungen. Die Maklervertragsparteien können also auch im nicht unternehmerischen Bereich die Schriftform für Vertragsänderungen vorsehen.

Selbstständiges Provisionsversprechen

Ein selbstständiges Provisionsversprechen ist lediglich als Individualvereinbarung möglich. Denn nach dem gesetzlichen Leitbild des § 652 Abs. 1 Satz 1 BGB ist allein das Zustandekommen des Hauptvertrags aufgrund einer Nachweis- oder Vermittlungstätigkeit des Maklers geeignet, einen Provisionsanspruch zu begründen. Ganz allgemein kann eine erfolgsunabhängige Provision nicht in AGB vereinbart werden (BGH, Urteil vom 20.3.1985, IVa ZR 223/83, NJW 1985, 2477). Daher kann ein selbstständiges Provisionsversprechen nur durch Individualvereinbarung begründet werden (BGH, Urteil vom 20.11.2009, III ZR 60/08, NJW 2009, 1199). Im Bereich der Wohnraumvermittlung können wirksam keine selbstständigen Provisionsversprechen mit dem Wohnungssuchenden vereinbart werden – auch nicht durch Individualvereinbarung (LG Hamburg, Beschluss vom 7.1.2014, 318 S 38/13, ZMR 2014, 498).

Über-/Mehrerlös

Eine durch AGB vereinbarte Übererlösklausel verstößt gegen das Transparenzgebot des § 307 Abs. 1 Satz 2 BGB, wenn sie die wirtschaftlichen Nachteile und Belastungen für den Kunden verschleiert (OLG Frankfurt/Main, Urteil vom 29.11.2006, 19 U 120/06, ZMR 2007, 462, siehe vertiefend Kapitel 6.7).

Vertragsstrafe

Vertragsstrafeversprechen, egal welcher Art, sind ausschließlich als Individualvereinbarung möglich (OLG Oldenburg, Urteil vom 19.5.2005, 8 U 10/05, NJW-RR 2005, 1287).

Vorkenntnisklauseln

Im Rahmen von Provisionsstreitigkeiten wird der Makler häufig mit dem Einwand der Vorkenntnis konfrontiert. Maklerkunden wenden sich gegen den Provisionsanspruch des Maklers mit dem Argument, ihnen sei das Kauf- oder Mietobjekt bereits vor Benennung durch den Makler bekannt gewesen. Für den Nachweismakler wirkt sich dies in der Regel provisionsvernichtend aus. Makler versuchen sich häufig dadurch zu schützen, dass sie ihren Auftraggeber verpflichten, eine etwa bestehende Vorkenntnis binnen einer bestimmten Frist dem Makler mitzuteilen. Des Weiteren wird ebenso in aller Regel vereinbart, dass eine Provision dann zu bezahlen ist, wenn die Vorkenntnis nicht binnen dieser Frist offenbart wird. Da derartige Klauseln die Kausalität zwischen Maklerleistung – hier dem Objektnachweis – und dem Abschluss des Hauptvertrags fingieren, können sie nicht durch AGB vereinbart werden (BGH, Urteil vom 9.11.1983, IV a ZR 60/82; LG Berlin, Urteil vom 2.5.2019, 52 O 304/18, GE 2020, 57). Dies soll auch dann gelten, wenn keine Rechtsfolge für die fehlende Anzeige vereinbart wird (LG Berlin, Urteil vom 17.4.2012, 16 O 401/11), was allerdings wenig überzeugt. Gegen eine entsprechende Individualvereinbarung bestehen allerdings keine Bedenken (BGH, Urteil vom 10.2.1971, VI ZR 85/69, NJW 1971, 1133).

Achtung

!

Annonciert der Makler in einem der großen Immobilienportale und enthält seine Annonce folgende oder eine sinngemäße Bestimmung: »Sollte Ihnen dieses Angebot bereits bekannt sein, so bitten wir um schriftliche Bekanntgabe unter Nennung des Anbieters innerhalb von 5 Tagen nach Erhalt des Angebots. Sollten wir keine Rückäußerung erhalten, ist unser Nachweis als Erstnachweis vom Empfänger akzeptiert«, stellt dies einen Wettbewerbsverstoß nach § 3a UWG dar (LG Berlin, Urteil vom 2.5.2019, 52 O 304/18, GE 2020, 57).

Anders ist zu bewerten, ob sich Maklerkunden schadensersatzpflichtig machen, wenn sie nicht auf eine bestehende Vorkenntnis hinweisen und den Makler in gutem Glauben lassen, sodass dieser weitere Maklerleistungen erbringt, die der Kunde auch in Anspruch nimmt. Der Makler hat dann jedenfalls wegen einer Verletzung des Maklervertrags einen Ersatzanspruch in Höhe der tatsächlich entstandenen Aufwendungen. Abhängig von Art und Umfang der erbrachten Leistungen, kann der Makler ggf. einen Provisionsanspruch haben (siehe Kapitel 9.2).

Vorvertrag

Vorverträge spielen zwar in der Praxis keine große Rolle. Wenn ein Makler sich aber für den Fall, dass ein Vorvertrag zwischen den künftigen Hauptvertragsparteien geschlossen wird, einen Provisionsanspruch gegen seinen Auftraggeber sichern will, kann dies nur durch Individualvereinbarung und nicht in AGB erfolgen.

Weitergabeklauseln

Oftmals versuchen Immobilienkäufer, sich um eine Maklerprovision herumzudrücken, indem sie eine Person als Maklerkunden und vermeintlichen Interessenten bzw. Käufer vorschicken, der in Wahrheit die Immobilie gar nicht erwerben möchte. Dieser soll dann im Auftrag des anderen die notwendigen Informationen über Objekt und Objekteigentümer herausfinden, die er dann an den tatsächlichen Käufer weitergibt. Da dem Makler bei unbefugter Weitergabe von Informationen ohnehin ein Schadensersatzanspruch gegen seinen »Auftraggeber« zusteht, wenn es unter diesen Umständen zu einem Hauptvertragsabschluss kommt, kann eine entsprechende Provisionspflicht auch durch AGB herbeigeführt werden (BGH, Urteil vom 14.1.1987, IV a ZR 130/85, NJW 1987, 2431).

Widerrufsklausel

Mit Widerrufsklauseln wird der Maklerkunde zur Zahlung der Gesamtprovision verpflichtet, wenn er vertragswidrig den Alleinauftrag vorzeitig widerruft. Sie umfasst in aller Regel auch die Verpflichtung zur Provisionszahlung, wenn es der Kunde ablehnt, das Geschäft mit dem ihm zugeführten Interessenten abzuschließen. Derartige Vereinbarungen sind nicht durch AGB möglich. Da bei einer Widerrufsklausel die versprochene Leistung den zu erwartenden Schaden regelmäßig nicht deutlich übersteigt, handelt es sich am ehesten um eine Schadenspauschalierung, die sich nach § 309 Nr. 5a und b beurteilt. Demnach ist eine entsprechende Individualvereinbarung erforderlich.

Zwangsvollstreckung
Nach dem gesetzlichen Leitbild des § 652 BGB setzt der Provisionsanspruch des Maklers voraus, dass sein Auftraggeber einen Vertrag mit einem Dritten schließt. Der Erwerb in der Zwangsvollstreckung erfolgt jedoch nicht aufgrund eines Vertrags, sondern eines Hoheitsakts in Form des Zuschlags. Eine sogenannte Gleichstellungsabrede kann daher nicht wirksam durch AGB getroffen werden (BGH, Urteil vom 3.2.1993, IV ZR 106/92, NJW-RR 1993, 504; KG Berlin, Urteil vom 1.4.2019, 10 U 53/17, GE 2020, 117; zu wenig praxisrelevanten Ausnahmen siehe Kapitel 7.3). Entsprechende Individualvereinbarungen sind hingegen problemlos möglich.

6.4 Alleinauftrag

Zwar seltener, aber möglicher Idealfall für den Makler: Ein Provisionsanspruch besteht auch dann gegen den Auftraggeber, wenn der Makler überhaupt keine Tätigkeiten entfaltet hat. Voraussetzung ist der Abschluss eines »qualifizierten« Alleinauftrags und das vertragswidrige Eigengeschäft des Maklerkunden (BGH, Beschluss vom 11.6.2015, I ZR 217/14, NJW-RR 2016, 175). Durch einen »einfachen« Alleinauftrag ist der Auftraggeber letztlich nur gehindert, weitere Makler zu beauftragen. Das Eigengeschäft bleibt nach wie vor möglich und lässt den Provisionsanspruch des Maklers untergehen. Im Gegensatz zum herkömmlichen oder »normalen« Maklervertrag trifft den Makler beim einfachen wie beim qualifizierten Alleinauftrag eine Pflicht zum Tätigwerden (OLG Frankfurt/Main, Urteil vom 6.5.2011, 19 U 18/11, ZInsR 2011, 1600).

Der »einfache« Alleinauftrag sichert den Makler zunächst insoweit ab, als sein Auftraggeber keinen weiteren Makler in derselben Angelegenheit beauftragen darf. Was jedoch vielfach übersehen wird: Der Auftraggeber darf unbeschadet ohne den alleinbeauftragten Makler auf eigene Initiative und ohne Hinzuziehung des Maklers Hauptverträge abschließen. Um dies zu verhindern, bleibt dem Makler nur der Abschluss eines »qualifizierten« Alleinauftrags. Dabei sind jedoch einige Hürden zu nehmen. Der »qualifizierte« Alleinauftrag kann nämlich nicht durch Formularvertrag vereinbart werden, es bedarf vielmehr einer entsprechenden Individualvereinbarung (OLG Hamm, Urteil vom 7.1.2021, 18 U 109/18, NZM 2021, 311; BGH, Urteil vom 27.3.1991, IV ZR 90/90, NJW 1991, 1678). Ist eine entsprechende Individualvereinbarung zustande gekommen, muss sich klar und deutlich aus dem Vertrag ergeben, dass ein »qualifizierter« Alleinauftrag vorliegt. Es genügt nicht, dass sich der Makler den »exklusiven Vertrieb« sichert, in diesem Fall liegt nur ein »einfacher« Alleinauftrag vor. Vielmehr muss klar und deutlich festgelegt sein, dass dem Maklerkunden auch Eigengeschäfte nicht gestattet sind, dazu eignen sich sog. Verweisungsklauseln (»Der Auftraggeber ist verpflichtet, dem Makler alle Interessenten für das Objekt vor Vertragsabschluss zur Auftragserteilung zuzuführen«) und/oder Hinzuziehungsklauseln (»Der Makler ist bei sämtlichen Verhandlungen etwa mit eigenen Interessenten des Auftraggebers hinzuzuziehen«). Bei einer Pflichtverletzung des Maklerkunden kann dann durchaus der seltene Fall eintreten, dass der Makler, ohne selbst entsprechende Tätigkeiten entfaltet zu haben, seine Provision im Wege des Schadensersatzanspruchs gegen seinen vertragsuntreuen Auftraggeber durchsetzen kann.

Der »einfache« Alleinauftrag kann hingegen auch formularvertraglich vereinbart werden (OLG Stuttgart, Urteil vom 6.2.2019, 3 U 146/18, MDR 2019, 728; OLG Frankfurt/Main, Urteil vom 2.11.2000, 15 U 179/99, NZM 2002, 181).

Beiden Vertragstypen ist gemeinsam, dass der Auftraggeber des Maklers keinen weiteren Makler zum Gegenstand des Alleinauftrags beauftragen darf. Verstößt der Auftraggeber des Maklers gegen diese Pflicht, hat der Makler grundsätzlich einen Schadensersatzanspruch gegen ihn. Voraussetzung ist jedoch, dass der Makler einen abschlussbereiten Kaufinteressenten an der Hand gehabt hat; hierfür trägt er selbst die Beweislast. Der Höhe nach richtet sich der Schadensersatzanspruch nach der entgangenen Maklerprovision.

6.4.1 Laufzeit/Befristung

Zudem ist beiden Vertragstypen gemeinsam, dass sich der Kunde für einen befristeten Zeitraum an den Makler bindet. In aller Regel werden nämlich Alleinaufträge – egal ob »einfache« oder »qualifizierte« – für einen befristeten Zeitraum abgeschlossen. Fehlt es ausnahmsweise an einer Befristung, gilt eine angemessene Frist als vereinbart (LG Hamburg, Urteil vom 20.1.2012, 304 O 241/11, ZMR 2014, 499). Was als angemessene Frist bzw. Befristung des Alleinauftrags anzusehen ist, hängt von den konkreten Umständen des Einzelfalls ab. Fehlt eine Befristungsabrede, ist von einem halben Jahr auszugehen (LG Hamburg, a. a. O.).

Wird – wie in aller Regel der Fall – die Befristung im Maklervertrag geregelt, ist eine Befristung bis zu einem halben Jahr unproblematisch (BGH; Urteil vom 28.5.2020, I ZR 40/19, NJW 2020, 3306; LG Hamburg, a. a. O.). Eine kürzere Frist ist unproblematisch, selbstverständlich kann eine kürzere Vertragsdauer geregelt werden. Sie kann auch, abhängig von der Art des Objekts, überschritten werden (BGH, Urteil vom 4.2.1976, IV ZR 115/74, WM 1976, 533); dies kann zum Beispiel bei einer schwerverkäuflichen Luxus- oder Sonderimmobilie der Fall sein. Für die Vermittlung einer Villa wurde eine Befristung von einem Jahr für zulässig gehalten (OLG Hamm, NJW 1966, 887). Eine Befristung von einem Jahr ist auch dann möglich, wenn Verkäuferin eine Erbengemeinschaft ist (LG Hamburg, Urteil vom 20.1.2012, 304 O 241/11, ZMR 2014, 499).

Auf der sicheren Seite ist der Makler bei gewöhnlichen Immobilien, wenn die Befristung einen Zeitraum von sechs Monaten nicht überschreitet. Dies gilt jedenfalls für den praxisrelevanten Fall der Befristung im Formularvertrag. Selbstverständlich können längere Fristen unproblematisch durch Individualvereinbarung festgelegt werden.

Grundsätzlich unwirksam ist eine Bindung des Maklerkunden an den Alleinauftrag, bis das nachzuweisende oder zu vermittelnde Objekt verkauft bzw. vermietet ist (LG Hamburg, a. a. O.). Unwirksam wäre etwa auch eine Vereinbarung über die Vermittlung von Ferienwohnungen durch den Verwalter auf unbegrenzte Dauer (BGH, Urteil vom 6.11.1985, IVa ZR 96/84, NJW 1986, 1173).

! **Wichtig**

Bei einer Bindungsdauer von über einem Jahr wird man den Makler als Vertrauensmakler seines Auftraggebers ansehen müssen mit der Folge, dass er ausschließlich die Interessen seines Auftraggebers wahrzunehmen hat und nicht etwa für die Gegenseite als Vermittlungsmakler tätig sein darf. Bei einer Bindung bis zu einem halben Jahr ist dem Makler hingegen eine Doppeltätigkeit auch mit Vermittlung für die Gegenseite erlaubt (BGH, Urteil vom 26.3.1998, III ZR 206/97, NJW-RR 1998, 992). Ist der Makler als »Vertrauensmakler« anzusehen, treffen ihn besondere Treuepflichten gegenüber seinem Auftraggeber.

Räumt der Kunde dem Makler bewusst ein zeitlich unbegrenztes Alleinverkaufsrecht ein, ist die Vereinbarung sittenwidrig (BGH, Urteil vom 4.2.1976, IV ZR 115/74, WM 1976, 533, 534). Ob anzunehmen ist, dass der Maklervertrag in einem solchen Fall mit einer angemessenen Befristung gilt oder aber in Gänze keine Wirksamkeit entfaltet, ist umstritten. Die neuere Rechtsprechung geht von einer geltungserhaltenden Reduktion aus (LG Hamburg, Urteil vom 20.1.2012, 304 O 241/11, ZMR 2014, 499). Allerdings hatte sich der BGH gegen eine geltungserhaltende Reduktion ausgesprochen (BGH, Urteil vom 6.11.1985, IVa ZR 96/84, NJW 1986, 1173). Der Makler sollte also stets sein Augenmerk auf die Befristung richten.

Verlängerungsklauseln

Verlängerungsklauseln sind zunächst einmal grundsätzlich unproblematisch. Eine formularmäßige Verlängerung ist allerdings nur in engen zeitlichen Grenzen möglich und maßgeblich von der ursprünglichen Befristungsdauer abhängig. Des Weiteren ist die Länge der Frist zu beachten, innerhalb derer der Maklerkunde den Vertrag kündigen kann, um eine Verlängerung des Vertrags zu vermeiden. Bei einer ursprünglichen Befristungsdauer von einem halben Jahr sind allerdings Verlängerungsintervalle von jeweils drei Monaten bei einmonatiger Kündigungsfrist unproblematisch und können auch in AGB geregelt werden (BGH, Urteil vom 28.5.2020, I ZR 40/19, NJW 2020, 3306). Sehen die AGB die automatische Verlängerung eines einfachen Makleralleinauftrags für den Fall einer unterbliebenen Kündigung vor und wird die Länge der Kündigungsfrist in weiteren allgemeinen Regelungen bestimmt, auf die der Makler in den AGB nicht ausdrücklich hinweist und die deshalb nicht wirksam in das Regelungswerk einbezogen sind, ist die Verlängerungsklausel insgesamt unwirksam (BGH, a. a. O.).

Kündigung vor Ablauf der Befristung
Kündigt oder widerruft der Auftraggeber des Maklers den Alleinauftrag vor Ablauf der Befristung, ist die Kündigung bzw. der Widerruf nur dann wirksam, wenn ein wichtiger Grund zur Beendigung der Zusammenarbeit vorliegt (BGH, Urteil vom 14.5.1969, IV ZR 787/68, NJW 1969, 1626). Ein wichtiger Grund liegt stets bei Untätigkeit des Maklers vor. Kein wichtiger Grund soll vorliegen, wenn gegen den Makler außerhalb seiner Maklertätigkeit ein Haftbefehl ergangen ist (OLG Köln, BlGBW 1960, 335).

Ein wichtiger Grund liegt vor allem dann vor, wenn der Makler seine Verkaufsbemühungen so vernachlässigt, dass er die Interessen des Auftraggebers in unzumutbarer Weise gefährdet (BGH, a. a. O.). Ebenso kann ein wichtiger Grund in der Andienung eines unseriösen Vertragspartners liegen. So ist jedenfalls zu entscheiden, wenn dem Makler die betreffenden Umstände bekannt waren oder bekannt sein mussten. Hat der Makler seine Tätigkeit längst eingestellt, wenn der Kunde den Alleinauftrag vor Ablauf der Befristung kündigt, verwirkt der Makler seinen Provisions- oder Schadensersatzanspruch, ohne dass überhaupt ein Widerruf des Kunden nötig wäre (BGH, Urteil vom 21.3.1966, VIII ZR 290/63, NJW 1966, 1405).

6.4.2 Pflichten der Vertragsparteien

Da der Alleinauftrag die Parteien des Maklervertrags enger bindet als der »normale« Maklervertrag, treffen den Makler und seinen Kunden besondere Pflichten.

Maklerpflichten
Im Gegensatz zum »normalen« Maklervertrag ist der Makler im Rahmen eines »einfachen« oder »qualifizierten« Alleinauftrags verpflichtet, für seinen Kunden tätig zu werden. Die Rechtsprechung verlangt hier grundsätzlich, dass sich der Makler »rege und intensiv für die Interessen des Auftraggebers einsetzen« muss (BGH, Urteil vom 21.3.1966, VIII ZR 290/63, NJW 1966, 1405); jedenfalls muss er angemessen tätig werden. Der Inhalt der Tätigkeitspflicht hängt von den Umständen des konkreten Einzelfalls ab. Ob grundsätzlich vom Makler verlangt werden kann, dass er etwa einen bestimmten Pflichtenkatalog erfüllen muss, zum Beispiel Unterlagenprüfung, Inserate und Annoncen ins Internet und in Tageszeitungen einstellen, erscheint zweifelhaft. Da der Provisionsanspruch des Maklers letztlich erfolgsbedingt ist, dürfte es in sei-

nem eigenen Ermessen liegen, welche Tätigkeiten er tatsächlich entfalten sollte. Tut er gar nichts, hat der Kunde ein außerordentliches Kündigungsrecht und ggf. einen Schadensersatzanspruch gegen den Makler. In jedem Fall treffen den Makler beim Alleinauftrag – unabhängig davon, ob »einfach« oder »qualifiziert« – gesteigerte Aufklärungs-, Erkundigungs- und Prüfungspflichten.

Pflichten des Maklerkunden

Den Auftraggeber des Maklers treffen im Rahmen eines Alleinauftrags ebenfalls bestimmte Pflichten. So hat er den Makler unverzüglich davon zu unterrichten, wenn er von Erwerbs- bzw. Verkaufsabsichten Abstand zu nehmen gedenkt. Unterlässt der Auftraggeber eine entsprechende Mitteilung, macht er sich dem Makler gegenüber schadensersatzpflichtig, falls der Makler in Unkenntnis dessen weitere Tätigkeiten entfaltet. Andererseits ist zu beachten, dass für den Auftraggeber kein Rechtsgrund besteht, mit vom Makler nachgewiesenen potenziellen Vertragspartnern tatsächlich einen entsprechenden Hauptvertrag abzuschließen.

Wie bereits erwähnt, hindert der »einfache« Alleinauftrag den Maklerkunden nicht, Eigengeschäfte zu tätigen. Er darf also ohne Hinzuziehen des Maklers mit eigenen Interessenten verhandeln und auch den Hauptvertrag abschließen. Der Makler hat in einem solchen Fall weder einen Provisions- noch einen Schadensersatzanspruch. Anders beim »qualifizierten« Alleinauftrag: Dessen Wesen ist nämlich, dass sich der Maklerkunde verpflichtet, auch für solche Geschäfte Maklerprovision zu zahlen, die ohne Zutun des Maklers zustande gekommen sind. Durch sogenannte Hinzuziehungs- oder Verweisungsklauseln kann sich der Makler insoweit einen Schadensersatzanspruch hinsichtlich der entgangenen Provision gegen seinen Auftraggeber sichern. Voraussetzung ist wiederum, dass der Makler selbst einen abschlussbereiten Interessenten vorweisen kann.

Schadensersatzpflichten

Grundsätzlich macht sich der Maklerkunde gegenüber dem Makler schadensersatzpflichtig, wenn er während der Bindungsdauer des Alleinauftrages die Dienste eines anderen Maklers in Anspruch nimmt und mit einem von diesem nachgewiesenen oder vermittelten Dritten den Hauptvertrag schließt (OLG Koblenz, Urteil vom 22.1.1999, 10 U 1334/97, NJW-RR 1999, 1000; LG Hannover, Urteil vom 23.5.2002, 2 O 5515/01, ZMR 2004, 832). Zu beachten ist allerdings, dass dem Maklerkunden stets die Möglichkeit offensteht, den Hauptvertrag mit von ihm selbst akquirierten Kunden abzuschließen, soweit kein »qualifizierter« Alleinauftrag vereinbart wurde. Insoweit macht sich der Maklerkunde nicht schadensersatzpflichtig, wenn der andere Makler das Objekt unmittelbar selbst von ihm erwirbt, auch wenn der alleinbeauftragte Makler dadurch seinen Provisionsanspruch verliert (OLG Koblenz, Urteil vom 22.1.1999, 10 U 1334/97, NJW-RR 1999, 1000). Zu beachten ist weiter, dass dem Makler dann keinerlei Ansprüche gegen seinen Kunden zustehen, wenn dieser den Kaufvertrag mit einem Interessenten abschließt, der ihm von einem anderen Makler vor Abschluss des Alleinauftrags vermittelt bzw. nachgewiesen wurde und der sich erst später für den Vertragsabschluss entscheidet (LG Hannover, Urteil vom 23.5.2002, 2 O 5515/01, ZMR 2004, 834.).

Wichtig !

Verletzt der Maklerkunde seine Pflichten aus dem Alleinauftrag, bedarf es keiner besonderen vertraglichen Vereinbarungen hinsichtlich eines möglichen Schadensersatzanspruchs des Maklers. Der Anspruch entsteht aufgrund gesetzlicher Regelungen.

Der Schadensersatzanspruch umfasst den Ersatz der vergeblichen Aufwendungen des Maklers einschließlich des Werts der vergeblichen Arbeitszeit sowie den entgangenen Gewinn des Maklers. Das kann auf den Ersatz der entgangenen Provision herauslaufen. Hieran sind jedoch strenge Anforderungen geknüpft. Zunächst ist zu beachten, dass der Makler für die anspruchsbegründenden Tatsachen die Darlegungs- und Beweislast trägt. Im Ernst-, sprich Streitfall muss der Makler beweisen können, dass er während der Bindungsfrist des Alleinauftrags einen zum Abschluss unter den vertragsmäßigen Bedingungen bereiten und fähigen Interessenten gestellt hätte, diese Möglichkeit durch das vertragswidrige Verhalten des Kunden vereitelt wurde (BGH, Urteil vom 14.1.1987, IVa ZR 130/85, NJW 1987, 2431; OLG Dresden, Urteil vom 13.2.1998, 8 U 2863/97, NZM 1998, 446).

Ein Schadensersatzanspruch des Maklers besteht nicht, wenn er seinen Kunden auf entsprechende Nachfrage über die Eigenschaften und die Bedeutung eines Alleinauftrags nicht aufgeklärt hat und die Nichtaufklärung für den Abschluss des Maklervertrags ursächlich war (BGH, Urteil vom 23.4.1969, IV ZR 780/68, BB 1969, 813). Ein Schadensersatzanspruch entfällt auch dann, wenn der Makler im Zeitpunkt der Vertragsverletzung seines Kunden seinerseits längere Zeit untätig geblieben war.

6.5 Das Widerrufsrecht des Maklerkunden

Von elementarer Bedeutung ist die Belehrung des Maklerkunden über sein Widerrufsrecht, soweit es sich um einen Verbraucher gemäß § 13 BGB handelt. Jedenfalls räumt die Bestimmung des § 312 g Abs. 1 BGB dem Verbraucher ein Widerrufsrecht ein, wenn der Maklervertrag außerhalb der Geschäftsräume des Maklers (§ 312b BGB) oder im Wege des Fernabsatzes (§ 312c BGB) geschlossen wird.

6.5.1 Verbraucher

Ein Widerrufsrecht hat lediglich der Verbraucher, nicht der Unternehmer. Nach der maßgeblichen Bestimmung des § 13 BGB gilt als Verbraucher »jede natürliche Person, die ein Rechtsgeschäft zu Zwecken abschließt, die überwiegend weder ihrer gewerblichen noch ihrer selbstständigen beruflichen Tätigkeit zugerechnet werden können«. Eine natürliche Person ist der Mensch in seiner Rolle als Rechtssubjekt, das heißt als Träger von Rechten und Pflichten. Nicht zu den Verbrauchern zählen juristische Personen, selbst wenn es sich bei diesen etwa um einen Idealverein oder eine gemeinnützige Stiftung handelt (EuGH, Urteil vom 22.11.2001, NJW 2002, 205).

! **Beispiel**

Der Labrador-Club »Flocke und Co.« will ein Vereinsheim anmieten. Als Verein und somit juristische Person besteht kein Widerrufsrecht, soweit ein Makler eingeschaltet wird.

Alle natürlichen Personen gelten ohne Rücksicht auf ihren intellektuellen oder ökonomischen Status als Verbraucher, soweit sie außerhalb ihres beruflichen oder gewerblichen Tätigkeitsbereichs handeln. Selbstverständlich zählen dazu ebenso diejenigen, die keiner beruflichen oder gewerblichen Tätigkeit nachgehen. Auch Gesellschaften bürgerlichen Rechts (GbR) und Wohnungseigentümergemeinschaften können Verbraucher sein (BGH, Urteil vom 24.3.2015, VIII ZR 243/13), vorausgesetzt, das Rechtsgeschäft wird für einen privaten Zweck vorgenommen.

! **Beispiel**

Die »Angelfreunde Petri Heil« GbR möchte ein Wochenendhäuschen für gemeinsame Angelausflüge mieten. Hier fungiert die GbR als Verbraucherin, da sie das Wochenendhäuschen zu privaten Zwecken mieten möchte.
Sie würde dann nicht als Verbraucherin anzusehen sein, wenn das Wochenendhäuschen angemietet werden soll, um anderen Anglern gegen Entgelt Kost und Logis anzubieten.

Ganz allgemein muss die natürliche Person das Rechtsgeschäft für einen privaten Zweck vornehmen.

! **Beispiele**

- Rechtsanwalt R mietet ein Wohnhaus für sich und seine Familie an. Er fungiert als Verbraucher, da das Haus zu eigenen Wohnzwecken dienen soll.
- Mietet R eine Etage in einem Wohn- und Geschäftshaus an, um dort seine Anwaltskanzlei zu betreiben, handelt er nicht als Verbraucher, sondern als Unternehmer gemäß § 14 BGB, da das Mietobjekt nicht privaten Zwecken dient, sondern beruflichen.
- R möchte ein Haus anmieten, um in einer Etage seine Anwaltskanzlei zu betreiben. Im Übrigen soll das Haus für ihn und seine Familie zu Wohnzwecken dienen. Schließt R einen einheitlichen Mietvertrag über das ganze Haus, handelt er als Verbraucher, da das Haus nicht überwiegend zu beruflichen Zwecken gemietet wird (BT-Drucks. 17/13951, S. 96).
- R mietet eine Etage in einem Wohn- und Geschäftshaus an, um dort seine Anwaltskanzlei zu betreiben. Einer der Räume nebst zugehörigem Duschbad soll als Schlafstätte dienen. In diesem Fall gilt R nicht als Verbraucher, da die gemietete Etage überwiegend zu beruflichen Zwecken genutzt wird (OLG Celle, Urteil vom 11.8.2004, NJW-RR 2004, 1645).

Wendet sich R also an einen Makler, damit dieser ihm geeignete Räumlichkeiten nachweist oder die Gelegenheit zum Abschluss eines entsprechenden Mietvertrags vermittelt, handelt es sich beim Maklervertrag je nach Fallkonstellation um einen Verbrauchervertrag und sein Kunde R muss über sein Widerrufsrecht hinsichtlich dieses Maklervertrags aufgeklärt werden. Zusätzlich zu beachten sind die Regelungen zum »Bestellerprinzip« (siehe Kapitel 4).

Als Verbraucher kann auch derjenige gelten, der im großen Stil sein eigenes Vermögen verwaltet. Wer also etwa Eigentümer einer Vielzahl von Immobilienobjekten, darunter ggf. auch millionenschweren Objekten, ist, wird hierdurch noch nicht automatisch zum Unternehmer. Ausschlaggebendes Kriterium für die Abgrenzung der privaten von der berufsmäßig betriebenen Vermögensverwaltung ist der Umfang der für die Verwaltung notwendigen oder nützlichen Geschäfte. Berufs- oder gewerbsmäßig betriebene Vermögensverwaltung liegt erst dann vor, wenn der Umfang der Vermögensverwaltung einen planmäßigen Geschäftsbetrieb erfordert, etwa die Unterhaltung eines Büros oder einer Organisation zur Durchführung der Geschäfte (OLG Hamm, Urteil vom 20.10.2016, 18 U 152/15, BeckRS 2016, 20371).

Maßgebend sind allerdings stets die Umstände des konkreten Einzelfalls. Wer dem Makler in einer Angelegenheit, in der es um ein Objekt mit 14 Wohn- und Gewerbeeinheiten geht, als »Liegenschaftsverwaltung« gegenübertritt und dem Vortrag des Maklers, wonach der Kunde mehrere weitere größere Immobilien besitze und mit den Erträgnissen seinen gesamten Lebensunterhalt bestreite, nicht substanziiert entgegentritt, riskiert, dass das Gericht ihn nicht als Verbraucher, sondern als Unternehmer ansieht (OLG Frankfurt a. M., Beschluss vom 22.3.2018, 19 U 191/17).

6.5.2 Vertragsschluss außerhalb der Geschäftsräume des Maklers

Der Maklerkunde, soweit es sich um einen Verbraucher handelt, hat dann ein Widerrufsrecht, wenn der Maklervertrag außerhalb der Geschäftsräume des Maklers geschlossen wird. Als Geschäftsraum gilt der Gewerberaum, in dem der Makler seine Tätigkeit dauerhaft ausübt. Begibt sich der Maklerkunde in den Geschäftsraum des Maklers und wird dort der Maklervertrag geschlossen, muss der Makler ihn nicht über ein Widerrufsrecht belehren, da ein solches dann gar nicht existiert. Etwas anderes würde nur in dem rein theoretischen Fall gelten, dass der Makler seinen Kunden unmittelbar vorher außerhalb seines Geschäftsraums angesprochen hätte.

Beispiel !

Im Schaufenster des Maklers sind mehrere Verkaufs- und Vermietungsangebote ausgehängt. Ein Passant betrachtet diese Annoncen. Der Makler bemerkt ihn und begibt sich auf den Gehweg, um ihn anzusprechen, ob er ein bestimmtes Objekt suche. Der Passant bejaht und lässt sich vom Makler überreden, ihm in seine Räume zu folgen. Dort wird dann ein Maklervertrag geschlossen.

In diesem Fall muss der Makler den Kunden über sein Widerrufsrecht belehren, da er ihn quasi in seinen Geschäftsraum gelockt hat.

Wird ein Maklervertrag etwa anlässlich eines Besichtigungstermins geschlossen, muss der Auftraggeber über sein Widerrufsrecht belehrt werden. Entsprechendes gilt, wenn der Maklervertrag vor Ort im zur Vermittlung stehenden Objekt geschlossen wird und selbstverständlich auch, wenn der Maklervertrag in den Wohnräumen des Auftraggebers geschlossen wird. Kurz und gut: In all den Fällen, in denen der Abschluss des Maklervertrags nicht in den Geschäftsräumen des Maklers stattfindet, muss der Verbraucher über die Widerrufsmöglichkeit unterrichtet werden. Folgende Inhalte sind vorgeschrieben:

1. Hinweis auf das Recht zum Widerruf
2. Hinweis darauf, dass der Widerruf durch Erklärung gegenüber dem Unternehmer erfolgt und keiner Begründung bedarf
3. Name und ladungsfähige Anschrift desjenigen, gegenüber dem der Widerruf zu erklären ist
4. Hinweis auf die Dauer und den Beginn der Widerrufsfrist sowie darauf, dass zu Fristwahrung die rechtzeitige Absendung der Widerrufserklärung genügt

Der Beginn der Widerrufsfrist setzt im Fall des Maklervertragsabschlusses außerhalb von Geschäftsräumen nicht nur voraus, dass der Makler seinen Verbraucherkunden den Anforderungen in Art. 246a § 1 Abs. 2 Satz 1 Nr. 1 EGBGB entsprechend über die Bedingungen, die Fristen und das Verfahren für die Ausübung des Widerrufsrechts informiert hat, sondern erfordert zudem, dass der Makler diese Informationen auf Papier oder, wenn der Verbraucher zustimmt, auf einem anderen dauerhaften Datenträger zur Verfügung gestellt hat. Darüber hinaus ist der Makler verpflichtet, auch das Muster-Widerrufsformular gemäß Anlage 2 zu Art. 246a § 1 Abs. 2 Satz 1 Nr. 1 EGBGB zur Verfügung zu stellen (BGH, Urteil vom 26.11.2020, I ZR 169/19, NZM 2021, 305).

Der Makler kann nach § 356 Abs. 1 BGB auf seiner Website dem Auftraggeber den Widerruf ermöglichen. Im Fall des Widerrufs muss er dem Auftraggeber den Zugang unverzüglich per E-Mail, (Computer-)Fax oder sonstigem dauerhaften Datenträger, etwa einem USB-Stick oder einer CD-ROM, bestätigen.

6.5.3 Vertragsschluss im Wege des Fernabsatzes

Ist der Maklervertrag als Fernabsatzvertrag zu qualifizieren, wird er also unter ausschließlicher Verwendung von Fernkommunikationsmitteln abgeschlossen, insbesondere auf dem Postweg per Brief, per Telefax, per E-Mail oder über das Internet, hat der Makler den Verbraucher ebenfalls über dessen Widerrufsrecht zu belehren.

Hier genügt es, dem Verbraucher die Informationen in einer den benutzten Fernkommunikationsmitteln angepassten Weise zur Verfügung zu stellen. Konkret erhält der Verbraucher nach Download des Exposés eine automatische E-Mail über die Kundensoftware des Maklers, in deren Anhang sich die Widerrufsbelehrung und das Muster-Widerrufsformular befinden (OLG Schleswig, Urteil vom 7.6.2021, 16 U 139/20, ZMR 2021, 859). Die Unterlagen sind für den Maklerkunden dadurch jederzeit abrufbar. Werden dem Kunden die Unterlagen an eine E-Mail-Adresse gesendet, die dieser zuvor selbst verwendet hat, ist ihm auch der Einwand abgeschnitten, die Widerrufsbelehrung und das Muster-Widerrufsformular nicht erhalten zu haben. Die Pflicht zur ordnungsgemäßen Information über das Muster-Widerrufsformular nach Anlage 2 zu Art. 246a § 1 Abs. 2 Satz 1 Nr. 1 EGBGB erfordert hier nicht, den Wortlaut des Musters identisch wiederzugeben. Dem Maklerkunden muss jedoch erkennbar sein, dass der Widerruf des Maklervertrags nicht zwingend die Verwendung des Muster-Widerrufsformulars oder von dessen Wortlaut voraussetzt (OLG Schleswig, a. a. O.).

Auch hier kann der Makler nach § 356 Abs. 1 BGB auf seiner Website dem Auftraggeber den Widerruf ermöglichen. Im Fall des Widerrufs muss er dem Auftraggeber den Zugang unverzüglich per E-Mail, (Computer-)Fax oder sonstigem dauerhaften Datenträger, etwa einem USB-Stick oder einer CD-ROM, bestätigen.

6.5.4 Dauer der Widerrufsfrist

Die Widerrufsfrist beträgt unter der Voraussetzung ordnungsmäßiger Widerrufsbelehrung gemäß § 355 Abs. 2 BGB 14 Tage. Sie beginnt nach § 356 Abs. 3 BGB nicht, bevor der Makler seinen Kunden über dessen Widerrufsrecht aufgeklärt hat. Im eigenen Interesse sollte der Makler seinen Kunden bereits bei Vertragsschluss über das Widerrufsrecht belehren.

Beispiele !

- Der Makler inseriert über ein Immobilien-Internetportal eine Eigentumswohnung. Sein Inserat enthält ein ausdrückliches Provisionsverlangen. Am Freitag, 18.3.2022, setzt sich ein Maklerkunde über das Internetportal mit dem Makler in Verbindung und bittet um die Zusendung eines Exposés. Der Makler reagiert umgehend am selben Tag und klärt den Kunden mit Exposé-Übersendung über dessen Widerrufsrecht auf. Der Kunde hat die Möglichkeit, den Maklervertrag, der durch die Exposé-Übersendung zustande gekommen ist (siehe Kapitel 6.1.8), bis Freitag, 1.4.2022, zu widerrufen.
- Der Interessent setzt sich am Montag, 7.3.2022, mit dem Makler über das Internetportal in Verbindung und bittet um Zusendung eines Objektexposés. Am darauffolgenden Mittwoch kommt der Makler dieser Bitte nach. Am nächsten Tag meldet sich der Interessent und bittet um einen Besichtigungstermin. Der Makler schickt dem Interessenten sogleich eine Bestätigung und eine Widerrufsbelehrung per E-Mail. Die Widerrufsfrist endet am Donnerstag, 24.3.2022, sie hat mit Übersendung der Widerrufsbelehrung begonnen.

Fristberechnung

Die Fristberechnung richtet sich zunächst nach den Bestimmungen der §§ 187 Abs. 1, 188 Abs. 2 Alt. 1 BGB (BGH, Urteil vom 23.9.2010, VII ZR 6/10, NJW 2010, 3503). Ist dementsprechend für den Anfang einer Frist ein Ereignis oder ein in den Lauf eines Tages fallender Zeitpunkt maßgebend, so wird bei der Berechnung der Frist der Tag nicht mitgerechnet, in den das Ereignis oder der Zeitpunkt fällt. Die Frist endet mit Ablauf desjenigen Tags, dessen Zahl dem Tag entspricht, in den das Ereignis oder der Zeitpunkt fällt.

! **Beispiel**

Der Maklervertrag wird am Montag, den 6.6.2022, geschlossen. Der Makler belehrt seinen Kunden ordnungsgemäß über das Widerrufsrecht. Die Widerrufsfrist endet mit Ablauf des 20.6.2022. Der Tag des Vertragsschlusses wird nicht mitgezählt. Die Zählung beginnt also mit Dienstag, dem 7.6.2022. Der 14. Tag ist der 22.6.2022, dessen Zahl dem Tag des Vertragsschlusses entspricht.

Äußerst praxisrelevant vor allem im Maklerrecht ist hinsichtlich der Fristberechnung zudem die Bestimmung des § 193 BGB: »Ist an einem bestimmten Tage oder innerhalb einer Frist eine Willenserklärung abzugeben oder eine Leistung zu bewirken und fällt der bestimmte Tag oder der letzte Tag der Frist auf einen Sonntag, einen am Erklärungs- oder Leistungsort staatlich anerkannten allgemeinen Feiertag oder einen Sonnabend, so tritt an die Stelle eines solchen Tages der nächste Werktag.« Gerade Maklerverträge werden oft an Wochenenden geschlossen, sei es bei Besichtigungsterminen oder weil Zeit für die entsprechende Internetrecherche vorhanden ist. In diesem Zusammenhang gilt, dass sich das Fristende, wenn es auf einen Samstag, Sonntag oder Feiertag fallen sollte, auf den darauffolgenden Werktag verschiebt.

! **Beispiel**

Der Maklerkunde setzt sich am Samstag, 4.6.2022, mit dem Makler in Verbindung, der ihn mit Exposé-Übersendung noch am selben Tag über sein Widerrufsrecht aufklärt. Der Maklerkunde kann den Maklervertrag bis Montag, 20.6.2022, widerrufen, da das Fristende auf einen Samstag fällt.

Belehrt der Makler seinen Auftraggeber nicht über das Widerrufsrecht, erlischt dieses nach der Bestimmung des § 356 Abs. 3 BGB nach einem Jahr und 14 Tagen ab Vertragsabschluss. Nach Auffassung des LG Hamburg (Urteil vom 17.5.2018, 301 O 211/17) verstößt der über acht Monate nach Abschluss des Maklervertrags erfolgte Widerruf des Auftraggebers gegen die Gebote von Treu und Glauben gemäß § 242 BGB, wenn der Widerruf weder aufgrund eines übereilten Maklervertragsabschlusses noch aus Gründen erfolgt ist, die mit der Art der Maklertätigkeit in Zusammenhang stehen. Vielmehr sei der Makler schutzwürdig, sofern der Auftraggeber eine rein formale Rechtsposition erkennbar dazu nutzt, der Maklerprovision zu entgehen. Diese Rechtsprechung ist allerdings mit Vorsicht zu genießen, da sie die insoweit schon eindeutige gesetzliche Regelung konterkariert.

6.5.5 Tätigkeit während der Widerrufsfrist

In aller Regel wird es weder dem Interesse des Maklers noch dem seines Auftraggebers entsprechen, wenn der Makler erst einmal zwei Wochen zuwartet, ob sein Auftraggeber einen Widerruf erklärt, bevor er tätig wird. Gerade für die Maklerpraxis ist insoweit die Bestimmung des § 356 Abs. 4 BGB von Bedeutung. Hiernach erlischt das Widerrufsrecht dann, wenn der Makler seine Maklertätigkeit vollständig erbracht und erst mit ihr begonnen hat, nachdem der Verbraucher hierzu seine ausdrückliche Zustimmung erteilt hat und gleichzeitig darüber aufgeklärt wurde, dass er sein Widerrufsrecht bei vollständiger Erbringung der Maklertätigkeit verliert.

Konkret klärt der Makler also seinen Kunden über dessen Widerrufsrecht auf. Dabei wird er zum Ausdruck bringen, dass er vor Fristablauf keine Tätigkeiten entfalten wird. Er kann seinem Auftraggeber aber anbieten, unmittelbar tätig zu werden, wenn dieser das ausdrücklich wünscht. Der Makler muss ihn dann darüber aufklären, dass er sein Widerrufsrecht verliert, so der Makler seine Maklertätigkeit – Nachweis oder Vermittlung einer Hauptvertragsgelegenheit – erbracht hat.

Beispiel !

Der Makler inseriert in einem der großen Immobilienportale im Internet ein Einfamilienhaus und weist ausdrücklich auf die Provisionspflicht des Käufers hin. Am 16.5.2022 setzt sich ein Interessent entsprechend über das Internet mit dem Makler in Verbindung und erbittet die Übersendung eines Exposés. Der Makler kommt diesem Wunsch noch am gleichen Tag nach und übermittelt dem Interessenten eine Widerrufsbelehrung. Gleichzeitig teilt er mit, während der Dauer der Widerrufsfrist nur tätig zu werden, wenn der Interessent dies ausdrücklich wünscht. In diesem Zusammenhang weist er den Interessenten darauf hin, dass dieser sein Widerrufsrecht dann verliert, wenn der Makler seine Tätigkeit vollständig erbracht hat. Wiederum noch am gleichen Tag erklärt der Interessent in seiner Antwort-Mail, dass der Makler sofort tätig werden soll. Am darauffolgenden Tag übermittelt der Makler dem Interessenten ein Objekt-Exposé, in dem sowohl Lage und Anschrift des Hauses enthalten sind und auch Name und Kontaktdaten des Verkäufers.

Das Widerrufsrecht des Interessenten ist erloschen, da der Makler im ausdrücklichen Einverständnis des Interessenten bereits eine vollständige Nachweistätigkeit entfaltet hat. Bei Abschluss des notariellen Kaufvertrags hat der Makler dann Anspruch auf seine Provision.

Beispiel !

Im Zuge der Scheidung wird der Makler am 16.5.2022 telefonisch vom Ehemann beauftragt, einen Käufer für das Einfamilienhaus der Noch-Eheleute zu finden. Der Makler erbittet die E-Mail-Adresse und kündigt die Übersendung eines Maklervertragsformulars und einer Widerrufsbelehrung an. In seiner E-Mail an den Ehemann weist er darauf hin, dass dieser sein Widerrufsrecht dann verliert, wenn der Makler seine Tätigkeit vollständig erbracht hat. Wiederum noch am gleichen Tag erklärt der Ehemann in seiner Antwort-Mail, dass der Makler sofort tätig werden soll. Der Makler macht sich auf die Suche. Ohne bis zu diesem Zeitpunkt einen Käufer gefunden zu haben, widerruft der Ehemann den Maklervertrag am 27.5.2022.

Da der Makler den Maklervertrag noch nicht vollständig erfüllt hatte, konnte dieser wirksam widerrufen werden. Für diesen Fall verleiht die Bestimmung des § 357 Abs. 8 BGB dem Unternehmer einen Anspruch auf Wertersatz gegen den Verbraucher für die bis zum Widerruf erbrachte Leistung. Allerdings gilt hier als Voraussetzung, dass der Verbraucher von dem Unternehmer ausdrücklich verlangt hat, dass dieser mit der Leistung vor Ablauf der Widerrufsfrist beginnt und er auch im Übrigen über sein Widerrufsrecht ordnungsgemäß aufgeklärt wurde (BGH, Urteil vom 7.7.2016, I ZR 30/15; OLG München, Urteil vom 12.12.2016, 21 U 3086/15, BeckRS 2016, 20902). Der Auftraggeber des Maklers hat dann einen angemessenen Betrag zu zahlen, der dem Anteil der bis zum Zeitpunkt des Widerrufs durch den Auftraggeber erbrachten Dienstleistungen im Verhältnis zum Gesamtumfang der im Vertrag vorgesehenen Dienstleistungen entspricht.

Im Bereich des Maklerrechts dürfte die Vorschrift weitgehend ins Leere laufen. Wurde keine vollständige Maklerleistung erbracht, lässt sich der Anteil geleisteter Arbeit nämlich kaum nachvollziehen. Die Vorschrift verleiht auch keinen Anspruch auf Ersatz etwa bis zum Widerruf getätigter Aufwendungen. Ob dies anders ist, wenn der Makler vertraglich Aufwendungsersatzansprüche vereinbart hat, bleibt abzuwarten.

Wünscht der Auftraggeber eine Tätigkeit des Maklers vor Fristablauf, ist der Makler nur auf der sicheren Seite, wenn ihm sein Auftraggeber Entsprechendes »auf einem dauerhaften Datenträger« bestätigt. So sieht es § 357 Abs. 8 Satz 3 BGB ausdrücklich für Maklerverträge vor, die im Wege des Fernabsatzes geschlossen werden. Als »dauerhafte Datenträger« kommen E-Mail, (Computer-)Fax, CD-ROM, DVD oder USB-Stick infrage.

Diese Formalien sollten bereits zu Beweiszwecken auch dann eingehalten werden, wenn der Vertrag außerhalb der Geschäftsräume des Maklers geschlossen wird. Der Makler kann sich hier durch die Unterschrift des Maklerkunden auf einem entsprechenden Formular absichern oder dem Auftraggeber ein entsprechendes Formular übergeben und um Unterzeichnung und Rücksendung per Telefax oder Brief bitten.

DIGITALE EXTRAS

Muster: Widerrufsbelehrung

Widerrufsbelehrung

Für den Fall, dass es sich bei dem Auftraggeber um einen Verbraucher gemäß § 13 BGB handelt und dieser Vertrag entweder außerhalb der Betriebsstätte des Maklers oder im Wege des Fernabsatzes über Fernkommunikationsmittel geschlossen wird, gilt folgende Widerrufsbelehrung:

Widerrufsrecht
Sie haben das Recht, binnen 14 Tagen ohne Angabe von Gründen diesen Vertrag zu widerrufen.

Die Widerrufsfrist beträgt 14 Tage ab dem Tag des Vertragsabschlusses.

Um Ihr Widerrufsrecht auszuüben, müssen Sie uns/mich, ... [Name des Maklers], ... [Anschrift], ... [Telefonnummer], ... [Telefaxnummer] .... [E-Mail-Adresse], mit einer eindeutigen Erklärung (zum Beispiel ein mit der Post versandter Brief, Telefax oder E-Mail) über Ihren Entschluss, diesen Vertrag zu widerrufen, informieren.

Für Ihre Widerrufserklärung können Sie das beigefügte Muster-Widerrufsformular verwenden, das jedoch nicht vorgeschrieben ist.

Alternative

Für Ihre Widerrufserklärung können Sie das beigefügte Muster-Widerrufsformular oder eine andere eindeutige Erklärung auch auf unserer/meiner Webseite .... [Internetadresse] elektronisch ausfüllen und übermitteln. Machen Sie von dieser Möglichkeit Gebrauch, so werden wir/werde ich Ihnen unverzüglich (zum Beispiel per E-Mail) eine Bestätigung über den Eingang eines solchen Widerrufs übermitteln.

Zur Wahrung der Widerrufsfrist reicht es aus, dass Sie die Mitteilung über die Ausübung des Widerrufsrechts vor Ablauf der Widerrufsfrist absenden.

Folgen des Widerrufs
Wenn Sie diesen Vertrag widerrufen, haben wir/habe ich Ihnen alle Zahlungen, die wir/ich von Ihnen erhalten haben/habe, unverzüglich und spätestens binnen 14 Tagen ab dem Tag zurückzuzahlen, an dem die Mitteilung über den Widerruf dieses Vertrags bei uns/mir eingegangen ist. Für diese Rückzahlung verwenden wir/verwende ich dasselbe Zahlungsmittel, das Sie bei der ursprünglichen Transaktion eingesetzt haben, es sei denn, mit Ihnen wurde ausdrücklich etwas anderes vereinbart. In keinem Fall werden Ihnen wegen dieser Rückzahlung Entgelte berechnet.

Haben Sie verlangt, dass unsere/meine Dienstleistung während der Widerrufsfrist beginnen soll, so haben Sie an uns/mich einen angemessenen Betrag zu zahlen, der dem Anteil der bis zu dem Zeitpunkt, zu dem Sie uns/mich von der Ausübung des Widerrufsrechts hinsichtlich dieses Vertrags unterrichten, bereits erbrachten Dienstleistungen im Vergleich zum Gesamtumfang der im Vertrag vorgesehenen Dienstleistungen entspricht.

Maklerleistung während der Widerrufsfrist
In Kenntnis der vorbeschriebenen Konsequenzen beauftragt der Auftraggeber den Makler ausdrücklich, seine Leistungen, die Gegenstand dieses Vertrags sind, bereits während der Widerrufsfrist zu erbringen.

Der Auftraggeber erklärt ausdrücklich sein Einverständnis damit, dass der Makler vor Ende der Widerrufsfrist seine Dienstleistung erbringt. Dem Auftraggeber ist dabei bewusst, dass er bei vollständiger Vertragserfüllung sein Widerrufsrecht verliert.

......................................, den ....
[Ort und Datum]

....
[Unterschrift des Auftraggebers]

Beizufügendes Muster-Widerrufsformular nach Art. 246a § 1 Abs. 2 Satz 2 EGBGB
Muster-Widerrufsformular

(Wenn Sie den Vertrag widerrufen wollen, dann füllen Sie bitte dieses Formular aus und senden Sie es zurück.)
- An [hier ist der Name, die Anschrift und gegebenenfalls die Telefaxnummer und E-Mail-Adresse des Maklers durch den Makler einzufügen]:
- Hiermit widerrufe(n) ich/wir (*) den von mir/uns (*) abgeschlossenen Vertrag über den Kauf der folgenden Waren (*)/die Erbringung der folgenden Dienstleistung (*)
- Bestellt am (*)/erhalten am (*)
- Name des/der Verbraucher(s)
- Anschrift des/der Verbraucher(s)
- Unterschrift des/der Verbraucher(s) (nur bei Mitteilung auf Papier)
- Datum

(*) Unzutreffendes streichen.

Der Makler sollte peinlichst darauf achten, dass er seinem Auftraggeber bzw. Kunden kein unbeschränktes Widerrufsrecht einräumt. Wer den Formulierungsvorschlag nicht übernehmen, sondern eine eigene Widerrufsbelehrung entwerfen möchte, sollte darauf achten, dass er seinem Kunden letztlich nur eine Widerrufsmöglichkeit für die gesetzlich vorgesehenen Fälle des Vertragsschlusses außerhalb seiner Geschäftsräume oder im Wege des Fernabsatzes einräumt. Beschränkt er die Widerrufsmöglichkeit nicht auf diese beiden Bereiche, muss er mit einem Widerruf seines Kunden rechnen, auch wenn die beiden gesetzlichen Gründe nicht vorliegen. Das Gesetz regelt insoweit zum Verbraucherschutz lediglich Mindeststandards, die der Makler durch eigene »Großzügigkeit« durchaus erweitern kann.

Wichtig !

Nach § 309 Nr. 12 b) BGB ist eine Bestimmung in AGB, durch die der Verwender die Beweislast zum Nachteil des anderen Vertragspartners ändert, indem er den anderen Vertragspartner bestimmte Tatsachen bestätigen lässt, unwirksam. Von dieser Regelung wird auch eine Bestätigungserklärung des Inhalts umfasst, eine Widerrufsbelehrung »zur Kenntnis genommen« zu haben. Hier reicht im elektronischen Verkehr auch nicht aus, dass etwa über die Homepage des Maklers ein zusätzliches Häkchen zu setzen ist (BGH, Urteil vom 15.5.2014, III ZR 368/13, NJW 2014, 2857).
Nicht ausreichend ist des Weiteren, wenn sich die Unterschrift des Maklerkunden nicht ausschließlich auf die Erklärung, die Widerrufsbelehrung »gelesen, verstanden und sich mit ihr einverstanden erklärt zu haben« bezieht, die Unterschrift des Maklerkunden vielmehr zugleich auch inhaltliche Erklärungen zum Makler-Suchauftrag abdeckte. Die Beweislast zum Thema Widerrufsbelehrung verbleibt dann vielmehr beim Makler. Hier wären zwei Unterschriften erforderlich gewesen: zum einen diejenige über den Suchauftrag und weiter diejenige über das Widerrufsrecht (BGH, Urteil vom 14.3.2019, I ZR 134/18, NZM 2019, 882).

6.5.6 Praktische Konsequenzen

Das Widerrufsrecht bei Verträgen zwischen Verbraucher und Makler bereitet Schwierigkeiten im Hinblick auf das Zustandekommen eines konkludenten Vertragsschlusses. Maßgeblich ist ja, dass dieser erst dann zustande kommt, wenn der Makler auf Verlangen des Auftraggebers in Kenntnis eines eindeutigen und ausdrücklichen Provisionsverlangens Maklerleistungen entfaltet. Die Widerrufsfrist beginnt jedenfalls erst zu laufen, wenn der Auftraggeber über sein Widerrufsrecht aufgeklärt wurde. Deshalb sollte das Exposé selbst – egal, ob in Papier- oder Datenform – eine Widerrufsbelehrung enthalten. Im Fall der Fälle muss der Makler jedenfalls beweisen, dass er seinen Auftraggeber über das Widerrufsrecht belehrt hat, zudem die ausdrückliche Einwilligung seines Auftraggebers, seine Tätigkeit bereits vor Ablauf der Widerrufsfrist zu entfalten. Selbstverständlich reicht es hier nicht aus, wenn der Makler beispielsweise im Exposé auf die Folgen sofortiger Tätigkeitsentfaltung hinweist. Es würde auch nicht genügen, wenn das Exposé einen Hinweis enthält, dass infolge unterbliebenen Widerspruchs der Auftraggeber mit einer sofortigen Tätigkeitserbringung einverstanden ist.

Wurde kein »ausdrücklicher« Maklervertrag geschlossen, wartet der Makler also entweder die 14-tägige Widerrufsfrist ab, nachdem sein Auftraggeber (weitere) Maklertätigkeiten in Anspruch nehmen will – was selbstverständlich wenig sinnvoll und auch nicht ganz ungefährlich ist. Oder er sorgt für klare Verhältnisse, indem er dem Auftraggeber infolge seines Wunsches nach (weiteren) Maklertätigkeiten (nochmals) eine gesonderte Widerrufsbelehrung zukommen lässt. Will der Auftraggeber, dass der Makler vor Ablauf der Widerrufsfrist für ihn tätig wird, und kann dieser ggf. bereits eine vollständige Nachweis- bzw. Vermittlungsleistung erbringen, sollte der Makler um entsprechende Bestätigung durch Gegenzeichnung der Widerrufsbelehrung oder um anderweitige beweisbare Bestätigung bitten. Im Fall der Online-Kommunikation empfiehlt es sich, wenn der Makler seinen Auftraggeber bittet, per E-Mail oder Telefax zu bestätigen, dass der Makler vor Ablauf der Widerrufsfrist tätig werden soll.

! **Wichtig**

Vorerwähnte Problematik mit Blick auf das konkludente Zustandekommen eines Maklervertrags stellt sich bereits nach derzeitiger Rechtslage dann nicht, wenn der Makler für den Wohnungssuchenden bezüglich eines Mietvertrags nachweisend oder vermittelnd tätig wird. Der Maklervertrag gerichtet auf eine Wohnungsvermittlung bedarf nämlich nach § 2 Abs. 1 Satz 2 WoVermRG der Textform des § 126b BGB.
Entsprechendes gilt für Maklerverträge, die den Nachweis oder die Vermittlung von Kaufverträgen über Einfamilienhäuser oder Wohnungen zum Inhalt haben. Nach der neuen Bestimmung des § 656a BGB müssen auch derartige Verträge der Textform entsprechen. In den vorgenannten Bereichen können Maklerverträge nur dann zur Entstehung kommen, wenn das in Textform abgegebene Angebot des Maklers von seinem Kunden ebenfalls in Textform angenommen wurde. Ausreichend ist insoweit, dass der Maklerkunde in Kenntnis des eindeutigen Provisionsverlangens des Maklers diesen in Textform um die Entfaltung weiterer Tätigkeiten bittet.

6.5.7 Folgen des Widerrufs ohne gesonderte Abrede

Hat der Makler seinen Kunden zwar über dessen Widerrufsrecht belehrt, mit ihm jedoch keine Vereinbarung zum sofortigen Tätigwerden getroffen, wird es etwas kompliziert, wenn der Makler bei rechtzeitigem Widerruf bereits seine Maklertätigkeit erbracht hat. Gefahr droht hier im praktisch bedeutsamen Fall, dass der Makler »nur« mit dem Nachweis einer Vertragsabschlussgelegenheit beauftragt wurde. In aller Regel verfügt der Makler nämlich bereits bei Abschluss des Maklervertrags über die wesentlichen Daten wie Objektanschrift und Kontaktdaten des Verkäufers oder Vermieters.

Macht der Maklerkunde nun von seinem Widerrufsrecht Gebrauch und hat der Makler seine Tätigkeit bereits voll entfaltet, entsteht nach der maßgeblichen Bestimmung des § 357 BGB, der die Folgen eines Widerrufs allgemein regelt, eine reichlich konfuse Situation. Grundsätzlich haben die Vertragsparteien nach § 357 Abs. 1 BGB »die empfangenen Leistungen spätestens nach 14 Tagen zurückzugewähren«. Daran wird deutlich, dass der Widerruf nicht die Wirkung einer Anfechtung hat, die zur Vertragsunwirksamkeit von Anfang an führt. Vielmehr wandelt sich der Maklervertrag in ein Rückgewährschuldverhältnis ähnlich einem Vertragsrücktritt (OLG München, Urteil vom 12.12.2016, 21 U 3086/15, BeckRS 2016, 20902). Diese Bestimmung ist aber gerade für den Immobilienmakler wenig interessengerecht. Dazu muss man sich vor Augen führen, dass der Provisionsanspruch des Maklers ohnehin erst entsteht, wenn sein Kunde einen Hauptvertrag – also Miet- oder Kaufvertrag – über das nachgewiesene oder vermittelte Objekt abschließt. Doch vor allem bei einem Objektkauf dürfte der notarielle Vertrag nicht innerhalb von 14 Tagen nach Abschluss des Maklervertrags geschlossen werden. Der Makler kann also nichts zurückgewähren, da er seine Provision überhaupt erst nach Abschluss des Hauptvertrags verdient. Und auch sein Kunde kann die empfangene Leistung, nämlich die ihm erbrachte Nachweis- oder Vermittlungstätigkeit, nicht zurückgewähren.

Grundsätzlich jedenfalls handelt der Makler auf eigenes Risiko, wenn er vor Ablauf der Widerrufsfrist seine Maklertätigkeit entfaltet und ihn sein Kunde nicht ausdrücklich ermächtigt hat, diese während der Widerrufsfrist zu erbringen. Der Makler hat dann keinen Provisionsanspruch gegen seinen Kunden, so dieser sein Widerrufsrecht ausübt. Entsprechendes gilt, wenn der Makler seinen Kunden überhaupt nicht über das Bestehen eines Widerrufsrechts aufgeklärt hat. Der Maklerkunde kann dann den Widerruf bis zur Dauer von einem Jahr und 14 Tagen erklären. Klagt der Makler etwa gegen seinen Kunden auf Zahlung der Provision, kann der Kunde innerhalb vorgenannter Frist den Widerruf auch im gerichtlichen Verfahren erklären (OLG Schleswig, Urteil vom 22.1.2015, 16 U 89/14, MietRB 2015, 138). Allerdings kann der Widerruf dann treuwidrig sein, wenn der Maklerkunde selbst über mehrere Wochen hinweg mehrfach seine Provisionspflicht ausdrücklich bestätigte (LG Schwerin, Urteil vom 31.3.2015, 1 O 252/14).

6.6 Reservierungsvereinbarung

Reservierungsvereinbarungen können als durchaus gefährlich bezeichnet werden, sie dürften nur ausnahmsweise wirksam und risikolos für den Makler sein.

Beispiel !

Der Makler ist vom Eigentümer eines Hausgrundstücks im Rahmen eines Maklervertrags beauftragt worden, die Möglichkeit einer Verkaufsgelegenheit nachzuweisen oder zu vermitteln. Der Makler akquiriert geeignete Interessenten. Einer davon ist an einem Kauf des Objekts sehr interessiert und bittet den Makler, dieses für einen gewissen Zeitraum zu reservieren, es also keinem anderen Interessenten anzubieten und weitere Verhandlungen mit den anderen bislang akquirierten Kunden zu unterlassen. Der Makler erklärt sich gegen Zahlung einer Reservierungsgebühr von 1.500 EUR netto einverstanden.

6.6.1 Probleme mit dem Verkäufer

Aus Sicht des Verkäufers stellt sich die Situation wie folgt dar: Der Verkäufer beauftragt den Makler mit dem Nachweis oder der Vermittlung einer Verkaufsangelegenheit. Der

Makler hat zwar einen sehr interessierten potenziellen Käufer an der Hand, stellt aber für den Zeitraum, für den die Reservierungsvereinbarung gilt, seine Tätigkeit ein. Unter diesen Umständen bestehen zwei Risiken. Zum einen könnten die anderen Interessenten abspringen, zum anderen entscheidet sich vielleicht auch der Interessent, mit dem der Makler die Reservierungsvereinbarung getroffen hat, gegen das Objekt.

»Einfacher« Maklervertrag

Dieses Risiko besteht allgemein im Rahmen eines Maklervertrags. Da der Makler lediglich dann Anspruch auf Zahlung einer Provision hat, wenn der avisierte Hauptvertrag tatsächlich geschlossen wird, trifft ihn auch keine Tätigkeitsverpflichtung. Der Maklervertrag ist also ein »unvollkommener« schuldrechtlicher Vertrag: Wird der Makler nicht tätig, hat der Auftraggeber – im Beispiel der Verkäufer des Hausgrundstücks – die Möglichkeit, andere Makler zu beauftragen und er kann Eigengeschäfte tätigen.

»Einfacher« Alleinauftrag

Angenommen der Makler hat mit dem Verkäufer einen »einfachen« Alleinauftrag abgeschlossen, ist die Sachlage anders. In diesem Fall ist es dem Auftraggeber des Maklers verwehrt, weitere Makler mit der Vermarktung des Verkaufsobjekts zu beauftragen. Deshalb trifft den Makler hier – anders als beim »einfachen« Maklervertrag – die Pflicht, für seinen Auftraggeber tätig zu werden. Diese vernachlässigt der Makler aber gerade im Zeitraum, in dem die Reservierungsvereinbarung gilt. Er kümmert sich nicht mehr um die übrigen Interessenten und akquiriert auch nicht.

Unabhängig davon, dass der Auftraggeber im Rahmen des »einfachen« Alleinauftrags Eigengeschäfte tätigen darf, verletzt der Makler mit dem Abschluss einer Reservierungsvereinbarung den mit dem Verkäufer-Auftraggeber bestehenden Maklervertrag. Die Vertragsverletzung besteht in seiner Untätigkeit während des Reservierungszeitraums. Eine unbefristete Reservierungsvereinbarung ist daher ohne Genehmigung bzw. Einverständnis des Verkäufer-Auftraggebers nach der Bestimmung des § 138 BGB nichtig (BGH, Urteil vom 10.2.1988, IVa ZR 268/86, NJW 1988, 1716; OLG Düsseldorf, Urteil vom 18.8.1994, 7 U 246/93, OLGR Düsseldorf 1995, 33). Da sich der Makler mit einer unbefristeten Reservierungsvereinbarung regelmäßig gegenüber dem Verkäufer vertragsbrüchig macht, stellt eine solche Vereinbarung eine Sittenwidrigkeit dar. Das gilt jedenfalls, wenn sie bewusst darauf gerichtet ist, jemanden zum Vertragsbruch zu verleiten. Dieser Umstand kommt zum Tragen, wenn die Reservierungsvereinbarung dazu dient, ein Objekt unter Wert für den Kaufinteressenten zu reservieren, und der Makler davon Kenntnis hat.

Ohne Genehmigung des Verkäufer-Auftraggebers kann eine Reservierungsvereinbarung auch bei Befristung zu Schadensersatzansprüchen seinerseits führen. Hätte zum Beispiel einer der infolge der Reservierungsvereinbarung abgesprungenen sonstigen Interessenten das Objekt erworben, kann eine Reservierungsvereinbarung mit dem

Interessenten, der schließlich ebenfalls abspringt, also durchaus ruinöse Folgen für den Makler haben.

»Qualifizierter« Alleinauftrag

Wesen des »qualifizierten« Alleinauftrags ist, dass der Maklerkunde nicht nur keine anderen Makler beauftragen darf, ihm sind auch Eigengeschäfte verboten. Angesichts dieser verschärften Auftraggeberpflichten bedarf es keiner Diskussion darüber, dass die Grundsätze des »einfachen« Alleinauftrags auch auf den »qualifizierten« Alleinauftrag zu übertragen sind. Allerdings ist hier in Ermangelung entsprechender Rechtsprechung fraglich, ob eine Reservierungsvereinbarung mit einem Interessenten ohne Einverständnis des Verkäufer-Auftraggebers nicht per se unwirksam ist.

Achtung !

Ist der Makler im Rahmen eines Alleinauftrags mit der Gelegenheit des Nachweises bzw. der Vermittlung einer Gelegenheit zum Verkauf oder der Vermietung eines Immobilienobjekts beauftragt, verbietet sich jegliche Reservierungsvereinbarung mit einem Kauf- bzw. Mietinteressenten, wenn nicht die ausdrückliche Einwilligung des Verkäufers bzw. Vermieters vorliegt. Der Makler begibt sich ohne entsprechende Einwilligungserklärung auf dünnes Eis.

6.6.2 Probleme mit dem Kaufinteressenten

Auch im Hinblick auf den Kaufinteressenten stellen sich Reservierungsvereinbarungen für Makler in aller Regel problematisch dar. Denn in aller Regel treffen sie eine derartige Abrede mit dem Kaufinteressenten nicht kostenlos. Vielmehr wird vereinbart, dass eine Reservierungsgebühr unabhängig von einem Abschluss des Hauptvertrags zu zahlen ist und auch anfällt, falls kein Hauptvertrag abgeschlossen wird.

6.6.2.1 Mit Maklervertrag

Wird im Rahmen eines provisionspflichtigen Maklervertrags mit dem Kauf- oder Mietinteressenten auch eine Reservierungsvereinbarung getroffen, ist zu unterscheiden, ob die Reservierungsgebühr auf die Maklerprovision angerechnet wird oder nicht.

Anrechnung der Reservierungsgebühr auf die Provision

Für den Fall, dass die Reservierungsgebühr auf die Provision angerechnet wird, ergeben sich zwei Konstellationen:

1. Die Reservierungsgebühr fällt nur im Erfolgsfall an, also bei Abschluss des avisierten Hauptvertrags.
2. Die Reservierungsgebühr wird auch dann fällig, wenn der Hauptvertrag nicht geschlossen wird; wird er aber geschlossen, wird sie auf die Provision angerechnet.

Die erste Konstellation ist völlig unproblematisch auch per AGB zu vereinbaren und benachteiligt den Interessenten-Auftraggeber in keinster Weise. Sie hat in der Praxis allerdings auch keine Bedeutung, da der Makler damit keinerlei Vorteile aus der Reservierungsvereinbarung hat, sondern ausschließlich den geschilderten Schwierigkeiten mit dem Verkäufer-Auftraggeber ausgesetzt ist.

Bei der zweiten Konstellation ist höchstrichterlich geklärt, dass sie nicht im Rahmen eines Formularvertrags – also per AGB – vereinbart werden kann; es bedarf einer entsprechenden Individualvereinbarung (BGH, Urteil vom 23.9.2010, III ZR 21/10, NJW 2010, 3568; AG Pankow-Weißensee, Urteil vom 21.1.2015, 100 C 248/14, GE 2016, 264). Daneben besteht das Erfordernis der notariellen Beurkundung einer derartigen Vereinbarung, falls die Reservierungsgebühr eine bestimmte Höhe überschreitet. Da sie auch anfällt, wenn der avisierte Hauptvertrag nicht zustande kommt, ist die zugrunde liegende Vereinbarung geeignet, unangemessenen Druck auf den Erwerber zum Objektankauf auszuüben. Dies ist immer dann der Fall, wenn die Reservierungsgebühr 10–15% der in Betracht kommenden Maklerprovision übersteigt (BGH, Urteil vom 23.9.2010, III ZR 21/10, NJW 2010, 3568; LG Köln, Beschluss vom 1.3.2019, 11 OH 103/18; AG Charlottenburg, Urteil vom 2.4.2015, 235 C 33/15, juris). Zur Sicherheit sollte sich der Makler stets an er 10%-Grenze orientieren.

! **Beispiel**

Angenommen, im Ausgangsbeispiel läge der Wert des Hausgrundstücks bei 300.000 EUR und die Maklervertragsparteien hätten eine übliche Provision in Höhe von 3% zuzüglich Umsatzsteuer vereinbart. Die Provision des Maklers würde dann im Erfolgsfall bei 9.000 EUR netto liegen. Die vereinbarte Reservierungsgebühr würde also deutlich mehr als 10–15% der vereinbarten Provision ausmachen.

In diesem Fall unterliegt die Reservierungsvereinbarung dem Erfordernis der notariellen Beurkundung gemäß §311b Abs. 1 BGB. Ohne notarielle Beurkundung ist sie unwirksam. Im Beispielsfall könnte der Makler bedenkenlos lediglich eine Reservierungsgebühr in Höhe von 900 EUR formfrei mit seinem Kunden vereinbaren.

Keine Anrechnung der Reservierungsgebühr auf die Provision

In diesem Fall ist erst recht keine entsprechende formularvertragliche Vereinbarung möglich. Sie würde letztlich den Versuch des Maklers darstellen, sich nicht nur für den Fall des Scheiterns seiner Maklerbemühungen gleichwohl eine erfolgsunabhängige Vergütung zu sichern, sondern darüber hinaus eine Zusatzprovision, wenn es zum Abschluss des Hauptvertrags kommt. Beurkundungszwang einer Individualvereinbarung würde in diesem Fall ebenso bestehen, wenn die Reservierungsgebühr 10% der im Erfolgsfall zu erzielenden Provision übersteigen würde.

6.6.2.2 Ohne Maklervertrag

Besteht kein Maklervertrag, kann eine Reservierungsvereinbarung unzweifelhaft nicht durch AGB vereinbart werden, eine entsprechende Individualvereinbarung ist erforderlich (BGH, a.a.O.). Eine solche Individualvereinbarung kann der notariellen Beurkundung gemäß § 311b BGB unterliegen, so wiederum die Reservierungsgebühr eine Höhe von 10 % der üblichen Provision – wäre eine Provision vereinbart worden – überschreiten würde (offengelassen in BGH, Urteil vom 23.9.2010, III ZR 21/10, NJW 2010, 3568).

Beispiel !

Ein Ehepaar war infolge eines Maklerinserats am Kauf einer Eigentumswohnung interessiert. Es unterzeichnete deshalb einen »Auftrag zur Vorbereitung eines notariellen Kaufvertrags und Finanzierungsbearbeitung«, in dem der vorgesehene Kaufpreis von insgesamt 200.000 EUR handschriftlich eingetragen worden war. Damit war der Makler mit den notwendigen Vorbereitungen zur Beurkundung des Kaufvertrags beauftragt. Insoweit sollte er die Wohnung nicht mehr anderweitig anbieten, sondern sie für das Ehepaar reserviert halten. Für diese Tätigkeit verpflichtete sich das Ehepaar, 1.500 EUR an den Makler zu zahlen. Dieser Betrag sollte mit Unterschrift auf dem entsprechenden Auftrag zur Zahlung fällig sein. Bei Abschluss des Kaufvertrags würde dieser Betrag mit der ersten Kaufpreisrate verrechnet. Käme es nicht zum Abschluss des Kaufvertrags, seien 750 EUR als Tätigkeitsentgelt für die Reservierung verdient. Die weiteren 750 EUR würden als Ausgleich für die Vorbereitung des notariellen Kaufvertrags gelten und würden nur anteilig je nach Bearbeitungsstand zurückerstattet werden. Es kam, wie es kommen musste: Das Ehepaar war an einem Kauf der Eigentumswohnung nicht mehr interessiert und verlangte die bereits gezahlten 1.500 EUR zurück. Kulanterweise erklärte sich der Makler zur Rückzahlung von 750 EUR bereit, verweigerte aber die Zahlung der weiteren 750 EUR.

Der BGH (a. a. O.) hat den Makler letztinstanzlich zur Zahlung dieser 750 EUR verurteilt, denn die Vereinbarung stellte eine AGB dar. Da die Reservierungsgebühr unabhängig von einem Objektankauf anfallen sollte, war die Vereinbarung wegen eines Verstoßes gegen § 307 Abs. 1 Satz 1 BGB unwirksam. Die Regelung, wonach die mit Unterzeichnung des Auftrags zu zahlenden 750 EUR für den Verzicht auf weiteres Anbieten des Kaufobjekts in jedem Fall in voller Höhe dem Makler zustehen sollten – auch wenn es nicht zum Abschluss des Kaufvertrags kommt –, benachteiligte die Kaufinteressenten unangemessen. Das Versprechen des Maklers, die Eigentumswohnung nicht mehr anderweitig anzubieten, lässt das Recht des Verkäufers unberührt, seine Verkaufsabsichten aufzugeben oder das Objekt ohne Einschaltung des Maklers an Dritte zu veräußern. Der Kunde zahlt damit einen nicht ganz unerheblichen Betrag, ohne dafür die Gewähr zu haben, das fragliche Objekt erwerben zu können. Der Nutzen dieser Vereinbarung für den Kunden ist mithin sehr eingeschränkt.

6.7 Übererlösklauseln

Die Vereinbarung von Mehr- bzw. Übererlösklauseln ist zunächst grundsätzlich zulässig (OLG Düsseldorf, Urteil vom 5.2.1999, 7 U 132/98, NJW-RR 1999, 1140). Gemeint sind Klauseln, nach denen die Provision aus dem über einen bestimmten Betrag hinausgehenden Teil des Kaufpreises besteht oder zusätzlich zur vereinbarten Provision der erzielte Mehrerlös Bestandteil der Provision ist. Sie können aber wegen Sittenwidrigkeit nichtig sein oder zur Verwirkung des Provisionsanspruchs führen, wenn der Makler gegenüber seinem Auftraggeber einen Wissensvorsprung hat und die Unerfahrenheit oder eine Zwangslage seines Kunden ausnutzt.

Gelingt es dem Makler, mit seinem Auftraggeber eine Mehrerlösabrede zu treffen, kann er – je nach Höhe des tatsächlich erzielbaren Kaufpreises – ein Vielfaches seiner üblichen Provision erzielen.

!

Beispiel

Der Eigentümer eines mittlerweile baufälligen Hauses hatte sich in der Vergangenheit vergeblich bemüht, einen Käufer zu finden. Nach einem von ihm in Auftrag gegebenen Gutachten beträgt der Verkehrswert 250.000 EUR. Zu diesem Preis war bislang kein Käufer zu finden, sämtliche Angebote lagen zwischen 190.000 und 200.000 EUR. Allerdings sind die Interessenten zwischenzeitlich auch abgesprungen. Wegen des herannahenden Winters ist dem Eigentümer nun an einem schnellen Verkauf gelegen. Er beauftragt also einen Makler damit, die Gelegenheit zum Verkauf nachzuweisen oder zu vermitteln. Er trifft mit dem Makler eine Abrede, wonach mindestens 190.000 EUR als Kaufpreis erzielt werden sollten. Falls es dem Makler gelingt, das Objekt zu einem Preis über 200.000 EUR zu verkaufen, soll der entsprechende Übererlös zwischen Eigentümer und Makler geteilt werden. Darüber hinaus verspricht der Eigentümer die Zahlung einer Provision in Höhe von 3 % zuzüglich Umsatzsteuer. Und tatsächlich schafft es der Makler, das Objekt für 220.000 EUR zu vermitteln.

Das ist der klassische Fall einer wirksamen Übererlösvereinbarung und einer Situation, in der sich der Maklerkunde überhaupt darauf einlassen dürfte. Übererlösvereinbarungen sind grundsätzlich nicht im Sinne des Verkäufers, da sich ja sein Erlös entsprechend schmälert. Bei schwer verkäuflichen Immobilien kann sich jedoch eine Übererlösabrede mit dem Makler empfehlen, um diesen dazu zu bewegen, sich intensiv um die Vermarktung des Objekts zu bemühen. Eine Übererlösvereinbarung ist auch aus Sicht des Maklers stets vorteilhaft. Dies gilt insbesondere dann, wenn unabhängig davon eine übliche Maklerprovision mit dem Kunden vereinbart werden kann, was grundsätzlich zulässig ist.

Für die Beurteilung, ob eine Übererlösklausel zulässig ist, kann auch nicht entscheidend sein, dass die Provision im Einzelfall ein Vielfaches der üblichen Maklerprovision ausmachen kann. In diesem Zusammenhang ist zu berücksichtigen, dass Zahlungsvereinbarungen in aller Regel dann das Risiko der Nichtigkeit wegen Wuchers bzw. Sittenwidrigkeit bergen, wenn die zu leistende Zahlung mehr als 100% über dem liegt, was ansonsten üblich und gebräuchlich ist. Als »übliche« Verkäuferprovision dürfte eine solche in Höhe von 3% zuzüglich Umsatzsteuer nicht zu beanstanden sein. Im Beispiel würde die übliche Provision bei 6.600 EUR netto liegen. Durch den erzielten Mehrerlös liegt sie tatsächlich bei 16.600 EUR und erreicht somit nahezu das Dreifache der üblichen Provision. Dies kann aber nicht zur Nichtigkeit der Übererlösklausel führen, da der tatsächlich erzielte (höhere) Verkaufspreis bei Abschluss des Maklervertrags nicht voraussehbar war. Das wiederum kann nicht zulasten des Maklers gehen, dem ggf. ganz erhebliche Aufwendungen für die Vermarktung der schwer vermittelbaren Immobilie entstanden sind.

Aus diesem Grund bestehen grundsätzlich keine Bedenken dagegen, dass die aufgrund der Übererlösabrede erzielte Provision im Einzelfall eine Höhe von nahezu 30% des Kaufpreises erreicht (29%: BGH, Urteil vom 2.4.1969, IV ZR 781/68, WM 1969, 886; 25%: KG Berlin, Urteil vom 10.2.2000, 10 U 4183/98, NZM 2001, 481).

Achtung !

Eine durch AGB vereinbarte Übererlösklausel verstößt gegen das Transparenzgebot des § 307 Abs. 1 Satz 2 BGB, wenn sie die wirtschaftlichen Nachteile und Belastungen für den Kunden verschleiert (OLG Frankfurt/Main, Urteil vom 29.11.2006, 19 U 120/06, ZMR 2007, 462).

6.7.1 Sittenwidrigkeit/Provisionsverwirkung

Aufgrund des Maklervertrags besteht zwischen dem Makler und seinem Kunden ein besonderes Treueverhältnis. Der Makler muss die Interessen seines Kunden berücksichtigen und wahren, keinesfalls darf er sein Provisionsinteresse über das Interesse seines Kunden stellen. Zu beachten ist zudem, dass der Makler gerade deshalb beauftragt wird, weil er in aller Regel besser über die Marktverhältnisse Bescheid weiß als sein Auftraggeber. Zunächst und zumindest ist der Makler daher verpflichtet, seinen Kunden über die Marktsituation und die erzielbaren Preise aufzuklären.

Beispiel !

Ein junges Ehepaar hat kürzlich eine Eigentumswohnung gekauft, allerdings ist aufgrund bestimmter Umstände die Finanzierung geplatzt. Das Ehepaar muss die Wohnung nun dringend verkaufen und mindestens 200.000 EUR damit erlösen. Die Eheleute beauftragen entsprechend einen Makler und der Betrag wird im Maklervertrag als Verkaufspreis festgelegt. Zusätzlich zur Verkäuferprovision von 3% zuzüglich Umsatzsteuer aus dem tatsächlich erzielbaren Kaufpreis vereinbaren die Vertragsparteien eine Übererlösabrede, nach der dem Makler der einen Verkaufspreis von 210.000 EUR übersteigende Betrag zusätzlich als Provision zustehen soll. Bereits zwei Tage später präsentiert der Makler einen Kaufinteressenten, der bereit ist, die Wohnung für 250.000 EUR zu kaufen. Der Kaufvertrag wird schließlich zu diesen Konditionen geschlossen.

Dieser Fall dürfte für den Makler gefährlich werden. Er hat zwar nicht getäuscht oder eine unzutreffende Marktlage vorgespiegelt, allerdings hat er seinen Auftraggeber nicht über die tatsächliche Marktlage aufgeklärt. Hierin ist zumindest eine Vertragsverletzung zu sehen, die aus Schadensersatzgesichtspunkten dazu führt, dass er keinen Anspruch auf den Übererlös hat. Die Grenze zur Sittenwidrigkeit und/oder Provisionsverwirkung ist jedenfalls dann überschritten, wenn der Makler unter Ausnutzung der Unerfahrenheit oder einer Notlage seines Auftraggebers eine Übererlösvereinbarung trifft (OLG Düsseldorf, Urteil vom 5.2.1999, 7 U 132/98, NJW-RR 1999, 1140).

! **Beispiel**

Ein Makler wird damit beauftragt, die Gelegenheit zum Verkauf eines Grundstücks nachzuweisen bzw. zu vermitteln. Er weiß bereits von einem Interessenten, der sehr stark am Erwerb dieses Grundstücks interessiert ist, da es ihm Zugang zu einem weiteren in seinem Eigentum stehenden Grundstück ermöglichen würde. Der Makler war in der Vergangenheit bereits für diesen Interessenten tätig und weiß daher, dass dieser einen hohen Kaufpreis für das Grundstück zahlen würde. Vor diesem Hintergrund trifft der Makler mit dem Grundstücksverkäufer im Rahmen eines qualifizierten Alleinauftrags eine Übererlösvereinbarung. Auf Basis eines Kaufpreises von 200.000 EUR soll der Makler die Hälfte des darüber hinausgehenden tatsächlich zu erzielenden Betrags erhalten. Der Grundstücksverkäufer ist in geschäftlichen Dingen unerfahren, insbesondere was den tatsächlichen Wert seines Grundstücks betrifft. Wie vom Makler erwartet, kann das Grundstück zu einem Kaufpreis von 450.000 EUR veräußert werden. Er macht deshalb anschließend seine Provision in Höhe von 125.000 EUR gegen den Veräußerer geltend; diese Klage hatte keinen Erfolg.

Die Vereinbarung über den Übererlös im Beispiel ist nach der Bestimmung des § 138 Abs. 1 BGB sittenwidrig. Zunächst ist zu berücksichtigen, dass die Provision das Achtfache der sonst üblichen Provision beträgt. Insoweit kann eine verwerfliche Gesinnung aufgrund des unbestreitbar auffälligen Missverhältnisses zwischen Maklerleistung und Provisionshöhe als indiziert angenommen werden. Maßgeblich zu berücksichtigen ist außerdem, dass der Makler die Unerfahrenheit des Verkäufers ausnutzt und das Wissen um die Kaufbereitschaft des Nachbarn verbunden mit einem hohen Preis verschweigt. Deshalb wurde insgesamt Sittenwidrigkeit nach § 138 Abs. 1 angenommen (BGH, Urteil vom 16.2.1994, IV ZR 35/93, NJW 1994, 1475). Auch unabhängig von der Sittenwidrigkeit hätte der Makler seine Provision entsprechend der Bestimmung des § 654 BGB verwirkt. Ihm ist nämlich eine grobe Verletzung des Maklervertrags vorzuwerfen, da er seinen Informationsvorsprung genutzt und sein Wissen über den Käufer verschwiegen hat.

! **Beispiel**

Der Makler wird vom Eigentümer eines Grundstücks mit der Gelegenheit des Nachweises bzw. der Vermittlung einer Verkaufsgelegenheit beauftragt. Der Makler verspricht kostenlose Tätigkeit, soweit der Eigentümer einen Alleinauftrag mit ihm abschließt. Allerdings soll, soweit ein bestimmter Kaufpreis überschritten wird, der Mehrerlös dem Makler zustehen.

Ein Makler, der einen Alleinauftrag bekommt, weil er seine Maklerleistung unentgeltlich erbringt und sich stattdessen dafür, dass er die sich aus dem Alleinauftrag ergebenden Pflichten auch tatsächlich im Sinne des Auftraggebers erfüllt, eine Übererlösbeteiligung versprechen lässt, verstößt gegen die ihm obliegende Treuepflicht – und zwar in einer dem Vorsatz nahekommenden grob leichtfertigen Weise. Im Rahmen seiner Beratungspflicht obliegt es dem Makler auch, mit seinem Auftraggeber über den Verkaufswert des Objekts zu sprechen, wobei hier ein gewisser Beurteilungsspielraum besteht. Werden die Grenzen allerdings überschritten, so hat der Makler dafür einzustehen. Wo hier die Grenzen zu ziehen sind, hängt stets vom konkreten Einzelfall ab.

Aus der Vereinbarung eines Maklererfolgshonorars in Form einer Übererlösabrede folgt, dass den Makler gesteigerte Sorgfaltspflichten treffen, was die zutreffende Unterrichtung über den erzielbaren Kaufpreis angeht. Das gilt vor allem, wenn der Auftraggeber des Maklers selbst nicht sachkundig ist und damit auch keine Vorstellungen von dem Verkehrswert und dem erzielbaren Preis hat. Jedenfalls in solchen Fällen verstößt der Makler vorwerfbar gegen seine Pflichten, wenn er den Auftraggeber, der als Nichtfachmann allenfalls Wunschvorstellungen über den zu erzielenden Kaufpreis äußert, nicht aufklärt und berät oder ihm sogar falsche Informationen gibt. Dabei ist zu beachten, dass es sich bei der Abrede einer Übererlösklausel mit dem im Grundstücksgeschäft Unerfahrenen um eine besonders riskante Vereinbarung handelt (OLG Düsseldorf, Urteil vom 10.5.1996, 7 U 86/95, NJW-RR 1997, 1278).

6.7.2 Doppeltätigkeit

Betätigt sich der Makler als Doppelmakler, wird er also sowohl für den Käufer als auch für den Verkäufer provisionspflichtig tätig, stellt sich die Frage, ob er verpflichtet ist, den Käufer über seine Übererlösabrede mit dem Verkäufer aufzuklären. Die Rechtsprechung hält dies dann nicht für erforderlich, wenn der Käufer vom Makler über die Doppeltätigkeit informiert wurde (BGH, Urteil vom 16.1.1970, IV ZR 1162/68, NJW 1970, 1075). Grenzwertig dürfte es allerdings sein, wenn der Makler für beide Seiten als Vermittlungsmakler tätig wird. Dann nämlich wäre er zu strengster Neutralität verpflichtet. Die nachträgliche Kenntnis einer Übererlösvereinbarung mit dem Verkäufer könnte gegenüber dem Käufer ggf. als Indiz für eine Verletzung der Neutralitätspflicht gewertet werden.

6.8 Provisionssicherung für Folgegeschäfte

Nach dem gesetzlichen Leitbild des § 652 Abs. 1 BGB hat der Makler einen Provisionsanspruch nur für die Vertragsabschlussgelegenheit, die er tatsächlich nachweist oder vermittelt. Ist er damit beauftragt, die Gelegenheit zum Kauf einer Immobilie nachzuweisen oder zu vermitteln, erhält er seine Courtage also nur, wenn ein Kaufvertrag zustande kommt. Wird das Objekt lediglich vermietet, entfällt in aller Regel der Provisionsanspruch, es sei denn, der Makler hat im Maklervertrag vorgesorgt und sich sowohl für Kauf als auch für Miete einen Provisionsanspruch ausbedungen. Dies ist auch per AGB im Maklerformularvertrag möglich, wobei sich zur Sicherheit stets eine entsprechende Individualvereinbarung empfiehlt.

! **Tipp**

Makler sollten in ihren Verträgen insoweit für Klarheit sorgen, dass ihnen eine Provision sowohl im Fall des Objektkaufs als auch bei der – bloßen – Anmietung des Objekts zusteht und mit ihrem Kunden eine entsprechende Individualvereinbarung treffen.

Häufig kommt es statt zum beabsichtigten Kauf lediglich zum Abschluss eines Mietvertrags, doch später wird dann das vom Makler nachgewiesene oder vermittelte Objekt tatsächlich käuflich erworben. Da der Makler jedoch nur die Gelegenheit zum Abschluss eines Mietvertrags nachgewiesen oder vermittelt hat, geht er hinsichtlich des späteren Kaufs leer aus, denn die Maklerleistung ist mit dem darauf folgenden Abschluss eines Hauptvertrags verbraucht.

Das ist nicht im Sinne des Maklers, denn er verdient in aller Regel wesentlich mehr beim Nachweis bzw. der Vermittlung der Gelegenheit zum Abschluss eines Kaufvertrags, als wenn es nur zum Abschluss eines Mietvertrags kommt. Immer wieder sind auch Fälle zu beobachten, in denen Käufer und Verkäufer zum Nachteil des Maklers dergestalt zusammenwirken, dass statt des beabsichtigten Kaufvertrags zunächst ein Mietvertrag geschlossen wird und kurze Zeit später dann der Kauf folgt. Zwar hat sich der vorausschauende Makler im Maklervertrag eine Provision auch für den Mietvertragsabschluss gesichert, doch da er das Zusammenwirken von Käufer und Verkäufer in aller Regel nicht wird beweisen können, geht er hinsichtlich eines Provisionsanspruchs für den Kaufvertrag leer aus.

! **Beispiel**

Ein Rechtsanwalt ist am Kauf einer Etage in einem Geschäftshaus interessiert. Als Kaufpreis schwebt ihm ein Betrag von 300.000 EUR vor. Ein entsprechender Maklervertrag wird geschlossen. Der Makler bedingt sich für den Fall, dass lediglich eine entsprechende Fläche angemietet wird, die Zahlung einer Provision von drei Monatsmieten zuzüglich Umsatzsteuer aus. Im Fall des Ankaufs soll die Brutto-Provision die üblichen 3,57 % vom Kaufpreis betragen. Der Makler weist eine geeignete Fläche nach. Maklerkunde und Verkäufer kommen dahingehend überein, dass zunächst ein auf drei Jahre befristetes Mietverhältnis abgeschlossen und nach Ablauf dieses Zeitraums erneut über einen Kauf verhandelt werden soll. Die monatliche Miete beträgt 1.800 EUR. Tatsächlich verkauft der Eigentümer nach Ablauf der drei Jahre die Gewerbefläche an den Rechtsanwalt.

Der Makler hat hier Anspruch auf Provision in Höhe von drei Monatsmieten zuzüglich Umsatzsteuer. Insgesamt ergibt sich also ein Betrag von 6.426 EUR. Hinsichtlich des später geschlossenen Kaufvertrags geht er leer aus, ihm entgeht insoweit eine Brutto-Provision von 10.710 EUR.

Makler sollten sich für derartige Fälle eine Provision auch für Folgegeschäfte sichern. Dies ist durch entsprechende Abrede mit dem Maklerkunden jedenfalls möglich (BGH, Urteil vom 13.6.1990, IV ZR 141/89, NJW-RR1991, 51). Zwar ist dies nicht per AGB im Formularmaklervertrag möglich (OLG Düsseldorf, Urteil vom 28.11.1997, 7 U 63/97, NJW-RR 1998, 1594), doch das sollte Makler nicht daran hindern, mit ihren Auftraggebern eine entsprechende Individualvereinbarung zu treffen. Soweit Makler bei ihren Auftraggebern den Eindruck vermeiden können, doppelt abkassieren zu wollen, werden diese in aller Regel zu einer entsprechenden Vereinbarung bereit sein. Nur im Einzelfall dürfte es dem Makler allerdings gelingen, sich zusätzlich zur Provision für die erfolgreiche Vermittlung eines Mietvertrags eine Provision für den späteren Objektkauf auszubedingen. Vereinbaren Makler hingegen mit ihren Auftraggebern eine (teilweise) Anrechnung der Provision für das Erstgeschäft mit derjenigen für das Folgegeschäft, spricht zumindest aus Sicht des redlichen Auftraggebers nichts gegen eine entsprechende Abrede.

Darüber hinaus stellt sich insbesondere im Bereich der Gewerberaummiete für Makler immer wieder die Frage, ob nach Ablauf des ursprünglich befristeten Vertrags für dessen Verlängerung oder einen Neuabschluss über einen weiteren Befristungszeitraum erneut Provision anfällt. Da die Rechtsprechung dies selbst bei großzügiger Auslegung der Maklerverträge überwiegend verneint (OLG Düsseldorf, a. a. O.; a. A. OLG München, Urteil vom 1.7.1992, 7 U 2073/92, AIZ A 122 Bl. 5), sollte sich der Makler auch hier um eine entsprechende individuelle Vereinbarung mit seinem Auftraggeber bemühen.

Wichtig !

Auch wenn der Makler mit seinem Auftraggeber eine Provisionsvereinbarung für Folgegeschäfte vereinbart hat, kann diese mit längerem Zeitablauf einen Provisionsanspruch nicht mehr stützen. War der Makler zum Beispiel erst einmal nur mit dem Nachweis einer Mietgelegenheit beauftragt und hat mit seinem Auftraggeber weiter vereinbart, auch für einen späteren Ankauf des Objekts eine Provision beanspruchen zu können, lässt sich dies nach Ablauf von etwa zehn Jahren nicht mehr erfolgreich durchsetzen. Nach einem derart langen Zeitraum verliert die ursprüngliche Maklertätigkeit für das Folgegeschäft an Bedeutung (BGH, Urteil vom 28.2.1973, IV ZR 34/71, NJW 1973, 990).

Aufgepasst heißt es hier, wenn es um Wohnraumvermittlung geht. Zu beachten ist nämlich § 2 Abs. 2 Nr. 1 WoVermittG, wonach dem Makler beim Zustandekommen eines aus seiner Tätigkeit resultierenden Vertrags über die Fortsetzung, Verlängerung oder Erneuerung eines Mietverhältnisses über dieselben Wohnräume wie zuvor kein

Provisionsanspruch zusteht. Nach der weiteren Bestimmung in § 2 Abs. 5 WoVermittG sind hiervon abweichende Vereinbarungen unzulässig. Makler können sich also auch nicht durch Individualvereinbarung einen weiteren Provisionsanspruch verschaffen.

6.9 Nebenpflichten

Obwohl es im Bereich des Maklerrechts mit wenigen Ausnahmen weder für den Kunden des Maklers noch für den Makler selbst eine Verpflichtung zur Tätigkeit gibt, müssen Makler und Auftraggeber dann Nebenpflichten erfüllen, wenn der Makler tatsächlich tätig wird und der Kunde die Leistung des Maklers tatsächlich in Anspruch nimmt. In erster Linie treffen den Makler Aufklärungs- und Informationspflichten, den Auftraggeber in aller Regel Auskunfts- und Verschwiegenheitspflichten. Pflichtverletzungen in diesem Bereich können jeweils Schadensersatzansprüche begründen.

6.9.1 Nebenpflichten des Maklers

Stets steht der Makler aufgrund des Maklervertrags zu seinem Auftraggeber in einem besonderen Treueverhältnis. Daraus ergeben sich für den Makler bestimmte Nebenpflichten (BGH, Urteil vom 28.9.2000, III ZR 43/99, NJW 2000, 3642).

! **Beispiel**

Der Maklerkunde kann das vom Makler nachgewiesene Immobilienobjekt nur erwerben, wenn er eine andere Immobilie aus seinem Bestand verkauft. Obwohl ein entsprechender Verkauf objektiv ungesichert ist, teilt der Makler seinen Kunden mit, dass dies unproblematisch zu bewerkstelligen sei. Tatsächlich trifft das Gegenteil zu.

In einem solchen Fall stehen Schadensersatzpflichten des Maklers wegen Verletzung der ihm aus dem Maklervertrag treffenden besonderen Treuepflichten gegenüber seinen Kunden im Raum (OLG Hamm, Urteil vom 27.6.2011, 18 W 11/11, NJW-Spezial 2011, 675).

Grundsätzlich muss der Makler seinen Kunden über alle Umstände aufklären, die für dessen Entscheidung von Bedeutung sein können (BGH, Urteil vom 18.1.2007, III ZR 146/06, NJW-RR 2007, 711). Der Makler hat insoweit seinen Kunden über all das aufzuklären, was unerlässlich ist, um den Kunden vor Schaden zu bewahren.

! **Beispiel**

Der Makler weiß, dass der Dachstuhl eines Objekts von Pilzbefall betroffen ist. Über diesen Umstand muss er seinen Kunden ungefragt aufklären (OLG Hamburg, Urteil vom 12.8.2000, 13 U 27/10, ZMR 2011, 305).

Selbstverständlich hängt der Umfang der Aufklärungspflichten des Maklers vom konkreten Einzelfall ab (BGH, Urteil vom 18.1.2007, III ZR 146/06, NJW-RR 2007, 711; OLG Oldenburg, Urteil vom 15.5.2009, 6 U 6/09, NJW-RR 2009, 1284). Grundsätzlich darf der Makler zunächst darauf vertrauen, dass die ihm von seinem Auftraggeber mitgeteilten Daten bzw. Objekteigenschaften richtig sind (BGH, a. a. O.; LG Hamburg, Urteil vom 8.1.2010, 329 O 206/09). Doch stets sollte sich der Makler hüten, bestimmte Angaben »ins Blaue hinein« zu machen, die nicht auf Angaben seines Auftraggebers beruhen. Gibt der Makler Informationen an seinen Kunden weiter, deren Richtigkeit er nicht überprüft hat, muss er dies dem Kunden mitteilen. Denn wenn sich herausstellt, dass die Angaben fehlerhaft sind, macht sich der Makler gegenüber seinem Auftraggeber schadensersatzpflichtig und verwirkt seinen Provisionsanspruch (LG Berlin, Urteil vom 22.9.2011, 5 O 430/10, WuM 2011, 692). Auch wenn der Makler ungeprüfte Informationen an seinen Auftraggeber weitergegeben hat und später erfährt, dass diese falsch sind, ist er zur unverzüglichen Berichtigung verpflichtet (BGH, Urteil vom 28.9.2000, III ZR 43/99, NJW 2000, 3642).

Wird der Makler für den Verkäufer tätig, ist er verpflichtet, diesen unverzüglich über ihm bekannte finanzielle Schwierigkeiten des nachgewiesenen Interessenten aufzuklären. Selbstverständlich muss dies vor Abschluss des notariellen Hauptvertrags geschehen (OLG Dresden, Urteil vom 22.3.2007, 8 U 1994/06, MDR 2007, 1251). Jedoch ist der für den Käufer tätige Makler von sich aus nicht verpflichtet, Erkundigungen über die Bonität etwaiger nachgewiesener Kaufinteressenten einzuholen (BGH, Urteil vom 12.1.1972, IV ZR 25/70). Schadensersatzpflichten können den Makler in diesem Zusammenhang also nur treffen, wenn ihm die finanziellen Schwierigkeiten eines nachgewiesenen Interessenten positiv bekannt sind oder er sich seinem Kunden gegenüber verpflichtet hat, die Zahlungsfähigkeit des nachgewiesenen Interessenten zu überprüfen.

Der Makler haftet auch nicht für die Richtigkeit der ihm von seinem Auftraggeber mitgeteilten Informationen (Brandenburgisches OLG, Urteil vom 29.1.2019, 6 U 65/17, NJW-RR 2019, 825; LG Hamburg, Urteil vom 8.1.2010, 329 O 206/09). Erkennt der Makler allerdings, dass bestimmte Angaben seines Auftraggebers nicht zutreffen können, muss er seinen Kunden hierüber aufklären. Die Rechtsprechung bejaht auch dann eine Pflichtverletzung des Maklers, wenn er die Unrichtigkeit bestimmter Angaben bei gehöriger Sorgfalt hätte erkennen können (OLG Hamm, Urteil vom 30.10.1997, 18 U 35/97, NZM 1998, 241). Der Makler kann sich hier insbesondere nicht darauf berufen, dass seinem Kunden aufgrund der vorhandenen Informationen selbst hätten Zweifel kommen müssen und es dann dessen Sache gewesen sei, sich durch eigene Aufklärung Gewissheit zu verschaffen (BGH, Urteil vom 18.1.2007, III ZR 146/06, NJW-RR 2007, 711). Dem Maklerkunden kann aber im Einzelfall ein anspruchsminderndes Mitverschulden zum Vorwurf gemacht werden.

Fragen des Auftraggebers insbesondere im Hinblick auf Eigenschaftsmerkmale des Kaufobjekts oder aber Mietobjekts muss der Makler selbstverständlich gewissenhaft beantworten. Hat der Makler auf bestimmte Fragen seines Kunden keine verlässlichen Antworten, sollte er diesen darauf hinweisen, ansonsten drohen Schadensersatzpflichten (BGH, Urteil vom 17.1.2008, III ZR 224/06, NJW-RR 2008, 564).

! **Tipp**

Macht der Makler bestimmte Angaben in einem Exposé, sollte er stets zu seiner eigenen Sicherheit darauf hinweisen, dass die Informationen von seinem Auftraggeber stammen und er diese nicht auf ihre sachliche Richtigkeit hin überprüft hat. Der Makler kann einen solchen Hinweis durchaus in seine AGB aufnehmen (BGH, Urteil vom 18.1.2007, III ZR 146/06, NJW-RR 2007, 711). Auch hier gilt, dass sich der Makler auf einen derartigen Haftungsausschluss nicht mehr berufen kann, wenn er Fehler aufgrund eigener Sachkunde erkennt.

Auch Angaben des Maklers »ins Blaue hinein« führen nicht nur zu Schadensersatzpflichten, sondern können auch zur Verwirkung der Provision nach § 654 BGB führen. Spiegelt jedenfalls der Makler bestimmte Eigenschaften des Kaufobjekts vor, die tatsächlich nicht vorhanden sind, muss er sich eine schwerwiegende Pflichtverletzung zum Vorwurf machen lassen (OLG Koblenz, Beschluss vom 2.5.2019, 2 U 1482/18).

! **Beispiel**

Dem Kaufinteressenten einer Eigentumswohnung teilt der Makler mit, er habe ein alleiniges Gebrauchsrecht an Kellerräumen. Tatsächlich besteht dies nicht. Weiter behauptet der Makler, die Teilungserklärung liege noch nicht vor. Tatsächlich ist das Gegenteil der Fall. Der Käufer müsse sich auch im Übrigen keine Sorgen machen, da sich das Stimmrecht nach Köpfen richte und lediglich ein weiterer Wohnungseigentümer vorhanden sei. Tatsächlich sind neben dem Erwerber zwei weitere Eigentümer vorhanden und das Stimmrecht richtet sich nach Miteigentumsanteilen.

Regelmäßig wenden sich die Maklerkunden wegen Detailinformationen über das zu erwerbende oder anzumietende Objekt an den Makler und bitten um nähere Detailangaben. Der Makler ist insoweit jedoch nicht verpflichtet, eigene Ermittlungen vorzunehmen (BGH, Urteil vom 18.1.2007, III ZR 146/06, NJW-RR 2007, 711; Brandenburgisches OLG, Urteil vom 29.1.2019, 6 U 65/17, NJW-RR 2019, 825).

! **Beispiel**

Im Auftrag des Verkäufers verkauft der Makler ein Einfamilienhaus, das über ein Kellergeschoss verfügt. Der Makler hat einen Interessenten nachgewiesen, mit dem er ebenfalls einen provisionspflichtigen Maklervertrag geschlossen hat. Sein Interessent bittet ihn um Auskunft, ob das Kellergeschoss auch zu Wohnzwecken nutzbar sei. Daraufhin gibt der Makler die ihm vom Verkäufer erteilte Mitteilung weiter, dass dem nichts im Wege steht. Tatsächlich ist eine Wohnnutzung des Kellergeschosses aufgrund öffentlich-rechtlicher Vorschriften aber nicht möglich.

Eine Haftung des Maklers scheidet in diesem Fall aus, wenn eine mögliche Wohnraumnutzung des Kellergeschosses den tatsächlichen Verhältnissen des Objekts entspricht und kein Hinweis auf die Unzulässigkeit dieser Nutzung erkennbar ist (OLG Oldenburg, Urteil vom 15.5.2009, 6 U 6/09, NJW-RR 2009, 1284).

Die gleichen Grundsätze gelten zum Beispiel für die Weitergabe eines vom Verkäufer eingeholten Wertgutachtens. Stellt es sich als unrichtig dar, trifft den Makler keine Haftung, sofern sich ihm aufgrund seiner besonderen Sachkenntnis die Fehlerhaftigkeit nicht aufdrängen musste (OLG Oldenburg, Urteil vom 6.3.1992, 6 U 235/91, ZMR 1992, 300). Vom Makler können jedenfalls keine Sonderfachkenntnisse eines Sachverständigen erwartet werden (OLG Oldenburg, Urteil vom 15.5.2009, 6 U 6/09, NJW-RR 2009, 1284).

Sind im Kaufobjekt Feuchtigkeitsmängel vorhanden, kann dem Makler auch nur dann der Vorwurf einer Pflichtverletzung gemacht werden, wenn diese ihm positiv bekannt waren. Die Beweislast hierfür trägt der Erwerber, der sich auf das Vorhandensein der Mängel beruft (LG Bonn, Urteil vom 27.2.2019, 17 O 160/18, juris).

Verletzt der Makler seine Pflichten aus dem Maklervertrag, insbesondere die ihm obliegenden Informations- und Aufklärungspflichten, macht er sich seinem Auftraggeber gegenüber grundsätzlich schadensersatzpflichtig. Hier gelten die allgemeinen zivilrechtlichen Grundsätze der §§ 280 ff. BGB. Insoweit ist der Maklerkunde berechtigt, gegen den Provisionsanspruch des Maklers die Aufrechnung zu erklären oder aber ein Zurückbehaltungsrecht geltend zu machen. Bei grober Pflichtverletzung des Maklers wird dieser seinen Provisionsanspruch ohnehin nach der maßgeblichen Bestimmung des § 654 BGB verwirkt haben (LG Berlin, Urteil vom 22.9.2011, 5 O 430/10, WuM 2011, 692).

Beispiel !

Der Makler ist vom Eigentümer eines Einfamilienhauses mit dem Nachweis bzw. der Vermittlung einer Verkaufsgelegenheit beauftragt. Er wird entsprechend tätig und akquiriert einen Interessenten. Mit diesem will der Makler zwar ebenfalls einen provisionspflichtigen Maklervertrag schließen, allerdings ist der Interessent zu einem entsprechenden Vertragsabschluss nicht bereit. Zunächst gibt sich der Makler damit zufrieden, schließlich hat er ja bei Abschluss des Hauptvertrags einen Provisionsanspruch gegen den Verkäufer. Doch plötzlich besinnt sich der Makler eines anderen: Er droht dem Interessenten, den bevorstehenden Abschluss des Hauptvertrags zu vereiteln, sollte dieser nicht bereit sein, dem Makler ebenfalls Provision zu zahlen. Lässt sich der Interessent hierauf ein und schließt den Hauptvertrag ab, schuldet er dem Makler keine Provision, da dieser seinen Provisionsanspruch verwirkt hat. Hat der Interessent jedoch mit dem Makler einen entsprechenden Maklervertrag schriftlich geschlossen, wird es ihm im Streitfall schwerfallen, den Verwirkungstatbestand zu beweisen.

Im Ernst-, sprich Streitfall fährt der Makler noch ganz gut damit, wenn nur seine Provision auf dem Spiel steht. Ist ihm eine Pflichtverletzung zum Vorwurf zu machen, kann sein Kunde im Rahmen des »großen Schadensersatzes« nämlich verlangen, so gestellt zu werden, als hätte er den Hauptvertrag nicht abgeschlossen.

!

Beispiel

Ein Ehepaar möchte eine Eigentumswohnung kaufen. Hierzu beauftragt es den Makler mit dem Nachweis bzw. der Vermittlung einer Erwerbsgelegenheit. Der Makler wird entsprechend tätig und weist dem Ehepaar ein geeignetes Objekt nach. Wie dem Makler allerdings bekannt ist, sind in der Wohnung erhebliche Feuchtigkeitsschäden vorhanden. Tatsächlich bestehen aufgrund mangelhafter Bauausführung des gemeinschaftlichen Eigentums Kältebrücken und es fehlt eine Wärmedämmung. Außerdem weiß der Makler, dass der Veräußerer die Wohnung extra für den Verkauf malermäßig hat überarbeiten lassen, sodass die Feuchtigkeitsschäden nicht auf den ersten Blick zu erkennen sind. Das Ehepaar hat demnach die Feuchtigkeitsschäden bei den beiden durchgeführten Besichtigungsterminen nicht bemerkt. Der Kaufvertrag kam zustande, doch schon kurz nach Einzug in die Wohnung wurde das Ausmaß der bestehenden Mängel erkennbar. Für das Ehepaar war die Lage ernst: Zur Finanzierung des Kaufs hatte es einen Kredit mit einer Laufzeit von mehreren Jahren vereinbart. Dafür waren auch Bearbeitungsgebühren zu entrichten. Und es hatte die ehemalige Mietwohnung gekündigt, um in die neue Wohnung umzuziehen, darüber hinaus waren Umzugskosten angefallen.

Es bedarf hier keiner Diskussion darüber, dass der Makler seine Pflichten gegenüber dem Ehepaar in eklatanter Weise verletzt hat. Im Rahmen seiner Schadensersatzverpflichtung muss der Makler das Ehepaar nun so stellen, als hätte es den Hauptvertrag niemals geschlossen. Zunächst einmal muss er dem Ehepaar die bereits gezahlte Provision zurückerstatten. Es steht außer Frage, dass sich der Makler dem Ehepaar gegenüber eine schwerwiegende Pflichtverletzung zuschulden hat kommen lassen. Insoweit ist der Verwirkungstatbestand des § 654 BGB erfüllt.

Da hier ein großer Schadensersatz fällig wird, ist der Makler verpflichtet, die dem Ehepaar für den Erwerb der Wohnung entstandenen Kosten zu erstatten, hierzu zählen alle Kosten der Finanzierung und die Erwerbsnebenkosten. Zu berücksichtigen ist außerdem, dass die Umzugskosten jedenfalls nicht zu diesem Zeitpunkt entstanden wären und daher der Makler auch diese ersetzen muss. Weitere Kosten kommen auf den Makler zu, da das Ehepaar nun Ersatzwohnraum benötigt. Ist eine vergleichbare Wohnung wie die ehemals vom Ehepaar angemietete nicht zum selben Preis erhältlich, muss der Makler im Rahmen seiner Schadensersatzverpflichtungen auch den entsprechenden Differenzbetrag übernehmen.

Diese Rechte stehen dem Ehepaar allerdings nur zu, wenn es den Kaufvertrag über die Wohnung rückabwickelt. Das Ehepaar könnte die Wohnung ja auch behalten und am vermittelten Kauf festhalten wollen. Ist dies der Fall, kann der Käufer vom Makler als Ersatz seines Vertrauensschadens den Betrag verlangen, um den er die Wohnung objektiv zu teuer erworben hat. Unerheblich ist insoweit, ob es bei Kenntnis der wahren Sachlage gelungen wäre, den Vertrag zu einem günstigeren Preis abzuschließen (BGH, Urteil vom 28.9.2000, III ZR 43/99, NJW 2000, 3642).

Beispiel !

Angenommen, die Wohnung hat einen Marktwert von 250.000 EUR, ist im derzeitigen mangelhaften Zustand allerdings nur 200.000 EUR wert. In diesem Fall wäre der Makler verpflichtet, dem Ehepaar Schadensersatz in Höhe von 50.000 EUR zu leisten.

Wenn es im Einzelfall dazu kommt, dass ein Immobilienobjekt unter seinem Marktwert angeboten bzw. verkauft wird und stellt sich dessen Mangelhaftigkeit heraus, können Schadensersatzpflichten des Maklers gänzlich ausscheiden.

Beispiel !

Das Ehepaar hat die mangelhafte Wohnung zum Preis von 200.000 EUR erworben. Da es in mangelfreiem Zustand 250.000 EUR wert gewesen wäre, treffen den Makler keine Schadensersatzpflichten, denn dem Ehepaar ist tatsächlich gar kein Schaden entstanden.

Entsprechende Grundsätze gelten in den praxisrelevanten Fällen der fehlerhaften Baujahresangabe (vgl. OLG Hamm, Urteil vom 29.8.2011, 18 U 25/10, juris).

Beispiel !

Der Makler ist vom Eigentümer eines Einfamilienhauses damit beauftragt, eine Verkaufsgelegenheit nachzuweisen oder zu vermitteln. Im Zuge seiner Bemühungen erstellt der Makler ein Exposé. Er gibt das Baujahr des Hauses mit 1976 an, tatsächlich wurde es im Jahr 1966 erbaut. Der Makler weist erfolgreich einen Interessenten nach. Dieser erwirbt das Haus in Erwartung, dass es aus dem Jahr 1976 stammt. Später stellt sich heraus, dass im Exposé ein falsches Baujahr angegeben war. Der Interessent bzw. Erwerber des Hauses möchte am Kauf festhalten und beauftragt einen Sachverständigen damit, den Marktwert des Hauses zu ermitteln. Dieser stellt einen Marktwert von 500.000 EUR fest. Tatsächlich erworben hatte der Käufer das Haus zu einem Preis von 480.000 EUR. In diesem Fall können den Makler keinerlei Schadensersatzverpflichtungen treffen. Anders wäre es, wenn der Käufer das Haus zu einem Preis erworben hätte, der über der Grenze von 500.000 EUR gelegen hätte. Wobei hier der Makler nur für den Betrag haftet, um den der Marktwert eines im Jahr 1976 erbauten Hauses überschritten wird.

In derartigen Fällen hat der Maklerkunde keinen Anspruch auf Rückzahlung der geleisteten Provision, soweit die Summe aus gezahltem Kaufpreis und gezahlter Maklerprovision unter dem Marktwert des Objekts liegt.

Beispiel !

Der Makler hat im Exposé als Baujahr einer Eigentumswohnung 1976 angegeben, tatsächlich wurde die Wohnung aber zehn Jahre früher errichtet. Sein Kunde erwirbt diese Wohnung zu einem Kaufpreis von 180.000 EUR, die Provision macht 3,57 % hiervon aus. Unter Berücksichtigung ihres tatsächlichen Baujahres liegt der Marktwert der Wohnung bei 200.000 EUR. Der Käufer hat 180.000 EUR zuzüglich einer Maklerprovision in Höhe von 6.426 EUR brutto gezahlt. Insgesamt hatte er somit 186.426 EUR für den Erwerb der Wohnung aufgewendet. Dieser Betrag ist deutlich niedriger als der Marktwert der Wohnung, insoweit scheiden jegliche Schadensersatzpflichten des Maklers aus.

Bei einer fehlerhaften Baujahresangabe wird man in aller Regel keine derart erhebliche Treuepflichtsverletzung gegenüber dem Maklerkunden feststellen können, dass der Verwirkungstatbestand des § 654 BGB erfüllt wäre. Insoweit besteht auch kein Anspruch des Maklerkunden auf Rückzahlung etwa geleisteter Provisionen. Grundsätzlich kann der Maklerkunde hier auch keine Rückzahlung der Provision aus Gesichtspunkten des Schadensersatzes verlangen, da der Kaufpreis zuzüglich der Provision unter dem Marktwert der Immobilie liegt (OLG Hamm, Urteil vom 29.8.2011, 18 U 25/10, juris). Im Fall bewusster Falschangabe – um den Kaufpreis und somit die Provision anheben zu können, droht allerdings Verwirkung (siehe Kapitel 15.2).

6.9.2 Nebenpflichten des Maklerkunden

Auch der Auftraggeber des Maklers bzw. der Maklerkunde hat Nebenpflichten aus dem Maklervertrag zu erfüllen. In erster Linie geht es darum, den Makler zu unterrichten, wenn von einem Erwerbs- bzw. Veräußerungswunsch Abstand genommen wird. Zudem treffen den Maklerkunden Unterlassungs- und Auskunftspflichten.

Aufgabe des Erwerbs- bzw. Veräußerungsinteresses
Im Hinblick auf mögliche Pflichtverletzungen des Maklerkunden ist zunächst zu beachten, dass für ihn kein Abschlusszwang besteht. Der Maklerkunde ist völlig frei in seiner Entscheidung, die vom Makler nachgewiesene oder vermittelte Gelegenheit zum Abschluss eines Hauptvertrags wahrzunehmen oder dies eben zu unterlassen. Insoweit steht es dem Auftraggeber des Maklers beispielsweise auch frei, sogar noch beim Termin zur notariellen Beurkundung des Hauptvertrags von einem Erwerb oder einer Veräußerung zurückzutreten.

Allerdings ist der Auftraggeber des Maklers grundsätzlich dazu verpflichtet, dem Makler mitzuteilen, wenn er den nachzuweisenden oder zu vermittelnden Hauptvertrag nicht mehr abschließen will. Der Maklerkunde muss also den Makler über Änderungen seiner Erwerbs- oder Verkaufsabsichten möglichst unverzüglich unterrichten. Will er ein Objekt nicht mehr verkaufen und teilt er dies dem Makler nicht mit, muss er diesem sämtliche Aufwendungen ersetzen, die dieser in Kenntnis der aufgegebenen Verkaufsabsicht nicht mehr getätigt hätte (OLG Köln, Urteil vom 17.6.1993, 10 U 8/93, MDR 1993, 1175). In erster Linie betrifft dies Anzeigekosten oder Kosten für die Durchführung von Besichtigungsterminen.

Eine solche Entscheidung kann auch erst unmittelbar vor Abschluss des Hauptvertrags fallen. Für den Makler wird es jedenfalls in der Praxis stets schwierig sein, will er aus einer verspäteten Mitteilung Schadensersatzansprüche herleiten. Zwar ist anerkannt, dass sich derjenige gegenüber dem Makler schadensersatzpflichtig macht, der einen Maklerauftrag erteilt, aber von vornherein gar nicht beabsichtigt, eine vom Makler nachgewiesene oder vermittelte Hauptvertragsgelegenheit wahrzunehmen. Dies wird der Makler allerdings nur in den seltensten Fällen beweisen können. Weiter ist zu beachten, dass in solchen Fällen kein Anspruch auf die entgangene Provision besteht, sondern lediglich ein auf Ersatz der vom Makler getätigten Aufwendungen. Ohne gesonderte Vereinbarung eines Aufwendungsersatzanspruchs zugunsten des Maklers nach der Bestimmung des § 652 Abs. 2 BGB geht dieser also auch bei Rechtsmissbrauch seines Kunden leer aus, wenn er keine entsprechenden Beweise vorlegen kann.

Tipp !

Der Makler kann grundsätzlich einen Aufwendungsersatzanspruch mit seinem Auftraggeber vereinbaren (siehe Kapitel 10.2). Dies sollte er auch tun, um letztlich bei rechtsmissbräuchlichem Kundenverhalten nicht mit leeren Händen dazustehen. Eine solche Vereinbarung ist vor allem von Bedeutung, wenn der ins Auge gefasste Hauptvertrag nicht zustande kommt. Denn dann hat der Makler zumindest Anspruch auf Ersatz der von ihm getätigten Aufwendungen. Besteht eine entsprechende Vereinbarung mit dem Auftraggeber, ergeben sich keine Beweisprobleme. Der Makler muss lediglich die von ihm getätigten Aufwendungen nachweisen, nicht aber, dass sich sein Kunde ggf. vertragswidrig oder rechtsmissbräuchlich verhalten hat.
Es steht dem Makler frei, eine derartige Vereinbarung auch für den Fall herbeizuführen, dass der Hauptvertrag geschlossen wird. Allerdings wird er hier nicht auf Zustimmung stoßen, da er ja ohnehin einen Provisionsanspruch hat.

Der Auftraggeber ist auch verpflichtet, es dem Makler mitzuteilen, wenn er ein Eigengeschäft tätigen will. Ob der Maklerkunde verpflichtet ist, den Makler unverzüglich von einer etwaigen Vorkenntnis zu unterrichten, ist zweifelhaft. Wenn ein Maklerkunde trotz Vorkenntnis dem Makler eine Provision verspricht, liegt ein selbstständiges Provisionsversprechen vor. Der Makler hat dann die Provision verdient, wenn es zum Abschluss des Hauptvertrags kommt (OLG Schleswig, Urteil vom 12.6.2014, 16 U 134/13). Grundsätzlich ist zu beachten, dass es für den Provisionsanspruch des Maklers genügt, wenn seine Tätigkeit mitursächlich für den Abschluss des Hauptvertrags war. Eine Vorkenntnis steht dem Vergütungsanspruch des Maklers also nicht entgegen, wenn er dem Kunden eine wesentliche Maklerleistung erbringt (BGH, Urteil vom 3.7.2014, III ZR 530/13, NJW-RR 2014, 1272). Führt der Makler insbesondere Besichtigungstermine durch, damit sein Kunde feststellen kann, ob das Kaufobjekt seinen Wünschen entspricht, ist der Provisionsanspruch des Maklers trotz behaupteter Vorkenntnis seines Kunden gesichert, wenn dieser das Objekt dann tatsächlich erwirbt (OLG Celle, a. a. O.). Hier ist es Sache des Kunden, für klare Verhältnisse zu sorgen und den Makler über die Vorkenntnis aufzuklären. Schließt der Maklerkunde einen

Maklervertrag über ein Objekt ab, für das er gar nicht verfügungsberechtigt ist, schuldet er dem Makler jedenfalls Aufwendungsersatz.

!

Beispiel

Das Mitglied einer Erbengemeinschaft beauftragt den Makler mit dem Nachweis bzw. der Vermittlung einer Verkaufsgelegenheit für das geerbte Haus. Der Makler entfaltet entsprechende Tätigkeiten und präsentiert einen passenden Interessenten. Die anderen Mitglieder der Erbengemeinschaft wollen das Haus aber gar nicht verkaufen.

Unterlassungspflichten

Grundpflicht des Maklerkunden ist seine Verschwiegenheit. Auch ohne gesonderte vertragliche Abrede ist der Maklerkunde verpflichtet, Informationen des Maklers vertraulich zu behandeln. Auch insoweit treffen den Maklerkunden Treuepflichten gegenüber dem Makler (BGH, Urteil vom 14.1.1987, IVa ZR 130/85, NJW 1987, 2431). Gibt er vom Makler erhaltene Unterlagen oder Objektnachweise unbefugt an Dritte weiter, die dann den Hauptvertrag schließen, macht sich der Maklerkunde dem Makler gegenüber schadensersatzpflichtig. Der Makler wird in derartigen Fällen bestrebt sein, als Schadensersatz gegenüber seinen Kunden die entgangene Provision geltend zu machen. Hat er sich nicht durch entsprechende vertragliche Vereinbarung entsprechend abgesichert (siehe Kapitel 6.3.4) ist das in der Praxis aber nicht ganz einfach. Der Makler muss nämlich zunächst einmal darlegen, dass sich der Dritte, der schließlich den Hauptvertrag geschlossen hat, bei ordnungsgemäßem Verhalten seines Kunden tatsächlich an den Makler gewandt hätte oder dass der Makler einen anderen Kunden an der Hand hatte, der das Objekt provisionspflichtig hätte erwerben oder anmieten wollen (BGH, Urteil vom 14.1.1987, IVa ZR 130/85, NJW 1987, 2431). Dies zu beweisen wird dem Makler im Streitfall wohl kaum gelingen. Auch die nutzlosen Aufwendungen des Maklers für die Betreuung seines Kunden sind regelmäßig nicht ersatzfähig (BGH, a. a. O.).

!

Tipp

Um sich vor solchen Schäden schützen zu können, sollte der Makler mit seinem Auftraggeber zumindest den Ersatz konkreter Aufwendungen des Maklers vereinbaren. Dies kann grundsätzlich in AGB geregelt werden.

Auskunftspflichten

In aller Regel wird der Makler den tatsächlichen Kaufpreis für das dem Kunden nachgewiesene oder vermittelte Objekt kennen. Denn häufig organisieren die Makler nicht nur den Notartermin für den Kauf eines Immobilienobjekts, sondern nehmen auch daran teil. So haben die Makler ausreichende Anhaltspunkte, um ihre Maklerprovision berechnen zu können. Es kommt aber auch häufig vor, dass der Makler nur den Nachweis erbringt und sein Kunde anschließend eigenständig mit seinem Vertragspartner den Hauptvertrag schließt. In solchen Fällen ist der Maklerkunde verpflichtet, den Makler über sämtliche Umstände in Kenntnis zu setzen, die für die Berechnung seiner Provision erforderlich sind (BGH, Urteil vom 7.2.1990, IV ZR 314/88, NJW-RR 1990, 1370; LG Berlin, Urteil vom 13.1.2016, 28 O 14/14). Voraussetzung ist, dass der Provisionsanspruch des Maklers dem Grunde nach besteht (BGH, Urteil vom 6.7.2006, III ZR 379/04, NJW 2006, 3062; OLG Naumburg, Urteil vom 29.10.2010, 10 U 14/10, ZfIR 2011, 97).

Der Makler hat auch dann einen Auskunftsanspruch gegenüber seinem Kunden, wenn er seinen Provisionsanspruch nicht auf eine vertragliche Vereinbarung stützen kann, sondern ein Schadensersatzanspruch besteht, der ihn so stellt, als wäre aufgrund der Maklertätigkeit ein bestimmter Hauptvertrag mit seinem Kunden zustande gekommen (BGH, Urteil vom 27.7.2000, III ZR 279/99, NJW-RR 2001, 705).

Wichtig !

Grundsätzlich ist zu berücksichtigen, dass dem Makler bei Pflichtverletzungen seiner Kunden keine dem § 654 BGB vergleichbare Bestimmung zu einem Provisionsanspruch verhilft. Gelingt dem Makler im Fall der Fälle der Nachweis, dass ihn die Pflichtverletzung seines Auftraggebers tatsächlich zu einem Schadensersatzanspruch in Provisionshöhe berechtigt, ist der Makler auf der sicheren Seite. In aller Regel ist dieser Nachweis nicht möglich, sodass lediglich ein Anspruch auf Ersatz nutzloser Aufwendungen in Betracht kommt.

Besteht Grundbucheinsichtsrecht?

Bei Grundstücksgeschäften stellt sich die Frage, ob dem Makler zur Ermittlung seiner Provision nicht ein eigenes Einsichtsrecht in das Grundbuch zusteht. Grundsätzlich lautet die Antwort ja. Das erforderliche berechtigte Interesse des Maklers an der Grundbucheinsicht wird allerdings erst dann angenommen, wenn eine beträchtliche Wahrscheinlichkeit für die behauptete Entstehung eines nach der Kaufpreishöhe zu berechnenden Provisionsanspruchs spricht (OLG Stuttgart, Urteil vom 28.9.2010, 8 W 412/10, WuM 2011, 116; OLG Dresden, Urteil vom 3.12.2009, 3 W 1228/09, MDR 2010, 464). Die bloße Bitte eines Maklers um Grundbucheinsicht berechtigt jedenfalls den Notar ohne nähere Prüfung seines berechtigten Interesses nicht dazu, einen Grundbuchauszug im automatisierten Abrufverfahren einzuholen (OLG Celle, Urteil vom 15.7.2011, Not 7/11, ZfIR 2011, 732).

Kaufpreisunterverbriefung

Wie bereits dargestellt, kommt es in der Praxis vor, dass die Kaufvertragsparteien zwecks Ersparnis von Kaufnebenkosten den Kaufpreis unterverbrieft beurkunden lassen, also einen niedrigeren als den tatsächlich vereinbarten Betrag beurkunden lassen. Auf die Nichtigkeit eines solchen Vertrags wurde bereits hingewiesen und auch darauf, dass infolge dieser Nichtigkeit der Provisionsanspruch des Maklers untergeht. Für den Makler stellt sich dann die Frage, ob er statt eines Provisionsanspruchs nicht einen Schadensersatzanspruch gegen seinen Kunden hat. Dies ist allerdings zu verneinen und gilt selbst für den Fall, dass der Vertragspartner des Maklerkunden ausdrücklich zum Abschluss eines formgültigen Vertrags bereit ist und sich allein der Maklerkunde dagegenstellt (BGH, Urteil vom 16.6.1977, IV ZR 58/76, WM 1977, 1049).

6.10 Vertragsstrafen

Vertragsstrafen haben im Maklerrecht immer zwei Funktionen:

1. Der Makler will sich eine Provision auch für den Fall sichern, dass ein Hauptvertrag nicht zustande kommt.
2. Der Makler will die Durchsetzung von Schadensersatzansprüchen gegen seinen Auftraggeber erleichtern.

Vertragsstrafen zugunsten des Maklerkunden haben in der Praxis keine Bedeutung.

6.10.1 Vertragsstrafen zugunsten des Maklers

Grundsätzlich steht dem Makler die Möglichkeit offen, mit seinem Kunden eine Vertragsstrafe für den Fall zu vereinbaren, dass dieser den nachgewiesenen oder vermittelten Hauptvertrag nicht abschließt. Das folgt daraus, dass das ansonsten so strenge Wohnungsvermittlungsgesetz in §4 für den Bereich der Wohnungsvermittlung ausdrücklich vorsieht, dass Vertragsstrafen vereinbart werden können. Insoweit ist zu berücksichtigen, dass dies nur in äußerst moderatem Umfang möglich ist, nämlich lediglich bis zu 10% des vereinbarten Entgelts und nicht mehr als 25 EUR. Diese Grenze gilt allerdings nur im Bereich der Wohnungsvermittlung. Wirksam lassen sich Vertragsstrafen im Übrigen nicht im Formularvertrag vereinbaren (OLG Oldenburg, Urteil vom 19.5.2005, 8 U 10/05, NJW-RR 2005, 1287). Hintergrund: Die gesetzliche Regelung des §652 BGB besagt, dass der Makler nur dann einen Anspruch auf Provision hat, wenn ein Hauptvertrag tatsächlich zustande kommt. Demnach würde letztlich die Vertragsstrafe eine erfolgsunabhängige Provision des Maklers bedeuten.

Eine Vertragsklausel, die den Auftraggeber verpflichtet, pauschalierten Schadensersatz in Höhe der Gesamtprovision oder eines Teils der Provision zu leisten, verstößt gegen §309 Nr. 5b BGB (LG Bonn, Urteil vom 30.10.2009, 10 O 230/09, juris). Eine derartige Klausel erweckt nämlich den Eindruck, dass sich der Kunde gegen den Anspruch auf Schadensersatz nicht verteidigen kann und die vorformulierte Regelung endgültig ist. Bereits aus diesem Grunde ist die Klausel unwirksam (BGH, Urteil vom 8.11.1984, VII ZR 256/83, NJW 1985, 632; OLG Oldenburg, Urteil vom 19.5.2005, 8 U 10/05, NJW-RR 2005, 1287).

Auch eine Klausel, die ein Eigengeschäftsverbot vorsieht und bei Zuwiderhandlung zur Zahlung der vollen Provision verpflichtet, ist nach §307 Abs. 2 Nr. 1 BGB unwirksam. Sie verstößt gegen das gesetzliche Leitbild des §652 BGB (BGH, Urteil vom 27.3.1991, IV ZR 90/90, NJW 1991, 1678). Dies gilt ebenfalls beim einfachen Alleinauftrag. Eine geltungserhaltende Reduktion auf den noch zulässigen Inhalt, sich nicht der Mithilfe anderer Makler zu bedienen, kommt nicht in Betracht (OLG Frankfurt/Main, Urteil vom 24.1.1992, 24 U 297/90, OLGR Frankfurt/Main 1992, 2). Wird also in einer Klausel des Maklervertrags ein Eigengeschäftsverbot mit dem Verbot verbunden, dass der Maklerkunde keinen anderen Makler beauftragen darf, ist die Klausel insgesamt unwirksam. Konsequenz: Der Alleinauftrag wird zum »normalen« Maklervertrag und der Kunde darf sowohl Eigengeschäfte tätigen als auch die Dienste anderer Makler in Anspruch nehmen.

Durchaus möglich ist es, durch AGB eine Regelung zugunsten des Maklers herbeizuführen, falls der Maklerkunde Angebote des Maklers unbefugt an Dritte weitergibt. Nicht festlegen kann der Makler hingegen, dass er durch sogenannte Hinzuziehungs- und Verweisungsklauseln seine Provision in Form einer Vertragsstrafe für den Fall fordert, dass sein Kunde gegen die vertragliche Verpflichtung verstößt, Interessenten an den Makler zu verweisen. Derartige Regelungen können lediglich als Individualvereinbarungen getroffen werden.

6.10.2 Vertragsstrafe zugunsten des Maklerkunden

Wie erwähnt sind Vertragsstrafen, die der Maklerkunde durchsetzen könnte, in der Praxis so gut wie nicht verbreitet, denn in aller Regel stellen die Makler die Verträge. Letztlich haben Vertragsstrafen zugunsten der Maklerkunden auch vor dem Hintergrund keine Bedeutung, dass die Bestimmung des § 654 BGB bereits ausreichenden Schutz bietet. Macht sich nämlich der Makler einer groben Pflichtverletzung schuldig, verliert er bereits seinen Provisionsanspruch – und dies unabhängig davon, ob dem Maklerkunden durch die Pflichtverletzung des Maklers ein Schaden entstanden ist oder nicht. Ist ein Schaden entstanden, hat der Makler diesen selbstverständlich zu ersetzen.

6.11 Musterverträge

Allgemeiner Hinweis: Die Verwendung von Vertragsmustern erleichtert die Arbeit. Bitte beachten Sie, dass keinerlei Haftung für die korrekte Anwendung im Einzelfall und Aktualität zum Zeitpunkt der Verwendung übernommen werden kann. Das Vertragsmuster kann insoweit nur Anregungen liefern und ist stets an die individuellen Bedürfnisse und die sich ständig fortentwickelnde Rechtsprechung im Einzelfall anzupassen.

Vorbemerkung: Wegen der in den Verträgen in Bezug genommenen Widerrufsbelehrung siehe Kapitel 6.5.6 und das dort enthaltene Muster.

DIGITALE EXTRAS

Muster: Maklervertrag mit Verkäufer

Zwischen

Herrn/Frau/Firma

....

– im Folgenden Auftraggeber genannt –

und

Herrn/Frau/Firma

....

– im Folgenden Makler genannt –

wird der folgende **Maklervertrag** geschlossen.

§ 1 Vertragsgegenstand
Der Auftraggeber ist Eigentümer des/der (Grundstücks/Hauses/Wohnung/Gewerbefläche) .... in ...., ...

Das Objekt soll zum .... verkauft werden.

Die Wohnfläche des Objekts beträgt ..... m², die Nutzfläche beträgt ..... m².

Die Eigenschaften und Besonderheiten des Objekts ergeben sich aus dem Erfassungsbogen, der Bestandteil dieses Vertrags ist.

Alternative

Das Objekt hat folgende Eigenschaften und Besonderheiten:

....

§ 2 Maklerauftrag
Der Makler wird mit dem Nachweis bzw. der Vermittlung eines Kaufvertragsabschlusses entsprechend § 1 dieses Vertrags beauftragt.

Alternative I

Der Makler wird ausschließlich mit dem Nachweis eines Kaufvertragsabschlusses entsprechend § 1 dieses Vertrags beauftragt.

Alternative II

Der Makler wird ausschließlich mit der Vermittlung eines Kaufvertragsabschlusses entsprechend § 1 dieses Vertrags beauftragt.

Der Auftraggeber ist berechtigt, während der Laufzeit dieses Vertrags weitere Makler mit dem Nachweis bzw. der Vermittlung einer Verkaufsmöglichkeit des in § 1 näher beschriebenen Objekts zu beauftragen. Der Auftraggeber ist des Weiteren berechtigt, den Verkauf durch eigene Bemühungen herbeizuführen.

Der Auftraggeber sichert zu, von etwaigen Miteigentümern oder sonstigen Mitberechtigten bzw. Verfügungsberechtigten zur Erteilung dieses Maklerauftrags ermächtigt und bevollmächtigt worden zu sein.

§ 3 Provision
Für den Nachweis bzw. die Gelegenheit zum Abschluss eines Kaufvertrags erhält der Makler eine Vergütung in Höhe von ..... % des Kaufpreises zuzüglich gesetzlicher Umsatzsteuer in jeweils maßgeblicher Höhe, derzeit 19 %. Maßgeblich für die Berechnung der Vergütung ist der ausgehandelte und in dem Hauptvertrag beurkundete Kaufpreis. Ist auf den Kaufpreis Umsatzsteuer zu zahlen, berechnet sich der Provisionsanspruch aus dem Bruttokaufpreis einschließlich der Umsatzsteuer.

Alternative

Der Auftraggeber ist nicht zur Zahlung einer Provision verpflichtet, hat jedoch den Makler erforderlichenfalls bei der Durchsetzung seines Provisionsanspruchs gegen den Käufer zu unterstützen, so der Makler einen provisionspflichtigen Maklervertrag mit dem Käufer schließt.

Achtung: Diese Klausel-Alternative sollte der Makler keinesfalls dann verwenden, wenn es sich beim Käufer um einen Verbraucher handelt und Gegenstand des Maklervertrags der Nachweis oder die Vermittlung eines Einfamilienhauses oder einer Wohnung ist. Nach § 656c BGB gilt nicht nur der Halbteilungsgrundsatz der Provision, was den Käufer angeht; nach § 656c Abs. 1 Satz 2 BGB kann sich der Makler vielmehr vom Käufer dann keine Provision versprechen lassen, wenn er mit dem Verkäufer vereinbart, für diesen unentgeltlich tätig zu sein.

Die Vergütung wird mit Abschluss des wirksamen Hauptvertrags fällig.

Alternative

Die Vergütung wird ..... Tage nach dem Abschluss des wirksamen Hauptvertrags fällig.

§ 4 Aufwendungsersatz
(Hinweis: Der Makler kann auf Aufwendungsersatz verzichten. Dann entfällt dieser Paragraf.)

Alternative I

Für den Fall, dass es dem Makler während der Vertragslaufzeit trotz seiner Bemühungen nicht gelingen sollte, die Gelegenheit zum Abschluss eines Kaufvertrags nachzuweisen bzw. zu vermitteln, ist der Auftraggeber dem Makler zum Ersatz der von ihm getätigten Aufwendungen verpflichtet. Der Makler hat seine Aufwendungen nachzuweisen.

Alternative II

Im Fall des Nachweises der Gelegenheit zum Abschluss des Kaufvertrags oder der Vermittlung einer Vertragsabschlussgelegenheit ist der Auftraggeber unabhängig von seiner Pflicht zur Provisionszahlung dem Makler zum Ersatz der von ihm getätigten Aufwendungen verpflichtet. Der Makler hat seine Aufwendungen nachzuweisen.

§ 5 Rechte und Pflichten des Maklers
Der Makler wird den Auftrag mit der Sorgfalt eines ordentlichen Kaufmanns ausführen.

Dem Makler ist gestattet, sich auf seine Kosten der Mithilfe von Untermaklern bzw. Vertriebspartnern zu bedienen. Zusätzliche Kosten dürfen für den Auftraggeber insoweit jedoch nicht entstehen.

Auf wirtschaftliche Risiken, von denen der Makler im Zusammenhang mit seiner Tätigkeit Kenntnis erlangt, hat er den Auftraggeber hinzuweisen. Zu eigenen Nachforschungen ist der Makler allerdings nicht verpflichtet.

Nach Beendigung des Vertragsverhältnisses ist der Makler verpflichtet, sämtliche ihm überlassene Originalunterlagen herauszugeben. Wird ein Kaufvertrag geschlossen, ist der Makler verpflichtet, die Unterlagen unverzüglich nach Erhalt seiner Vergütung herauszugeben.

Dem Makler bleibt es unbenommen, auch für den Käufer entgeltlich als Nachweismakler tätig zu werden. Eine Vermittlungstätigkeit für den Käufer bedarf der Zustimmung des Auftraggebers, soweit der Makler auch für ihn vermittelnd tätig wird.

§ 6 Rechte und Pflichten des Auftraggebers
Der Auftraggeber bleibt in seiner Entscheidung über den Vertragsabschluss mit einem von dem Makler vermittelten Kaufinteressenten frei.

Der Auftraggeber übergibt dem Makler sämtliche Unterlagen, die das zu verkaufende Objekt betreffen und für einen Kaufvertragsabschluss von Bedeutung sein können. Der Auftraggeber bevollmächtigt den Makler zur Einsicht in das Grundbuch und die Grundakte sowie alle sonstigen behördlichen Akten, in denen das in § 1 bezeichnete Objekt dokumentiert ist. Sollte das Objekt vermietet sein, verpflichtet sich der Auftraggeber, dem Makler eine Kopie des Mietvertrags zu übergeben.

Der Auftraggeber unterstützt den Makler in seiner Tätigkeit und setzt ihn von tatsächlichen oder rechtlichen Änderungen das Objekt betreffend, die für den Kaufvertragsabschluss bedeutsam sein können, in Kenntnis. Er hat dem Makler insbesondere unverzüglich mitzuteilen, wenn er seine Verkaufsabsicht aufgeben sollte.

Weist der Makler dem Auftraggeber einen Interessenten nach, der dem Auftraggeber bereits bekannt ist, hat er den Makler hierüber unverzüglich schriftlich zu informieren.

Nach Abschluss des notariellen Kaufvertrags hat der Auftraggeber den Makler unverzüglich entsprechend zu informieren. Auf Verlangen des Maklers ist diesem eine Abschrift bzw. Kopie des Vertrags auszuhändigen. Diese Verpflichtung besteht unabhängig davon, ob der Käufer vom Makler nachgewiesen bzw. der Kaufvertrag durch Vermittlung des Maklers zustande gekommen ist.

§ 7 Vertragsdauer
Der Maklervertrag wird auf unbestimmte Dauer geschlossen. Er ist seitens des Auftraggebers und Maklers jederzeit kündbar.

Alternative I

Der Maklervertrag wird für die Dauer von sechs Monaten, beginnend am ...., geschlossen und endet nach Ablauf dieses Zeitraums automatisch, ohne dass es einer Kündigungserklärung bedarf.

Alternative II

Der Maklervertrag wird für die Dauer von sechs Monaten, beginnend am ...., geschlossen. Wird er nicht mit ..... Wochen Frist zum Monatsende gekündigt, so verlängert er sich nach Ablauf der vertraglich vereinbarten Laufzeit um jeweils drei weitere Monate mit einmonatiger Kündigungsfrist, ohne dass es einer besonderen Vereinbarung bedarf. Wird eine Gesamtlaufzeit von einem Jahr überschritten, bedarf eine weitere Verlängerung der Laufzeit einer Bestätigung beider Vertragsparteien in Textform.

Das Recht zur außerordentlichen Kündigung bleibt hiervon unberührt.

Die Kündigung muss schriftlich erklärt werden.

Alternative für den Fall eines Verbrauchers als Maklerkunde

Die Kündigung hat in Textform zu erfolgen.

§ 8 Widerrufsbelehrung
Für den Fall, dass es sich bei dem Auftraggeber um einen Verbraucher gemäß § 13 BGB handelt und dieser Vertrag entweder außerhalb der Betriebsstätte des Maklers oder im Wege des Fernabsatzes über Fernkommunikationsmittel geschlossen wird, gilt die in Anlage I zu diesem Vertrag enthaltene Widerrufsbelehrung, die zwingender Bestandteil dieses Vertrags ist.

§ 9 Datenschutz
Der Auftraggeber willigt in die Erhebung, Verarbeitung und Nutzung seiner Daten im erforderlichen Umfang zur Durchführung dieses Auftrags ein und ist damit einverstanden, dass diese – so erforderlich – an etwaige Interessenten übermittelt werden.

§ 10 Erfüllungsort/Gerichtsstand
Sollte es sich bei dem Auftraggeber um einen Kaufmann handeln, vereinbaren die Vertragsparteien als Erfüllungsort für die beiderseitigen Verpflichtungen aus diesem Vertrag sowie als Gerichtsstand ....

§ 11 Streitbeilegung nach Verbraucherstreitbeilegungsgesetz
Der Makler ist nicht verpflichtet und nicht bereit, im Fall einer sich aus einem Vertragsverhältnis zwischen dem Makler und einem Verbraucher als Auftraggeber ergebenden oder sich darauf beziehenden Streitigkeit vor Klageerhebung ein Streitbeilegungsverfahren vor einer Verbraucherschlichtungsstelle nach den Bestimmungen des Verbraucherstreitbeilegungsgesetzes (VSBG) durchzuführen.

§ 12 Streitbeilegung nach EU-Recht
Die Europäische Kommission stellt eine Plattform für die außergerichtliche Online-Streitbeilegung (OS-Plattform) bereit, die unter www.ec.europa.eu/consumers/ odraufrufbar ist. Unsere E-Mail-Adresse lautet wie folgt: info@XXX-Immobilien.de. Der Makler ist weder verpflichtet noch bereit, an dem Streitschlichtungsverfahren teilzunehmen.

...................., den ....
[Ort, Datum]

....
[Unterschrift des Maklers]

....
[Unterschrift des Auftraggebers]

DIGITALE EXTRAS

Muster: Maklervertrag mit Käufer

Zwischen

Herrn/Frau/Firma
....
– im Folgenden Auftraggeber genannt –

und

Herrn/Frau/Firma
....
– im Folgenden Makler genannt –

wird der folgende Maklervertrag geschlossen.

§ 1 Vertragsgegenstand
Der Auftraggeber sucht .... (Grundstück/Haus/Wohnung/Gewerbefläche) in .... Die einzelnen Objektmerkmale bzw. -anforderungen ergeben sich aus dem entsprechend § 10 MaBV gefertigten und beigefügten Erfassungsbogen, der wesentlicher Bestandteil dieses Vertrags ist.

Alternative

Das Objekt soll folgende Eigenschaften und Besonderheiten aufweisen:

....

§ 2 Maklerauftrag

Der Makler wird mit dem Nachweis bzw. der Vermittlung eines Kaufvertragsabschlusses entsprechend § 1 dieses Vertrags beauftragt.

Alternative I

Der Makler wird ausschließlich mit dem Nachweis eines Kaufvertragsabschlusses entsprechend § 1 dieses Vertrags beauftragt.

Alternative II

Der Makler wird ausschließlich mit der Vermittlung eines Kaufvertragsabschlusses entsprechend § 1 dieses Vertrags beauftragt.

Der Auftraggeber ist berechtigt, während der Laufzeit dieses Vertrags weitere Makler mit dem Nachweis bzw. der Vermittlung einer Erwerbsgelegenheit des in § 1 näher beschriebenen Objekts zu beauftragen. Der Auftraggeber ist des Weiteren berechtigt, einen Erwerb durch eigene Bemühungen herbeizuführen.

§ 3 Provision

Für den Nachweis bzw. die Gelegenheit zum Abschluss eines Kaufvertrags erhält der Makler eine Vergütung in Höhe von ..... % des Kaufpreises zuzüglich gesetzlicher Umsatzsteuer in jeweils maßgeblicher Höhe, derzeit von 19 %. Maßgeblich für die Berechnung der Vergütung ist der ausgehandelte und in dem Hauptvertrag beurkundete Kaufpreis. So auf den Kaufpreis Umsatzsteuer zu zahlen ist, berechnet sich der Provisionsanspruch aus dem Bruttokaufpreis einschließlich der Umsatzsteuer.

Der Provisionsanspruch des Maklers ist fällig mit Abschluss des wirksamen Kaufvertrags mit dem von dem Makler nachgewiesenen oder vermittelten Vertragspartner. Dies gilt auch dann, wenn der Abschluss des Kaufvertrags erst nach Beendigung des Maklervertrags, aber aufgrund der Tätigkeit des Maklers zustande kommt.

Als provisionsbegründender Hauptvertrag gilt auch der Kauf eines ideellen oder realen Anteils am Grundstück oder die Einräumung von Erbbaurechten und Ähnlichem sowie die Einräumung von Gesellschaftsrechten, wenn dies dem im § 1 und in dem Erfassungsbogen genannten Zweck wirtschaftlich entspricht. Als provisionsbegründender Hauptvertrag gilt auch der Vertragsabschluss durch eine natürliche oder juristische Person, die zum Käufer in enger und dauerhafter rechtlicher oder persönlichen Verbindung steht.

Hinweis: Ist der Makler auch für den Verkäufer tätig, handelt es sich beim Käufer um einen Verbraucher, und hat der Maklerauftrag den Nachweis der Gelegenheit über den Abschluss eines Kaufvertrags über ein Einfamilienhaus oder eine Wohnung zum Gegenstand, kann vom Käufer keine höhere Provision als vom Verkäufer verlangt werden. Es gilt hier der strenge Halbteilungsgrundsatz des § 656c BGB.

§ 4 Aufwendungsersatz
Hinweis: Der Makler kann auf Aufwendungsersatz verzichten. Dann entfällt dieser Paragraf.

Alternative I

Für den Fall, dass es dem Makler während der Vertragslaufzeit trotz seiner Bemühungen nicht gelingen sollte, die Gelegenheit zum Abschluss eines Kaufvertrags nachzuweisen bzw. zu vermitteln, ist der Auftraggeber dem Makler zum Ersatz der von ihm getätigten Aufwendungen verpflichtet. Der Makler hat seine Aufwendungen nachzuweisen.

Alternative II

Im Fall des Nachweises der Gelegenheit zum Abschluss des Kaufvertrags oder der Vermittlung einer Vertragsabschlussgelegenheit ist der Auftraggeber unabhängig von seiner Pflicht zur Provisionszahlung dem Makler zum Ersatz der von ihm getätigten Aufwendungen verpflichtet. Der Makler hat seine Aufwendungen nachzuweisen.

§ 5 Rechte und Pflichten des Maklers
Der Makler wird den Auftrag mit der Sorgfalt eines ordentlichen Kauf-manns ausführen.

Dem Makler ist gestattet, sich auf seine Kosten der Mithilfe von Untermaklern bzw. Vertriebspartnern zu bedienen.

Auf wirtschaftliche Risiken, von denen der Makler im Zusammenhang mit seiner Tätigkeit Kenntnis erlangt, hat er den Auftraggeber hinzuweisen. Zu eigenen Nachforschungen ist der Makler allerdings nicht verpflichtet.

Dem Makler bleibt es unbenommen, auch für den Verkäufer als Nachweismakler tätig zu werden. Eine Vermittlungstätigkeit für den Verkäufer bedarf der Zustimmung des Auftraggebers, soweit der Makler auch für ihn vermittelnd tätig wird. (Siehe im Übrigen Hinweis zu § 3 oben.)

§ 6 Rechte und Pflichten des Auftraggebers
Der Auftraggeber bleibt in seiner Entscheidung über den Vertragsabschluss mit einem von dem Makler nachgewiesenen oder vermittelten Verkaufsinteressenten frei. Er ist berechtigt, weitere Makler zu beauftragen und einen Kaufvertrag ohne Einschaltung des Maklers abzuschließen.

Der Auftraggeber hat dem Makler unverzüglich mitzuteilen, wenn er seine Erwerbsabsicht ändern oder aufgeben sollte.

Weist der Makler dem Auftraggeber eine Erwerbsmöglichkeit nach, die dem Auftraggeber bereits bekannt ist, hat der Auftraggeber den Makler hiervon unverzüglich schriftlich zu informieren.

Nach Abschluss des notariellen Kaufvertrags hat der Auftraggeber den Makler unverzüglich entsprechend zu informieren. Auf Verlangen des Maklers ist diesem eine Abschrift bzw. eine Kopie des Vertrags auszuhändigen. Diese Verpflichtung besteht unabhängig davon, ob der Verkäufer vom Makler nachgewiesen wurde oder der Kaufvertrag durch Vermittlung des Maklers zustande gekommen ist.

Der Auftraggeber ist verpflichtet, alle im Rahmen dieses Maklervertrags erhaltenen Informationen vertraulich zu behandeln und nicht an Dritte weiterzugeben. Verstößt der Käufer gegen diese Verpflichtung und schließt daraufhin der von ihm informierte Dritte einen Vertrag über das vom Makler nachgewiesene Objekt, ist der Auftraggeber zur Zahlung der Provision verpflichtet, so als ob er den Hauptvertrag selbst abgeschlossen hätte.

§ 7 Vertragsdauer
Der Maklervertrag wird auf unbestimmte Dauer geschlossen. Er ist seitens des Auftraggebers und Maklers jederzeit kündbar.

Alternative I

Der Maklervertrag wird für die Dauer von ..... Monaten, beginnend am ...., geschlossen und endet nach Ablauf dieses Zeitraums automatisch, ohne dass es einer Kündigungserklärung bedarf.

Alternative II

Der Maklervertrag wird für die Dauer von ..... Monaten, beginnend am ...., geschlossen. Wird er nicht mit ..... Wochen Frist zum Monatsende gekündigt, so verlängert er sich nach Ablauf der vertraglich vereinbarten Laufzeit um jeweils drei weitere Monate mit einmonatiger Kündigungsfrist, ohne dass es einer besonderen Vereinbarung bedarf. Wird eine Gesamtlaufzeit von einem Jahr überschritten, bedarf die Verlängerung der Laufzeit einer Bestätigung beider Vertragsparteien in Textform.

Das Recht zur außerordentlichen Kündigung bleibt hiervon unberührt.

Die Kündigung muss schriftlich erklärt werden.

Alternative für den Fall eines Verbrauchers als Maklerkunde

Die Kündigung hat in Textform zu erfolgen.

§ 8 Widerrufsbelehrung
Für den Fall, dass es sich bei dem Auftraggeber um einen Verbraucher gemäß § 13 BGB handelt und dieser Vertrag entweder außerhalb der Betriebsstätte des Maklers oder im Wege des Fernabsatzes über Fernkommunikationsmittel geschlossen wird, gilt die in Anlage I zu diesem Vertrag enthaltene Widerrufsbelehrung, die zwingender Bestandteil dieses Vertrags ist.

§ 9 Datenschutz
Der Auftraggeber willigt in die Erhebung, Verarbeitung und Nutzung seiner Daten im erforderlichen Umfang zur Durchführung dieses Auftrags ein und ist damit einverstanden, dass diese – so erforderlich – an etwaige Interessenten übermittelt werden.

§ 10 Erfüllungsort/Gerichtsstand
Sollte es sich bei dem Auftraggeber um einen Kaufmann handeln, vereinbaren die Vertragsparteien als Erfüllungsort für die beiderseitigen Verpflichtungen aus diesem Vertrag sowie als Gerichtsstand ....

§ 11 Streitbeilegung nach Verbraucherstreitbeilegungsgesetz
Der Makler ist nicht verpflichtet und nicht bereit, im Fall einer sich aus einem Vertragsverhältnis zwischen dem Makler und einem Verbraucher als Auftraggeber ergebenden oder sich darauf beziehenden Streitigkeit vor Klageerhebung ein Streitbeilegungsverfahren vor einer Verbraucherschlichtungsstelle nach den Bestimmungen des Verbraucherstreitbeilegungsgesetzes (VSBG) durchzuführen.

§ 12 Streitbeilegung nach EU-Recht
Die Europäische Kommission stellt eine Plattform für die außergerichtliche Online-Streitbeilegung (OS-Plattform) bereit, die unter www.ec.europa.eu/consumers/ odraufrufbar ist. Unsere E-Mail-Adresse lautet wie folgt: info@XXX-Immobilien.de. Der Makler ist weder verpflichtet noch bereit, an dem Streitschlichtungsverfahren teilzunehmen.

…………………, den …………………
[Ort, Datum]

…………………………………………………………………………
[Unterschrift des Maklers]

…………………………………………………………………………
[Unterschrift des Auftraggebers]

DIGITALE EXTRAS

Muster: (Qualifizierter) Alleinauftrag

Zwischen

Herrn/Frau/Firma
…………………………………………………………………………
– im Folgenden Auftraggeber genannt –

und

Herrn/Frau/Firma
…………………………………………………………………………
– im Folgenden Makler genannt –

wird der folgende Maklervertrag geschlossen.

§ 1 Vertragsgegenstand
Der Auftraggeber ist Eigentümer des/der (Grundstücks/Hauses/Wohnung/Gewerbefläche) in …………………, …………………

Das Objekt soll zum ………………… verkauft werden.

Die Wohnfläche des Objekts beträgt ….. m², die Nutzfläche beträgt ….. m².

Die Eigenschaften und Besonderheiten des Objekts ergeben sich aus dem Erfassungsbogen, der Bestandteil dieses Vertrags ist.

Alternative

Das Objekt hat folgende Eigenschaften und Besonderheiten:

…………………………………………………………………………

§ 2 Maklerauftrag
Der Makler wird mit dem Nachweis bzw. der Vermittlung eines Kaufvertragsabschlusses entsprechend § 1 dieses Vertrags beauftragt.

Alternative I

Der Makler wird ausschließlich mit dem Nachweis eines Kaufvertragsabschlusses entsprechend § 1 dieses Vertrags beauftragt.

Alternative II

Der Makler wird ausschließlich mit der Vermittlung eines Kaufvertragsabschlusses entsprechend § 1 dieses Vertrags beauftragt.

Der Makler ist allein beauftragt. Der Auftraggeber ist also nicht berechtigt, während der Laufzeit dieses Vertrags weitere Makler mit dem Nachweis bzw. der Vermittlung des in § 1 näher beschriebenen Objekts zu beauftragen.

Ergänzung

Der Auftraggeber ist des Weiteren nicht berechtigt, den Verkauf durch eigene Bemühungen herbeizuführen.

(Wichtig: Vorstehende Regelung, die den einfachen Alleinauftrag zum qualifizierten Alleinauftrag macht, kann wirksam nur durch Individualvereinbarung getroffen werden, siehe unten § 6).

§ 3 Provision
Für den Nachweis bzw. die Gelegenheit zum Abschluss eines Kaufvertrags erhält der Makler eine Vergütung in Höhe von ..... % des Kaufpreises zuzüglich gesetzlicher Umsatzsteuer in jeweils maßgeblicher Höhe, derzeit 19 %. Maßgeblich für die Berechnung der Vergütung ist der ausgehandelte und in dem Hauptvertrag beurkundete Kaufpreis. Ist auf den Kaufpreis Umsatzsteuer zu zahlen, berechnet

sich der Provisionsanspruch aus dem Bruttokaufpreis einschließlich der Umsatzsteuer.

Die Vergütung wird mit Abschluss des wirksamen Hauptvertrags fällig.

Alternative

Die Vergütung wird ..... Tage nach dem Abschluss des wirksamen Hauptvertrags fällig.

§ 4 Aufwendungsersatz
(Hinweis: Der Makler kann auf Aufwendungsersatz verzichten. Dann entfällt dieser Paragraf.)

Alternative I

Für den Fall, dass es dem Makler während der Vertragslaufzeit trotz seiner Bemühungen nicht gelingen sollte, die Gelegenheit zum Abschluss eines Kaufvertrags nachzuweisen bzw. zu vermitteln, ist der Auftraggeber dem Makler zum Ersatz der von ihm getätigten Aufwendungen verpflichtet. Der Makler hat seine Aufwendungen nachzuweisen.

Alternative II

Im Fall des Nachweises der Gelegenheit zum Abschluss des Kaufvertrags oder der Vermittlung einer Vertragsabschlussgelegenheit ist der Auftraggeber unabhängig von seiner Pflicht zur Provisionszahlung dem Makler zum Ersatz der von ihm getätigten Aufwendungen verpflichtet. Der Makler hat seine Aufwendungen nachzuweisen.

§ 5 Rechte und Pflichten des Maklers
Der Makler verpflichtet sich, für den Auftraggeber tätig zu werden. Er wird den Auftrag mit der Sorgfalt eines ordentlichen Kaufmanns ausführen und intensiv und nachhaltig unter Entgegennahme und Weiterleitung aller Möglichkeiten zum Vertragsabschluss für den Auftraggeber tätig werden.

Dem Makler ist gestattet, sich auf seine Kosten der Mithilfe von Untermaklern bzw. Vertriebspartnern zu bedienen. Zusätzliche Kosten dürfen dem Auftraggeber insoweit nicht entstehen.

Auf wirtschaftliche Risiken, von denen der Makler im Zusammenhang mit seiner Tätigkeit Kenntnis erlangt, hat er den Auftraggeber hinzuweisen. Zu eigenen Nachforschungen ist der Makler allerdings nicht verpflichtet.

Nach Beendigung des Vertragsverhältnisses ist der Makler verpflichtet, sämtliche ihm überlassene Originalunterlagen herauszugeben. Wird ein Kaufvertrag geschlossen, ist der Makler verpflichtet, die Unterlagen unverzüglich nach Erhalt seiner Vergütung herauszugeben.

Dem Makler bleibt es unbenommen, auch für den Käufer als Nachweismakler entgeltlich tätig zu werden.

§ 6 Rechte und Pflichten des Auftraggebers
Der Auftraggeber verpflichtet sich, keinen weiteren Makler mit dem Nachweis oder der Vermittlung des oben beschriebenen Objekts zu beauftragen. Erhält der Auftraggeber Kenntnis von der Maklertätigkeit Dritter bezüglich des Vertragsobjekts, hat er diese zu untersagen.

Ergänzung

Der Auftraggeber verpflichtet sich, sämtliche direkt an ihn herantretenden Interessenten an den Makler weiterzuleiten bzw. den Makler zu Verhandlungen hinzuzuziehen. Der Auftraggeber verzichtet auf sein Recht, allein in direkte Verkaufsverhandlungen einzutreten oder einen Kaufvertrag ohne Mitwirkung des Maklers abzuschließen. Handelt der Auftraggeber dieser Verpflichtung zuwider und kommt es dadurch zum Abschluss eines Hauptvertrags, so ist er dem Makler zum Ersatz des dadurch entstandenen Schadens, insbesondere zur Zahlung der vereinbarten Vergütung verpflichtet.

(Wichtig: Vorstehende Regelung, die den einfachen Alleinauftrag zum qualifizierten Alleinauftrag macht, kann wirksam nur durch Individualvereinbarung getroffen werden.)

Der Auftraggeber bleibt in seiner Entscheidung über den Vertragsabschluss mit einem von dem Makler vermittelten Kaufinteressenten frei.

Der Auftraggeber übergibt dem Makler sämtliche Unterlagen, die das zu verkaufende Objekt betreffen und für einen Kaufvertragsabschluss von Bedeutung sein können. Der Auftraggeber unterstützt den Makler in seiner Tätigkeit und setzt ihn von tatsächlichen oder rechtlichen Änderungen das Objekt betreffend, die für den Kaufvertragsabschluss bedeutsam sein können, in Kenntnis. Er hat dem Makler insbesondere unverzüglich mitzuteilen, wenn er seine Verkaufsabsicht aufgeben oder ändern sollte.

Weist der Makler dem Auftraggeber einen Interessenten nach, der dem Auftraggeber bereits bekannt ist, hat er hiervon den Makler unverzüglich schriftlich zu informieren.

§ 7 Vertragsdauer
Der Maklervertrag wird für die Dauer von ..... Monaten, beginnend am ...., geschlossen und endet nach Ablauf dieses Zeitraums automatisch, ohne dass es einer Kündigungserklärung bedarf.

Alternative

Der Maklervertrag wird für die Dauer von ..... Monaten, beginnend am ...., geschlossen. Wird er nicht mit ..... Wochen Frist zum Monatsende gekündigt, so verlängert er sich nach Ablauf der vertraglich vereinbarten Laufzeit um jeweils drei weitere Monate, ohne dass es einer besonderen Vereinbarung bedarf. Wird eine Gesamtlaufzeit von einem Jahr überschritten, bedarf eine weitere Verlängerung der Laufzeit einer schriftlichen Bestätigung beider Vertragsparteien.

Das Recht zur außerordentlichen Kündigung bleibt hiervon unberührt.

Die Kündigung muss schriftlich erklärt werden.

§ 8 Widerrufsbelehrung
Für den Fall, dass es sich bei dem Auftraggeber um einen Verbraucher gemäß § 13 BGB handelt und dieser Vertrag entweder außerhalb der Betriebsstätte des Maklers oder im Wege des Fernabsatzes über Fernkommunikationsmittel geschlossen wird, gilt die in Anlage I zu diesem Vertrag enthaltene Widerrufsbelehrung, die zwingender Bestandteil dieses Vertrags ist.

§ 9 Datenschutz
Der Auftraggeber willigt in die Erhebung, Verarbeitung und Nutzung seiner Daten im erforderlichen Umfang zur Durchführung dieses Auftrags ein und ist damit einverstanden, dass diese – so erforderlich – an etwaige Interessenten übermittelt werden.

§ 10 Erfüllungsort/Gerichtsstand
Sollte es sich bei dem Auftraggeber um einen Kaufmann handeln, vereinbaren die Vertragsparteien als Erfüllungsort für die beiderseitigen Verpflichtungen aus diesem Vertrag sowie als Gerichtsstand ________.

§ 11 Streitbeilegung nach Verbraucherstreitbeilegungsgesetz
Der Makler ist nicht verpflichtet und nicht bereit, im Fall einer sich aus einem Vertragsverhältnis zwischen dem Makler und einem Verbraucher als Auftraggeber ergebenden oder sich darauf beziehenden Streitigkeit vor Klageerhebung ein Streitbeilegungsverfahren vor einer Verbraucherschlichtungsstelle nach den Bestimmungen des Verbraucherstreitbeilegungsgesetzes (VSBG) durchzuführen.

§ 12 Streitbeilegung nach EU-Recht
Die Europäische Kommission stellt eine Plattform für die außergerichtliche Online-Streitbeilegung (OS-Plattform) bereit, die unter www.ec.europa.eu/consumers/ odraufrufbar ist. Unsere E-Mail-Adresse lautet wie folgt: info@XXX-Immobilien.de. Der Makler ist weder verpflichtet noch bereit, an dem Streitschlichtungsverfahren teilzunehmen.

.................., den ....
[Ort, Datum]

....
[Unterschrift des Maklers]

....
[Unterschrift des Auftraggebers]

Muster: Maklervertrag mit Vermieter (Alleinauftrag)

DIGITALE EXTRAS

Maklervertrag
zwischen

Herrn/Frau/Firma
....
– im Folgenden Makler genannt –

und

Herrn/Frau/Firma
....
– im Folgenden Auftraggeber genannt –

§ 1 Vertragsgegenstand
Der Auftraggeber beauftragt den Makler im Rahmen eines Alleinauftrags mit dem Nachweis der Gelegenheit zum Abschluss eines Mietvertrags bzw. der Vermittlung eines Mietvertrags über den nachfolgend beschriebenen Wohnraum:

Lage: ....
Größe: .... Zimmer mit Küche/Bad/WC,
Gesamtwohnfläche: .... m^2

[ ] Keller
[ ] Garage
[ ] Stellplatz
Miete: .... EUR netto zuzüglich .... EUR Nebenkosten
Mietdauer: ..... Jahre

Alternative

Miete: .... EUR Inklusivmiete

§ 2 Maklerpflichten
Der Makler verpflichtet sich, diesen Alleinauftrag unverzüglich, sorgfältig, nachhaltig und unter Ausnutzung aller sich bietenden Abschlusschancen auszuführen. Der Makler ist mit dem Nachweis von Mietinteressenten und mit der Vermittlung eines Mietvertragsabschlusses beauftragt.

§ 3 Pflichten des Auftraggebers
(1) Der Auftraggeber verpflichtet sich, für die Dauer dieses Vertrags keinen anderen Makler zur Erreichung der Ziele dieses Vertrags zu beauftragen. Weiter verpflichtet sich der Auftraggeber, anderen tätigen Maklern eine Fortsetzung ihrer Bemühungen zu untersagen. Die Möglichkeit des Abschlusses von provisionsfreien Eigengeschäften durch den Auftraggeber bleibt von vorstehender Regelung unberührt.

(2) Verletzt der Auftraggeber seine Pflichten aus diesem Alleinauftrag oder behindert oder vereitelt der Auftraggeber infolge seines Verhaltens die dem Makler obliegenden Verpflichtungen, sodass es nicht zum Abschluss eines Mietvertrags kommt, hat der Auftraggeber dem Makler dessen nachweisliche Aufwendungen, insbesondere die Kosten der Inserate, Exposés, sonstigen Prospekte sowie dessen Fahrt- und Telefonkosten zu ersetzen. Das Recht des Auftraggebers, niedrigere tatsächliche Aufwendungen des Maklers nachzuweisen, bleibt unberührt.

§ 4 Vertragslaufzeit
(1) Der Maklerauftrag beginnt am .... und endet zum .... Er verlängert sich jeweils um drei weitere Monate, wenn er nicht von einer Vertragspartei unter Einhaltung einer Kündigungsfrist von einem Monat gekündigt wird. Nach Ablauf eines Jahres seit Vertragsabschluss endet der Auftrag auch ohne Kündigung, wenn er nicht durch ausdrückliche Vereinbarung zwischen den Parteien verlängert wird.

(2) Der Makler ist zur fristlosen Kündigung dieses Vertrags berechtigt, wenn der Auftraggeber seine Pflichten aus diesem Alleinauftrag verletzt oder infolge seines Verhaltens die dem Makler obliegenden Verpflichtungen behindert oder vereitelt.

§ 5 Maklerprovision
Der Auftraggeber verpflichtet sich für den Fall des Abschlusses eines Mietvertrags mit einem vom Makler vermittelten oder nachgewiesenen Mieter zur Zahlung einer Provision an den Makler in Höhe von ..... Monatsmieten/von .... EUR zuzüglich gesetzlicher Umsatzsteuer. Die nachträgliche Minderung der Miete berührt den Provisionsanspruch des Maklers nicht.

Ergänzung

Kommt während der Vertragslaufzeit ein Mietvertrag nicht zustande, verpflichtet sich der Auftraggeber, dem Makler dessen nachweisliche Aufwendungen, insbesondere die Kosten der Inserate, Exposés, sonstigen Prospekte sowie dessen Fahrt- und Telefonkosten zu ersetzen.

§ 6 Datenschutz
Der Auftraggeber willigt in die Erhebung, Verarbeitung und Nutzung seiner Daten im erforderlichen Umfang zur Durchführung dieses Auftrags ein und ist damit einverstanden, dass diese – so erforderlich – an etwaige Interessenten übermittelt werden.

§ 7 Widerrufsbelehrung
Für den Fall, dass es sich bei dem Auftraggeber um einen Verbraucher gemäß § 13 BGB handelt und dieser Vertrag entweder außerhalb der Betriebsstätte des Maklers oder im Wege des Fernabsatzes über Fernkommunikationsmittel geschlossen wird, gilt die in Anlage 1 zu diesem Vertrag enthaltene Widerrufsbelehrung, die zwingender Bestandteil dieses Vertrags ist.

§ 8 Erfüllungsort/Gerichtsstand
Sollte es sich bei dem Auftraggeber um einen Kaufmann handeln, vereinbaren die Vertragsparteien als Erfüllungsort für die beiderseitigen Verpflichtungen aus diesem Vertrag sowie als Gerichtsstand ....

§ 9 Streitbeilegung nach Verbraucherstreitbeilegungsgesetz
Der Makler ist nicht verpflichtet und nicht bereit, im Fall einer sich aus einem Vertragsverhältnis zwischen dem Makler und einem Verbraucher als Auftraggeber ergebenden oder sich darauf beziehenden Streitigkeit vor Klageerhebung ein Streitbeilegungsverfahren vor einer Verbraucherschlichtungsstelle nach den Bestimmungen des Verbraucherstreitbeilegungsgesetzes (VSBG) durchzuführen.

§ 10 Streitbeilegung nach EU-Recht
Die Europäische Kommission stellt eine Plattform für die außergerichtliche Online-Streitbeilegung (OS-Plattform) bereit, die unter www.ec.europa.eu/consumers/ odraufrufbar ist. Unsere E-Mail-Adresse lautet wie folgt:

info@XXX-Immobilien.de. Der Makler ist weder verpflichtet noch bereit, an dem Streitschlichtungsverfahren teilzunehmen.

...................., den ....
[Ort, Datum]

....
[Unterschrift des Auftraggebers]

...................., den ....
[Ort, Datum]

....
[Unterschrift des Maklers]

DIGITALE EXTRAS

Muster: Maklervertrag mit Mietinteressent

Vertrag mit Mietinteressent
zwischen

Herrn/Frau/Firma
....
– im Folgenden Auftraggeber genannt –

und

Herrn/Frau/Firma
....
– im Folgenden Makler genannt –

§ 1 Vertragsgegenstand
Der Auftraggeber sucht für den Auftraggeber in .... ein/eine .... [Einfamilienhaus, Doppelhaushälfte, Reihenhaus, Eigentumswohnung, Wohnung] zur Miete.

Die nutzbare Wohnfläche soll etwa ..... m² betragen.

Der Auftraggeber hat bezüglich des Mietobjekts folgende Wünsche:
....
....
....

Die monatliche Miete sollte .... EUR einschließlich/ohne Nebenkosten nicht übersteigen.

§ 2 Tätigkeit des Maklers
Der Makler ist mit dem Nachweis einer Gelegenheit zum Abschluss eines Mietvertrags über ein in § 1 näher bezeichnetes Objekt oder mit der Vermittlung eines entsprechenden Mietvertrags beauftragt.

Alternative I

Der Makler ist ausschließlich mit dem Nachweis einer Gelegenheit zum Abschluss eines Mietvertrags über ein in § 1 näher bezeichnetes Objekt beauftragt.

Alternative II

Der Makler ist ausschließlich mit der Vermittlung eines Mietvertrags über ein in § 1 näher bezeichnetes Objekt beauftragt.

§ 3 Maklerprovision
Im Fall der erfolgreichen Vermittlung erhält der Makler eine Provision in Höhe von zwei Monatsmieten zuzüglich der gesetzlichen Umsatzsteuer. Die Provisionshöhe beträgt derzeit also 2,38 Monatsmieten. Maßgebend für die Berechnung der Provision ist die im Hauptvertrag vereinbarte Grundmiete ohne Nebenkostenvorauszahlungen.

Soweit die Parteien des Mietvertrags ausschließlich eine Bruttomiete vereinbart haben, in der Nebenkosten zwar enthalten, aber nicht mehr gesondert aufgeführt sind, ist der Betrag der Bruttomiete maßgebend, wobei die nach der Heizkostenverordnung zwingend nach Verbrauch abzurechnenden Heiz- und Warmwasserkosten unberücksichtigt bleiben.

Die Provision beinhaltet alle Nebenkosten und Aufwendungen des Maklers für Schreibauslagen, Porti, Anzeigen etc.

Nachgewiesene Auslagen des Maklers sind von dem Auftraggeber zu ersetzen, soweit sie eine Monatsmiete übersteigen. Maßgeblich ist die tatsächlich vereinbarte Monatsmiete.

Kommt ein Mietvertrag nicht zustande, so kann der Makler den Ersatz seiner nachgewiesenen Auslagen oder Kosten von dem Auftraggeber verlangen.

Die Provision wird nach Abschluss des wirksamen Mietvertrags zur Zahlung fällig.

§ 4 Rechte und Pflichten des Maklers
Der Makler ist zum Tätigwerden nicht verpflichtet.

Alternative

[Weitere Vereinbarungen zu den Rechten und Pflichten des Maklers].
....
....
....

§ 5 Rechte und Pflichten des Auftraggebers
1. Der Auftraggeber darf jederzeit weitere Makler beauftragen und sich auch selbst ohne Einschränkungen um ein geeignetes Objekt bemühen.

2. Der Auftraggeber ist zur Zahlung der vereinbarten Maklerprovision nur verpflichtet, wenn infolge der Vermittlungstätigkeit des Maklers oder infolge seines Nachweises ein Mietvertrag zustande gekommen ist.

§ 6 Vertragsdauer
1. Der Maklervertrag wird auf unbestimmte Dauer geschlossen. Er ist seitens des Auftraggebers und des Maklers jederzeit kündbar.

2. Der Auftraggeber wird den Makler unverzüglich unterrichten, wenn er selbst eine entsprechende Wohnung gefunden hat oder an der Tätigkeit des Maklers kein Interesse mehr hat.

Alternative

[Individuelle Regelung bezüglich der Vertragsdauer].
....
....
....

§ 7 Datenschutz
Der Auftraggeber willigt in die Erhebung, Verarbeitung und Nutzung seiner Daten im erforderlichen Umfang zur Durchführung dieses Auftrags ein und ist damit einverstanden, dass diese – so erforderlich – an etwaige Interessenten übermittelt werden.

§ 8 Widerrufsbelehrung
Für den Fall, dass es sich bei dem Auftraggeber um einen Verbraucher gemäß § 13 BGB handelt und dieser Vertrag entweder außerhalb der Betriebsstätte des Mak-

lers oder im Wege des Fernabsatzes über Fernkommunikationsmittel geschlossen wird, gilt die in Anlage 1 zu diesem Vertrag enthaltene Widerrufsbelehrung, die zwingender Bestandteil dieses Vertrags ist.

§ 9 Streitbeilegung nach Verbraucherstreitbeilegungsgesetz
Der Makler ist nicht verpflichtet und nicht bereit, im Fall einer sich aus einem Vertragsverhältnis zwischen dem Makler und einem Verbraucher als Auftraggeber ergebenden oder sich darauf beziehenden Streitigkeit vor Klageerhebung ein Streitbeilegungsverfahren vor einer Verbraucherschlichtungsstelle nach den Bestimmungen des Verbraucherstreitbeilegungsgesetzes (VSBG) durchzuführen.

§ 10 Streitbeilegung nach EU-Recht
Die Europäische Kommission stellt eine Plattform für die außergerichtliche Online-Streitbeilegung (OS-Plattform) bereit, die unter www.ec.europa.eu/ consumers/ odraufrufbar ist. Unsere E-Mail-Adresse lautet wie folgt: info@ XXX-Immobilien.de. Der Makler ist weder verpflichtet noch bereit, an dem Streitschlichtungsverfahren teilzunehmen.

...................., den ....
[Ort, Datum]

....
[Unterschrift des Auftraggebers]

...................., den ....
[Ort, Datum]

....
[Unterschrift des Maklers]

7 Maklertätigkeit

Zweite Voraussetzung für den Provisionsanspruch des Maklers ist die Entfaltung einer typischen Maklertätigkeit. Das bedeutet, der Makler muss entweder die Gelegenheit zum Abschluss eines Hauptvertrags nachweisen oder den Hauptvertrag durch vermittelnde Tätigkeit herbeiführen. Zu beachten ist, dass wegen des im Schuldrecht geltenden Grundsatzes der Vertragsfreiheit die Verpflichtung zur Zahlung einer Provision auch unabhängig vom Vorliegen einer echten Maklerleistung begründet werden kann (BGH, Urteil vom 12.10.2006, III ZR 331/04, NJW-RR 2007, 55). Erforderlich ist dann ein selbstständiges Provisionsversprechen des Maklerkunden (siehe Kapitel 11.4).

Ist vertraglich vereinbart, dass der Provisionsanspruch entsteht, »sobald aufgrund unseres Nachweises bzw. unserer Vermittlung ein Hauptvertrag zustande gekommen ist«, ist eine solche kombinierte Vereinbarung sowohl als Nachweis- wie auch als Vermittlungsmaklervertrag auszulegen (AG Hamburg-Harburg, Urteil vom 28.4.2016, 646 C 197/15, ZMR 2016, 833).

Maklerkunden stellen sich andererseits im Hinblick auf das Erbringen reiner Nachweistätigkeit des Maklers gerne auf den Standpunkt, die Provision sei nur für den Fall einer Vermittlungstätigkeit vereinbart worden, nicht für den Nachweis durch den Makler. Hintergrund sind meist Regelungen im Maklervertrag, wonach der Makler nach erfolgreicher Tätigkeit eine »Vermittlungsprovision« in bestimmter Höhe beanspruchen kann. Weiteres Paradebeispiel ist das Wohnungsvermittlungsgesetz, in dem stets von »Vermittlung« die Rede ist. Aber auch bei der Wohnraumvermittlung entsteht der Provisionsanspruch des Maklers durch eine erfolgreiche Nachweistätigkeit.

Insoweit überzeugt eine derartige Argumentation die Gerichte in aller Regel nicht. Hat der Makler nur eine der beiden typischen Maklertätigkeiten entfaltet, also entweder einen Nachweis erbracht oder eine Vermittlung getätigt, an deren Ende der Abschluss des Hauptvertrags stand, ist seine Courtage in aller Regel verdient (OLG Saarbrücken, Urteil vom 17.9.2015, 4 U 131/14, NJW-RR 2016, 58; LG Berlin, Urteil vom 13.1.2016, 28 O 14/14, juris). Das gilt unabhängig davon, was im Maklervertrag vereinbart wurde (OLG Schleswig, Beschluss vom 12.6.2014, 16 U 134/13, juris; OLG Düsseldorf, Urteil vom 24.5.1996, 7 U 136/95, OLGR Düsseldorf 1996, 165). Nachweis und Vermittlung als Alternativen der Maklertätigkeit stehen grundsätzlich gleichrangig nebeneinander. Es ist im Übrigen nicht Aufgabe des Maklers darzulegen und zu beweisen, dass er »nur« einen Nachweis oder eine Vermittlung erbringen musste (OLG Köln, Urteil vom 6.9.1994, 24 U 30/93, AIZ A 105 Bl. 4).

! **Wichtig**

Ausnahmen gelten nur dann, wenn es dem Maklerkunden auf die Erbringung entweder des Nachweises oder der Vermittlung besonders ankommt und dies auch im Vertrag seinen Niederschlag gefunden hat. Im Einzelfall kann auch eine Tätigkeitskombination vereinbart werden, also dass der Makler entweder den Nachweis oder die Vermittlung schuldet, sodass die Frage, ob der Makler tatsächlich Vermittlungsleistungen erbracht hat, auf sich beruhen kann, wenn feststeht, dass er eine Nachweisleistung erbracht hat (OLG Hamm, Urteil vom 7.1.2021, 18 U 78/19, NZM 2021, 314).

7.1 Nachweis

Der Nachweis des Maklers muss seinen Kunden in die Lage versetzen, in konkrete Verhandlungen über den abzuschließenden Hauptvertrag mit der potenziellen Partei des Hauptvertrags einzutreten (BGH, Urteile v. 17.12.2015, I ZR 172/14, NJW 2016, 2317 und v. 16.12.2004, III ZR 119/04, BGHZ 161, 349; LG Berlin, Urteil vom 13.1.2016, 28 O 14/14. juris). Konkrete Vertragsverhandlungen kann der Maklerkunde letztlich nur mit seinem potenziellen künftigen Vertragspartner führen. Insoweit muss für eine vollständige Nachweisleistung nicht nur das konkret zur Vermietung bzw. Veräußerung stehende Objekt bekannt gegeben werden, sondern auch der Name des Vermieters bzw. Verkäufers sowie seine Kontaktdaten (OLG Düsseldorf, Urteil vom 19.5.2017, I-7 U 158/16, MDR 2017, 1355; BGH, Urteil vom 25.2.1999, III ZR 191/98, BGHZ 141, 40).

Nachweis bedeutet also nichts anderes, als dass der Makler dem Maklerkunden die Adressen des Objekts und des Verkäufers bzw. Vermieters zu nennen hat, damit er in Vertragsverhandlungen mit dem Verkäufer oder Vermieter treten kann (BGH, Urteil vom 17.12.2015, I ZR 172/14, NJW 2016, 2317; OLG Naumburg, Urteil vom 29.10.2010, 10 U 14/10, ZfIR 2011, 97). Der Makler hat also bereits mit diesen beiden Angaben die Voraussetzungen für seinen Provisionsanspruch erfüllt. Entsprechendes gilt im umgekehrten Fall: Für einen Nachweis genügt es, wenn der Makler Name und Anschrift des Kauf- bzw. Mietinteressenten bekannt gibt. Er schuldet grundsätzlich keine weiteren Tätigkeiten mehr, wenn auch in der Praxis selbstverständlich zumindest Besichtigungstermine durchgeführt werden und dem Maklerkunden in aller Regel zusätzliche Objektinformationen gegeben werden, insbesondere in Form eines Exposés.

Angesichts der fortschreitenden Digitalisierung genügt auch die Benennung einer E-Mail-Adresse des Eigentümers bzw. Interessenten als Nachweis (AG Schwabach, Urteil vom 21.10.2021, 5 C 295/21). Der BGH hatte bereits die Angabe einer Telefonnummer neben der namentlichen Benennung des potenziellen Hauptvertragspartners genügen lassen (BGH, Urteil vom 15.4.2010, III ZR 153/09, NZM 2010, 629).

7.1.1 Erforderliche Angaben

Lediglich in Ausnahmefällen müssen die Kontaktdaten des potenziellen Partners für den Hauptvertrag nicht genannt werden, nämlich dann, wenn der Maklerkunde vorerst kein Interesse an der Benennung seines potenziellen Vertragspartners hat. Dies kann der Fall sein, wenn der Kunde zunächst einmal prüfen möchte, ob ein Objekt für ihn überhaupt interessant ist (BGH, Urteil vom 6.7.2006, III ZR 379/04, NJW 2006, 3062). Der arglistige Maklerkunde wird ggf. sogar von sich aus auf die Benennung seines künftigen Vertragspartners verzichten, um das Objekt »am Makler vorbei« zu erwerben oder anzumieten. Ihm kommt es also nur darauf an zu erfahren, um welches Objekt es konkret geht, da er von Anfang an keine Maklerprovision – für diesen dann unvollständigen Maklernachweis – zahlen will und sich in der Lage sieht, den Verkäufer bzw. Vermieter auf eigene Faust zu ermitteln.

Achtung !

Der Makler behält seinen Provisionsanspruch auch dann, wenn sein Kunde nicht arglistig handelt. Macht etwa der erste Makler lediglich das Objekt bekannt und später ein zweiter Makler die Kontaktdaten des potenziellen Hauptvertragspartners, kann die Berufung auf die ursprünglich unvollständige Nachweisleistung dem Interessenten verwehrt sein (BGH, Urteil vom 6.7.2006, III ZR 379/04, NJW 2006, 3062). In derartigen Konstellationen kommt es stets auf die Maßgaben des Einzelfalls an.

Ausnahmsweise löst auch der unvollständige Nachweis den Provisionsanspruch des Maklers aus, wenn der Maklerkunde bereits auf Grundlage der Objektdaten keinerlei weitere Nachforschungen mehr leisten muss, um in konkrete Verhandlungen mit dem entsprechenden Veräußerer oder Vermieter treten zu können. Dies kann insbesondere dann der Fall sein, wenn dessen Anschrift mit der des Objekts, das Gegenstand des Maklervertrags ist, identisch ist (BGH, Urteil vom 6.7.2006, III ZR 379/04, NJW 2006, 3062) oder der potenzielle Vertragspartner dort ohne weitere Nachforschungen zu ermitteln ist (KG, Urteil vom 20.9.1999, 10 U 3177/98, NZM 2000, 152).

Bei dieser Sachlage, insbesondere bei angemessenem, das heißt kurzem, zeitlichen Abstand zwischen Maklerleistung und Abschluss des Hauptvertrags ist von einer tatsächlichen Vermutung für die Kausalität der erbrachten Maklerleistung im Sinne einer Beweislastumkehr auszugehen (OLG Zweibrücken, Urteil vom 1.12.2015, 8 U 2/14, MietRB 2016, 103). Diese Vermutung zugunsten des Maklers kann der Auftraggeber nur und erst dadurch ausräumen, dass er seinerseits beweist, ihm sei die Gelegenheit schon vor dem Nachweis durch den Makler anderweitig bekannt geworden (BGH, Urteil vom 25.2.1999, III ZR 191/98, NJW 1999, 1255; OLG Stuttgart, Urteil vom 6.2.2002, 3 U 157/01, AIZ A 105 Bl. 15).

Eine nicht ausreichende Nachweisleistung liegt unter folgenden Umständen vor:

- Benennung eines Innenstadtgrundstücks ohne Angaben zum Verkäufer, da dem Maklerkunden keine entsprechende Grundbucheinsicht oder gar Einwohnermeldeamtsanfrage zumutbar ist (BGH, Urteil vom 18.6.1986, IVa ZR 7/85, NJW-RR 1987, 172)
- Übermittlung von Objektlisten aus dem Maklerbestand, die der Kunde abarbeiten muss (OLG Düsseldorf, Urteil vom 10.1.1997, 7 U 82/96, NJW-RR 1997, 1282; OLG München, Urteil vom 7.11.1973, 9 U 3083/73, BB 1973, 1551)
- Übermittlung einer Liste von Vermietern, die Wohnungen anbieten, aus der der Maklerkunde ermitteln muss, welche Wohnungen noch frei sind (OLG Hamburg, Urteil vom 25.5.2000, 3 U 280/99, OLGR 2001, 1)

! **Achtung**

Ungeachtet der Tatsache, dass die bloße Übermittlung von »Vermieterlisten« bei der Wohnungsvermittlung nicht ausreicht, um einen Provisionsanspruch des Maklers auszulösen, ist derartigen Praktiken durch das Bestellerprinzip ohnehin ein Riegel vorgeschoben. Dies gilt auch, wenn der Makler dem Mietinteressenten auf dessen Person zugeschnittene und detaillierte Objektlisten über Lage, Größe und Ausstattung der Objekte mit Angabe der jeweiligen Vermieter überreicht. Dies wurde bislang als provisionsbegründende Nachweistätigkeit anerkannt (BGH, Urteil vom 15.4. 2010, III ZR 153/09, NJW-RR 2010, 1385). Allerdings kann ein Provisionsanspruch dann bestehen, wenn der Makler auf ausdrücklichen Suchauftrag des Kunden tätig geworden ist und die gelisteten Objekte neu akquiriert hat, diese sich also nicht im Bestand des Maklers befanden.

- Übermittlung einer Liste von möglichen Kaufinteressenten, sodass der Verkäufer mit jedem Einzelnen in Kontakt treten muss, ob und zu welchen Bedingungen ein Verkauf zu realisieren sein wird (BGH, Urteil vom 15.4.2010, III ZR 153/09, NJW-RR 2010, 1385)
- Benennung einer Wohnanlage mit diversen Wohnungseigentümern, die eine Wohnung verkaufen wollen, gegenüber dem an einem Kauf Interessierten; der Makler hat hier konkret das zur Veräußerung stehende Objekt nebst Bekanntgabe des veräußernden Wohnungseigentümers mitzuteilen
- Bloße Übermittlung eines »aktuellen Überblicks über den Büromarkt« unter pauschaler Nennung einer bestimmten Bürofläche, die in bestimmter Weise teilbar ist

Eine provisionsbegründende Nachweistätigkeit liegt selbstverständlich auch dann nicht vor, wenn der Makler lediglich einen Dritten benennt, der erst durch Nachweis oder Vermittlung die Gelegenheit zum Abschluss eines Hauptvertrags ermöglichen kann (BGH, Urteil vom 2.2.1994, IV ZR 24/93, NJW-RR 1994, 559). Dies gilt auch für den Hinweis auf einen anderen Makler, der entsprechend und wiederum provisionspflichtig tätig werden würde (OLG Karlsruhe, Urteil vom 2.9.2005, 15 U 28/04, OLGR 2006, 176).

! **Beispiel**

Der Makler überreicht dem Interessenten ein Objektexposé, in dem nicht der Veräußerer benannt ist, sondern ein anderer Makler.

Die dem Nachweismakler obliegende Mitteilung über die Vertragsgelegenheit kann nicht nur persönlich durch ihn gegenüber dem Auftraggeber erfolgen, sondern auch dadurch, dass sich die nachgewiesenen Interessenten bei dem Verkäufer melden und sich als vom Makler geworben zu erkennen geben. Erforderlich ist insoweit allerdings, dass der Maklerauftraggeber (Verkäufer) von der konkreten Maklerleistung bei Abschluss des Hauptvertrags Kenntnis hat, damit die Provisionsforderung des Maklers (auch) bei der Kaufpreisgestaltung berücksichtigt werden kann (OLG Stuttgart, Urteil vom 6.2.2002, 3 U 157/01, AIZ A 105 Bl. 15).

Übergibt der Makler einem Interessenten das Exposé eines anderen Maklers, bringt er allein hierdurch nicht zum Ausdruck, dass er im Erfolgsfall selbst eine Provision beansprucht. Dies muss er gegenüber dem Interessenten vielmehr unmissverständlich zum Ausdruck bringen (BGH, Urteil vom 17.12.2015, I ZR 172/14, NJW 2016, 2317).

7.1.2 Abschlussbereitschaft des künftigen Vertragspartners

Die erbrachte Nachweisleistung des Maklers begründet nur dann einen Provisionsanspruch, wenn der benannte potenzielle Partner des mit seinem Kunden zu schließenden Hauptvertrags überhaupt vertragsabschlussbereit ist (BGH, Urteil vom 15.4.2010, III ZR 153/09, NJW-RR 2010, 1385). Des Weiteren muss das nachgewiesene Objekt tatsächlich zur Vermietung bzw. zum Verkauf stehen. Es genügt nicht, dass ein Objekt nachgewiesen wird, vielmehr muss zusätzlich die Gelegenheit zum Abschluss eines Kauf- oder Mietvertrags nachgewiesen werden (OLG Naumburg, Urteil vom 29.10.2010, 10 U 14/10, ZfIR 2011, 97).

Beispiel !

Der Maklerkunde möchte ein Hausgrundstück erwerben, also weist ihm der Makler ein bestimmtes Objekt nach. Im Zuge der Kontaktaufnahme mit dem Eigentümer und angeblichen Verkäufer wird dem Maklerkunden mitgeteilt, das Objekt sei nicht zu kaufen. Später besinnt sich der Eigentümer dann eines anderen und nimmt entsprechend Kontakt mit dem Interessenten auf. Der Kaufvertrag wird ohne weitere Mitwirkung des Maklers abgeschlossen. Der Makler hat keinen Anspruch auf Provision (OLG Düsseldorf, Urteil vom 10.12.1999, 7 U 53/99, NJW-RR 2000, 1504).

Freilich ist stets zu differenzieren: War der Veräußerer oder Vermieter im Zeitpunkt des Nachweises noch verkaufsbereit bzw. bereit, ein Mietverhältnis zu begründen, kann es jedoch aus bestimmten Gründen nicht zum Abschluss des Hauptvertrags kommen, behält der Makler seinen Provisionsanspruch, wenn diese Gründe später wegfallen und es aufgrund des Nachweises des Maklers zum Abschluss des Hauptvertrags kommt (BGH, Urteil vom 18.1.1996, III ZR 71/95, NJW-RR 1996, 691).

! **Beispiel**

Der Makler hat dem Interessenten Gewerberäume zur Anmietung nachgewiesen. Der Vermieter ist bereit, mit dem Interessenten einen Mietvertrag zu schließen. Allerdings will der bisherige Mieter nun doch weiter an dem Mietverhältnis festhalten. Einen Monat danach ändert er seine Meinung und zieht aus. Der Vermieter wendet sich an den vom Makler nachgewiesenen Interessenten und schließt mit ihm einen Mietvertrag.

Der Makler hat Anspruch auf Provision, da sich der stets vermietungsbereite Vermieter von sich aus an den Maklerkunden gewandt hatte, weil dieser ihm aufgrund des Nachweises des Maklers bereits bekannt war.

! **Beispiel**

Der Inhaber einer Rechtsanwaltskanzlei mietet aufgrund eines entsprechenden Nachweises des Maklers eine Büroetage in einem Geschäftshaus an. Er würde gerne eine weitere Etage anmieten, da die Kanzlei beabsichtigt, kurzfristig erheblich zu expandieren. Der Vermieter ist hierzu allerdings bei Anmietung der Büroetage nicht bereit. Etwa ein Jahr später kann der Rechtsanwalt dann doch die zweite Etage anmieten.

Der Makler hat hier keinen Anspruch auf eine Provision wegen der zusätzlich angemieteten Etage (BGH, Urteil vom 15.5.2008, III ZR 256/07, NJW-RR 2008, 1281). Mangels ursprünglicher Vermietungsbereitschaft fehlt es an einer entsprechenden Nachweisleistung des Maklers.

Andererseits ist es für einen Nachweis nicht erforderlich, dass dem Auftraggeber des Maklers eine Person benannt wird, die bereits zum Kauf der jeweiligen Immobilie fest entschlossen ist. Eine andere Beurteilung hätte zur Folge, dass ein vom Verkäufer beauftragter Makler kaum in der Lage wäre, einen tauglichen Nachweis zu liefern. Denn im Unterschied zur umgekehrten Konstellation – Nachweis einer verkaufsbereiten Person gegenüber einem Kaufinteressenten – ist der Kaufinteressent, der einem Grundstücks- oder Wohnungseigentümer namhaft gemacht wird, typischerweise noch »auf der Suche« und deshalb, was das konkrete Objekt angeht, regelmäßig noch unentschlossen. Daher muss es bei dieser Konstellation ausreichen, wenn der potenzielle Käufer generell am Erwerb eines Hauses oder einer Wohnung interessiert ist, die dem angebotenen Objekt ähnelt (BGH, Urteil vom 4.6.2009, III ZR 82/08, NZM 2009, 627).

! **Beispiel**

Der Makler ist vom Verkäufer einer Eigentumswohnung mit dem Nachweis einer Verkaufsgelegenheit beauftragt. Ein Interessent wendet sich an den Makler, der stellt daraufhin den Kontakt zum Verkäufer her und organisiert einen Besichtigungstermin. Im Rahmen des Besichtigungstermins ist der Interessent noch unentschlossen, ob er die Immobilie kaufen soll, er will sich zunächst noch andere Objekte ansehen. Später erwirbt er die Wohnung doch.

Hier hat der Makler selbstverständlich einen Provisionsanspruch gegen seinen Auftraggeber, also den Verkäufer. Derartige Fälle sind in der Maklerpraxis die Regel. Zwar war der Interessent nicht gleich kaufbereit, das aber kann nicht entscheidend sein.

Zu beachten ist allerdings, dass es nicht allein auf die subjektive Bereitschaft eines potenziellen Käufers ankommt, beispielsweise ein bestimmtes Immobilienobjekt zu erwerben. Er muss vielmehr objektiv auch hierzu in der Lage sein. Der Makler hat jedenfalls dann keinen Nachweis erbracht, wenn zum maßgeblichen Zeitpunkt der letzten relevanten Maklertätigkeit der als Vertragspartner benannte Dritte in mehrfacher Hinsicht auf Jahre hinaus nicht in der Lage sein wird, einen Hauptvertrag mit dem Maklerkunden abzuschließen. Unter diesen Umständen kann vom Nachweis eines vertragsbereiten Dritten nicht gesprochen werden (OLG München, Urteil vom 14.3.2014, 10 U 679/13, juris). Eine derartige Konstellation ist allerdings sowieso bedeutungslos, da ein Provisionsanspruch des Maklers ohnehin nur entsteht, wenn der Hauptvertrag überhaupt geschlossen wird.

7.1.3 Das Risiko »aufgedrängter« Maklerleistung

Von elementarer Bedeutung ist, dass der Makler die eigentliche Nachweistätigkeit erst nach Abschluss des provisionspflichtigen Maklervertrags erbringt. In der Praxis sind häufig Fälle zu beobachten, in denen der Makler potenziellen Interessenten ein Exposé übersendet, in dem sämtliche für einen vollständigen Nachweis erforderlichen Angaben enthalten sind. Zwar findet sich in der Regel darin auch ein ausdrückliches Provisionsverlangen; doch das stellt grundsätzlich nur ein Angebot auf den Abschluss eines provisionspflichtigen Maklervertrags dar, das der potenzielle Maklerkunde nicht annehmen muss (BGH, Urteil vom 7.7.2016, I ZR 30/15).

Nutzt der Interessent die vom Makler übermittelten Angaben, um das Objekt ohne weiteren Kontakt zum Makler zu erwerben, kommt hierdurch kein provisionspflichtiger Maklervertrag zustande. Andernfalls könnte nämlich der Makler durch das Zusenden von Exposés die entsprechenden Objekte für den Empfänger sperren, sodass dieser sie nur noch über den Makler erwerben kann. Ein Makler, der seine Kenntnisse vorzeitig preisgibt, handelt demnach auf eigenes Risiko.

Zu beachten ist also, dass eine bloße Interessensbekundung noch kein auf den Abschluss eines verbindlichen Maklervertrags gerichtetes Angebot darstellt. Auch die Angabe einer Maklerprovision in einer Internetanzeige führt nicht dazu, dass jede Interessensbekundung und Kontaktaufnahme mit dem Makler ein verbindliches Angebot zum Abschluss eines Maklervertrags bedeutet (BGH, Urteil vom 7.7.2016, I ZR 30/15). Gibt der Makler in einem ersten Telefonat mit dem Kaufinteressenten von sich aus den Namen des Verkäufers an, erfolgt dies vor Vereinbarung eines Maklervertrags auf eigenes Risiko und führt auch nicht zum Abschluss eines Maklervertrags (LG Landshut, Urteil vom 10.2.2012, 72 O 2097/11, juris).

!

Tipp

Sollte der Makler im Einzelfall beispielsweise die Nachweistätigkeit ohne vertragliche Grundlage erbracht haben, steht ihm immer noch die Möglichkeit offen, einen provisionspflichtigen Maklervertrag mit dem Interessenten zu schließen (BGH, Urteil vom 3.7.2014, III ZR 530/13, NJW-RR 2014, 1272). Dies setzt das Einverständnis des Interessenten voraus. Allerdings kann ein entsprechender provisionspflichtiger Maklervertrag auch im Nachhinein konkludent zustande kommen. Weist jedenfalls der Makler den Interessenten beweisbar darauf hin, dass er beim Abschluss eines Hauptvertrags an den Makler Provision zu zahlen hat, und nimmt der Interessent weitere Maklerdienste wie Besichtigungstermine, Preisverhandlungen und/oder Vorbereitung des Hauptvertragsabschlusses entgegen, ohne dem Provisionsverlangen des Maklers zu widersprechen, hat der Makler bei Abschluss des Hauptvertrags Anspruch auf Provision (OLG Schleswig, Beschluss vom 12.6.2014, 16 U 134/13, juris). Allerdings gilt dies im Bereich der Maklertätigkeit gerichtet auf den Nachweis bzw. die Vermittlung von Kaufverträgen über Einfamilienhäuser und Wohnungen dann nicht, wenn gemäß § 656a BGB die Textform nicht gewahrt ist. Der Interessent muss also in Kenntnis des in Textform geäußerten Provisionsverlangens des Maklers wiederum in Textform weitere Maklerdienste gewünscht haben. Des Weiteren ist zu beachten, dass mit dem Interessenten keine höhere Provision vereinbart werden kann als mit dem Verkäufer.

7.2 Vermittlung

Außer dem Nachweis der Gelegenheit zum Abschluss eines Hauptvertrags kann der Makler als typische Maklertätigkeit einen entsprechenden Vertragsabschluss vermitteln. Die Vermittlungstätigkeit des Maklers ist von erheblicher Bedeutung, wenn sein Kunde das Objekt und seinen potenziellen Hauptvertragspartner bereits kennt. Provision für einen Nachweis kann der Makler dann nicht mehr beanspruchen, er kann sie aber durch erfolgreiche Vermittlungstätigkeit retten (OLG Hamburg, Urteil vom 17.5.2002, 9 U 39/01, NJW-RR 2003, 487).

Vermitteln ist das bewusste, finale Herbeiführen der Abschlussbereitschaft des Vertragspartners des künftigen Hauptvertrags (OLG Hamm, Urteil vom 12.8.2019, I-18 U 119/18, juris; Schleswig-Holsteinisches OLG, Urteil vom 21.7.2006, 14 U 55/06, NJW 2007, 1982). Der Makler muss also bewusst und aktiv auf die Willensbildung des Vertragspartners seines Auftraggebers einwirken, um dessen Bereitschaft zu fördern, den beabsichtigten Vertrag abzuschließen (BGH, Urteil vom 17.4.1997, III ZR 182/96, NJW-RR 1997, 884). Für eine provisionsauslösende Vermittlungstätigkeit genügt es nicht, dass der Makler lediglich Informationen weitergibt, denn dann fungiert er lediglich als Bote (OLG Hamm, Urteil vom 29.5.2000, 18 U 236/99, NJW-RR 2001, 567).

Beispiel !

Der Makler tritt mit dem potenziellen Hauptvertragspartner seines Auftraggebers in Kontakt und übermittelt diesem die Kaufpreisvorstellungen seines Auftraggebers. Wenn dem Kunden Objekt und künftiger Vertragspartner bereits bekannt waren und nur auf Grundlage der Weitergabe von Kaufpreismodalitäten ein Hauptvertrag geschlossen wird, hat der Makler keine ausreichende Vermittlungstätigkeit entfaltet und verliert seinen Provisionsanspruch. Etwas anderes gilt allerdings dann, wenn der Makler den Erwerber zu einer höheren Kaufpreiszahlung veranlasst als ursprünglich seitens des Verkäufers vorgesehen (BGH, Urteil vom 26.11.2020, I ZR 169/19, NZM 2021, 305).

Wesen der Vermittlungstätigkeit des Maklers ist das Einwirken auf den potenziellen Vertragspartner des Auftraggebers, durch das dessen Abschlussbereitschaft herbeigeführt wird (OLG Schleswig, Beschluss vom 12.6.2014, 16 U 134/13). Insoweit handelt es sich nicht um eine provisionsbegründende Vermittlungstätigkeit, wenn zum Beispiel dem Interessenten ein Besichtigungstermin ermöglicht wird oder der Makler einen Notar mit der Beurkundung des Kaufvertrags beauftragt (OLG Hamm, Urteil vom 29.5.2000, 18 U 236/99, NJW-RR 2001, 567). Selbstverständlich genügt auch nicht die bloße Übersendung des Exposés (BGH, Urteil vom 21.11.2018, I ZR 10/18, NZM 2019, 345). Im Rahmen seiner Vermittlungstätigkeit muss der Makler mit dem Ziel, einen Vertragsabschluss herbeizuführen, Kontakt zum potenziellen Vertragspartner seines Auftraggebers aufnehmen (OLG Dresden, Beschluss vom 18.9.2008, 8 U 1167/08, NJW-RR 2009, 931).

Beispiel !

Der Eigentümer einer Eigentumswohnung beauftragt den Makler mit dem Nachweis einer Verkaufsgelegenheit. Daraufhin tritt der Makler an den derzeitigen Mieter dieser Wohnung heran und vereinbart mit ihm eine Provision für den Fall, dass seine Bemühungen zum Abschluss des Kaufvertrags führen.

In diesem Fall muss der Makler tatsächlich eine Vermittlungstätigkeit entfalten. Es genügt nicht, wenn er dem Verkäufer lediglich die Kaufabsicht des Mieters übermittelt und dann der Hauptvertrag geschlossen wird. Auch hier würde der Makler lediglich als Bote des Mieters fungieren.

Der Vermittlungsmakler verdient seine Provision auch nur, wenn er auf die Willensentschließung des vorgesehenen Vertragspartners eingewirkt hat. Er hat keinen Provisionsanspruch, wenn der Hauptvertrag mit einem dritten Vertragspartner abgeschlossen wird, auf den er keinen Einfluss genommen hat (OLG Düsseldorf, Urteil vom 20.3.2015, I-7 U 39/14, MDR 2015, 935). Ausnahmsweise kann allerdings anderes gelten, wenn zwischen dem Vertragspartner und dem Erstinteressenten besonders enge persönliche und wirtschaftliche Beziehungen bestehen. Dann kann es ausreichen, dass mittelbar auf die Willensentschließung des Vertragspartners eingewirkt wurde

(BGH, Urteil vom 12.10.1983, Iva ZR 36/82, NJW 1984, 358). Insoweit kann der Erwerb von einem anderen als dem nachgewiesenen Eigentümer zumindest dann unschädlich sein, wenn der neue Eigentümer im Wege des Erbfalls an die Stelle des nachgewiesenen getreten ist. Dies gilt wiederum aber dann nicht, wenn die Erben gar nichts mit dem Makler zu tun haben und mit dem späteren Erwerber direkt verhandeln (OLG Düsseldorf, a. a. O.).

Was letztendlich für eine Vermittlungstätigkeit erforderlich ist, hängt von den Umständen des konkreten Einzelfalls ab (OLG Karlsruhe, Urteil vom 13.10.2000, 15 U 59/99, VersR 2003, 592). Insbesondere richtet sich dies nach dem Bedarf des Auftraggebers und des Interessenten an Unterstützung beim Vertragsschluss. Wesen einer Vermittlung nach § 652 BGB ist das Verhandeln mit beiden Parteien des potenziellen Hauptvertrags, wobei dies nicht gleichzeitig geschehen muss. Allerdings gilt, dass es gesonderter Verhandlungen des Maklers mit seinem Auftraggeber nicht bedarf, diese haben ja bereits vor Abschluss des Maklervertrags stattgefunden. Der Maklerkunde hatte jedenfalls in aller Regel bereits zu diesem Zeitpunkt seine Erwerbsvorstellungen kundgetan (BGH, Urteil vom 21.9.1973, IV ZR 89/72, WM 1974, 257). Entscheidend ist also die Kontaktaufnahme zum potenziellen Hauptvertragspartner mit dem Ziel, den Vertrag zustande zu bringen (BGH, Urteil vom 4.6.2009, III ZR 82/08, NJW-RR 2009, 1282).

Allein die Zusendung eines Exposé oder das Ermöglichen einer Objektbesichtigung genügt in aller Regel nicht (BGH, Urteil vom 21.11.2018, I ZR 10/18, NZM 2019, 345). In aller Regel ist ein Verhandeln mit dem Interessenten erforderlich (OLG Dresden, Urteil vom 26.8.1998, 8 U 845/98, NZM 1998, 1017). Grundsätzlich nicht erforderlich ist, dass der Makler beim Abschluss des Hauptvertrags anwesend ist (BGH, Urteil vom 16.11.1973, V ZR 1/72, WM 1974, 257).

7.3 Exkurs: Zwangsversteigerung

In der juristischen Literatur wird kontrovers diskutiert, ob der Makler überhaupt eine provisionspflichtige Leistung erbringen kann, wenn er seinem Auftraggeber den Erwerb eines Objekts im Wege der Zwangsversteigerung ermöglicht. In der obergerichtlichen Rechtsprechung wurde eine Gleichstellung beider Erwerbsformen aufgrund der wirtschaftlichen Gleichwertigkeit zumindest erwogen (OLG Köln, Urteil vom 3.11.1988, 10 U 14/88, NJW-RR 1989, 247). Der BGH hat sich dem allerdings entgegengestellt. Für eine Vermittlung fehle jede Einwirkungsmöglichkeit des Maklers, da der Eigentumserwerb im Rahmen der Zwangsversteigerung durch Zuschlag, also öffentlich-rechtlich vollzogen werde (BGH, Urteile v. 4.3.1999, III ZR 105/98, NJW 1999, 2271 und v. 3.2.1993, IV ZR 106/92, NJW-RR 1993, 504.). Der Nachweis beziehe sich nicht auf die Gelegenheit zum Vertragsschluss (BGH, a. a. O.). Da der Zuschlag öffentlich-rechtlich vollzogen würde, fehle es gerade an einem Vertragsabschluss. Dieser Rechtsprechung haben sich zwischenzeitlich auch Instanzgerichte angeschlossen (KG Berlin, Urteil vom 1.4.2019, 10 U 53/17, GE 2020, 117).

Interessant ist die Entwicklung der BGH-Rechtsprechung zur Frage, ob eine Gleichstellung der Erwerbsformen durch AGB herbeigeführt werden kann. Vor Inkrafttreten des früheren Gesetzes zur Regelung des Rechts der Allgemeinen Geschäftsbedingungen (AGBG) hatte er dies durchaus für zulässig erachtet (BGH, Urteil vom 2.4.1969, IV ZR 786/68, WM 1969, 884, 885). Nach Inkrafttreten des AGBG hat er die Frage offengelassen (BGH, Urteil vom 4.7.1990, IV ZR 174/89, BGHZ 112, 59) und schließlich abgelehnt (BGH, Urteile v. 24.6.1992, IV ZR 240/91, NJW 1992, 2568 f. und v. 3.2.1993, IV ZR 106/92, WM 1993, 799). Der Nachweis einer Zwangsvollstreckung beschränke sich auf den Nachweis eines Objekts. Maklervertragstypisch ist aber gerade der Nachweis oder die Vermittlung einer Vertragsabschlussgelegenheit. Auch seien die Erwerbsformen sowie daraus folgende Rechte im Fall von Leistungsstörungen unterschiedlich (OLG Celle, Beschluss vom 7.12.2004, 3 W 108/04, NZM 2005, 265).

Letztlich bleibt dem Makler nur die Möglichkeit der Individualvereinbarung, die – sofern die Gleichstellungsklausel zur Disposition gestellt wird – auch der BGH als zulässig ansieht (BGH, Urteil vom 3.2.1993, IV ZR 106/92, WM 1993, 799). In Ausnahmefällen genügt auch eine stillschweigende Vereinbarung oder eine Änderungsvereinbarung (LG Aachen, Urteil vom 13.12.2012, 10 O 271/12, MietRB 2013, 145). Die Tätigkeit des Maklers muss aber zumindest mitursächlich sein (OLG Naumburg, Urteil vom 12.6.2008, 9 U 16/08, MDR 2009, 134).

Das OLG Jena (Urteil vom 4.6.2014, 2 U 1014/13, ZfIR 2014, 571) hat für einen Ausnahmefall die Gültigkeit einer in AGB geregelten Provisionspflicht für einen Objekterwerb in der Zwangsversteigerung bejaht: Steht bei einer Immobilie der Zwangsversteigerungstermin unmittelbar bevor und ist es deshalb nicht mehr möglich, mit dem Gläubiger in Verhandlungen zu treten, kann es sich bei der zwischen einem Makler und seinem Kunden geschlossenen Nachweisvereinbarung um einen Vertrag eigener Art handeln. Konkret war der Maklerkunde ausschließlich an dem zur Zwangsversteigerung stehenden Objekt interessiert und hatte den Makler entsprechend beauftragt.

Auch das LG Hamburg (Urteil vom 30.10.1992, 11 U 129/92, NJW-RR 1993, 125) hatte einen Vertrag eigener Art angenommen, wenn im Maklerformularvertrag zwischen Makler und Kunde die Zahlung einer Provision bei Erwerb eines bestimmten nachgewiesenen Objekts im Wege der Zwangsversteigerung vereinbart wird. Konkret war der Makler mit dem Nachweis von Zwangsversteigerungsobjekten beauftragt, also mit der Information über Zwangsversteigerungsverfahren, deren Gegenstand und Termine. Die Zulässigkeit eines solchen Vertrags ergibt sich aus dem Grundsatz der Vertragsfreiheit. Der Makler ist demnach nicht gehindert, einen Vergütungsanspruch für seine Tätigkeit durch AGB bzw. Formularklauseln zu vereinbaren, wenn es seinem Kunden gerade auf den Nachweis von zur Zwangsversteigerung stehenden Objekten geht. Diese Rechtsprechung ist allerdings vor dem Hintergrund der aktuellen ständigen BGH-Rechtsprechung mit Vorsicht zu genießen. Stets sollte auch eine derartige Abrede im Wege der Individualvereinbarung getroffen werden.

8 Der Hauptvertrag

Der Makler hat lediglich dann Anspruch auf Provision, wenn infolge seiner Tätigkeit der sogenannte Hauptvertrag geschlossen wird (BGH, Urteil vom 28.5.2020, I ZR 40/19, NJW 2020, 3306). Dabei handelt es sich im Bereich der Immobilienbranche entweder um einen Kaufvertrag, Mietvertrag oder Pachtvertrag. Im Hinblick auf den Kaufvertrag ist zu berücksichtigen, dass es für den Provisionsanspruch des Maklers genügt, dass lediglich der schuldrechtliche Vertrag zustande gekommen ist – also der notariell beurkundete Kaufvertrag. Ob darauf auch das dingliche Erfüllungsgeschäft folgt – der Erwerber also tatsächlich als (neuer) Eigentümer im Grundbuch eingetragen wird –, ist unerheblich (BGH, Urteil vom 20.2.1997, III ZR 208/95, NJW 1997, 1581).

Zum Hintergrund: Da im deutschen Recht das sogenannte Abstraktionsprinzip gilt, genügt es für einen Eigentumsübergang, zum Beispiel bei einem Grundstück, nicht, dass ein notarieller Kaufvertrag geschlossen wird. Dieser regelt lediglich die schuldrechtlichen Pflichten der Vertragsparteien, also die Pflicht des Käufers, das Grundstück zu übernehmen und den Kaufpreis hierfür zu entrichten, und die Pflicht des Verkäufers zur mängelfreien Übergabe. Der Eigentumsübergang vollzieht sich außerhalb dieser Regelungen auf Grundlage der von den Vertragsparteien erklärten Auflassung. Erst damit geht das Eigentum durch Vollzug im Grundbuch vom Verkäufer auf den Käufer über. Für das Entstehen des Provisionsanspruchs des Maklers genügt bereits der Abschluss des notariellen Kaufvertrags.

Achtung !

Erwirbt der Maklerkunde ein Objekt durch Zuschlag in der Zwangsversteigerung, hat der Makler in Ermangelung des Abschlusses eines Hauptvertrags keinen Provisionsanspruch (KG Berlin, Urteil vom 1.4.2019, 10 U 53/17, GE 2020, 117; BGH, a. a. O.; Urteil vom 24.6.1992, IV ZR 240/91, BGHZ 119, 32). Durch Individualvereinbarung können die Vertragsparteien allerdings Abweichendes regeln. Jedenfalls wird sowohl für die Nachweis- als auch die Vermittlungstätigkeit des Maklers vorausgesetzt, dass der potenzielle Vertragspartner des Maklerkunden vertragsabschlussbereit ist (BGH, a. a. O.). Hieran fehlt es aber gerade beim Objekterwerb in der Zwangsversteigerung. Hier erfolgt die Veräußerung nicht freiwillig durch den jeweiligen Eigentümer, sondern durch staatlichen Zwangsakt in Form des Zuschlags.

Der Hauptvertrag muss wirksam zustande gekommen und darf nicht etwa wegen einer im Vertragsschluss selbst liegenden Unvollkommenheit im Nachhinein wieder beseitigt worden sein (BGH, Urteil vom 20.2.1997, III ZR 208/95, NJW 1997, 1581; OLG München, Urteil vom 26.2.2020, ZfIR 2020,320).

! **Beispiel**

Die Kaufvertragsparteien schließen den Kaufvertrag über ein Grundstück unter der aufschiebenden Bedingung, dass bestimmte in Abteilung II und III des Grundbuchs eingetragene Belastungen gelöscht werden können.

Lassen sich diese Belastungen tatsächlich nicht löschen, entsteht kein Vertragsverhältnis und der Makler verliert seinen Provisionsanspruch. Ist allerdings der Vertrag einmal wirksam zustande gekommen, schadet es nicht, wenn er nachträglich unwirksam wird, soweit der Unwirksamkeitsgrund nicht auf den Zeitpunkt des Vertragsschlusses zurückwirkt (BGH, Urteil vom 5.5.1976, IV ZR 63/75, BGHZ 66, 270).

! **Beispiel**

Die Vertragsparteien heben den Kaufvertrag oder Mietvertrag nach Vertragsabschluss einvernehmlich auf, weil die vom Käufer beabsichtigte Kaufpreisfinanzierung scheitert (OLG München, Urteil vom 26.2.2020, 15 U 4202/19, ZfIR 2020, 320). Der Makler verliert seinen Provisionsanspruch nicht.

In den meisten Fällen beschränken Makler ihre Tätigkeit nicht auf den Nachweis bzw. die Vermittlung der Gelegenheit zum Abschluss eines Hauptvertrags, sie organisieren auch seinen Abschluss. Das umfasst bei einem Immobilienkauf den Termin zur notariellen Beurkundung des Kaufvertrags. Dazu setzt sich der Makler mit einem Notar in Verbindung, der dann mit den maßgeblichen Vertragsdaten einen Kaufvertragsentwurf fertigt. Kommt der Hauptvertrag letztlich nicht zustande, trägt die Notarkosten für die Fertigung des Vertragsentwurfs derjenige, dessen Erklärung beurkundet werden sollte. Dies können nur die Erklärungen der Parteien des Hauptvertrags sein, mithin die des Käufers und Verkäufers. Da Erklärungen des Maklers nicht beurkundet werden, kann er auch nicht zum Ersatz entsprechender Kosten herangezogen werden (LG Wiesbaden, Beschluss vom 5.6.2012, 4 OH 3/11, BauR 2013, 647).

! **Tipp**

Setzt sich der Makler mit einem Notar in Verbindung und initiiert letztlich das Fertigen eines Kaufvertragsentwurfs durch diesen, sollte er vorsichtshalber dem Notar gegenüber erklären, dass er nicht in eigenem Namen handelt.

8.1 Keine Provision bei Nichtigkeit

Aus dem Postulat, dass der Hauptvertrag wirksam zustande gekommen sein muss, folgt, dass dieser nicht nichtig sein darf. Ein nichtiger Hauptvertrag begründet einen Provisionsanspruch des Maklers lediglich im seltenen Ausnahmefall der Heilung der Nichtigkeit. Ursachen einer Vertragsnichtigkeit können zum einen Formmängel des Hauptvertrags sein, zum anderen Gesetzes- oder Sittenverstöße (BGH, Urteil vom 10.6.2021, IX ZR 157/20, NJW-RR 2021, 1215).

8.1.1 Formmangel

Zunächst einmal muss der Hauptvertrag seiner gesetzlich vorgeschriebenen Form entsprechen.

Kaufverträge

Der Grundstücks-, Wohnungs- oder Gewerbeimmobilienkauf bedarf nach der maßgeblichen Bestimmung des § 311b Abs. 1 Satz 1 BGB zwingend der notariellen Beurkundung. Genügt der Vertrag dieser Voraussetzung nicht, so ist er nichtig mit der Folge, dass der Makler keinen Anspruch auf Provision hat (BGH, a. a. O.; Urteil vom 16.6.1977, IV ZR 58/76, WM 1977, 1049). Der Vertrag ist auch dann nichtig, wenn er nicht vollständig der notariellen Beurkundung unterliegt. Dies ist insbesondere der Fall bei einer sogenannten Unterverbriefung.

Beispiel !

Um die Kaufpreisnebenkosten wie Grunderwerbssteuer, Notargebühren und nicht zuletzt Maklerprovision möglichst gering zu halten, wird ein Kaufpreis von lediglich 150.000 EUR im Vertrag beurkundet, obwohl sich der Käufer verpflichtet hat, einen Kaufpreis von 300.000 EUR zu zahlen.

Der Kaufvertrag ist nichtig, denn er ist nicht mit dem tatsächlich vereinbarten Preis von 300.000 EUR notariell beurkundet worden. Dies führt nach der Bestimmung des § 125 BGB zur Nichtigkeit des Vertrags. Der tatsächlich beurkundete Preis von 150.000 EUR stellt ein Scheingeschäft dar, das nach der Bestimmung des § 117 BGB ebenfalls nichtig ist (BGH, Urteil vom 11.11.1983, V ZR 211/82, BGHZ 89, 41).

Achtung !

Der Provisionsanspruch des Maklers kann in einem derartigen Fall wieder aufleben, wenn der Formmangel geheilt wird.

Nach der Bestimmung des § 311b Abs. 1 Satz 2 BGB wird ein ohne notarielle Beurkundung geschlossener Kaufvertrag seinem ganzen Inhalt nach gültig, wenn die Auflassung und die Eintragung in das Grundbuch erfolgen (LG Oldenburg, Urteil vom 13.4.2016, 4 O 771/15, ZMR 2016, 585). Erklären also die Kaufvertragsparteien die Auflassung und wird in deren Folge der Käufer als neuer Eigentümer im Grundbuch eingetragen, ist der Vertrag wirksam. Im Beispielsfall kann dann der Makler seine Provision aus einem Kaufpreis von 300.000 EUR berechnen. Der Betrag im eigentlich beurkundeten Vertrag von 150.000 EUR ist nicht maßgeblich, da dieser Vertrag ein Scheingeschäft darstellt, das nicht an der Heilungswirkung des § 311b Abs. 1 Satz 2 BGB teilnimmt. Wirksam wird der Vertrag vielmehr in Form des nicht beurkundeten Kaufpreises von 300.000 EUR, da hierin ja der Formmangel begründet war.

Mietverträge

Mietverträge – egal, ob für Grundstücke, Wohnraum oder Geschäftsraum – unterliegen keinen besonderen gesetzlichen Formerfordernissen, sie können also grundsätzlich auch mündlich geschlossen werden.

! **Achtung**

Zwar bedürfen Mietverträge – wiederum für Grundstück, Wohnraum und Geschäftsraum – nach der Bestimmung des § 550 BGB dann der Schriftform, wenn sie länger als ein Jahr befristet sein sollen. Allerdings führt die Missachtung dieser Formvorschrift nicht zur Nichtigkeit des Mietvertrags. Sie hat lediglich zur Folge, dass der Mietvertrag als auf unbestimmte Zeit geschlossen gilt und mit gesetzlicher Frist nach Ablauf eines Jahres gekündigt werden kann. Insoweit führt ein entsprechender Formverstoß auch nicht dazu, dass der Makler seinen Provisionsanspruch verliert.

Auch wenn es keine gesetzlichen Formvorschriften für die Gültigkeit von Mietverträgen gibt, ist die Bestimmung des § 125 Satz 2 BGB zu beachten, wonach der Mangel einer durch Rechtsgeschäft bestimmten Form im Zweifel ebenfalls die Nichtigkeit des Vertrags zur Folge haben kann (AG Dülmen, Urteil vom 22.3.2016, 3 C 348/15, WuM 2016, 374). Vereinbaren Mieter und Vermieter zum Beispiel, dass der Mietvertrag schriftlich abgeschlossen werden soll – also die Originalunterschriften der Mietvertragsparteien wiedergeben muss –, muss im Zweifel ausgelegt werden, ob ein Formverstoß zur Nichtigkeit des Mietvertrags führt. Dies hätte zur Folge, dass der Makler keinen Provisionsanspruch gegen seine Vertragspartei hat.

Soll die Formabrede lediglich Beweiszwecken dienen, ist der Vertrag auch bei Formverstoß wirksam (Ellenberger in Grüneberg (vormals Palandt), BGB, 81. Auflage, § 125 Rn. 17). In diesem Fall behält also auch der Makler seinen Provisionsanspruch. Maßgeblich sind stets die Umstände des Einzelfalls. Wird der Vertrag trotz Formmangels durchgeführt, bezieht also der Mieter das Mietobjekt und beruft sich der Vermieter nicht auf den Formmangel, ist davon auszugehen, dass der Formmangel nicht zur Nichtigkeit des Vertrags führen soll. Konsequenterweise besteht dann weiterhin der Provisionsanspruch des Maklers. Wird hingegen das Mietverhältnis nicht durchgeführt, ist davon auszugehen, dass die Mietvertragsparteien von der Nichtigkeit des Mietvertrags ausgehen.

8.1.2 Gesetzes- oder Sittenverstoß

Der Makler hat auch dann keinen Anspruch auf Provision, wenn der nachgewiesene oder vermittelte Vertrag gegen ein Gesetzesverbot (§ 134 BGB) oder gegen die guten Sitten (§ 138 BGB) verstößt (BGH, Urteil vom 10.6.2021, IX ZR 157/20, NJW-RR 2021, 1215).

8.2 Persönliche und wirtschaftliche Identität

In der Maklerpraxis kommt es häufig vor, dass der tatsächlich abgeschlossene Hauptvertrag von dem abweicht, was Inhalt des Maklervertrags ist. Abweichungen können sich dabei sowohl in personeller wie auch in inhaltlicher bzw. wirtschaftlicher Hinsicht ergeben. Streng nach dem Gesetz steht dem Makler dann keine Provision zu. Denn nach § 652 Abs. 1 Satz 1 BGB hat der Makler nur dann einen Provisionsanspruch, wenn der beabsichtigte Vertrag tatsächlich zustande kommt (BGH, Urteil vom 5.3.2020, I ZR 69/19). Das ist zum einen dann nicht der Fall, wenn der Maklerkunde das nachgewiesene oder vermittelte Objekt kauft, statt es zu mieten, andererseits, wenn nicht er Partner des Hauptvertrags wird, sondern eine andere Person. Das ist zwar zunächst einleuchtend und entspricht dem Willen des Gesetzgebers, die Rechtsprechung hat jedoch längst erkannt, dass mit diesem Grundsatz zum Nachteil der Makler allerlei Schindluder getrieben werden kann und auch getrieben wird.

Um es vorwegzunehmen: Der Makler hat in den genannten Fällen dann einen Provisionsanspruch gegen seinen Auftraggeber, wenn dieser zwar nicht Partner des Hauptvertrags wird, ihm die Maklerleistung aber gleichermaßen zugutekommt (BGH, Beschluss vom 14.9.2017, I ZR 261/16, NZM 2018, 211).

8.2.1 Enge persönliche Beziehung

Grundsatz: Sind der Auftraggeber des Maklers und die Partei des nachgewiesenen oder vermittelten Hauptvertrags nicht identisch, hat der Makler keinen Anspruch auf Provision.

Ausnahme 1: Der Dritte ist vorgeschoben
Selbstverständlich behält der Makler nach gefestigter Rechtsprechung dann den Provisionsanspruch gegen seinen Auftraggeber, wenn dieser als Strohmann nur vorgeschoben wird, um in den Genuss der Maklertätigkeit zu kommen, jedoch beabsichtigt ist, dass ein Dritter den Hauptvertrag schließen soll. Hier mag der Beweis im gerichtlichen Ernstfall teilweise schwierig zu erbringen sein.

Ausnahme 2: Persönliche Kongruenz
Einfacher wird es für den Makler, wenn enge wirtschaftliche oder persönliche, insbesondere familienrechtliche Beziehungen zwischen dem Maklerkunden und dem vertragschließenden Dritten bestehen. In diesem Fall kommt es nicht mehr darauf an, dass sich der Maklerkunde treuwidrig verhält, weil der die Maklerleistung an den Dritten weitergibt. Entscheidend ist dann vielmehr, dass bei besonders engen persönlichen oder wirtschaftlichen Bindungen der Vertragsschluss dem Maklerkunden als wirtschaftlicher Erfolg in vielen Fällen ähnlich zugutekommt wie ein eigener Ab-

schluss (BGH, Urteil vom 17.10.2018, I ZR 154/17, MDR 2019, 540). Allerdings muss stets im Einzelfall geprüft werden, ob dem Maklerkunden tatsächlich ein wirtschaftlicher Erfolg aus der Tatsache zukommt, dass ein Dritter Partner des Hauptvertrags geworden ist. Das ist jedenfalls dann zu bejahen, wenn es sich bei dem Dritten um den Ehegatten des Maklerkunden handelt (BGH, Urteil vom 14.12.1983, IVa ZR 66/82, WM 1984, 412; OLG München, Urteil vom 12.12.2016, 21 U 3086/15, BeckRS 2016, 20902; OLG Koblenz, Urteil vom 14.10.1993, 5 U 473/93, NJW-RR 1994, 824; a. A. OLG Hamm, Urteil vom 15.10.1987, 18 U 50/87, NJW-RR 1988, 685).

! **Beispiel**

Die Ehefrau beauftragt in eigenem Namen den Makler mit dem Nachweis einer Kaufgelegenheit über eine Eigentumswohnung. Hingegen wird der Kaufvertrag selbst allein mit dem Ehemann abgeschlossen.

Das Gleiche gilt bei Partnern einer nichtehelichen Lebensgemeinschaft (BGH, Urteil vom 10.10.1990, IV ZR 280/89, NJW 1991, 490) und bei den Partnern einer eingetragenen Lebensgemeinschaft.

Grundsätzlich reicht es allerdings allein nicht aus, dass der Hauptvertrag von einem nahen Familienangehörigen des Maklerauftraggebers geschlossen wird. Dies gilt auch für das Verhältnis von Eltern und Kindern.

! **Beispiel**

Der Vater beauftragt den Makler mit dem Nachweis bzw. der Vermittlung einer Kaufgelegenheit für ein Einfamilienhaus. Daraufhin erbringt der Makler seine Leistung. Der Kaufvertrag wird nicht mit dem Vater, sondern mit dem Sohn des Maklerkunden abgeschlossen. Der Umstand, dass eine verwandtschaftliche Beziehung zwischen dem Maklervertragspartner und dessen Sohn besteht, reicht allein nicht aus, um einen Provisionsanspruch des Maklers zu begründen. Erforderlich ist vielmehr, dass der Hauptvertragsabschluss wirtschaftlich wie ein eigenes Geschäft des Maklervertragspartners wirkt, etwa wenn das vom Sohn erworbene Objekt ganz oder teilweise vom Vater selbst genutzt wird (BGH, Urteil vom 17.10.2018, I ZR 154/17, MDR 2019, 540).

! **Beispiel**

Die Maklerkundin beauftragt den Makler mit dem Nachweis bzw. der Vermittlung einer Kaufgelegenheit für ein Hausgrundstück. Daraufhin erbringt der Makler seine Leistung. Der Kaufvertrag wird mit dem Bruder und dem Vater der Maklerkundin abgeschlossen. Tatsächlich beabsichtigen die Eltern und die Geschwister, das Hausgrundstück gemeinsam zu beziehen. Die Tochter sah von einem eigenen Ankauf ab, da sie in finanzielle Schwierigkeiten geraten war. Hier besteht der Provisionsanspruch, da auch die Maklerkundin, also die Schwester, das Haus beziehen möchte (BGH, Urteil vom 8.4.2004, III ZR 20/03, NJW-RR 2004, 851).

Bei der Konstellation im Beispiel lässt sich eine wirtschaftliche Identität zwischen dem beabsichtigten, von der Maklerkundin selbst abzuschließenden Kaufvertrag und dem später von ihrem Vater und ihrem Bruder geschlossenen Grundstückskaufvertrag nicht verneinen. Es handelt sich nicht nur um nahe Verwandte der Maklerkundin, sie erreicht vor allem dadurch auf anderem Weg ihr Ziel, mit ihrer Familie das Grundstück zu nutzen und dort zu wohnen. Der Erwerb kommt daher tatsächlich auch ihr zugute. Dass die Maklerkundin in dieser Variante das Eigentum am Grundstück nicht selbst erwirbt, es vielmehr ihren Verwandten zusteht, ist für die Provisionspflicht nicht ausschlaggebend, zumal sie lediglich wegen finanzieller Schwierigkeiten von einem eigenen Kauf des Grundstücks abgesehen hat.

Zusammengefasst ergeben sich folgende Konstellationen, bei denen die persönliche Kongruenz und somit ein Provisionsanspruch bejaht wird, obwohl der Maklerkunde vom Hauptvertragspartner abweicht:

- Der Maklervertrag wird mit dem Ehemann geschlossen, tatsächlich wird die Ehefrau Partnerin (OLG München, Urteil vom 12.12.2016, 21 U 3086/15, BeckRS 2016, 20902; LG Oldenburg, Urteil vom 16.5.2013, 5 O 3605/12, ZMR 2014, 335) oder werden beide Eheleute Partner des Hauptvertrags (OLG Koblenz, Urteil vom 18.9.2003, 5 U 306/03, NJW-RR 2004, 414).
- Partner des Maklervertrags ist der Sohn, Partner des Hauptvertrags werden die Eltern, soweit auch der Sohn das Objekt bezieht (BGH, Urteil vom 8.4.2004, III ZR 20/03, NJW-RR 2004, 851).
- Partner des Maklervertrags war der mittlerweile verstorbene Ehegatte, Partnerin des Hauptvertrags wird dessen Witwe und Alleinerbin (OLG Köln, Urteil vom 20.12.1990, 10 U 34/90, AIZ A 110 Bl. 54).
- Partnerin des Maklervertrags ist die Schwester, Partner des Hauptvertrags wird der Bruder, soweit auch die Schwester das Objekt bezieht (BGH, Urteil vom 8.4.2004, III ZR 20/03, NJW-RR 2004, 851).
- Als Maklerkunde fungiert der Ehemann, tatsächlich erwerben das Objekt seine Ehefrau und deren Vater gemeinsam (OLG Frankfurt/Main, Urteil vom 14.11.1990, 105/89, AIZ A 133 Bl. 22).
- Partner des Maklervertrags ist der Bruder, Partnerin des Hauptvertrags wird seine Schwester, soweit auch der Bruder das Objekt bezieht (OLG Karlsruhe, Urteil vom 13.6.2007, 15 U 60/05, NJW-RR 2008, 725).
- Für das Vorliegen einer persönlichen Kongruenz soll es im Einzelfall sogar ausreichen, dass eines der Mitglieder einer Wohngemeinschaft Partner des Maklervertrags ist und das Objekt schließlich von einem anderen Mitglied dieser Wohngemeinschaft erworben wird (OLG Jena, Urteil vom 3.8.2005, 2 U 142/05, NJW-RR 2005, 1509).

Hingegen wurde eine persönliche Kongruenz in den folgenden Fällen verneint:

- Der Ehegatte ist Maklerkunde, Partnerin des Hauptvertrags wird dessen Ehefrau. Die Ehe wird aber tatsächlich nicht vollzogen, sondern existiert nur auf dem Papier (BVerfG, Beschluss vom 26.4.1988, 1 BvR 1264/87, NJW 1988, 2663).
- Wie zuvor, die Ehegatten leben getrennt (BVerfG, a. a. O.; OLG Hamm, Urteil vom 15.10.1987, 18 U 50/87, NJW-RR 1988, 685).
- Der Hauptvertrag wird mit einem Bekannten des Maklerkunden abgeschlossen (OLG Schleswig, Urteil vom 8.3.1991, 14 U 10/90, AIZ 4/82).
- Beim Maklerkunden handelt es sich um den Vater, tatsächlich wird der Hauptvertrag mit dem Sohn abgeschlossen, beide sind gänzlich zerstritten.

8.2.2 Enge wirtschaftliche Beziehung

Auch bei einer engen wirtschaftlichen Beziehung zwischen Maklerkunde und vertragsschließendem Dritten wird häufig eine persönliche Identität bejaht. So hat der Maklerkunde dann keine Chance, sich vor seiner Provisionspflicht zu drücken, wenn er beispielsweise trotz seiner Funktion als GmbH-Geschäftsführer als Privatmann auftritt und vorgibt, das Objekt für sich erwerben zu wollen, schlussendlich jedoch nicht er, sondern die GmbH Partnerin des Hauptvertrags wird und er gleichfalls von dieser Lösung profitiert. Das Gleiche gilt, wenn ein Unternehmen als Maklerkunde auftritt und beabsichtigt, ein Objekt zu erwerben oder anzumieten und schließlich ein anderes Unternehmen, an dem der Maklerkunde maßgeblich beteiligt ist, wiederum Partner des Hauptvertrags wird (OLG Hamburg, Urteil vom 17.5.2013, 5 U 173/10, ZMR 2014, 333). Dies ist zum Beispiel der Fall, wenn bei der GmbH & Co. KG statt der KG die Komplementär-GmbH Partnerin des Hauptvertrags wird oder statt einer Kapitalgesellschaft deren Tochtergesellschaft als Hauptvertragspartner auftritt. Wiederum gleiche Grundsätze gelten, wenn eine GmbH als Maklerkundin auftritt und anschließend eine weitere GmbH gegründet wird, die schließlich Partnerin des nachgewiesenen Hauptvertrags wird und die Geschäftsführung der beiden Gesellschaften identisch ist oder die Geschäftsführer am Stammkapital beider Gesellschaften nicht unerheblich beteiligt sind (OLG Hamburg, a. a. O.).

Die Identität wurde in folgenden Fällen bejaht:

- Partnerin des Maklervertrags war eine GmbH, der Hauptvertrag wurde mit deren Gesellschaftern geschlossen (LG Dresden, Urteil vom 24.2.1995, 12 O 4141/94, NJW-RR 1996, 307).
- Entsprechendes gilt im umgekehrten Fall bei einem Maklerauftrag durch den Gesellschafter einer GmbH und dem Abschluss des Hauptvertrags mit der GmbH (OLG Hamburg, Urteil vom 17.5.2002, 9 U 39/01, NJW-RR 2003, 487; LG Dresden, a. a. O.).

- Maklerkundin ist eine GmbH, Partnerin des Hauptvertrags wird eine andere GmbH. Beide Gesellschaften bestehen aus den gleichen Gesellschaftern (OLG Koblenz, Urteil vom 14.1.1993, 5 U 1137/92, NJW-RR 1994, 180).
- Maklerkundin ist eine GmbH, Hauptvertragspartnerin ist eine andere GmbH. Beide Gesellschaften bestehen aus denselben Gesellschaftern und haben einen identischen Gesellschaftszweck (BGH, Urteil vom 5.10.1995, III ZR 10/95, NJW 1995, 3311).
- Maklerkunde ist der Geschäftsführer und Hauptgesellschafter einer GmbH, der jedoch als Privatmann auftritt. Tatsächliche Partnerin des Hauptvertrags wird die GmbH (OLG Koblenz, RDM A 133, Bl. 29).
- Maklerkundin ist eine KG, der Hauptvertrag wird mit den Kommanditisten abgeschlossen (OLG Hamburg, Urteil vom 30.12.1998, 5 U 22/98, NZM 1999, 1158).
- Der Makler wird vom Gesellschafter einer Personengesellschaft beauftragt, Partnerin des Hauptvertrags wird die Gesellschaft (OLG Köln, Urteil vom 3.11.1992, 24 U 73/92, RDM A 145 Bl. 41).

Verneint wurde die Kongruenz hingegen in folgenden Fällen:
- Beim Auftraggeber des Maklers handelt es sich um eine AG. Partnerin des Hauptvertrags wird eine KG, an der der Hauptaktionär der AG wesentlich beteiligt ist (BGH, Urteil vom 8.12.1976, IV ZR 141/74).
- Beim Auftraggeber des Maklers handelt es sich um das Mitglied des Aufsichtsrats einer e. G., der Hauptvertrag wird mit der Genossenschaft abgeschlossen (LG Freiburg, Urteil vom 29.8.1989, 1 O 183/89, NJW-RR 1990, 373).
- Auftraggeberin des Maklers ist eine AG, tatsächlich wird das angebotene Objekt von deren Aufsichtsratsvorsitzendem und dessen Sohn erworben (OLG Hamm, Urteil vom 4.12.1997, 18 U 40/97, RDM A 120 Bl. 7).
- Auftraggeberin des Maklers ist eine GmbH, der Abschluss des Hauptvertrags erfolgt durch eine andere GmbH, wobei beide eine gemeinsame Konzernmutter haben (OLG München NJW-RR 1995, 1525).
- Auftraggeberin des Maklers war die GmbH, erworben wurde das Objekt durch deren Geschäftsführer (OLG München, Urteil vom 16.12.1994, 23 U 3641/94, RDM A 120 Bl. 6).

8.3 Gleichwertigkeit des Objekts

Nach der Bestimmung des § 652 Abs. 1 BGB entsteht der Provisionsanspruch des Maklers nur, wenn der von dem Maklerkunden gewünschte Vertrag tatsächlich zustande kommt. Führt hingegen die Tätigkeit des Maklers zum Abschluss eines Vertrags mit anderem Inhalt, hat der Makler keinen Anspruch auf Provision (BGH, Urteil vom 7.5.1998, III ZR 18/97, NJW 1998, 2277; OLG Karlsruhe, Beschluss vom 30.11.2020, 9 U 32/19, NJW-RR 2021, 712). Dieser Grundsatz wird allerdings derart aufgeweicht, dass es für das Entstehen des Provisionsanspruchs ausreicht, wenn zwar der tatsächlich abgeschlossene Vertrag von demjenigen abweicht, mit dessen Nachweis oder Vermittlung der Makler beauftragt war, der Maklerkunde letztlich aber den gleichen oder annähernd gleichen Erfolg erzielt (BGH, Urteil vom 5.10.1995, III ZR 10/95, NJW 1995, 3311). Der tatsächlich abgeschlossene Vertrag muss also gleichwertig, nicht aber identisch mit dem nachzuweisenden oder zu vermittelnden Vertrag sein (BGH, Urteil vom 3.7.2014, III ZR 530/13, WM 2014, 1920; OLG Hamburg, Urteil vom 30.4.2003, 13 U 10/02, GuT 2003, 227). Maßgeblich ist, dass der tatsächlich abgeschlossene Vertrag für den Maklerkunden insoweit wirtschaftlich gleichwertig ist (BGH, Urteil vom 7.5.1998, III ZR 18/97, NJW 1998, 2277; OLG Karlsruhe, Urteil vom 8.8.2003, 15 U 41/02, NJW-RR 2003, 1695). Insoweit ist selbstverständlich auf das Interesse des Kunden und nicht auf das des Maklers abzustellen (BGH, a. a. O. und Urteil vom 7.7.1982, Iva ZR 50/81, NJW 1982, 2662).

8.3.1 Objektidentität

Die wirtschaftliche Gleichwertigkeit fehlt insbesondere dann, wenn das verkaufte oder vermietete Objekt oder dessen Umfang vom Maklerauftrag abweicht.

Die Identität wurde in den folgenden Fällen noch bejaht:

- Der Makler war mit dem Nachweis einer Gelegenheit zum Abschluss eines Mietvertrags beauftragt, tatsächlich wurde ein Mietvertrag mit Vorkaufsrecht abgeschlossen (OLG Zweibrücken, Urteil vom 4.6.1976, 1 U 239/75, OLGZ 1977, 212).
- Der Makler bietet eine unausgebaute Dachwohnung nebst Ausbau an, am Ende kauft der Erwerber die ausgebaute Dachwohnung (KG, Urteil vom 5.11.1990, 10 U 7825/89, GE 1991, 931).
- Angeboten wurden drei Spielhallen als »Paket«, tatsächlich wurden nur zwei der Spielhallen erworben, wobei diese aber knapp 95 % der gesamten Grundstücksfläche repräsentierten (BGH, Urteil vom 25.10.1989, IVa ZR 266/88, NJW-RR 1990, 184).
- Auftrag des Nachweises einer bestimmten Fabrik, tatsächlicher Erwerb von Anteilen einer Kapitalgesellschaft, die eine derartige Fabrik betrieb (BGH, Urteil vom 8.10.1975, IV ZR 43/74, AIZ 1976, 117).
- Auftrag des Nachweises einer Grundstückskaufgelegenheit, tatsächlicher Erwerb von Anteilen der GmbH, der das Grundstück gehörte (BGH, Urteil vom 7.5.1998, III ZR 18/97, NJW 1998, 2277).

! **Achtung**

In all den Fallgestaltungen, in denen statt des beabsichtigten Grundstückserwerbs Unternehmensanteile erworben werden, erübrigt sich die an sich weiter erforderliche persönliche Identität auf Verkäuferseite, da die entsprechende Abweichung zwingende Folge der wirtschaftlichen Gleichwertigkeit ist (BGH, Urteil vom 16.12.2004, III ZR 119/04, BGHZ 161, 349).

Hingegen wurde die wirtschaftliche Gleichwertigkeit in den folgenden Fällen verneint:

- Der Maklervertrag war auf den Nachweis eines landwirtschaftlichen Betriebsgrundstücks gerichtet. Das Objekt wurde nicht erworben, sondern es wurde ein Nießbrauch für den Maklerkunden bestellt (OLG Karlsruhe, Beschluss vom 30.11.2020, 9 U 32/19, NJW-RR 2021, 712).
- Statt eines Kaufvertrags wird ein Pachtvertrag mit 15jähriger Laufzeit abgeschlossen (OLG Karlsruhe, a. a. O.).
- Ursprünglich wollte die Maklerkundin ein Doppelhaus erwerben, doch der Eigentümer teilte das Haus in Wohnungseigentum auf. Die Maklerkundin hat dann eine der beiden Eigentumswohnungen erworben, die andere verblieb im Eigentum des Verkäufers (offengelassen BGH, Urteil vom 28.1.1987, IVa ZR 45/85, WM 1987, 510).
- Ursprünglich wollte der Maklerkunde die Hälfte eines Doppelhauses erwerben, doch der Eigentümer beider Doppelhaushälften hat die Grundstücke vereinigt und an den aufstehenden Doppelhaushälften Wohnungseigentum begründet. Der Interessent hat eine der Eigentumswohnungen erworben (OLG Karlsruhe, Urteil vom 8.8. 2003, 15 U 41/02, NJW-RR 2003, 1695).
- Erwerb bzw. Anmietung lediglich einer Grundstückshälfte (BGH, Urteil vom 18.4.1973, IV ZR 6/72, WM 1973, 814; OLG Köln, Urteil vom 16.1.2001, 24 U 92/00, MDR 2001, 500).
- Erwerb bzw. Anmietung von lediglich einem Viertel der ursprünglich vorgesehenen Grundstücksfläche (BGH, Urteil vom 15.2.1984, IVa ZR 150/82, NJW 1984, 2287).
- Statt des beabsichtigten Kaufvertrags kommt lediglich ein Mietvertrag zustande und umgekehrt (BGH, Urteil vom 9.6.1978, WM 1978, 983).
- Statt des beabsichtigen Kaufvertrags kommt lediglich ein Pachtvertrag zustande (BGH, Urteil vom 9.6.1978, WM 1978, 983).
- Statt des angestrebten Mietvertrags kommt ein Tauschvertrag zustande (BGH, Urteil vom 9.6.1978, WM 1978, 983).
- Der Makler ist mit der Gelegenheit zum Abschluss eines Kaufvertrags über ein Grundstück beauftragt, tatsächlich kommt es nur zum Abschluss eines Kaufvertrags über einen Miteigentumsanteil an dem Grundstück zu einem Viertel (BGH, Urteil vom 15.2.1984, IVa ZR 150/82, WM 1984, 561).
- Anders als im Maklervertrag vereinbart, kommt es nur zum Erwerb der Hälfte eines Grundstücks (BGH, Urteil vom 21.10.1987, IVa ZR 103/86, VersR 1988, 374).
- Es kommt lediglich zum Abschluss eines fünfjährigen Pachtvertrags statt eines ursprünglich beabsichtigten lebenslänglichen Pachtvertrags (BGH, Urteil vom 16.5.1990, IV ZR 337/88, NJW-RR 1990, 1008).
- Entgegen dem Maklerauftrag auf Nachweis eines Hauptmietvertrags kommt es lediglich zum Abschluss eines auf zwei Jahre befristeten Untermietvertrags über ein Ladenlokal (LG Münster, Urteil vom 3.7.1991, 1 S 31/91, NJW-RR 1992, 54).
- Statt des angestrebten Erbbaurechtsvertrags kommt nur ein Mietvertrag zustande (BGH, Urteil vom 12.12.1984, Iva ZR 216/82, NJW-RR 1986, 284).

- Entgegen dem Maklervertrag kommt es nicht zum Abschluss eines Grundstückskaufvertrags, sondern es wird lediglich ein Vorkaufsrecht eingeräumt (BGH, Urteil vom 18.12.1974, IV ZR 89/73, NJW 1975, 647).
- Statt eines Hauptvertrags wird lediglich ein Vorvertrag abgeschlossen (BGH, Urteil vom 5.11.1975, IV ZR 174/74, WM 1976, 28).
- Der Makler ist mit der Gelegenheit zum Ankauf eines Grundstücks beauftragt. Tatsächlich wird eine ideelle Hälfte des Grundstücks durch Kauf erworben, die andere Hälfte im Wege der Zwangsversteigerung (KG, Urteil vom 28.6.1960, 2 U 922/60, NJW 1961, 512).
- Das tatsächlich zu zahlende Hausgeld der erworbenen Eigentumswohnung beträgt 612 EUR anstatt der beworbenen 340 EUR (OLG Oldenburg AIZ 12/82).
- Das Objekt wird in der Zwangsversteigerung erworben, obwohl der Makler mit dem Nachweis bzw. der Vermittlung einer Kaufgelegenheit beauftragt war (BGH, Urteil vom 4.7.1990, IV ZR 174/89, BGHZ 112, 60).

8.3.2 Preisdifferenzen

Erhebliche Preisdifferenzen oder Differenzen bei der Miethöhe können für den Provisionsanspruch des Maklers gefährlich werden. Dies gilt selbst dann, wenn der Maklerkunde das Kaufobjekt zu einem günstigeren Preis erwirbt als ursprünglich gedacht oder das avisierte Objekt günstiger anmieten kann.

Bei Grundstücksgeschäften ist in diesem Zusammenhang zunächst zu berücksichtigen, dass die potenziellen Parteien des Kaufvertrags ihre Vorstellungen, die sie bei Beginn der Vertragsverhandlungen und bei Beauftragung des Maklers gehabt haben, nicht immer vollständig verwirklichen können. Das erforderliche gegenseitige Nachgeben, um den Vertragsschluss herbeizuführen, kann sich auf die Höhe des Kaufpreises, die Nebenbestimmungen oder auf den Umfang der Sachleistung beziehen. Soweit sich die Abweichungen im Rahmen dessen halten, womit der Maklerkunde bei der Beauftragung des Maklers gerechnet hat, lässt sich dessen Provisionsanspruch nicht ausschließen (BGH, Urteile v. 28.1.1987, IVa ZR 45/85, NJW 1987, 1628 und v. 26.9.1979, IV ZR 92/78, NJW 1980, 123).

8.3.3 Preisabweichung »nach unten«

Käufer- bzw. Mieter-Makler

Bei einem Erwerb unter dem angebotenen Kaufpreis oder einer Anmietung unter der angebotenen Miete könnte man der Auffassung sein, dass der Käufer- bzw. Mieter-Makler keinesfalls seinen Provisionsanspruch verliert – und zwar unabhängig vom tatsächlichen Preisnachlass. Denn sein Auftraggeber steht wirtschaftlich gesehen sogar besser da als bei einem Erwerb oder einer Anmietung zum Angebotspreis. Dem aber ist nicht immer so.

Ein Preisnachlass von 15% ist insoweit jedenfalls unschädlich (BGH, Urteil vom 13.12.2007, III ZR 163/07, NJW 2008, 651). Die erforderliche wirtschaftliche Gleichwertigkeit ist auch dann gegeben, wenn der niedrigere Kaufpreis unter Berücksichtigung von zu übernehmenden Verbindlichkeiten zustande gekommen ist (BGH, Urteil vom 7.5.1998, III ZR 18/97, NJW 1998, 2277). Entscheidend ist letztlich, ob sich nach Würdigung aller Umstände des Einzelfalls der abgeschlossene Vertrag als ein wirtschaftlich anderer darstellt als der nach dem Maklervertrag nachzuweisende (BGH, Urteil vom 6.2.2014, III ZR 131/13, VersR 2014, 705). Bei für den Maklerkunden günstigen Preisabweichungen ist vor allem zu berücksichtigen, ob diese sich noch in einem zu erwartenden Rahmen bewegen oder ob sie auf Umständen beruht, die die wirtschaftliche Identität des nachgewiesenen zum abgeschlossenen Geschäft infrage stellen. Hierbei darf kein allzu strenger Maßstab angelegt werden, da sich insbesondere bei Grundstücken, die längere Zeit angeboten werden, der Preis typischerweise nach unten bewegt. Preisnachlässe von bis zu 15% stellen die wirtschaftliche Kongruenz im Allgemeinen nicht infrage (OLG München, Urteil vom 12.12.2016, 21 U 3086/15, BeckRS 2016, 20902), bei Preisnachlässen von mehr als 50% ist sie regelmäßig zu verneinen (BGH, Urteil vom 3.7.2014, III ZR 530/13, WM 2014, 1920).

Innerhalb der Grauzone von 15 bis 50% Preisabweichung nach unten sind also regelmäßig die konkreten Umstände des Einzelfalls ausschlaggebend. Hier entscheiden die Gerichte in tatrichterlicher Würdigung. Zu beachten ist insoweit wiederum, dass der Makler die Darlegungs- und Beweislast für die wirtschaftliche Gleichwertigkeit trägt, dass aber bezüglich der Umstände, die nicht ihm, sondern nur dem Maklerkunden bekannt sind – etwa der Verlauf der Vertragsverhandlungen zwischen Verkäufer und Käufer –, den Maklerkunden eine sekundäre Darlegungslast trifft (BGH, a. a. O. und Urteil vom 7.5.1998 III ZR 18/97, NJW 1998, 2277).

In folgenden Fällen wurde eine Gleichwertigkeit anerkannt:

- 12,5%: Verkaufsangebot in Höhe von 2,5 Mio. EUR, tatsächlicher Erwerb zum Preis von 2,3 Mio. EUR
- 40%: Verkaufsangebot in Höhe von 1,1 Mio. EUR, tatsächlicher Erwerb zum Preis von 625.000 EUR (OLG Hamm, Urteil vom 21.3.2013, 18 U 133/12, IMR 2013, 202)
- 8,3%: Verkaufsangebot in Höhe von 420.000 DM, tatsächlicher Erwerb zum Preis von 385.000 DM (BGH, Urteil vom 25.2.1999, III ZR 191/98, NJW 1999, 1255)
- 9,5%: Verkaufsangebot in Höhe von 950.000 EUR, tatsächlicher Erwerb zum Preis von 860.000 EUR (OLG Stuttgart, Urteil vom 23.12.2009, 3 U 126/09, NJW-RR 2010, 992)
- 7%: Verkaufsangebot in Höhe von 495.000 DM, tatsächlicher Erwerb zum Preis von 460.000 DM (OLG Koblenz, Urteil vom 27.11.2003, 5 U 547/03, WuM 2004, 44)

- 22,9 %: Verkaufsangebot in Höhe von 3.500.000 DM, tatsächlicher Erwerb zum Preis von 2.700.000 DM (OLG Hamburg, Urteil vom 28.4.2000, 11 U 166/99, NZM 2001, 907)
- 13,8 %: Verkaufsangebot in Höhe von 539.000 DM, tatsächlicher Erwerb zum Preis von 465.000 DM (OLG Frankfurt/Main, Urteil vom 6.9.2000, 19 U 64/00, NZM 2001, 908)
- 5,9 %: Verkaufsangebot in Höhe von 425.000 DM, tatsächlicher Erwerb zum Preis von 400.000 DM (OLG Stuttgart, Urteil vom 12.7.2000, 3 U 54/00, NZM 2000, 918)
- 18 %: Verkaufsangebot in Höhe von 460.000 DM, tatsächlicher Erwerb zum Preis von 377.000 DM (OLG Zweibrücken, Urteil vom 15.12.1998, 8 U 95/98, NJW-RR 1999, 1502)
- 16,7 %: Mietangebot in Höhe von 60.000 DM monatlich, tatsächliche Anmietung für 50.000 DM monatlich (OLG München, Urteil vom 29.3.1994, 18 U 4719/93, NJW-RR 1995, 1524)
- 9,6 %: Mietangebot in Höhe von 760 EUR monatlich, tatsächliche Anmietung für 690 EUR monatlich (AG Hamburg-Altona, Urteil vom 5.2.2008, 315 A C 284/07, ZMR 2008, 641)

Mit den folgenden Urteilen wurde eine Gleichwertigkeit hingegen verneint:

- 32 %: Mietangebot in Höhe von 12,50 EUR/m² monatlich, tatsächliche Anmietung für 8,50 EUR/m² monatlich (OLG Hamburg, Urteil vom 6.3.2003, 5 U 227/01, GuT 2003, 227)
- 23,5 %: Verkaufsangebot in Höhe von 980.000 DM, tatsächlicher Erwerb zum Preis von 750.000 DM (OLG Bamberg, Urteil vom 22.12.1987, 4 U 134/97, NJW-RR 1998, 565)
- 38,7 %: Verkaufsangebot in Höhe von 2.700.000 EUR, tatsächlicher Erwerb zum Preis von 1.655.000 EUR (OLG München, Urteil vom 4.2.2010, 24 U 471/09, MDR 2010, 615)

! **Tipp**

Für den Makler ist es verständlicherweise kaum nachvollziehbar, dass er seine Provision verlieren soll, wenn sein Kunde eine wirtschaftlich wesentlich günstigere Vertragsgelegenheit verwirklichen kann. Dennoch ist die Rechtsprechung hier unnachgiebig, wenn die genannten Grenzen überschritten werden. Der Makler wird sich davor auch nicht rechtssicher mit einer Formularklausel schützen können, die ihm in derartigen Fällen die Provision sichern soll. Jedenfalls ist eine Vereinbarung in AGB nach § 307 Abs. 1 BGB unwirksam, wonach die Provision auch dann geschuldet sein soll, wenn kein wirtschaftlich gleichwertiger Hauptvertrag geschlossen wird (OLG Hamburg, Urteil vom 4.5.1991, 9 U 146/90, MDR 1992, 27). Zeichnet sich ab, dass der Maklerkunde wohl zu einem wesentlich günstigeren Preis kaufen oder anmieten kann, sollte der Makler auf eine Änderung des Maklervertrags hinwirken, wonach sich der Inhalt der Maklerleistung in etwa mit dem nunmehr zu realisierenden Kaufpreis deckt.

Verkäufer- bzw. Vermieter-Makler

Allgemeine Grenzen, wann Preisabweichungen für den Verkäufer- bzw. Vermieter-Makler noch unschädlich sind, lassen sich nicht ziehen. So wurde eine Preisabweichung nach unten von 15% noch als provisionsunschädlich angesehen (OLG Frankfurt/Main, Urteil vom 6.9.2000, 19 U 64/00, NZM 2001, 908; OLG Zweibrücken, Urteil vom 15.12.1998, 8 U 95/98, NJW-RR 1999, 1502). Andererseits wurde bereits eine Abweichung des Kaufpreises von lediglich 7% für provisionsschädlich erachtet (OLG Brandenburg BeckRS 2008, 288).

8.3.4 Preisabweichung »nach oben«

Wird es für den Käufer teurer als dem Makler im Vertrag vorgegeben, setzt Letzterer seine Provision aufs Spiel.

Beispiel !

Der Makler soll seinem Interessenten eine Eigentumswohnung bis zu 200.000 EUR nachweisen. Aufgrund eines entsprechenden Nachweises erwirbt der Interessent schließlich eine Wohnung für 250.000 EUR.

In diesem Fall hat der Makler – obwohl er eine an sich provisionsauslösende Maklertätigkeit entfaltet hatte – keinen Anspruch auf Provision, denn die Preisdifferenz beträgt 25%. Ein Provisionsanspruch des Käufermaklers entsteht grundsätzlich nicht, wenn der tatsächlich zu zahlende Objektkaufpreis den zuvor von den Maklervertragsparteien übereinstimmend vorgestellten Preis um 25% übersteigt (OLG Dresden, Urteil vom 18.9.2008, 8 U 1167/08, NJW-RR 2009, 931 = NZM 2009, 258). Im Übrigen wird man aber auch hier Preisabweichungen bis 15% noch als provisionsunschädlich ansehen müssen.

8.4 »Untergehen« des Provisionsanspruchs

In der Praxis zeigt sich immer wieder, dass die Maklerprovision selbst nach Abschluss des Hauptvertrags an einem seidenen Faden hängt und sich Makler daher noch lange nicht beruhigt zurücklehnen können, was ihre Entlohnung angeht. Etwaige Nichtigkeit oder die Anfechtung des Hauptvertrags, ggf. auch ein Rücktritt, der Nichteintritt einer aufschiebenden Bedingung oder die Ausübung eines Vorkaufsrechts können sich durchaus negativ auf den Provisionsanspruch des Maklers auswirken (BGH, Urteil vom 10.6.2021, IX ZR 157/20, NJW-RR 2021, 1215). Dies gilt auch vor dem Hintergrund, dass die Bestimmung des § 652 Abs. 1 Satz 1 BGB das Entstehen eines Provisionsanspruchs des Maklers nur vom Zustandekommen des Hauptvertrags abhängig macht und nicht von dessen Ausführung. Dies ist grundsätzlich auch vor dem Hintergrund zu berücksichtigen, dass Umstände, die ohne eine im Hauptvertragsschluss selbst liegende Unvollkommenheit lediglich die Leistungspflichten aus dem Vertrag beseitigen – zum Beispiel nachträgliche Unmöglichkeit, Kündigung, Rücktritt oder einverständliche Vertragsaufhebung –, den Provisionsanspruch regelmäßig unberührt lassen (BGH,

Urteil vom 14.7.2005, III ZR 45/05, WM 2005, 2146; LG Hamburg, Urteil vom 28.9.2012, 323 O 270/11, ZMR 2014, 759).

8.4.1 Unmöglichkeit

Wird die Durchführung des Hauptvertrags durch ein bestimmtes Ereignis oder aufgrund besonderer Umstände unmöglich, hängt der Provisionsanspruch des Maklers davon ab, ob es sich um einen Fall anfänglicher Unmöglichkeit oder einen Fall der nachträglichen Unmöglichkeit handelt.

Anfängliche Unmöglichkeit
Bei anfänglicher Unmöglichkeit ist der Hauptvertrag zwar nach der Bestimmung des §311a Abs. 1 BGB wirksam. Allerdings ist nach den weiteren Bestimmungen in §275 Abs. 1 und §311a Abs. 1 BGB der Primäranspruch ausgeschlossen und nach §326 Abs. 1 BGB entfällt grundsätzlich auch der Anspruch auf die Gegenleistung. Aufgrund dieser Rechtslage kann der Makler bei anfänglicher Unmöglichkeit keine Provision verlangen (Sprau in Grünenberg (vormals: Palandt), BGB, 81. Auflage, §652 Rn. 35).

! **Beispiel**

Kurz vor Abschluss des notariellen Kaufvertrags brennt das Haus ab, dessen Vermittlung Gegenstand des Maklervertrags ist. In Unkenntnis dieses Umstands schließen die Parteien den Kaufvertrag.

Nachträgliche Unmöglichkeit
Von einer nachträglichen Unmöglichkeit ist dann die Rede, wenn Umstände eintreten, die den Vertragszweck nach Vertragsabschluss vereiteln.

! **Beispiel**

Kurz nachdem der Maklerkunde mit dem Verkäufer eines Hausgrundstücks den notariellen Kaufvertrag geschlossen hat, brennt das aufstehende Gebäude ab.

In diesem Fall ist die Verpflichtung des Verkäufers zur Übergabe des Hauses unmöglich geworden. Ein derartiges Risiko kann aber nicht auf den Makler abgewälzt werden, da er einen wirksamen Hauptvertrag nachgewiesen oder vermittelt hat, auch wenn dieser nachträglich scheitert. Der Makler hat nach wie vor einen Provisionsanspruch.

8.4.2 Einvernehmliche Vertragsauflösung

Nach §652 Abs. 1 BGB setzt der Provisionsanspruch des Maklers voraus, dass zwischen dessen Auftraggeber und einem Dritten ein Hauptvertrag geschlossen wird.

Kommt dieser Hauptvertrag zwischen den Parteien aufgrund entsprechender Tätigkeit des Maklers zustande, hängt der Provisionsanspruch des Maklers nicht davon ab, ob der Hauptvertrag tatsächlich durchgeführt wird. Heben die beteiligten Parteien den Vertrag einvernehmlich auf, berührt dies den Provisionsanspruch grundsätzlich nicht (OLG Koblenz, Beschluss vom 4.3.2011, 2 U 335/10, MDR 2011, 777; OLG Köln, Urteil vom 8.3.2005, 24 U 114/04, ZMR 2005, 546).

Beispiel !

Nach Abschluss des Kaufvertrags, aber noch vor Übergabe des Kaufobjekts – einer Eigentumswohnung – wendet sich der Verkäufer an den Käufer und bittet ihn um Aufhebung dieses Vertrags, da eines seiner Kinder die Wohnung benötigt. Da sich der Käufer hinsichtlich des Kaufpreises sowieso etwas übernommen hat, willigt er gerne ein.

In einem derartigen Fall verliert der Makler seinen Provisionsanspruch nicht, ansonsten wäre er der Willkür seiner Auftraggeber ausgesetzt. Grundsätzlich wird die Provisionspflicht des Maklerkunden nicht dadurch infrage gestellt, dass dieser nach dem Scheitern der Finanzierung den Grundstückskaufvertrag im Einvernehmen mit dem Verkäufer rückgängig macht (OLG München, Urteil vom 26.2.2020, 15 U 4202/19, ZfIR 2020, 320; OLG Köln, Urteil vom 8.3.2005, 24 U 114/04, ZMR 2005, 546).

Aufhebung statt Anfechtung

Anders sieht es aus, wenn eine der Vertragsparteien den Hauptvertrag berechtigt anfechten könnte und stattdessen die Vertragsaufhebung gewählt wird. Dann entfällt der Provisionsanspruch des Maklers (AG Charlottenburg, Urteil vom 23.3.2015, 237 C 285/14, GE 2015, 863).

Beispiel !

Der Eigentümer hat sein Einfamilienhaus verkauft. Im notariellen Kaufvertrag wurde die Gewährleistung ausgeschlossen und erklärt, dass das Vorhandensein von Altlasten nicht bekannt sei. Nach Besitzübergang hat sich bei Ausgrabungsarbeiten zwecks Errichtung eines weiteren Bauwerks ergeben, dass das Grundstück großflächig kontaminiert ist. Es stellte sich heraus, dass der Verkäufer und frühere Eigentümer dort bis vor zehn Jahren eine Mülldeponie betrieben hatte. Da der Verkäufer aktuell für das Amt des Bürgermeisters kandidiert und schlechte Presse aufgrund dieses Vorfalls befürchtet, bietet er dem Käufer die Vertragsauflösung mit Ausgleich der nutzlos gewordenen Aufwendungen an. Dieser willigt ein.

Der Käufer hätte hier die Möglichkeit der Anfechtung des Kaufvertrags gehabt, da ihn der Verkäufer hinsichtlich der verschwiegenen Altlasten arglistig getäuscht hatte. Ein Haftungsausschluss bezieht sich nach der Vorschrift des § 444 BGB niemals auf Arglist. Da der Makler im Fall erklärter Anfechtung keinen Provisionsanspruch hätte, geht sein Provisionsanspruch auch dann unter, wenn statt erklärter Anfechtung der Kaufvertrag einvernehmlich aufgehoben und rückabgewickelt wird. Eine bereits gezahlte

Maklerprovision kann dann nach Bereicherungsgrundsätzen zurückgefordert werden (AG Charlottenburg, a.a.O.).

Aufhebung bei Nichterteilung behördlicher Genehmigung

Gleiches gilt für die Fälle, in denen der Hauptvertrag zu seiner Durchführung zum Beispiel behördlicher Genehmigungen bedarf. Heben die Parteien den Hauptvertrag einvernehmlich auf und ist dieser zum Zeitpunkt der Vertragsaufhebung tatsächlich nicht genehmigungsfähig, geht auch der Provisionsanspruch unter (KG, Urteil vom 4.5.2000, 10 U 1809/99, KGR Berlin 2000, 399).

! **Beispiel**

Der Eigentümer verkauft an den Interessenten ein Baugrundstück, der darauf ein Einfamilienhaus errichten möchte. Tatsächlich wird eine Baugenehmigung nicht erteilt. Die Vertragsparteien einigen sich auf eine gütliche Vertragsaufhebung.

Hier hat der Makler keinen Anspruch auf Provisionszahlung, weil die Genehmigung nicht erteilt wird.

Vertragsaufhebung bei Maklerklausel

Heben die Hauptvertragsparteien den Vertrag einvernehmlich auf, ist den Umständen, insbesondere dem Vertragszweck zu entnehmen, ob auch der Zahlungsanspruch des Maklers aus dem Vertrag zugunsten Dritter aufgrund einer Maklerklausel entfallen soll. Der Provisionsanspruch geht jedenfalls dann unter, wenn statt einer berechtigten Anfechtung die einvernehmliche Vertragsauflösung erfolgt. Er kann bestehen bleiben, wenn die zur Vertragsaufhebung führenden Gründe aus der Sphäre des zur Zahlung verpflichteten Käufers kommen, beispielsweise bei einer Aufhebung des Hauptvertrags wegen Zahlungsschwierigkeiten des Käufers.

8.4.3 Vertragsschluss unter aufschiebender Bedingung

Wird der Hauptvertrag unter einer sogenannten aufschiebenden Bedingung geschlossen, entsteht der Provisionsanspruch nach der gesetzlichen Regelung in § 652 Abs. 1 Satz 2 BGB erst dann, wenn die Bedingung eingetreten ist. Die Parteien des Hauptvertrags sehen den Hauptvertrag bis zum Eintritt der Bedingung als noch nicht vollkommen an und machen seine Wirkung vom Eintritt dieser Bedingung abhängig. Die Vereinbarung im Grundstückskaufvertrag, wonach für den Käufer ein Rücktrittsrecht für den Fall besteht, dass eine Baugenehmigung nicht erteilt wird, steht einer aufschiebenden Bedingung gleich, womit im Rücktrittsfall ein Provisionsanspruch des Maklers nicht entsteht (LG Berlin, Urteil vom 27.9.2007, 9 O 141/07, GE 2007, 1695).

Beispiel !

Stellen die Vertragsparteien den Hauptvertrag unter die aufschiebende Bedingung der baurechtlichen Genehmigung, reicht es für deren Eintritt nicht aus, wenn auch die Baugenehmigung lediglich unter Bedingungen erteilt wird. Es genügt hingegen, wenn die unbedingt erteilte Baugenehmigung mit einer Auflage verbunden ist (BGH, Urteil vom 8.2.2001, III ZR 49/00, NJW-RR 2001, 840).

Problematisch ist außerdem die pauschale Vereinbarung zwischen dem Makler und seinem Auftraggeber, dass die Provision erst nach Eingang des Kaufpreises gezahlt werden soll. Ergibt hier die Auslegung, dass nicht nur eine Fälligkeitsregelung getroffen werden soll, sondern dass es sich um eine aufschiebende Bedingung handelt, entsteht der Provisionsanspruch erst mit Zahlung des Kaufpreises.

Beispiel !

Der Maklervertrag enthält folgende Bestimmung: »Die Provision ist mit Eingang des Kaufpreises auf dem Notaranderkonto zur Zahlung fällig.«

Diese Regelung ist dahingehend auszulegen, dass es sich lediglich um eine Fälligkeitsregelung handelt.

Beispiel !

Im Maklervertrag findet sich folgende Bestimmung: »Der Provisionsanspruch entsteht mit Eingang des Kaufpreises auf dem Notaranderkonto.«

Diese Regelung wäre als aufschiebende Bedingung auszulegen. Erfolgt also keine Zahlung auf das Notaranderkonto, besteht auch kein Provisionsanspruch.

Tipp !

Makler sollten hier in ihrem eigenen Interesse für klare Verhältnisse sorgen und in der Vereinbarung eindeutig zum Ausdruck bringen, dass allenfalls eine Fälligkeitsregelung getroffen wird. Demnach entsteht der Provisionsanspruch mit Zustandekommen des wirksamen Hauptvertrags, die Provision wird jedoch erst mit Eingang des Kaufpreises zur Zahlung fällig.

8.4.4 Fehlende Genehmigungen

Rechtsdogmatisch handelt es sich bei dem Erfordernis von Genehmigungen zwar nicht um eine aufschiebende Bedingung, aber die Sachlage ist vergleichbar. Bedarf der Hauptvertrag zu seiner Wirksamkeit einer behördlichen Genehmigung, entsteht der Provisionsanspruch erst nach deren Erteilung. Bis dahin ist der Hauptvertrag noch nicht wirksam zustande gekommen – juristisch ausgedrückt: schwebend unwirksam.

In diesem Zeitraum besteht auch kein Provisionsanspruch des Maklers. Wird die Genehmigung versagt, scheitert auch der Provisionsanspruch des Maklers endgültig.

!

Beispiel

Praktisch bedeutsam ist in diesem Bereich etwa die Erteilung einer vormundschaftlichen Genehmigung oder eine Genehmigung zur Teilung eines Grundstücks nach § 19 Abs. 1 Baugesetzbuch (BauGB), wenn der Maklerauftrag auf die Veräußerung einer Teilfläche gerichtet ist. Betroffen sind auch Fälle, in denen die Durchführung des Hauptvertrags von der Aufstellung eines Bebauungsplans oder der Bebaubarkeit überhaupt abhängt.

Eine fehlende oder versagte Genehmigung muss nicht immer dazu führen, dass der Provisionsanspruch wegfällt. Ist die Genehmigung nicht für den schuldrechtlichen Vertrag erforderlich, sondern lediglich für dessen Durchführung, berührt die versagte Genehmigung den Provisionsanspruch des Maklers nicht.

!

Beispiel

Vermittelt der Makler einen Mietvertrag über eine Spielhalle und wird die nach § 33i GewO erforderliche Genehmigung nicht erteilt, behält er dennoch seinen Anspruch auf Courtage gegen seinen Auftraggeber. Dass die vermietete Fläche zu dem mietvertraglichen Zweck geeignet ist, dafür ist allein der Vermieter verantwortlich. Der aufgrund des Maklervertrags zur Zahlung einer Maklerprovision verpflichtete Mieter hat in einem derartigen Fall ggf. mietrechtliche Ansprüche gegen seinen Hauptvertragspartner – also den Vermieter. Die fehlende Genehmigungsfähigkeit des Mietobjekts hat aber keine Auswirkung auf den Provisionsanspruch des Maklers.

Hängt zudem die Erteilung der für den Hauptvertrag erforderlichen Genehmigungen von der Mitwirkung des Maklerkunden ab – muss dieser beispielsweise Planungsunterlagen bei der Behörde einreichen – und kommt er seiner Mitwirkungsverpflichtung in treuwidriger Weise nicht nach, bleibt der Provisionsanspruch bestehen. Das gilt auch, wenn der Hauptvertrag etwa wegen einer einvernehmlichen Vertragsauflösung oder einem für diesen Fall vertraglich vereinbarten und ausgeübten Rücktritt scheitert. Dies folgt aus § 162 Abs. 1 BGB, der besagt, dass eine Bedingung dann als eingetreten gilt, wenn dies von der Partei wider Treu und Glauben verhindert wird, zu deren Nachteil er gereichen würde.

Dieser Grundsatz wird jedoch von der Rechtsprechung im Maklerrecht äußerst restriktiv ausgelegt, da der Maklerkunde in seinen Entscheidungen völlig frei ist. Er ist nicht verpflichtet, überhaupt den Hauptvertrag abzuschließen, es besteht also kein Abschlusszwang. Hieraus wird abgeleitet, dass der Maklerkunde auch nicht dazu verpflichtet ist, den noch unvollkommenen Hauptvertrag durch Einholen der erforderlichen Genehmigungen vollkommen zu machen. Es muss sich also um Fälle handeln, in denen in grobem Maß und unter Verstoß von Treu und Glauben gegen die Mitwirkungspflicht verstoßen wird.

8.4.5 Kündigung

Der Makler trägt nicht das Risiko einer Kündigung einer der beiden Vertragsparteien.

!

Beispiel

Der Makler weist seinem Kunden die Gelegenheit zum Abschluss eines Mietvertrags über Gewerbeflächen nach. Mieter und Vermieter schließen am 1.10. einen entsprechenden Mietvertrag ab. Das Mietverhältnis soll am 1.12. beginnen. Am 30.10. kündigt der Mieter das Mietverhältnis.

Die Kündigung des Mieters lässt den Provisionsanspruch des Maklers unberührt. Maßgeblich ist allein, dass der Makler die Gelegenheit zum Abschluss des Mietvertrags nachgewiesen oder vermittelt hat und dieser Vertrag tatsächlich geschlossen wurde.

8.4.6 Nichtigkeit des Hauptvertrags

Ein nichtiger Hauptvertrag begründet keinen Anspruch auf Maklerprovision. Mangelt es beispielsweise an der erforderlichen Form – ein Kaufvertrag über ein Grundstück, eine Eigentumswohnung oder eine Gewerbeeinheit bedarf bekanntlich der notariellen Beurkundung (§ 311b Abs. 1 BGB) –, erhält der Makler keine Provision. Durch Auflassung und Grundbucheintragung wird der Formmangel jedoch geheilt und der Maklerprovisionsanspruch entsteht.

Praxisrelevant ist in diesem Zusammenhang auch die Nichtigkeit des Hauptvertrags wegen des Verstoßes gegen ein Verbotsgesetz.

!

Beispiel

Vermittelt der Makler einen Grundstückskauf, der mit dem Abschluss eines Architektenvertrags gekoppelt ist, ist der Architektenvertrag wegen eines Gesetzesverstoßes nichtig. Der Makler verliert seinen darauf gerichteten Provisionsanspruch.

8.4.7 Anfechtung

Schlechte Karten hat der Makler, wenn eine der Parteien des Hauptvertrags den Vertrag anficht. Denn infolge der Anfechtung gilt der Vertrag als von Anfang an nichtig und somit als nicht geschlossen. Da es bei einer berechtigten Anfechtung letztlich am provisionsbegründenden Hauptvertrag fehlt, geht der Provisionsanspruch des Maklers unter, bereits vereinnahmte Provisionen muss er zurückerstatten (BGH, Urteil vom 10.6.2021, IX ZR 157/20, NJW-RR 2021, 1215; LG Frankfurt/Oder, Urteil vom 22.1.2016, 12 O 236/14, GE 2016, 262).

Zur Anfechtung berechtigt zum einen die arglistige Täuschung, zum anderen ein Irrtum über eine wesentliche Eigenschaft. Grundsätzlich unerheblich ist in diesem Zusammenhang, ob die Täuschung vom Auftraggeber des Maklers, dessen Hauptvertragspartner oder gar vom Makler selbst ausgeht.

! **Beispiel**

Höchst praxisrelevant sind die Fälle, in denen der Makler zum Beispiel Informationen über den Zustand des Objekts dem Hausgrundstückskäufer vom Verkäufer weitergibt, sich nach Abschluss des Hauptvertrags Mängel wie Feuchtigkeitsschäden herausstellen und der Käufer daraufhin Rücktritt vom Vertrag oder Minderung erklärt (LG Frankfurt/Oder., a. a. O.).

Der Rücktritt vom Hauptvertrag sowie die Minderung des Kaufpreises berühren den Provisionsanspruch des Maklers zwar in der Regel nicht. Da aber in diesem Fall statt Rücktritt oder Minderung auch eine Anfechtung möglich ist, entfällt der Provisionsanspruch (BGH, a. a. O.; Urteil vom 14.12.2000, III ZR 3/00, NJW 2001, 966; LG Frankfurt/Oder, a. a. O.).

! **Achtung**

Eine weitere bittere Pille für den Makler: Selbst wenn die zur Anfechtung berechtigende Täuschung von seinem Auftraggeber ausgegangen ist, hat der Makler gegen diesen keine Schadensersatzansprüche. Dem Makler stehen auch keinerlei Schadensersatzansprüche gegen den Hauptvertragspartner seines Auftraggebers zu, er geht bei solchen Konstellationen leer aus.

8.4.8 Rücktritt

Zunächst und grundsätzlich wirkt sich der Rücktritt einer der beiden Vertragsparteien vom Hauptvertrag nicht auf den Provisionsanspruch des Maklers aus, so nicht die Voraussetzungen einer Vertragsanfechtung vorliegen. Zu unterscheiden sind das vertragliche und das gesetzliche Rücktrittsrecht.

Gesetzliches Rücktrittsrecht

Die Ausübung eines gesetzlichen Rücktrittsrechts berührt den durch Abschluss des Hauptvertrags entstandenen Provisionsanspruch nicht (BGH, Urteil vom 9.7.2009, III ZR 104/08, NJW 2009, 2810; LG Hamburg, Urteil vom 28.9.2012, 323 O 270/11, ZMR 2014, 759), denn das Risiko der Vertragsdurchführung tragen die Parteien des Hauptvertrags. Die Rückgängigmachung des Vertrags erfolgt hier nicht wegen einer Unvollkommenheit des Vertragsschlusses, sondern wegen anderer Umstände. Abweichendes gilt allerdings, wenn der Vertrag wegen arglistiger Täuschung des Verkäufers über die Zahlungsfähigkeit des Käufers auch hätte angefochten werden können (OLG Stuttgart, Urteil vom 7.12.2011, 3 U 135/11, ZMR 2013, 586).

Höchst praxisrelevant sind die Fälle, in denen der Käufer beispielsweise den Kaufpreis nicht entrichten kann oder dessen Finanzierung scheitert. Der Verkäufer hat hier das gesetzliche Rücktrittsrecht gemäß § 323 BGB.

Beispiele !

- Zahlt der Käufer den geschuldeten Kaufpreis nicht, kann der Verkäufer vom Vertrag zurücktreten. Da aber der Makler nicht das Risiko für das Verhalten der Parteien trägt, bleibt der Provisionsanspruch in einem derartigen Fall erhalten (BGH, Urteil vom 29.1.1998, III ZR 76/97, NJW-RR 1998, 1205; OLG München, Urteil vom 26.2.2020, 15 U 4202/19, ZfIR 2020, 320; LG Bremen, Urteil vom 16.9.2015, 9 O 755/14, ZMR 2016, 416; LG Hamburg, Urteil vom 28.9.2012, 323 O 270/11, ZMR 2014, 759).
- Hat der Makler eine Mietvertragsgelegenheit vermittelt oder nachgewiesen, wirkt sich auch eine Kündigung des Mietvertrags nicht auf die durch den Vertragsschluss entstandene Provision aus.

Entsprechendes gilt auch dann, wenn ein vertragliches dem gesetzlichen Rücktrittsrecht nachgebildet ist (BGH, Urteil vom 6.3.1991, IV ZR 53/90, NJW-RR 1991, 820; OLG Frankfurt/Main, Urteil vom 20.6.2006, 19 U 37/06, NZM 2006, 828; OLG Karlsruhe, Urteil vom 21.5.2004, 15 U 39/03, NJW-RR 2005, 574).

Beispiel !

Der Maklerkunde, ein Zahnarzt, schließt einen Mietvertrag über eine Zahnarztpraxis ab. Im Vertrag räumt der Vermieter dem Zahnarzt Konkurrenzschutz ein. Falls es zu einer Verletzung des Konkurrenzschutzes kommt, wäre der Zahnarzt zum Rücktritt vom Vertrag berechtigt.

Die vertragliche Vereinbarung entspricht der bereits im Gesetz geregelten Bestimmung des § 323 Abs. 1 BGB. Dass der Rücktritt im Fall der Fälle dann auf die vertragliche Vereinbarung gestützt wird, ist unerheblich.

Achtung !

Anders sieht es aus, wenn statt des Rücktritts auch die Anfechtung des Vertrags erklärt werden könnte. Dann nämlich liegt die Unvollkommenheit nicht in der Vertragsdurchführung, sondern im Vertragsabschluss selbst. Erklärt also eine Vertragspartei den Rücktritt vom Hauptvertrag, wäre sie aber stattdessen auch zur Anfechtung des Vertrags berechtigt, verliert der Makler seinen Provisionsanspruch (BGH, Urteil vom 10.6.2021, IX ZR 157/20, NJW-RR 2021, 1215; Urteil vom 9.7.2009, III ZR 104/08, NJW 2009, 2810).

Vertragliches Rücktrittsrecht

Ob der Makler seinen Provisionsanspruch behält, wenn eine Partei des Hauptvertrags ein (sonstiges) vertragliches Rücktrittsrecht ausübt, ist durch Auslegung des Maklervertrags zu ermitteln (BGH, Beschluss vom 29.1.1998, III ZR 76/97, NJW-RR 1998, 1205). Auch beim vertraglich vereinbarten Rücktrittsrecht bleibt der Provisionsanspruch grundsätzlich erhalten, wenn es einem gesetzlichen Rücktrittsrecht nachgebildet ist. Nach höchstrichterlicher Rechtsprechung (BGH, Urteil vom 13.1.2000, III ZR 294/98, NJW-RR 2000, 1302) lässt hingegen ein zeitlich befristetes, aber sonst an keine Voraussetzungen gebundenes Rücktrittsrecht den Provisionsanspruch des Maklers erst dann entstehen, wenn das Recht nicht ausgeübt wird.

! **Beispiel**

Der Makler hat seinem Kunden die Möglichkeit nachgewiesen, einen Kaufvertrag über ein Einfamilienhaus abzuschließen. Im notariellen Kaufvertrag vereinbaren Käufer und Verkäufer ein beiderseitiges Rücktrittsrecht von einem Monat, da sich beide noch nicht endgültig über Kauf bzw. Verkauf schlüssig sind.

Erklärt hier eine der beiden Vertragsparteien den Rücktritt vom Vertrag, geht der Provisionsanspruch des Maklers unter. Dieser Fall wird so behandelt, als wäre der Hauptvertrag unter einer aufschiebenden Bedingung geschlossen worden. Der Provisionsanspruch entsteht also erst dann, wenn eine vertragliche Bindung zwischen den Parteien des vermittelten Vertrags zustande gekommen ist. Bis dahin trägt der Makler in der Regel vollständig das finanzielle Risiko seiner Bemühungen (LG München I, Urteil vom 4.2.2005, 30 O 8249/04). Der Provisionsanspruch entsteht bei Rücktritt des Käufers von einem Grundstückskaufvertrag dann nicht, wenn dieser Vertrag ein von der Bebauungsfähigkeit des Grundstücks abhängiges Rücktrittsrecht für den Käufer enthält. Denn hier dürfte es Wille der Vertragsparteien sein, den Vertrag so lange in der Schwebe zu lassen, bis die Bebauungsfähigkeit feststeht (LG Berlin, Urteile v. 27.9.2007, 9 O 141/07, GE 2007, 1695 und v. 30.9.2004, 5 O 260/04, ZMR 2005, 459).

! **Tipp**

Vereinbaren die Parteien des Hauptvertrags ein vertragliches Rücktrittsrecht, sollte der Makler immer prüfen, ob dieses einem gesetzlichen Rücktrittsrecht nachgebildet ist; dann nämlich bleibt der Provisionsanspruch bestehen. Praxisrelevant sind hier die Fälle, in denen im Hauptvertrag ein Rücktrittsrecht für den Fall des Scheiterns der Finanzierung oder der Zahlungsunfähigkeit vereinbart ist.

Auch diese Regeln gelten nicht ohne Ausnahme: Weiß der Makler von etwaigen Risiken, die mit der Durchführung des Hauptvertrags verbunden sind, kann dies zum Verlust des Provisionsanspruchs führen. Dies gilt insbesondere dann, wenn der Rücktritt dem Käufer vertraglich vorbehalten bleibt, »sofern ihm die Finanzierung des Kaufpreises nicht möglich ist« (OLG Karlsruhe, Urteil vom 21.5.2004, 15 U 39/03, NJW-RR 2005, 574).

Beispiel !

- Reicht der Kaufpreis nicht aus, um die auf dem Grundstück lastenden Grundpfandrechte abzulösen, und wusste der Makler von den desolaten finanziellen Verhältnissen des Verkäufers, verliert er bei einem Rücktritt des Käufers und Maklerkunden seinen Provisionsanspruch.
- Genauso wurde für den Fall entschieden, in dem sich der Verkäufer ein Rücktrittsrecht für den Fall vorbehalten hatte, dass der Käufer den Kaufpreis nicht bis zu einem bestimmten Termin bezahlt. Hier wurde unterstellt, dass der Maklerkunde stillschweigend an sein Provisionsversprechen die Voraussetzung geknüpft hat, dass der Kaufpreis tatsächlich beglichen wird.

Im Übrigen wird selbstverständlich die Provisionspflicht des Maklerkunden nicht dadurch infrage gestellt, dass dieser nach dem Scheitern der in Aussicht genommenen Finanzierung den Grundstückskaufvertrag im Einvernehmen mit dem Verkäufer rückgängig gemacht hat (OLG Köln, Urteil vom 8.3.2005, 24 U 114/04, ZMR 2005, 546). Ist jedenfalls im Kaufvertrag keine Regelung dahingehend enthalten, dass der Maklervertrag unter der aufschiebenden Bedingung der erfolgreichen Finanzierung des Kaufvertrags geschlossen wird, bleibt der Provisionsanspruch des Maklers erhalten, auch wenn der Käufer später infolge der Nichtgewährung eines Kredits von seinem Rücktrittsrecht Gebrauch macht (LG Bremen, Urteil vom 16.9.2015, 9 O 755/14, ZMR 2016, 416).

Rücktritt bei Maklerklausel

Hat der Makler gegenüber dem Käufer nur einen Anspruch aus einer notariellen Maklerklausel, ist im Fall des Rücktritts der Provisionsanspruch erheblich gefährdet. Steht dem Makler nämlich aufgrund eines Vertrags zugunsten Dritter zwischen Verkäufer und Käufer ein Vergütungsanspruch unabhängig von der Erbringung einer Maklertätigkeit gegenüber dem Käufer zu, geht das hierdurch begründete selbstständige Forderungsrecht grundsätzlich bei Rücktritt des Käufers vom Hauptvertrag unter (Schleswig-Holsteinisches OLG, Urteil vom 26.10.2001, 14 U 31/01, NJW-RR 2002, 782). Soweit Makler und Käufer keine weitere Vereinbarung getroffen haben, begründet eine derartige Maklerklausel nämlich die Vermutung, dass zwischen Käufer und Makler kein eigenständiger Maklervertrag im Sinne des § 652 BGB zustande gekommen ist. Lediglich eine den Verkäufer treffende Provisionspflicht soll auf den Käufer abgewälzt werden und nur insoweit soll dem Makler ein selbstständiger Anspruch gegen diesen zustehen. Unter diesen Bedingungen verliert der Makler auch seinen Provisionsanspruch bei einem Rücktritt des Käufers vom Hauptvertrag. Dies gilt auch für den Fall der Regelung, dass »mit heutiger Vertragsunterzeichnung« die Maklerprovision »verdient und fällig« sein soll (OLG Karlsruhe, Urteil vom 21.5.2004, 15 U 39/03, NJW-RR 2005, 574).

! **Achtung**

Ob dem Makler ausnahmsweise ein eigener, unentziehbarer Anspruch gegen den Käufer zusteht, richtet sich nach dem Vertragszweck und den sonstigen Umständen.

Ist der Käufer ein Verbraucher und handelt es sich beim Kaufobjekt um ein Einfamilienhaus oder eine Wohnung, hat der Makler nach § 656d BGB ohnehin nur einen Provisionsanspruch gegen den Käufer, wenn der Verkäufer mindestens in derselben Höhe provisionspflichtig ist wie der Käufer. Realisieren kann der Makler seinen Anspruch in diesem Fall auch nur, wenn entweder er oder der Verkäufer nachweisen, dass der Verkäufer seine Provision bereits an den Makler gezahlt hat.

Provision und Vorkaufsrecht

Kritsch wird es für den Makler im Hinblick auf seinen Provisionsanspruch, wenn nach dem Kauf ein Vorkaufsrecht ausgeübt wird. Gegen seinen Kunden hat der Makler dann keinen Provisionsanspruch, denn dieser zieht ja keinen wirtschaftlichen Vorteil aus der Maklerleistung. Der mit dem Maklervertrag verfolgte Zweck ist dann nicht in der Person des Kunden eingetreten, sondern bei demjenigen, der sein Vorkaufsrecht ausübt.

! **Beispiel**

Der Interessent einer Eigentumswohnung hat den Makler mit dem Nachweis und der Vermittlung einer passenden Kaufgelegenheit beauftragt, das Objekt soll als Kapitalanlage dienen. Insoweit ist der Interessent durchaus zum Kauf einer bereits vermieteten Wohnung bereit. Der Makler weist eine entsprechende Erwerbsgelegenheit nach. Es handelt sich um eine Wohnung in einer Wohnanlage, die der Eigentümer kurz zuvor in Wohnungseigentum aufgeteilt hatte. Der Hauptvertrag wird geschlossen. Einige Tage später übt der derzeitige Mieter der Wohnung sein gesetzliches Vorkaufsrecht gemäß § 577 Abs. 1 BGB aus.

Der Makler hat gegen seinen Kunden, den ursprünglichen Käufer der Wohnung, keinen Provisionsanspruch. Letztlich nämlich hat er nicht das bekommen, was der Makler eigentlich nachweisen bzw. vermitteln sollte. Gegen den vorkaufsberechtigten Mieter hat der Makler keinen Provisionsanspruch, da mit ihm kein Maklervertrag besteht. Ist allerdings im Hauptvertrag eine Maklerklausel enthalten, nach der dem Makler ausdrücklich ein Provisionsanspruch gegen den Käufer eingeräumt wird, bleibt der Provisionsanspruch auch bei Ausübung des Vorkaufsrechts bestehen (BGH, Urteil vom 12.5.2016, I ZR 5/15, NJW 2016, 3233; LG Hamburg, Urteil vom 28.9.2012, 323 O 270/11, ZMR 2014, 759).

! **Achtung**

Ist die Zahlung einer unüblich hohen Maklerprovision im Kaufvertrag zwischen dem Verkäufer und dem Käufer vereinbart, ist der Vorkaufsberechtigte im Fall der Ausübung des Vorkaufsrechts nicht verpflichtet, die Maklerprovision in der vereinbarten Höhe zu zahlen. Der Makler hat in einem derartigen Fall auch keinen Anspruch auf Zahlung einer auf die übliche Höhe reduzierten Maklerprovision (BGH, a. a. O.).

Handelt es sich bei dem Maklerkunden hingegen um den Verkäufer eines Objekts, für das ein Vorkaufsrecht ausgeübt wird, hat dies keinen Einfluss auf die Maklerprovision. Der Makler behält seinen Provisionsanspruch gegen den Verkäufer.

Beispiel !

Der Eigentümer eines kleinen Hausgrundstücks beauftragt den Makler mit dem Nachweis der Gelegenheit einer Verkaufsgelegenheit. Dem Makler gelingt der Nachweis. Allerdings übt die Gemeinde, in der das Häuschen gelegen ist, ihr Vorkaufsrecht gemäß § 24 Abs. 1 BauGB aus.

Dass die Gemeinde ihr Vorkaufsrecht ausübt, hat keinen Einfluss auf den Provisionsanspruch des Maklers. Für seinen Kunden nämlich hat die Maklertätigkeit zum gewünschten Erfolg geführt (OLG Hamm, Urteil vom 21.8.2012, 15 W224/11, ZfIR 2012, 841).

9 Ursächlichkeit der Maklerleistung

Vierte Voraussetzung für den Provisionsanspruch des Maklers ist, dass der Hauptvertrag infolge der Tätigkeit des Maklers, also des Nachweises oder der Vermittlung, zustande kommt. Die Tätigkeit des Maklers muss also ursächlich für das Zustandekommen des Hauptvertrags gewesen sein. Zu beachten ist insoweit, dass die Maklertätigkeit nicht alleinige Ursache für den Abschluss des Hauptvertrags sein muss. Vielmehr genügt bereits ein wesentlicher mitursächlicher Beitrag des Maklers (OLG München, Urteil vom 12.12.2016, 21 U 3086/15, BeckRS 2016, 20902, 295; OLG Koblenz, Urteil vom 21.6.2001, 5 U 225/01, NZM 2002, 180; OLG Zweibrücken, Urteil vom 15.12.1998, 8 U 95/98, NJW-RR 1999, 1502). Hingegen genügt für die Kausalität nicht der schlichte Eintritt des Erfolgs, der Abschluss des Hauptvertrags muss sich als Arbeitserfolg der Maklerleistung erweisen (BGH, Urteil vom 5.3.2020, I ZR 69/19, NJW 2020, 2792). Ist die Maklertätigkeit nicht kausal bzw. ursächlich für den Abschluss des Hauptvertrags, hat der Makler keinen Anspruch auf Provision.

Die Frage der Kausalität bzw. Ursächlichkeit der Maklertätigkeit stellt sich in erster Linie bei behaupteter Vorkenntnis des Maklerkunden, wenn der Abschluss des Hauptvertrags erst geraume Zeit nach erbrachter Maklertätigkeit erfolgt und wenn für den Maklerkunden mehrere Makler tätig werden. Für die Kausalität zwischen Nachweistätigkeit und Abschluss eines Hauptvertrags trägt der Makler grundsätzlich die Darlegungs- und Beweislast (OLG Zweibrücken, Urteil vom 1.12.2015, 8 U 2/14, MietRB 2016, 103).

9.1 Unterbrechung des Kausalzusammenhangs

Provisionsschädlich kann eine Unterbrechung des Kausalzusammenhangs sein. Zwischen der Leistung des Maklers und dem Abschluss des Hauptvertrags liegt ein Ereignis, weshalb die ursprüngliche Maklertätigkeit nicht mehr als ursächlich für den Hauptvertragsschluss angesehen werden kann (BGH, Urteil vom 5.3.2020, I ZR 69/19, NJW 2020, 2792; OLG Zweibrücken, Urteil vom 15.12.1998, 8 U 95/98, NJW-RR 1999, 1502; LG Braunschweig, Urteil vom 29.3.2001, 4 O 1331/00, ZMR 2002, 59).

Kündigung des Maklervertrags
Vermeintlich findige Maklerkunden versuchen, sich in diesem Zusammenhang häufig von ihrer Provisionspflicht zu befreien, indem sie einfach den Maklervertrag kündigen. Das kann allerdings keine Unterbrechung des Kausalverlaufs bewirken.

!

Beispiel

Der Eigentümer eines Hausgrundstücks hat den Makler mit dem Nachweis bzw. der Vermittlung einer Verkaufsgelegenheit beauftragt. Daraufhin ist der Makler entsprechend tätig geworden und hat dem Eigentümer eine Liste mit fünf Interessenten samt Kontaktdaten übergeben. Der Eigentümer kündigt kurz darauf den Maklervertrag und schließt mit einem der vom Makler nachgewiesenen Interessenten den Kaufvertrag. Gegen seine Provisionspflicht wendet der Maklerkunde ein, durch die Kündigung des Maklervertrags sei die Kausalität unterbrochen worden.

Dieses Argument ist nicht stichhaltig. Der Maklerkunde konnte ja nicht aufgrund des bestehenden Maklervertrags sein Haus verkaufen, sondern aufgrund der eigentlichen Maklertätigkeit. Für die Kausalität ist allein entscheidend, dass der Kunde durch die Maklertätigkeit in die Lage versetzt wurde, den Hauptvertrag abzuschließen.

Anders sieht es aus, wenn der Makler seine eigentliche Maklerleistung, also den Nachweis oder die Vermittlung, erst nach Kündigung des Maklervertrags erbringt. Das hat aber ebenfalls nichts mit einer Unterbrechung des Kausalverlaufs zu tun. Wenn der Maklerkunde nach Kündigung des Maklervertrags noch Maklerleistungen entgegennehmen und auf deren Grundlage einen Hauptvertrag schließen würde, wäre immer noch die Maklertätigkeit kausal für den Hauptvertragsschluss. Fraglich ist allein, ob der Makler ggf. Anspruch auf eine Provision hätte. Diese Frage wäre ganz klar mit Nein zu beantworten, selbst wenn dem Makler ein befristeter Alleinauftrag erteilt wurde und der Kunde diesen vor Ablauf der Befristung gekündigt hat. Der Auftraggeber eines Maklers ist stets frei, seine Verkaufsabsicht aufzugeben. Wenn also der Maklerkunde den Maklervertrag gekündigt hat und der Makler dennoch Maklerleistungen erbringt, tut er das auf eigenes Risiko. Dies entspricht letztlich der aufgedrängten Maklerleistung, bei der der Makler beispielsweise einen vollständigen Nachweis erbringt, obwohl noch gar kein provisionspflichtiger Maklervertrag besteht.

Zeitablauf

Als typische Fälle einer Unterbrechung des Kausalverlaufs gelten lange zeitliche Abstände zwischen dem Zeitpunkt der maßgeblichen Maklertätigkeit und dem Abschluss des Hauptvertrags. Um den Provisionsanspruch des Maklers untergehen zu lassen, muss die Zeitspanne allerdings groß sein. In diesem Zusammenhang ist zunächst grundsätzlich zu beachten, dass die Ursächlichkeit der Maklertätigkeit für den Abschluss des Hauptvertrags dann vermutet wird, wenn der Abschluss des Hauptvertrags in angemessenem Zeitabstand nachfolgt. Als angemessener Zeitabstand gilt insoweit der Zeitraum eines Jahres zwischen Maklertätigkeit und Abschluss des Hauptvertrags (BGH, Urteil vom 5.3.2020, I ZR 69/19, NJW 2020, 2792; Urteil vom 6.7.2006, III ZR 379/04, NJW 2006, 3062). Unzweifelhaft ergibt sich der Schluss auf den notwendigen Ursachenzusammenhang dann von selbst, wenn der Nachweistätigkeit der Vertragsschluss gar noch früher folgt (zweieinhalb Monate später: OLG Zweibrücken, Urteil vom 1.12.2015, 8 U 2/14, MietRB 2016, 103). Konsequenz: Die Vermutung der Ursächlichkeit der Maklerleistung führt dazu, dass der Makler die Ursächlichkeit nicht beweisen muss. Wendet sein Kunde ein, die Maklertätigkeit sei nicht ursächlich für den Abschluss des Hauptvertrags gewesen, muss er dies beweisen. Dies gilt aber dann nicht, wenn der Zeitraum von einem Jahr überschritten ist. Dann muss der Makler darlegen und notfalls beweisen, dass seine Tätigkeit ursächlich für den Hauptvertragsabschluss war (OLG Frankfurt/Main, Urteil vom 12.12.2003, 24 U 5/02, NJW-RR 2004, 704). Dies gilt ohnehin, wenn noch andere Faktoren als der bloße Zeitablauf eine Rolle spielen.

Beispiel !

Der Makler hat seinem Auftraggeber im Sommer des Jahres 2021 die Gelegenheit zum Kauf eines Einfamilienhauses nachgewiesen. Dem Maklerkunden war der Kaufpreis zu hoch. Nach einigem Hin und Her mit dem Verkäufer kam es zunächst zum Abbruch der Vertragsverhandlungen. Schließlich unterbreitete der Verkäufer ein deutlich günstigeres Angebot, das der Maklerkunde eineinhalb Jahre später annahm. Der Hauptvertrag wurde im Januar 2023 geschlossen.

Die Kausalität der Maklerleistung konnte hier nicht mehr bejaht werden (vgl. OLG Bamberg, Urteil vom 22.12.1997, 4 U 134/97, NJW-RR 1998, 565). Zu dem erheblichen Zeitablauf von eineinhalb Jahren seit Erbringung der maßgeblichen Maklerleistung kamen der Abbruch der Vertragsverhandlungen zwischen Veräußerer und späterem Erwerb sowie das günstigere Angebot des Veräußerers hinzu.

Um von einem Kausalzusammenhang zwischen Maklertätigkeit und Abschluss des Hauptvertrags ausgehen zu können, muss überhaupt die Verkaufsabsicht des Verkäufers bestehen bleiben. Im Streitfall hätte dies der Makler zu beweisen (OLG Hamburg, Urteil vom 28.4.2000, 11 U 166/99, NZM 2001, 907). Ein Zeitraum von drei Jahren zwischen Maklertätigkeit und Abschluss des Hauptvertrags allein spricht nicht zwingend gegen eine fortbestehende Kausalität der Tätigkeit des Maklers (OLG Hamburg, Urteil vom 18.6.2002, 11 U 229/01, ZMR 2002, 839). Allerdings trifft auch hier den Makler die Darlegungs- und Beweislast, dass seine Tätigkeit kausal für den Abschluss des Hauptvertrags war.

Grundsätzlich beseitigt ein Zeitablauf von einem Jahr zwischen Nachweis der Gelegenheit und Abschluss des Kaufvertrags die Kausalität zwischen Maklertätigkeit und Vertragsschluss auch dann nicht, wenn die Hauptvertragsparteien, ggf. mit kurzen Unterbrechungen, ihre Verhandlungen fortsetzen und sich der spätere Vertragsschluss deshalb noch als das Ergebnis der ursprünglich vom Makler angestoßenen Verhandlungen darstellt. Insoweit trifft den Makler wiederum die Beweislast für die weitere Ursächlichkeit seiner Tätigkeit (OLG Bremen, Urteil vom 19.4.2002, 4 U 36/01, OLGR 2002, 433). Sind allerdings die Verhandlungen zunächst gescheitert und haben erst neue Gespräche zum Erfolg geführt, ohne dass der Makler erneut tätig wurde, ist eine Unterbrechung des Kausalzusammenhangs anzunehmen. Das gilt vor allem, wenn der Auftraggeber des Maklers die nachgewiesene Gelegenheit lediglich aufgrund eines neuen Entschlusses des Verkäufers doch noch nutzen kann, zum Beispiel weil ihm erstmals Bedingungen angeboten werden, die das Objekt für ihn interessant machen (OLG Bremen, a. a. O.).

! **Beispiel**

Der Makler war von seinem Kunden mit dem Nachweis bzw. der Vermittlung einer Kaufvertragsgelegenheit über ein Gewerbeobjekt beauftragt, das für den Betrieb einer Zahnarztpraxis geeignet sein sollte. Der Makler hatte eine entsprechende Vertragsabschlussgelegenheit nachgewiesen. Allerdings stellte sich bei den Verhandlungen mit dem Verkäufer heraus, dass das vorhandene Leitungssystem für den Betrieb einer modernen Zahnarztpraxis nicht ausgerichtet war. Die Verhandlungen zerschlugen sich zunächst. Einige Monate später setzte sich der Veräußerer direkt mit dem Maklerkunden in Verbindung und teilte ihm mit, er sei bereit, das vorhandene Leitungssystem aufzurüsten. Daraufhin kam es dann zum Abschluss des Kaufvertrags.

Andererseits ist die Kausalität nicht aufgehoben, wenn der Verkäufer bzw. Vermieter stets an der Veräußerung bzw. Vermietung des Objekts interessiert war (OLG Celle, Beschluss vom 21.1.2014, 11 U 231/13, ZMR 2014, 758).

! **Beispiel**

Der Makler war von seinem Kunden mit dem Nachweis bzw. der Vermittlung einer Mietvertragsgelegenheit über ein Gewerbeobjekt beauftragt. Der Makler hatte eine Anmietungsmöglichkeit nachgewiesen. Der Vermieter teilte dem Mietinteressenten mit, er könne ihm aufgrund der vertraglichen Vereinbarungen mit den anderen Mietern keinen Konkurrenzschutz gewähren. Der Mietinteressent war insoweit zunächst nicht bereit, ein Mietverhältnis zu begründen. Einige Wochen später setzte er sich dann wieder mit dem Vermieter in Verbindung, weil er seine Meinung geändert hatte. Beide schließen einen Mietvertrag über die Gewerbefläche.

Eine kurzzeitige Unterbrechung oder ein Abbruch der Verhandlungen lässt die Kausalitätsvermutung nicht entfallen, wenn der Zeitraum von einem Jahr zwischen Maklertätigkeit und Hauptvertragsabschluss nicht überschritten wird. Dies gilt auch dann, wenn die erneuten Verhandlungen ohne Einschaltung des Maklers stattfinden (BGH, Urteil vom 25.2.1999, III ZR 191/98, NJW 1999, 1255; OLG München, Urteil vom 12.12.2016, 21 U 3086/15, BeckRS 2016, 20902; OLG Celle, Beschluss vom 21.1.2014, 11 U 231/13, ZMR 2014, 758). Bei einem Zeitablauf von lediglich knapp fünf Monaten ist eine vorübergehende Unterbrechung der Verhandlungen zwischen Verkäufer und Käufer grundsätzlich unschädlich (BGH, Urteil vom 13.12.2007, III ZR 163/07, NJW 2008, 651; OLG Frankfurt/Main, Urteil vom 21.3.2012, 19 U 8/12, juris).

Ein Zeitraum von einem Jahr zwischen Maklertätigkeit und Abschluss des Hauptvertrags ist auch dann unschädlich, wenn es sich um ein Großobjekt mit beschränktem Interessentenkreis handelt (OLG Frankfurt/Main, Urteil vom 19.11.2004, 24 U 18/04, ZMR 2005, 373). Handelt es sich beim Objekt allerdings um eine »normale« Eigentumswohnung, beseitigt ein Zeitraum von 15 Monaten zwischen Maklertätigkeit und Abschluss des Kaufvertrags in aller Regel die Kausalität, sodass der Makler dann keinen Provisionsanspruch mehr hat (OLG Frankfurt/Main, Urteil vom 12.12.2003, 24 U 5/02, NJW-RR 2004, 704). Entsprechendes wurde für einen Unternehmenskauf mit gleichem Zeitablauf entschieden (OLG Stuttgart, Urteil vom 24.6.2009, 3 U 3/09, NJW-RR 2010, 486).

9.2 Vorkenntnis

Häufig versuchen findige Maklerkunden, sich mit dem sogenannten Vorkenntniseinwand vor der Provision zu drücken.

Beispiel !

Der Maklerkunde beauftragt den Makler mit dem Nachweis einer Kaufgelegenheit für eine Eigentumswohnung. Daraufhin wird der Makler tätig und weist seinem Kunden eine entsprechende Wohnung nach, die dieser später auch kauft. Gegen den Provisionsanspruch des Maklers wendet der Kunde ein, ihm sei das Objekt bereits vor Entfaltung der Maklertätigkeit bekannt gewesen.

Der Vorkenntniseinwand kann nur gegenüber dem Nachweismakler erhoben werden, denn er schuldet ja gerade die Mitteilung eines konkreten Kauf- oder Mietobjekts nebst Angaben über den potenziellen Hauptvertragspartner seines Auftraggebers. Hingegen schadet dem Vermittlungsmakler der Vorkenntniseinwand nicht, da er keinen Nachweis schuldet, sondern die Vertragsabschlussbereitschaft des potenziellen Hauptvertragspartners fördern bzw. herbeiführen soll.

Kennt der Auftraggeber des Maklers tatsächlich den Inhalt eines ihm vom Makler erbrachten Nachweises bereits, scheidet ein Ursachenzusammenhang zwischen Nachweis und später geschlossenem Hauptvertrag aus (BGH, Urteil vom 6.7.2006, III ZR 379/04, NZM 2006, 667; OLG Koblenz, Urteil vom 18.9.2003, 5 U 306/03, WuM 2004, 41). Bei einer juristischen Person, zum Beispiel einer GmbH, ist auf die Kenntnis des Geschäftsführers abzustellen (OLG Köln, Urteil vom 8.8.2000, 24 U 38/00, BauR 2001, 456). Die Vorkenntnis des Gesellschafters einer Immobilien-GbR ist auch den anderen (ehemaligen) Gesellschaftern zuzurechnen, wenn zwischen der GbR und einer später gegründeten GmbH & Co KG als Käuferin wirtschaftliche Identität besteht (LG Berlin, Urteil vom 30.5.2012, 20 O 331/11, GE 2012, 1232). Der Makler hat dann keinen Anspruch auf Provision gegen seinen Auftraggeber (unter anderem LG Landshut,

Urteil vom 10.2.2012, 72 O 2097/11, juris). Ein Maklerkunde kann sich auch dann auf Vorkenntnis berufen, wenn er diese bereits erlangt hat, als er noch nicht am Abschluss des Hauptvertrags interessiert war (BGH, Urteil vom 16.5.1990, IV ZR 64/89, NJW-RR 1990, 1269). Allerdings können zusätzliche Informationen des Maklers trotz Vorkenntnis noch als Nachweis gewertet werden (BGH, Urteil vom 3.7.2014, III ZR 530/13, NJW-RR 2014, 1272; LG Hamburg, Urteil vom 6.7.2001, 313 S 30/01, ZMR 2001, 905).

!

Beispiel

Dem Mietinteressenten ist sowohl das Mietobjekt als auch der Vermieteter bekannt, allerdings nicht die Vermietungsbereitschaft des Vermieters. Konkret: Der potenzielle Mieter weiß, dass ein bestimmter Eigentümer Gewerberäume vermietet. Vom Makler erfährt er, dass der Eigentümer tatsächlich (Nach)Mieter sucht.

Diese Information kann bereits ausreichen, damit der Makler Anspruch auf Provision hat (BGH, a.a.O. sowie Urteile v. 16.5.1990, IV ZR 337/88, NJW-RR 1990, 1008 und v. 20.3.1991, IV ZR 93/90, NJW-RR 1991, 950). Im Streitfall trägt zunächst der Kunde des Maklers die Beweislast für seine angebliche Vorkenntnis (OLG Hamm, Urteil vom 21.3.2013, I-18 U 133/12, MietRB 2013, 174). Kann er diese beweisen, trägt der Makler die Beweislast dafür, dass er trotz Vorkenntnis des Interessenten eine wesentliche Maklerleistung erbracht hat (BGH, Urteil vom 12.12.1984, IVa ZR 89/83, WM 1985, 359; LG Berlin, Urteil vom 30.5.2012, 20 O 331/11, GE 2012, 1232).

Problematisch sind Fälle, in denen sich der Maklerkunde – wie so oft – erst im Rahmen des Rechtsstreits um die Maklerprovision auf seine angebliche Vorkenntnis beruft. Zu bedenken ist dabei, dass in aller Regel auch der Nachweismakler erheblich mehr Tätigkeiten für seinen Auftraggeber erbringt als den bloßen Nachweis: Er organisiert Besichtigungstermine, besorgt ggf. Grundbuchauszüge und organisiert meist auch den Abschluss des Hauptvertrags, zum Beispiel beim Notar. Zumindest diese Tätigkeiten hätte der Makler dann umsonst erbracht. In derartigen Konstellationen kann der Vorkenntniseinwand unbedeutend sein. Weist jedenfalls der Makler den Interessenten beweisbar darauf hin, dass er beim Abschluss eines Hauptvertrags an den Makler Provision zu zahlen hat, und nimmt der Interessent weitere Maklerdienste wie Exposés, Besichtigungstermine, Preisverhandlungen und/oder Vorbereitung des Hauptvertragsabschlusses entgegen, ohne dem Provisionsverlangen des Maklers zu widersprechen, hat der Makler bei Abschluss des Hauptvertrags Anspruch auf Provision (OLG Schleswig, Beschluss vom 12.6.2014, 16 U 134/13, juris; OLG Celle, Beschluss vom 21.1.2014, 11 U 231/13, ZMR 2014, 758; LG Münster, Urteil vom 18.1.2013, 23 O 45/12, juris).

In der Rechtsprechung ist nicht einheitlich geklärt, welche Konsequenzen eine nicht unverzügliche Mitteilung der Vorkenntnis hat. Besinnt sich der Maklerkunde erst geraume Zeit nach Erbringung des Nachweises einer angeblichen Vorkenntnis, liegt nahe, dass es sich dabei um eine bloße Schutzbehauptung handelt, mit der der Provisionsanspruch des Maklers zu Fall gebracht werden soll. Ob der Maklerkunde unverzüglich nach Erhalt der Informationen des Maklers verpflichtet ist, diesen auf bestehende Vorkenntnisse hinzuweisen, ist in der Rechtsprechung nicht endgültig geklärt.

Im Ergebnis ist es aber auch unerheblich, wann der Auftraggeber verpflichtet sein soll, auf eine bestehende Vorkenntnis hinzuweisen. Wichtig ist vielmehr, dass der Maklerkunde die Beweislast dafür trägt, dass er Vorkenntnis hatte. Der Makler muss bei einem Rechtsstreit lediglich den zeitlichen Zusammenhang zwischen dem Zugang des Nachweises bei seinem Auftraggeber und dem Abschluss des Hauptvertrags beweisen. Besteht ein enger zeitlicher Zusammenhang zwischen Nachweis und Abschluss des Hauptvertrags, lässt dies nach Auffassung des BGH den Schluss zu, dass das Angebot bzw. der Nachweis ursächlich für den Abschluss des Hauptvertrags war. Als angemessener zeitlicher Zusammenhang gilt – wie bereits ausgeführt – ein Jahr zwischen Maklertätigkeit und Abschluss des Hauptvertrags (BGH, Urteil vom 5.3.2020, I ZR 69/19, NJW 2020, 2792; Urteil vom 6.7.2006, III ZR 379/04, NZM 2006, 667). Kann ein zeitlicher Zusammenhang noch bejaht werden, trägt der Maklerkunde die Beweislast für seine angebliche Vorkenntnis (OLG Naumburg, Urteil vom 17.1.2006, 9 U 78/05, ZMR 2007, 283). Gelingt dem Auftraggeber der Beweis seiner Vorkenntnis, kann der Makler seine Provision – wie bereits erwähnt – noch insoweit retten, als er ggf. seinem Kunden weitere Informationen verschafft hat, die mitursächlich für den Abschluss des Hauptvertrags waren. Dies muss allerdings der Makler beweisen (OLG Schleswig, Beschluss vom 12.6.2014, 16 U 134/13, juris; OLG Celle, Beschluss vom 21.1.2014, 11 U 231/13, ZMR 2014, 758; LG Münster, Urteil vom 18.1.2013, 23 O 45/12, juris).

In diesem Zusammenhang sind in der Praxis sogenannte Vorkenntnisklauseln verbreitet. Inhaltlich verpflichten sie den Maklerkunden, etwaige Vorkenntnisse dem Makler unverzüglich mitzuteilen. Verletzt der Kunde diese Pflicht, wird die Provision fällig. Die Rechtsprechung hält derartige Klauseln für unzulässig und bejaht insoweit auch einen Wettbewerbsverstoß i. S. v. § 3a UWG (LG Berlin, Urteil vom 2.5.2019, 52 O 304/18, GE 2020, 57). Gegen eine entsprechende Individualvereinbarung bestehen allerdings keine Bedenken (BGH, Urteil vom 10.2.1971, VI ZR 85/69, NJW 1971, 1133). Lässt sich der Maklerkunde trotz Vorkenntnis weitere Maklertätigkeiten gefallen, ohne den Makler auf die bestehende Vorkenntnis hinzuweisen, besteht der eigentliche Schaden für den Makler in seinen dann nutzlosen Aufwendungen. Ersatz für diese kann der Makler von seinem Kunden unproblematisch dann verlangen, wenn Makler und Maklerkunde einen Aufwendungsersatzanspruch nach § 652 Abs. 2 BGB vereinbart haben (siehe Kapitel 10.2). Fehlt es an einer derartigen Vereinbarung, hat der Makler einen entsprechenden Schadensersatzanspruch gegen seinen Auftraggeber. Diesem ist nämlich durchaus eine Pflichtverletzung aus dem Maklervertrag zum Vorwurf zu machen.

9.3 Mehrere Makler

Zunächst einmal ist der Auftraggeber des Maklers völlig frei, mehrere Makler zu beauftragen. Dies gilt nur beim Alleinauftrag nicht. Wesen des Alleinauftrags ist gerade, dass ein Makler allein beauftragt ist und sich nicht mit unliebsamer Konkurrenz herumschlagen muss (siehe Kapitel 6.4). Ist der Auftraggeber im Übrigen berechtigt, mehrere Makler zu beauftragen, muss er im Einzelfall damit rechnen, ggf. zweimal Provision zahlen zu müssen.

! **Beispiele**

- Der Eigentümer möchte sein Hausgrundstück verkaufen und beauftragt drei Makler. Alle drei präsentieren jeweils potenzielle Käufer. Der Eigentümer schließt den Kaufvertrag mit einem selbst akquirierten Interessenten. Keiner der Makler hat einen Provisionsanspruch.
- Die Situation ist wie zuvor, doch der Eigentümer verkauft an einen von Makler A akquirierten Interessenten. Makler A hat Anspruch auf Provision, den beiden anderen Maklern steht keine Provision zu.
- Die Situation ist wie zuvor. Makler A und Makler B akquirieren ein und denselben Interessenten, mit dem der Eigentümer schließlich den Hauptvertrag schließt.

Haben mehrere Makler denselben Nachweis erbracht, kann nur der erste Nachweis die Provisionspflicht auslösen (OLG Hamm, Urteil vom 1.6.1995, 18 U 126/94, BB 1995, 1977). Dem zweiten Makler und ggf. weiteren gegenüber wird der Vorkenntniseinwand entgegenzuhalten sein (OLG Hamm, a. a. O.). Allerdings kann beim Vermittlungsmakler jedes nicht unwesentliche Einwirken auf den Partner des Hauptvertrags geeignet sein, die Provision auszulösen (OLG Köln, Urteil vom 27.2.1997, 10 U 9/96, OLGR 1997, 203). In diesem Fall bleibt auch der Provisionsanspruch des Nachweismaklers erhalten, sofern nicht eine Unterbrechung des Kausalzusammenhangs zwischen dem Nachweis und dem Erwerb vorliegt (OLG Hamm, Urteil vom 27.2.2014, 18 U 111/13, NJW-RR 2014, 881). Dabei ist im Übrigen nicht entscheidend, wer das günstigere Preisangebot unterbreitet (OLG Düsseldorf, Urteil vom 10.3.1995, 7 U 31/94, OLGR 1995, 233).

Mitursächlichkeit genügt, um einen Provisionsanspruch des ersten Maklers zu begründen, auch wenn erst die Hinweise des zweiten Maklers den »Durchbruch« bewirken (OLG Koblenz, Beschluss vom 24.6.2011, 2 U 1025/10, VersR 2012, 1256).

! **Beispiel**

Der Makler wurde von der Eigentümerin mit der Vermarktung ihres Ladengeschäfts beauftragt. Er bot die Teileigentumseinheit zum Preis von 155.000 EUR in mehreren Internetportalen an. Zudem fanden sich hier Hinweise darauf, dass eine Provision in Höhe von 3,57 % einschließlich Umsatzsteuer verlangt werde. Ein Interessent nahm über eines dieser Portale Kontakt mit dem Makler auf und erhielt von ihm die Anschrift des Objekts. Anschließend wurde eine gemeinsa-

me Besichtigung des Ladens durchgeführt. Der Interessent bot zunächst 130.000 EUR, später 140.000 EUR als Kaufpreis an. Hiermit war die Eigentümerin nicht einverstanden und beendete daraufhin den Vertrag mit dem Makler. Auf die Nachfrage des Interessenten beim Makler, warum dieser die Fläche nicht mehr im Internet anbot, teilte dieser ihm mit, die Verkäuferin habe das letzte Angebot nicht akzeptiert und sei danach vom Auftrag zurückgetreten.
Die Eigentümerin schaltete eine andere Maklerin ein, die die Teileigentumseinheit erneut annoncierte. Der Interessent nahm mit ihr Kontakt auf. Mit notariellem Vertrag erwarb er anschließend die Fläche zum Preis von 150.000 EUR. Er verpflichtete sich auch zur Zahlung einer Provision an die Maklerin, was er nach Rechnungsstellung tat. Doch auch der erstbeauftragte Makler forderte die Zahlung einer Courtage.

Die Klage des erstbeauftragten Maklers war erfolgreich (vgl. OLG Hamm, Urteil vom 27.2.2014, I-18 U 111/13, NJW-RR 2014, 881). Zu berücksichtigen war zunächst, dass der erforderliche Kausalzusammenhang zwischen der Maklerleistung und dem Abschluss des Hauptvertrags lediglich Mitursächlichkeit voraussetzt. Eine Unterbrechung des Kausalzusammenhangs lag nicht vor. Das wäre der Fall gewesen, wenn der Vertragsschluss ausschließlich auf die Bemühungen der später eingeschalteten Zweitmaklerin zurückgegangen wäre. Im Beispiel war das aber nicht so, da die zweite Maklerin auf den Erstverhandlungen aufbauen konnte. Maßgeblich war in diesem Fall, dass weder der Interessent sein Erwerbsinteresse noch die Eigentümerin ihre Veräußerungsabsicht aufgegeben hatte. Auch hatten sich die Eigentümerin und der Interessent nicht derartig überworfen, dass die Eigentümerin an ihn ohne Beteiligung der zweiten Maklerin gar nicht mehr hätte verkaufen wollen. Der Interessent hatte einfach sein Angebot um 10.000 EUR aufgestockt und sich den Preisvorstellungen der Eigentümerin angenähert. Die zweite Maklerin konnte auf den früheren Verhandlungen aufbauen, die der erste Makler überhaupt initiiert hatte.

Entsprechende Grundsätze gelten auch, wenn der Makler dem Kaufinteressenten ein Objekt nachweist, der Kaufinteressent aber zunächst (scheinbar) kein Interesse an dem Objekt hat und ihm dieses einige Monate später von einem anderen Makler erneut angeboten wird. Hier hat auch der erstbeauftragte Makler Anspruch auf Maklerprovision (OLG München, Urteil vom 12.12.2016, 21 U 3086/15, BeckRS 2016, 20902). Denn insoweit ist wiederum weiter zu berücksichtigen, dass die Maklertätigkeit lediglich mitursächlich für den Abschluss des Hauptvertrags sein muss.

Beispiel !

Der Eigentümer eines Hausgrundstücks beauftragte den Makler mit dem Nachweis bzw. der Vermittlung einer Verkaufsgelegenheit, dafür hatten finanzielle Engpässe den Ausschlag gegeben. Daraufhin wies der Makler einen konkreten Kaufinteressenten nach. Zum Abschluss eines Kaufvertrags kam es allerdings nicht. Der Eigentümer des Hausgrundstücks hatte zwischenzeitlich eine beträchtliche Summe geerbt und daher von seinen Verkaufsabsichten Abstand genommen. Ein Jahr später hatte er das Geld verprasst und war definitiv gezwungen, sein Haus zu verkaufen. Er setzte sich mit dem früheren Interessenten in Verbindung, der schließlich das Haus erwarb.

Der Makler hat in diesem Beispiel (vgl. BGH, Urteil vom 19.1.1972, IV ZR 79/70, WM 1972, 444) keinen Provisionsanspruch, denn der Verkäufer war zum Zeitpunkt der letzten Maklertätigkeit nicht mehr verkaufsbereit. Er hatte seine ursprüngliche Absicht, das Haus zu verkaufen, aufgrund der Erbschaft aufgegeben. Erst nachdem er wieder gezwungen war, das Haus zu veräußern, lebte auch seine Veräußerungsabsicht wieder auf.

10 Provision und Aufwendungsersatz

In aller Regel einigen sich die Parteien des Maklervertrags auf eine bestimmte Provisionshöhe. Was aber gilt, wenn gerade dies nicht geschehen ist? Da der Maklerkunde stets in seinen Entschließungen frei ist, ob er ein vom Makler akquiriertes Objekt kauft oder mietet, sollten sich Makler zumindest einen Aufwendungsersatz für den Fall sichern, dass das Objekt letztlich doch nicht erworben oder angemietet wird. Entsprechendes gilt für den Fall, dass der Verkäufer oder Vermieter plötzlich doch nicht mehr verkaufen oder vermieten will.

10.1 Provision

Über die Höhe von Provisionen schweigt sich das Gesetz – mit einer in der Praxis bedeutsamen Ausnahme für den Bereich der Wohnungsvermittlung (siehe Kapitel 15) – aus.

10.1.1 Kauf/Verkauf

Der Gesetzgeber ging grundsätzlich davon aus, dass die Maklervertragsparteien eine bestimmte Provisionshöhe vereinbart haben, was in § 652 Abs. 1 BGB zum Ausdruck kommt. Lediglich für den Fall, dass eine derartige Vereinbarung unterblieben und die Höhe der Vergütung des Maklers nicht ausdrücklich geregelt ist, bestimmt die Vorschrift des § 653 Abs. 2 BGB, dass der Makler Anspruch auf die »übliche« Maklerprovision hat. Wurde im Maklervertrag eine bestimmte Provisionshöhe vereinbart, ist für eine Anwendung des § 653 Abs. 2 BGB allerdings kein Platz. Da die Bestimmung des § 653 BGB voraussetzt, dass der Interessent dem Makler eine Maklerleistung »übertragen« hat, greift sie nur, wenn ein Maklervertrag geschlossen wurde – egal ob schriftlich, in Textform oder konkludent – und lediglich die Frage der Provision nicht geregelt ist.

Beispiel !

Der Makler wird vom Grundstückseigentümer beauftragt, die Gelegenheit zum Abschluss eines Verkaufsvertrags nachzuweisen oder zu vermitteln. Daraufhin übersendet ihm der Makler einen von ihm unterschriebenen Maklervertrag mit einem Provisionsverlangen von 5,75 %. Diese Angabe streicht der Eigentümer durch und schreibt darüber »nach Vereinbarung«.

Zunächst einmal ist grundsätzlich ein provisionspflichtiger Maklervertrag zustande gekommen (BGH, Urteil vom 6.12.2001, III ZR 296/00, NZM 2002, 171). Schließlich hat sich der Verkäufer ja grundsätzlich bereiterklärt, eine Provision zu zahlen, nur nicht in der vom Makler angedachten Höhe; damit fehlt eine Vereinbarung hierzu.

Ist keine exakte Provisionshöhe vereinbart, ergibt sich aber aus den Umständen, dass der Makler Anspruch auf Zahlung einer Provision hat, richtet sich deren Höhe danach, was »üblich« ist. Überwiegend üblich ist eine Provision von 3% des beurkundeten Kaufpreises zuzüglich Umsatzsteuer in jeweils geltender gesetzlicher Höhe, derzeit 19%. Häufig finden sich demnach Provisionsverlangen von »3,57% inklusive Umsatzsteuer«. Da dem Makler grundsätzlich eine Doppeltätigkeit erlaubt ist, kann er sowohl vom Käufer als auch vom Verkäufer jeweils eine Provision in Höhe von insgesamt 3,57% verlangen, vorausgesetzt dass ein Maklervertrag geschlossen wurde. Dies ist kein bundesweit verallgemeinerungsfähiger Grundsatz. Vielmehr gibt es in den einzelnen Bundesländern Unterschiede. So ist es vereinzelt durchaus üblich, dass etwa nur der Käufer Provision zu zahlen hat. Auf die Besonderheiten bei der Vermittlung bzw. dem Nachweis von Einfamilienhäusern und Wohnungen aufgrund des am 23.12.2020 in Kraft getretenen »Gesetzes über die Verteilung der Maklerkosten bei der Vermittlung von Kaufverträgen über Wohnungen und Einfamilienhäuser« wird entsprechend eingegangen.

Der IVD hat folgende Richtwerte zur Brutto-Provision veröffentlicht:

Bundesland	**Käuferprovision**	**Verkäuferprovision**
Baden-Württemberg	3,57%	3,57%
Bayern	3,57%	3,57%
Berlin	7,14%	-
Brandenburg	7,14%	-
Bremen	5,95%	-
Hamburg	6,25%	-
Hessen	5,95%	-
Mecklenburg-Vorpommern	3,57%	2,38%
Niedersachsen	3,57–5,95%*	0–3,57%*
Nordrhein-Westfalen	3,57–4,76%	3,57%
Rheinland-Pfalz	3,57–5,95%	3,57%
Saarland	3,57%	3,57%
Sachsen-Anhalt	3,57%	3,57%
Schleswig-Holstein	3,57%	3,57%
Thüringen	3,57%	3,57%

*3,57% Käuferprovision, Verkäuferprovision in gleicher Höhe; 5,95% Käuferprovision, dann keine Verkäuferprovision
Quelle: IVD

Niedrigkaufpreisimmobilien

Bis auf Problemimmobilien unterscheidet sich der Arbeitsaufwand des Maklers nicht signifikant, ob er Luxusimmobilien oder sogenannte Niedrigkaufpreisimmobilien vermarktet. Von Letzteren ist die Rede, wenn der Verkehrswert der Immobilie bei etwa 50.000 EUR oder darunter liegt. Insoweit sind Provisionsabreden, die sich nicht nach einem bestimmten Prozentsatz vom Kaufpreis berechnen, sondern Pauschalprovisionen in festen Größen nicht nur verbreitet, sondern auch rechtlich unbedenklich. Bei offen gelegter Doppelmaklertätigkeit kann von beiden Kaufvertragsparteien wirksam eine Festprovision vereinbart werden. Allein dass die Provisionen insgesamt 36,62 % des Kaufpreises ausmachen, führt nicht zur Sittenwidrigkeit der Preisabsprache (AG Villingen-Schwenningen, Urteil vom 28.2.2018, 11 C 100/17, ZMR 2019, 87).

Beispiel !

Der Makler ist mit der Vermittlung einer Verkaufsgelegenheit über eine Wohnung beauftragt, deren Verkehrswert bei 20.000 EUR liegt. Tatsächlich wird ein Verkaufspreis von 19.500 EUR erzielt. Der Makler hatte sich sowohl vom Verkäufer wie auch vom Käufer eine Provision in Höhe von jeweils 3.570 EUR brutto ausbedungen. Dies ist auch vor dem Hintergrund unbedenklich, dass die erzielte Provision über ein Drittel des Verkehrswerts bzw. des Kaufpreises der Immobilie ausmacht. Auch hat der Makler den Halbteilungsgrundsatz des § 656c BGB beachtet, wonach der Käufer nicht zur Zahlung einer höheren Provision verpflichtet werden kann als der Verkäufer, so es sich beim Käufer um einen Verbraucher handelt.

Berechnung auf Grundlage des Gesamtkaufpreises

Nicht selten kommen in der Praxis Fälle vor, in denen die Parteien eines Grundstückskaufvertrags um Kaufnebenkosten zu sparen, neben dem eigentlichen notariellen Kaufvertrag eine weitere vertragliche Abrede über Preisanteile regeln. Der Kaufvertrag wird dann beurkundet, der »Nebenvertrag« nicht. Kommt es zur Auflassung und Eintragung des Erwerbers ins Grundbuch, ist der an sich formunwirksame »Nebenvertrag« geheilt. Der Makler kann dann seine Provision auf Grundlage des Gesamtkaufpreises berechnen und notfalls erfolgreich gerichtlich geltend machen (LG Oldenburg, Urteil vom 13.4.2016, 4 O 771/15, ZMR 2016, 585).

Verbraucher als Käufer bei Einfamilienhäusern und Wohnungen

Die regionalen Unterschiede bei der Provisionserhebung, insbesondere aber die Tatsache, dass selbst in den Regionen, in denen Verkäufer und Erwerber die Provision hälftig zahlen, Vereinbarungen von Verkäufern mit Maklern letztlich dazu führen, dass allein der Erwerber die Maklerprovision übernimmt, haben den Gesetzgeber aktiv werden lassen. Mit dem am 23.12.2020 in Kraft getretenen »Gesetz über die Verteilung der Maklerkosten bei der Vermittlung von Kaufverträgen über Wohnungen und Einfamilienhäuser« (BT-Drucks. 19/15827) gilt nunmehr eben im Bereich des Kaufs bzw. Verkaufs von Einfamilienhäusern und Wohnungen etwas anderes. Käufer von Einfamilienhäusern und Wohnungen können nur noch dann mit der gesamten Maklerprovision belastet werden, wenn der Makler ausschließlich für sie tätig wird oder es sich beim Käufer nicht um einen Verbraucher handelt.

Zunächst müssen Maklerverträge gerichtet auf den Kauf bzw. Verkauf von Einfamilienhäusern und Wohnungen nach § 656a BGB der Textform des § 126b BGB entsprechen. Dies gilt grundsätzlich und ist nicht beschränkt auf den Verbraucher als Käufer. Wird der Makler – wie in den überwiegenden Fällen – vom Verkäufer mit dem Verkauf des Hauses oder der Wohnung beauftragt, richtet sich die Provisionshöhe des Käufers nach derjenigen, die der Verkäufer an den Makler zahlen muss, wenn es sich beim Käufer um einen Verbraucher handelt. Dieser Grundsatz kommt in § 565c BGB zum Ausdruck. Für den Fall, dass der Verkäufer keine Provision zu zahlen bereit ist, kann der Makler auch vom Käufer keine Provision verlangen. Insoweit dürfte der Makler aber bezüglich eines derartigen Geschäfts gar nicht erst tätig werden.

Geht man von einer üblichen Provisionshöhe von 3,57 % brutto für beide Kaufvertragsparteien aus, ist der Käufer also nur dann zur Zahlung einer Provision in Höhe von 3,57 % des Kaufpreises verpflichtet, wenn der Verkäufer ebenfalls eine Provision in Höhe von 3,57 % des Kaufpreises zahlt. Ist der Verkäufer lediglich bereit, eine Provision in Höhe von 1,8 % des Kaufpreises zu zahlen, kann der Makler mit dem Käufer keine höhere Provision vereinbaren. Auch der Käufer ist dann lediglich zur Zahlung einer Provision in Höhe von 1,8 % des Kaufpreises verpflichtet. Dies alles unter der Prämisse, dass es sich beim Käufer um einen Verbraucher handelt.

Entsprechende Grundsätze gelten für die in der Praxis weit verbreiteten Fälle, in denen zwar nur ein Maklervertrag mit dem Verkäufer besteht, allerdings im Wege einer »Maklerklausel« im notariellen Kaufvertrag die dem Verkäufer obliegende Pflicht zur Provisionszahlung auf den Käufer abgewälzt wird. Eine alleinige Provisionszahlungspflicht darf den Käufer nach der Neuregelung in § 565d BGB nicht mehr treffen. Vielmehr muss der Verkäufer zur Zahlung an den Makler in gleicher Höhe verpflichtet bleiben. Weiter wird der Anspruch des Maklers auf Provisionszahlung seitens des Käufers erst dann fällig, wenn der Makler oder der Verkäufer nachweist, dass der Verkäufer seiner Provisionszahlungspflicht an den Makler bereits nachgekommen ist.

10.1.2 Wohnraumvermittlung

Grundsätzlich ist bei der Wohnraumvermittlung danach zu unterscheiden, wer Vertragspartner des Maklers ist. Wird dieser provisionspflichtig für den Mieter tätig, sind die Vorgaben des Wohnungsvermittlungsgesetzes zu beachten. Wenn er hingegen für den Vermieter provisionspflichtig tätig wird, existieren keine gesetzlichen Regelungen zur Provisionshöhe.

Provisionspflicht des Mieters

§3 Abs. 2 Satz 1 WoVermRG begrenzt die Höhe der vom Mieter zu zahlenden Provision auf zwei Monatsmieten zuzüglich Umsatzsteuer, wenn der Makler mit dem Mieter einen provisionspflichtigen Maklervertrag geschlossen hat. Berechnungsgrundlage ist dabei die Nettokaltmiete. Die Nebenkosten, über die gesondert abgerechnet wird, bleiben bei der Berechnung der Monatsmiete unberücksichtigt. Wird hingegen eine Inklusivmiete vereinbart, ist deren Höhe maßgeblich. Hier ist zu beachten, dass nach der Heizkostenverordnung zumindest über die Heizungs- und Warmwasserkosten zwingend gesondert abgerechnet werden muss, sodass die Vereinbarung einer »Brutto-Warmmiete« unzulässig ist. Entsprechendes gilt, wenn Betriebskostenpauschalen vereinbart wurden. Da auch hier eine gesonderte Abrechnung über die Betriebskosten nicht erfolgt, ist wiederum die Miete zuzüglich der Betriebskostenpauschale Bemessungsgrundlage der Provision.

Beispiele !

- Die Grundmiete beträgt 750 EUR. Hinsichtlich der Betriebskosten hat der Mieter monatliche Vorauszahlungen in Höhe von 250 EUR zu leisten. Die Provision darf 1.500 EUR zuzüglich Umsatzsteuer nicht übersteigen.
- Die Grundmiete beträgt 750 EUR. Zudem ist der Mieter zur Zahlung einer Betriebskostenpauschale von monatlich 250 EUR verpflichtet. Die Provision darf 2.000 EUR zuzüglich Umsatzsteuer nicht übersteigen.
- Die Bruttokaltmiete beträgt 900 EUR. An Heizkosten sind monatlich 100 EUR vorauszuzahlen. Die Provision darf 1.800 EUR zuzüglich Umsatzsteuer nicht übersteigen.

Provisionspflicht des Vermieters

Wird der Makler für den Vermieter provisionspflichtig tätig, gelten keine gesetzlichen Regelungen zur Provisionshöhe. Die Vertragsparteien sind also frei bei deren Vereinbarung. Allerdings darf die Provision nicht wucherische Ausmaße annehmen. Insofern Vermieter bereit sind, dem Makler für die Vermittlung ihrer Wohnung oder ihres Hauses eine Provision zu zahlen, dürfte die übliche Provision in Anlehnung an die Regelungen des Wohnungsvermittlungsgesetzes ebenfalls bei zwei Monatsmieten liegen (siehe vertiefend Kapitel 4.5.2).

10.1.3 Gewerbe-/Geschäftsraummiete

Anders als bei der Wohnungsvermittlung existiert für den Bereich der Geschäftsraummiete überhaupt keine gesetzliche Regelung, was die Höhe der Maklerprovision betrifft. Die Höhe der Maklerprovision bestimmt sich allein danach, was die Parteien vereinbaren, dabei sind sie grundsätzlich völlig frei. Eine Gebührenordnung oder irgendwelche Gebührensätze gibt es im Gewerbemietrecht nicht.

Fehlt eine Vereinbarung, kann der Makler gemäß § 653 BGB eine »übliche« Provision beanspruchen. Im Gewerbemietrecht ist es allerdings schwierig, diese zu bestimmen, denn Art und Güte der Objekte sind sehr unterschiedlich. Je attraktiver ein Objekt ist, desto höher fällt meist die Provision aus. Auch hier gilt der Grundsatz, dass die Nachfrage das Angebot und die damit verbundenen Konditionen regelt. Gerade in Städten und Gebieten mit verstärktem Leerstand von Gewerbeflächen werden derartige in aller Regel für den Mieter provisionsfrei angeboten. Ansonsten sind Maklerprovisionen in Höhe von drei Monatsmieten – sowohl von der Netto- als auch der Bruttomiete – zuzüglich Umsatzsteuer durchaus üblich.

!

Tipp

Im Zweifelsfall können die Industrie- und Handelskammern oder die Maklerverbände vor Ort Auskünfte erteilen. Maklerverbände ermitteln regional durch Umfragen bei ihren Mitgliedern die üblichen Vergütungen in ihrem Bereich.

Für die Vereinbarung oder Üblichkeit einer Maklerprovision trägt der Makler die Beweislast, für die nachträgliche Vereinbarung einer niedrigeren Provision der Auftraggeber (BGH, Urteil vom 31.3.1982, IVa ZR 4/81, NJW 1982, 1523).

Generell gilt, dass eine Provisionsvereinbarung nichtig sein und den Wuchertatbestand des § 138 II BGB erfüllen kann, wenn die Höhe der Forderung in einem auffälligen Missverhältnis zur Maklerleistung steht. Voraussetzung ist, dass der Makler dabei eine Zwangslage des Auftraggebers oder dessen Unerfahrenheit ausnutzt, was allerdings im Gewerberaummietrecht kaum anzunehmen sein wird. Zu beachten ist aber, dass es auch unter Kaufleuten bzw. Unternehmern bei unklaren Vertragsunterlagen zu einer Ausnutzung der Unerfahrenheit des Geschäftspartners kommen kann, die Sittenwidrigkeit begründet (LG Berlin, Urteil vom 30.5.2013, 9 O 540/11, ZMR 2014, 419).

Bei einem besonders krassen Missverhältnis zwischen Leistung und Gegenleistung sind übliche und vereinbarte Maklergebühr gegenüberzustellen (BGH, Urteil vom 30.1.1981, V ZR 7/80). Eine »angemessene Ausgewogenheit« fehlt, wenn die vereinbarte Provision, die die übliche Provision um ein Mehrfaches übersteigt, die Entscheidungs- und wirtschaftliche Bewegungsfreiheit des Mietinteressenten so sehr eingeengt, dass der Makler auf Kosten seines Kunden der eigentliche Herr des Geschäfts wird, ohne die mit dem Geschäft verbundenen Risiken zu übernehmen. Ein solches Missverhältnis liegt regelmäßig vor, wenn der Wert der Leistung doppelt so hoch ist wie der Wert der Gegenleistung (BGH, Urteil vom 8.11.1991, V ZR 260/90; LG Berlin, Urteil vom 30.5.2013, 9 O 540/11, ZMR 2014, 419). Ist der Maklervertrag demzufolge nichtig, scheidet auch die Herabsetzung auf eine übliche Provision aus.

10.1.4 Provisionsberechnung und Umsatzsteuer

Unsicherheiten bei der Berechnung der Maklerprovision bestehen insbesondere im Hinblick auf die im Verkaufspreis oder in der Miete enthaltene Umsatzsteuer. Fraglich ist hier aus Maklersicht stets, ob Berechnungsgrundlage der Maklerprovision die Nettomiete bzw. der Nettoverkaufspreis ist oder ob der Makler seine Provision auf Grundlage der Bruttopreise, also unter Einschluss der Mehrwertsteuer, berechnen kann.

Insbesondere im Bereich des gewerblichen Mietrechts setzt sich bekanntlich die vom Mieter zu zahlende Miete aus dem Nettomietzins und der Nebenkostenpauschale sowie weiter aus der hierauf zu entrichtenden Umsatzsteuer zusammen, soweit der Vermieter in den Genuss der Umsatzsteuerabzugsfähigkeit gelangen möchte. Gleiches gilt beim gewerblichen Grundstückshandel. Werden hier Grundstücke zum Verkauf angeboten, setzt sich der Kaufpreis ebenfalls in aller Regel aus einem bestimmten Quadratmeter- oder Pauschalpreis zuzüglich der vom Käufer zu zahlenden Umsatzsteuer zusammen.

Vermittelt der Makler die Gelegenheit zum Abschluss eines Gewerberaummietvertrags bzw. Grundstückskaufvertrags oder weist er einen derartigen nach, kommt es grundsätzlich auf die Vereinbarungen der Parteien im Hinblick auf die Berechnungsgrundlage der Provision an. Selbstverständlich ist dann bei der Provisionsberechnung des Maklers auch die im Miet- bzw. Kaufpreis letztlich vom Mieter/Käufer zu zahlende Umsatzsteuer zu berücksichtigen, wenn der Makler mit seinem Auftraggeber dies ausdrücklich so vereinbart. Im umgekehrten Fall gilt ebenso als Berechnungsgrundlage der Maklercourtage nur der Nettomietzins, ggf. zuzüglich Nebenkostenpauschale, bzw. der Nettokaufpreis, wenn die Parteien ausdrücklich vereinbaren, dass sich die Provision nach diesen Kostenposten richten soll.

Meist fehlt es jedoch an ausdrücklichen Vereinbarungen zwischen den Parteien des Maklervertrags, wie sich die Maklerprovision zusammensetzt. Bei der Frage, ob der Makler auch die zu zahlende Umsatzsteuer als Bestandteil der Berechnungsgrundlage seiner Provision berücksichtigen kann, sind die weiteren Bestimmungen des Maklervertrags, ggf. auch etwaige Bestimmungen über die Maklerprovision im Hauptvertrag zu berücksichtigen.

Exposé-Inhalt

Weist beispielsweise das Exposé des Maklers eine bestimmte Bruttomiete »inklusive Mehrwertsteuer« aus, kann er bei Berechnung seiner Courtageforderung auch die in dem nachgewiesenen oder vermittelten Vertrag vereinbarte Bruttomiete zugrunde legen. Grundsätzlich bleibt bei Bestimmung der Grundlage des Provisionsanspruchs die Mehrwertsteuer nicht außer Acht, sondern bildet zusammen mit dem Mietpreis des Objekts die Berechnungsgrundlage für die Maklerprovision (OLG Karlsruhe, Urteil vom 19.4.1991, 15 U 26/91). Hat der Makler also erfolgreich Gewerberäume zur Miete nachgewiesen oder vermittelt, kann er seine Maklerprovision zuzüglich Umsatzsteuer von der Bruttomiete, das heißt der Nettomiete zuzüglich Betriebskosten zuzüglich Umsatzsteuer, verlangen (LG Hamburg, Urteil vom 12.7.1994, 322 O 223/94). Entsprechendes gilt beim Grundstückskauf. Weist hier das Exposé des Maklers den Bruttokaufpreis einschließlich Umsatzsteuer aus, so ist dieser Bruttokaufpreis Berechnungsgrundlage der Maklerprovision (OLG Köln, Urteil vom 8.8.2000, 24 U 38/00, BauR 2001, 456). Steht im Exposé hingegen nur der Nettokaufpreis, ohne dass auf zu zahlende Mehrwertsteuer Bezug genommen wird, schuldet der Maklerkunde nur Provision auf Grundlage des Nettokaufpreises.

Bestimmungen im Hauptvertrag

Angenommen der Mietvertrag regelt im Hinblick auf die Maklerprovision, dass der Mieter für den Nachweis oder die Vermittlung des Vertrags eine »Maklercourtage in Höhe von 3 % zuzüglich Mehrwertsteuer von der in zehn Jahren zu zahlenden Miete zu leisten« hat. Heißt es weiter zur Höhe des Mietzinses, dass dieser eine bestimmte Summe zuzüglich der gesetzlichen Mehrwertsteuer beträgt – ist also die Mehrwertsteuer ausdrücklich als Teil der monatlichen Mietzahlungen genannt und knüpft die Maklerprovisionsklausel im Mietvertrag an die Mietzinshöhe an –, wurde eindeutig die Bruttomiete einschließlich Mehrwertsteuer als Berechnungsgrundlage zwischen den Parteien vertraglich vereinbart (LG Münster, Urteil vom 15.4.1999, 24 O 19/99).

Entsprechendes gilt bei Maklerklauseln im Grundstückskaufvertrag. Wird hier eine Provision in Höhe eines bestimmten Prozentsatzes vom Grundstückskaufpreis vereinbart und wird an anderer Stelle des Kaufvertrags der Grundstückskaufpreis inklusive Umsatzsteuer ausgewiesen, so bildet dieser Inklusivpreis die Berechnungsgrundlage für den Courtageanspruch. In dem Fall, dass der Kaufpreis zuzüglich gesetzlicher Umsatzsteuer ausgewiesen wird, bildet ebenfalls der Bruttopreis die Berechnungsgrundlage, denn die Mehrwertsteuer ist nur ein unselbstständiger Teil des Preises bzw. der Miete (OLG Hamburg, Urteil vom 14.11.1994, 5 U 169/94).

! **Achtung**

Verbleiben immer noch Zweifel, was die konkrete Berechnungsgrundlage unter Einschluss der Umsatzsteuer betrifft, so kann ergänzend auf die Bestimmung des § 87b Abs. 2 Satz 3 HGB zurückgegriffen werden. Hiernach steht mangels abweichender Vereinbarung dem Handelsvertreter ebenfalls eine Provision auch auf den Mehrwertsteueranteil zu (LG Hamburg, Urteil vom 12.7.1994, 322 O 223/94).

Umsatzsteuer auf Provision

Fließt also die vom Käufer oder Mieter an den Verkäufer bzw. Vermieter zu entrichtende Umsatzsteuer in der Regel in die Berechnungsgrundlage für die Maklerprovision ein, ist hiermit natürlich noch nicht geklärt, ob der Maklerkunde bzw. Auftraggeber die auf diese Provisionshöhe entfallende Umsatzsteuer an den Makler zu zahlen hat. Das ist grundsätzlich nur dann der Fall, wenn der Makler dies mit dem Kunden bzw. Auftraggeber so vereinbart hat. Der Makler muss also deutlich machen, dass eine bestimmte Provision »zuzüglich gesetzlicher Mehrwertsteuer« vom Kunden zu zahlen ist. Bei der Ermittlung der Provision gemäß § 653 BGB ist die Umsatzsteuer zu berücksichtigen, da sie durchaus »übliches« Bestandteil der Provision ist.

10.2 Aufwendungsersatz

Nach der maßgeblichen Bestimmung des § 652 Abs. 2 BGB hat der Makler dann einen Aufwendungsersatzanspruch gegen seinen Kunden, wenn eine entsprechende ausdrückliche Vereinbarung getroffen ist. Dass die Maklertätigkeit letztlich erfolgreich sein muss, ist nicht Voraussetzung, denn der Makler kann sich nach Satz 2 der erwähnten Bestimmung einen Aufwendungsersatzanspruch auch ohne Zustandekommen eines Hauptvertrags sichern. Dies empfiehlt sich auch deshalb, damit sich der Makler zumindest im Ansatz gegen Willkür seines Auftraggebers schützen und Ersatz für seine tatsächlichen Aufwendungen beanspruchen kann. Grundsätzlich ist es zudem möglich, eine Pauschale als Aufwendungsersatz zu vereinbaren. Hier heißt es aber wegen der Höhe aufgepasst. Ab einer bestimmten Größenordnung kann sie nämlich notariellem Beurkundungszwang unterliegen.

Die Vereinbarung eines Aufwendungsersatzanspruchs zugunsten des Maklers bedarf keiner besonderen Form. Sie kann unproblematisch durch Individualvereinbarung erfolgen. Nach überwiegend vertretener Ansicht kann ein Aufwendungsersatzanspruch durchaus auch formularvertraglich vereinbart werden (unter anderem AG Lahr, Urteil vom 25.4.2007, 5 C 307/06, juris). In der juristischen Literatur wird dies vereinzelt in Zweifel gezogen, da die Maklerkunden im Maklervertrag zwar eine Provisionsvereinbarung erwarten, nicht jedoch eine Aufwendungsersatzvereinbarung, da sie nur selten in einem Vertrag enthalten sei.

Wird die Vereinbarung über einen Aufwendungsersatzanspruch des Maklers formlos geschlossen, muss der Makler beachten, dass er die Beweislast trägt. Im Streitfall vor Gericht muss er dann also einen Zeugen benennen können, um nicht mit leeren Händen dazustehen. Die Vereinbarung eines Aufwendungsersatzanspruchs kann im Ausnahmefall auch stillschweigend getroffen werden; hieran werden allerdings strenge Anforderungen gestellt (AG Marbach, Urteil vom 6.2.1986, C 728/86, NJW-RR 1986, 1176).

Beispiel !

Erteilt etwa ein vollmachtloser Miterbe des verstorbenen Grundstückseigentümers dem Makler den Auftrag, eine Verkaufsgelegenheit nachzuweisen oder zu vermitteln, kann dieser Aufwendungsersatz als Schadensersatz von diesem Erben verlangen.

Die pauschale Formulierung in § 652 Abs. 2 BGB, wonach der Makler Ersatz seiner Aufwendungen verlangen kann, verdeutlicht nicht ausreichend, wie dieser Aufwendungsersatz konkret auszugestalten ist. Deshalb ist hier auf die Regeln des Auftragsrechts der §§ 662 ff. BGB, konkret auf § 670 BGB zurückzugreifen (OLG Karlsruhe, Urteil vom 25.2.2003, 15 U 4/02, NJW-RR 2003, 1426). Nach der erwähnten Bestimmung kann der Beauftragte die »zum Zwecke der Ausführung des Auftrags [gemachten] Aufwendungen, die er den Umständen nach für erforderlich halten darf« vom Auftraggeber ersetzt verlangen. Die Entscheidung, welche Aufwendungen der Makler tätigt, obliegt also zunächst ihm.

10.2.1 Allgemeine Geschäftsbedingungen

Das gesetzliche Leitbild des Maklers verbietet die Vereinbarung eines Aufwendungsersatzanspruches in AGB nicht. Allerdings ist dies nicht ganz unstrittig, wie bereits erwähnt. Zu berücksichtigen ist, dass eine Formularklausel stets unwirksam ist, wenn ihr Inhalt vom gesetzlichen Leitbild abweicht oder wenn sie einen gesetzesfremden Inhalt hat. Bei der Vereinbarung von Aufwendungsersatzpauschalen ist dies jedoch anders, da das Gesetz selbst in § 652 Abs. 2 BGB dem Makler die Möglichkeit einräumt, Aufwendungsersatzvereinbarungen zu treffen. Die Vereinbarung von Aufwendungsersatz entspricht also gerade dem gesetzlichen Leitbild und kann daher auch durch Formularvertrag erfolgen (BGH, Urteil vom 28.1.1987, IVa ZR 173/85, NJW 1987, 1634; LG Kiel, Beschluss vom 5.8.2004, 1 S 79/04, juris; AG Lahr, Urteil vom 25.4.2007, 5 C 307/06, juris).

Aufwendungsersatzvereinbarungen dienen dem Interesse des Maklers und benachteiligen das seines Kunden nicht unangemessen. Der Makler ist, wenn er im Interesse des ihm verbundenen Kunden und im eigenen Provisionsinteresse Erfolg haben will – also durch seinen Nachweis oder seine Vermittlung den Vertragsabschluss herbeiführen will –, darauf angewiesen, an den Interessenten heranzukommen, um den Kontakt zwischen den zukünftigen Vertragsparteien herzustellen. Dafür muss er oft mit erheblichem Aufwand (Reisekosten, Post-, Schreib- und vor allem Veröffentlichungsgebühren) sein gesprochenes oder geschriebenes Wort dem Interessenten übermitteln. Wegen seiner Spezialkenntnisse kann er das Verhältnis zwischen Aufwand und Erfolg günstiger gestalten als der Kunde. Vor allem aber hat der Kunde, weil Aufwendungen nur bei entsprechender Vereinbarung zu ersetzen sind, grundsätzlich die Möglichkeit, allzu großen oder gar unangemessenen Aufwand von vornherein auszuschließen.

Tatsächlich werden Aufwendungsersatzansprüche des Maklers in der Praxis nur sehr selten vereinbart, da die Auftraggeber des Maklers kaum Verständnis dafür haben, dass sie ggf. zusätzlich zur Provision Aufwendungsersatz leisten sollen. Dies kann allerdings kein Argument dafür sein, dass derartige Vereinbarungen nicht formularvertraglich getroffen werden könnten.

Ersatz konkreter Aufwendungen

Soll der Aufwendungsersatzanspruch im Formularvertrag – also per AGB – vereinbart werden, muss er sich ausschließlich auf konkret angefallene Aufwendungen beziehen. Ansonsten droht die Unwirksamkeit der entsprechenden Klausel (BGH, Urteil vom 18.3.1992, IV ZR 41/91, VersR 1992, 958; OLG Stuttgart, Urteil vom 29.3.1996, 2 U 236/95, NJW-RR 1996, 822; LG Gießen, Urteil vom 17.5.1995, 1 S 46/95, NJW-RR 1996, 239; AG Lahr, Urteil vom 25.4.2007, 5 C 307/06, juris). Wird jedenfalls im Gewand des Aufwendungsersatzes in Wahrheit eine erfolgsunabhängige Provision vereinbart, ist die Klausel unwirksam (OLG Oldenburg, Urteil vom 19.5.2005, 8 U 10/05, NJW-RR 2005, 1287: »Bearbeitungsgebühr« von 5.220 EUR für ein Finanzierungskonzept). Will der Makler sich rechtssicher einen Aufwendungsersatzanspruch gegen seinen Auftraggeber sichern, darf sich die entsprechende Vereinbarung auch nicht als Regelung über eine Vertragsstrafe entpuppen.

Pauschalierung

Da der Auftraggeber nur den Ersatz tatsächlicher Aufwendungen schuldet, darf die Höhe des Aufwendungsersatzes nicht in Relation zum Wert des Immobilienobjekts oder zum tatsächlich erzielten Kaufpreis stehen. Schließlich steigen die Auslagen des Maklers nicht mit dem Wert des Objekts. Aufwendungsersatzpauschalen sind also lediglich in engen Grenzen möglich, wenn sie sich nicht am Wert des Objekts orientieren. So wurde eine Auslagenpauschale in Höhe von 0,4 % der Preisvorstellungen des Auftraggebers für unzulässig erklärt (BGH, Urteil vom 28.1.1987, IVa ZR 173/85, NJW 1987, 1634). Schon bei einer Preisvorstellung von 250.000 EUR würde sich die Auslagenpauschale auf einen Betrag von mehr als 1.000 EUR summieren, bei 2,5 Mio. EUR gar auf mehr als 10.000 EUR. Mit Post- und Schreibgebühren lässt sich ein solcher Betrag nicht erreichen.

In dem annähernd vergleichbaren Fall der Post- und Schreibgebühren des Rechtsanwalts ermöglichen die Vorschriften des Gesetzes über die Vergütung der Rechtsanwältinnen und Rechtsanwälte (RVG) zwar eine prozentuale Pauschalierung, jedoch nur bis zu einem sehr mäßigen Höchstbetrag: nämlich bis zu atemberaubenden 20 EUR. Reisekosten kann der Anwalt in tatsächlich entstandener Höhe ansetzen, bei Geschäftsreisen mit Kfz 0,30 EUR je Kilometer. Grundsätzlich wird dem Rechtsanwalt zugemutet, nur die nachgewiesenen Kosten abzurechnen. Die daraus folgende Notwendigkeit, die Ausgaben auf die Angelegenheit bezogen festzuhalten, belastet den Anwalt auch nicht übermäßig, wie die Praxis zeigt. Nichts anderes kann nach Auffassung der Rechtsprechung für die Auslagen, insbesondere auch für die Veröffentlichungskosten des Maklers gelten. Er kann die Kosten ebenfalls in seinen Unterlagen beim Objekt oder Kunden vermerken.

! **Wichtig**

Makler können mit ihren Auftraggebern den Ersatz konkret entstandener Aufwendungen vereinbaren. Der Anspruch auf vergütete Arbeitszeit des Maklers fällt nicht darunter, die Vereinbarung über eine Aufwendungsersatzpauschale kann niemals Personalkosten umfassen.

10.2.2 Individualvereinbarung

Mit Individualvereinbarungen können durchaus Aufwandsersatzpauschalen geregelt werden, die sich an den Preisvorstellungen des Kunden oder am erzielbaren Kauf- bzw. Verkaufspreis orientieren. Jedoch sind auch hier bestimmte Grundsätze zu beachten. Erreicht die Pauschale eine gewisse Höhe, kann die Vereinbarung notarieller Beurkundung bedürfen. Allgemein wird nämlich angenommen, dass eine erfolgsunabhängige Aufwandsersatzpauschale möglicherweise Druck auf den Kunden im Hinblick auf einen möglichst schnellen Immobilienkauf ausübt.

! **Beispiel**

Der Makler ist mit dem Nachweis- bzw. der Vermittlung einer Gelegenheit zum Kauf einer Eigentumswohnung beauftragt. Der Kaufpreis soll bei 100.000 EUR liegen. Dem Makler sollen als Provision 3,57 % vom Kaufpreis als Provision zustehen. Falls es nicht zu einem Objektkauf kommt, obwohl der Makler Objekte angeboten hat, vereinbaren der potenzielle Käufer und der Makler eine Aufwendungsersatzpauschale zugunsten des Maklers in Höhe von 1.000 EUR zuzüglich Umsatzsteuer.

Mit einer derartigen Vereinbarung kann Druck im Hinblick auf einen raschen Kauf einer vom Makler angebotenen Eigentumswohnung entstehen. Denn letztlich wären die Kaufinteressenten gezwungen, auch ein für sie an sich nicht infrage kommendes Objekt zu erwerben, um die Aufwendungsersatzpauschale zu sparen. Geht die Aufwendungsersatzpauschale in derartigen Fällen über 10 % der Provisionshöhe hinaus, bedarf sie notarieller Beurkundung entsprechend der Bestimmung des § 311b BGB (OLG Frankfurt/Main, Urteil vom 12.3.1986, 17 U 19/85, NJW-RR 1986, 597). Niedrigere Pauschalen können formfrei vereinbart werden, dies soll auch formularvertraglich möglich sein (LG Kiel, Urteil vom 20.2.1985, 1 S 125/84, MDR 1985, 54: 6,5 %). Dies ist allerdings höchst umstritten. Stets empfiehlt sich zur Sicherheit eine Individualvereinbarung.

10.2.3 Besonderheiten bei der Wohnungsvermittlung

Nach der Bestimmung des § 3 Abs. 3 WoVermRG darf der Makler zusätzlich zu seiner Provision keine Vergütungen irgendwelcher Art vereinbaren oder annehmen, insbesondere keine Einschreibgebühren, Schreibgebühren oder Auslagenerstattungen.

Dies gilt jedoch nicht, wenn die nachgewiesenen Auslagen eine Monatsmiete übersteigen. Der Makler kann allerdings mit seinem Auftraggeber vereinbaren, dass bei Nichtzustandekommen eines Mietvertrags die in Erfüllung des Auftrages nachweisbar entstandenen Auslagen zu erstatten sind.

Die allgemeinen Geschäftskosten zählen auch im Bereich der Wohnungsvermittlung nicht zu den Auslagen im Sinne des §3 Abs. 3 WoVermRG. Wird entgegen §3 Abs. 3 Satz 2 WoVermRG ein umfassender Auslagenersatz vereinbart, so ist die Regelung nicht unwirksam. Vielmehr beschränkt sich ihre Gültigkeit auf den die Monatsmiete übersteigenden Auslagenbetrag. Es handelt sich der Sache nach um einen Fall der geltungserhaltenden Reduktion.

11 Die Verflechtungsproblematik

Jede Maklertätigkeit setzt das Zusammenwirken von drei Personen voraus (BGH, Urteil vom 19.2.2009, III ZR 91/08, NJW 2009, 1809):

1. Makler
2. Käufer/Mieter
3. Verkäufer/Vermieter

Konsequenz: Ein Hauptvertragsschluss mit dem Makler selbst schließt grundsätzlich einen Provisionsanspruch des Maklers aus (BGH, Urteil vom 1.4.1992, IV ZR 154/91, NJW 1992, 2818; OLG Hamburg, Beschluss vom 27.10.2011, 14 U 78/11, ZMR 2012, 491).

Beispiel !

Der Geschäftsführer des Maklerunternehmens und der Kunde des Maklerunternehmens sind identisch.

Eine Nachweistätigkeit scheidet deshalb aus, weil der Makler nicht die Gelegenheit zum Abschluss eines Vertrags nachweist, sondern vielmehr eine eigene Willenserklärung – nämlich ein Vertragsangebot – abgibt (BGH, Urteil vom 24.4.1985, IV ZR 211/83, NJW 1985, 2473). Eine Vermittlungstätigkeit scheidet bereits denklogisch aus, da der Makler auf sich selbst einwirken müsste. Bei der Prüfung der Frage, ob der Vertragspartner des Hauptvertrags Dritter ist, also vom Makler verschieden, kommt es nicht auf die formale rechtliche Stellung, sondern auf die zugrunde liegenden wirtschaftlichen Verhältnisse an. Eine provisionsschädliche wirtschaftliche Verflechtung liegt dann vor, wenn der Makler mit dem Dritten kapitalmäßig oder personell verbunden ist (OLG München, Urteil vom 14.3.2014, 10 U 679/13, juris).

Setzt der Makler einen Untermakler ein, fungiert dieser als sein Erfüllungsgehilfe (siehe Kapitel 13.6.2). Der Makler muss sich dann eine Verflechtung des Untermaklers mit einer der Parteien des Hauptvertrags zurechnen lassen, weshalb der Provisionsanspruch des Hauptmaklers untergehen kann (LG Frankfurt/Main, Urteil vom 25.1.2013, 2 - 25 O 322/12, Info M 2013, 348).

11.1 Echte Verflechtung

Eine sogenannte echte Verflechtung liegt dann vor, wenn der Maklerkunde den Vertrag mit einer Partei abschließt, die mit dem Makler in wirtschaftlicher Hinsicht identisch ist. Maßgebliches Kriterium ist hier, ob der Makler und der potenzielle Vertragspartner des Maklerkunden die Fähigkeit zur selbstständigen und unabhängigen

Willensbildung haben (BGH, Urteil vom 24.4.1985, IVa ZR 211/83, NJW 1985, 2473). Dies ist insbesondere dann nicht der Fall, wenn als Hauptvertragspartner eine Gesellschaft fungieren soll, deren Gesellschaftsanteile sich ganz oder überwiegend in den Händen des Maklers oder der Maklergesellschaft befinden (BGH, Urteil vom 19.2.2009, III ZR 91/08, NJW 2009, 1809; BGH, Urteil vom 12.5.1971, IV ZR 82/70, NJW 1971, 1839: 90 %).

! **Beispiel**

Der Makler firmiert als »XXX Immobilien GmbH«. Sein Kunde beauftragt ihn mit dem Nachweis bzw. der Vermittlung einer Verkaufsgelegenheit für eine Eigentumswohnung. Als Käuferin weist der Makler eine »XYZ Vermögensverwaltungs GmbH« nach, deren alleiniger Gesellschafter der Makler ist.

Da hier der Makler letztlich sich selbst nachgewiesen hat, wenn auch unter anderem Namen, kann er von seinem Auftraggeber keine Maklerprovision verlangen.

Überwiegend in den Händen des Maklers befindet sich eine Gesellschaft unzweifelhaft dann, wenn der Makler über 50 % der Gesellschaftsanteile hält. Im Einzelfall kann auch ein geringeres Beteiligungsverhältnis provisionsschädlich sein, lediglich 2 % sind allerdings unbedenklich (OLG Frankfurt/Main, Urteil vom 2.4.2003, 19 U 196/02, NJW-RR 2003, 1428).

Entsprechendes gilt, wenn der Makler vom potenziellen Hauptvertragspartner seines Kunden beherrscht wird (BGH, Urteil vom 13.3.1974, IV ZR 53/73, NJW 1974, 1130).

! **Beispiel**

Das vom Makler betriebene Unternehmen ist eine Tochtergesellschaft des potenziellen Vertragspartners des Auftraggebers des Maklers.

Die gleichen Grundsätze gelten, wenn sowohl Makler als auch potenzieller Vertragspartner des Maklerkunden vom selben Unternehmen beherrscht werden (BGH, Urteil vom 15.4.1987, IVa ZR 53/86, NJW-RR 1987, 1075).

! **Beispiel**

Sowohl bei der Maklergesellschaft wie auch bei der nachgewiesenen bzw. vermittelten Gesellschaft handelt es sich jeweils um Tochterunternehmen.

Nicht nur die kapitalmäßige Beteiligung kann also zur Verflechtung führen, sondern auch die Tatsache, dass eine natürliche oder juristische Person die Geschäftstätigkeit beider Firmen entscheidend steuern und beeinflussen kann (OLG Stuttgart, Urteil vom 20.7.1973, 3 U 22/73, NJW 1973, 1975).

Achtung !

Eine echte Verflechtung zwischen dem Makler und einer Partei des Hauptvertrags liegt nur vor, wenn sie den wirklichen gesellschaftsrechtlichen und wirtschaftlichen Verhältnissen entspricht. War daher bei Hauptvertragsschluss die Person, die unter anderem als Komplementärin auch die Maklerfirma maßgeblich gesteuert und beeinflusst hatte, bereits aus der Makler-Kommanditgesellschaft ausgeschieden, ist ein Verflechtungstatbestand selbst dann nicht mehr gegeben, wenn das Ausscheiden dieser Person aus der Gesellschaft noch nicht im Handelsregister eingetragen war (BGH, Urteil vom 19.2.2009, III ZR 91/08, NJW 2009, 1809).

Eine Verflechtung liegt auch vor, wenn als Makler beispielsweise ein Testamentsvollstrecker auftritt. Veräußert dieser ein Nachlassgrundstück, scheidet angesichts der persönlichen Identität zwischen Makler und Verkäufer eine Provision aus (BGH, Urteil vom 5.10.2000, III ZR 240/90, NJW 2000, 3781).

11.2 Unechte Verflechtung

Auch ohne eine wirtschaftliche Beherrschung gibt es viele weitere Fälle in der Praxis, in denen der Makler schlicht ungeeignet ist, die Interessen seines Kunden wahrzunehmen, weil er »im Lager« eines anderen steht (BGH, Urteile v. 19.2.2009, III ZR 91/08, NJW 2009, 1809 und v. 26.3.1998, III ZR 206/97, NJW-RR 1998, 992). Ein Interessenkonflikt an sich reicht noch nicht aus. Vielmehr muss dieser derart institutionalisiert sein, dass der Makler unabhängig von seinem konkreten Verhalten nicht die Interessen seines Auftraggebers angemessen wahrnehmen kann (BGH, Urteil vom 1.3.2012, III ZR 213/11, NJW 2012, 1504; OLG München, Urteil vom 14.3.2014, 10 U 679/13, juris; OLG Frankfurt/Main, Urteil vom 16.3.2001, 19 U 218/00, NJW-RR 2002, 56). Allgemein soll derjenige nicht Makler sein, der zum Vertragspartner seines Kunden in einer solchen Beziehung steht, dass er sich im Streitfall typischerweise auf die Seite des Vertragspartners stellen wird.

Beispiel !

Paradebeispiel ist hier der Verwalter einer Wohnungseigentumsanlage, dessen Zustimmung zur Veräußerung der Sondereigentumseinheiten in der Teilungserklärung vereinbart ist. Tritt er als Makler im Hinblick auf die Veräußerung einer Sondereigentumseinheit auf, so kann er wegen des institutionalisierten Konflikts mit dem Käufer nicht dessen Makler sein (BGH, Urteil vom 6.2.2003, III ZR 287/02, NJW 2003, 1249). Ist allerdings seine Zustimmung zur Veräußerung nicht erforderlich, liegt ohne weitere Anhaltspunkte keine unechte Verflechtung vor (BGH, Urteil vom 28.4.2005, III ZR 387/04, NJW-RR 2005, 1033).

Alleinauftrag

Ein Makleralleinauftrag mit entsprechender Tätigkeitsverpflichtung führt für sich genommen nicht zu einer provisionsschädlichen unechten Verflechtung des Maklers mit einer Vertragspartei. Dies gilt auch dann, wenn der betreffende Auftrag der einzige große Auftrag für einen jungen Makler ist und eine wirtschaftliche Abhängigkeit zwischen Makler und Auftraggeber besteht (OLG Hamburg, Urteil vom 27.10.2011, 14 U 78/11, ZMR 2012, 491).

Arbeitnehmer
Eine unechte Verflechtung kann vorliegen, wenn der Makler zugleich Arbeitnehmer des Vertragspartners seines Auftraggebers ist. Voraussetzung ist, dass sich der Arbeitnehmer in einem institutionalisierten Interessenkonflikt befindet, was beispielsweise bei einer bloßen Nachweistätigkeit einer Steuerfachangestellten nicht der Fall sein soll (BGH, Urteil vom 12.3.1998, III ZR 14/97, BGHZ 138, 170). Allerdings hat der BGH ausdrücklich offengelassen, ob Entsprechendes auch dann gilt, wenn die Steuerfachgehilfin eine Vermittlungstätigkeit entfaltet hätte. Dagegen würde eine Verflechtung bejaht werden, wenn der Makler »speziell als Arbeitnehmer des Vertragspartners mit der Vertragsangelegenheit befasst« ist.

Bevollmächtigter
Eine unechte Verflechtung liegt vor, wenn der Makler gleichzeitig als Stellvertreter der Gegenseite über den Abschluss des von ihm »vermittelten« Hauptvertrags entscheidet. Dieser Grundsatz gilt auch für einen Bevollmächtigten, wenn dieser selbstständig darüber zu entscheiden hat, ob der in Rede stehende Hauptvertrag abgeschlossen werden soll. Dies ist nicht der Fall, wenn der Makler als Bevollmächtigter des Verkäufers zwar unbeschränkte Vollmacht im Außenverhältnis besitzt, im Innenverhältnis jedoch strikten Beschränkungen unterliegt, die einen Vertragsschluss aufgrund eigener Willensbildung gerade ausschließen (LG Köln, Urteil vom 10.1.2012, 21 S 15/11, ZMR 2014, 87).

Handelsvertreter
Ein institutionalisierter Interessenkonflikt liegt vor, wenn der »Makler« für den Vertragsgegner des Kunden als Handelsvertreter auftritt (BGH, Urteil vom 26.3.1998, III ZR 206/97, NJW-RR 1998, 992). Dabei ist unerheblich, ob im Einzelfall ein Interessenkonflikt zu erwarten ist. Unzweifelhaft liegt ein Interessenkonflikt vor, wenn der Handelsvertreter nach § 84 Abs. 1 Satz 1 Alt. 2 HGB Geschäfte nicht nur vermittelt, sondern sie im Namen des Unternehmers abschließt. Unschädlich ist es, wenn der Makler lediglich Handelsvertreter einer Firma ist, die Häuser auf Grundstücken ihrer Kunden errichtet. Hier kann er die Grundstückskäufer zwischen diesen Kunden und Dritten vermitteln (OLG Koblenz, Urteil vom 3.6.1981, 1 U 577/80, DB 1981, 2489).

Persönliche Beziehungen
Zunächst und grundsätzlich ist ein nahes, persönliches oder freundschaftliches Verhältnis zu einem kaufbereiten Dritten für sich allein noch kein hinreichender Grund,

um von einer Interessenkollision auszugehen (BGH, Urteil vom 19.2.2009, III ZR 91/08, NJW 2009, 1809). Ein institutionalisierter Interessenkonflikt besteht aber, wenn der Makler das beabsichtigte Geschäft mit seinem eigenen Ehegatten als Vertragspartner des Kunden zustande bringt (BGH, Urteil vom 3.12.1986, IVa ZR 87/85, NJW 1987, 1008; LG Aachen, Urteil vom 21.2.1992, 5 S 350/91, WuM 1992, 259). Entsprechendes gilt, wenn die Maklerin die Ehefrau des Geschäftsführers des Vermittlers ist. Vermittelt also der Makler Wohnungen seines Ehegatten, entsteht kein Anspruch auf Provision gegen den auftraggebenden Wohnungssuchenden, wenn von einem überwiegenden Interessenkonflikt des Maklers gegenüber den wirtschaftlichen Interessen des Ehegatten auszugehen ist (LG Freiburg, Urteil vom 7.1.1988, 3 S 123/87, WuM 1988, 174).

Allerdings kann die Maklerprovision nicht allein deshalb versagt werden, weil der Makler mit dem Vertragsgegner verheiratet ist. Als verfassungsrechtlich unbedenklich gilt es dennoch, wenn aus dem Bestehen der nicht gestörten Ehe der Schluss auf enge wirtschaftliche Bindungen gezogen wird, die den als Makler tätigen Ehegatten im Regelfall hindern, gegenläufige Interessen des Auftraggebers zu wahren. Doch bejaht das Bundesverfassungsgericht den Provisionsanspruch dann, wenn entweder die Ehewirklichkeit entscheidend vom gesetzlichen Leitbild abweicht oder das Bestehen der Ehe und damit die Interessenkollision offengelegt werden. Dabei genügt bereits die Kenntnis des Kunden vom Bestehen der Ehe (BVerfG, Beschluss vom 26.4.1988, 1 BvR 1264/87, NJW 1988, 2663). Bei offengelegtem Interessenkonflikt resultiert der Provisionsanspruch des Maklers aus einem selbstständigen Provisionsversprechen (BGH, Urteil vom 6.2.2003, III ZR 287/02, NJW 2003, 1249). Wird der Maklerkunde also über den bestehenden Interessenkonflikt aufgeklärt, wird der mit ihm geschlossene Vertrag nicht als klassischer Maklervertrag angesehen, sondern als selbstständiges Provisionsversprechen. Die geschilderte Ehegattenrechtsprechung kann auch auf Lebenspartnerschaften nach dem Gesetz über die Eingetragene Lebenspartnerschaft (LPartG) übertragen werden.

Auch aus dem Bestehen eines nicht gestörten engen Verwandtschaftsverhältnisses wird man auf enge wirtschaftliche Bindungen schließen können, zum Beispiel zwischen Eltern und Kindern oder zwischen Geschwistern untereinander. Eine provisionsschädliche Interessenkollision soll dann ausgeschlossen sein, wenn das Verwandtschaftsverhältnis dem Dritten gegenüber offengelegt wurde (OLG Hamm, Urteil vom 20.1.2000, 22 U 75/99, MDR 2000, 635). Auch hier folgt der Provisionsanspruch aus einem selbstständigen Provisionsversprechen.

Rein persönliche Beziehungen des Maklers zum Vertragsgegner, zum Beispiel Lebensgefährte, Partner in nichtehelicher Lebensgemeinschaft oder geschiedener Ehepartner, sollen in der Regel unschädlich sein, weil die dafür kennzeichnende individuelle Prägung einer generalisierenden Betrachtungsweise nicht zugänglich sei (BGH, Urteile v. 19.2.2009, III ZR 91/08, NJW 2009, 1809 und v. 3.12.1986, IVa ZR 87/85, NJW 1987, 1008). Das gilt erst recht für sonstige nahe, persönliche oder freundschaftliche Verhältnisse zu einem kaufbereiten Dritten, weil es an der erforderlichen institutionalisierten Interessenbindung fehlt (geschiedener Ehepartner: BGH, Urteil vom 19.2.2009, III ZR 91/08, NJW 2009, 1809). Der Kunde wird insoweit durch §654 sowie durch etwaige Schadensersatzansprüche aus §280 Abs. 1 hinreichend geschützt. Ein Provisionsanspruch entsteht aber grundsätzlich dann nicht, wenn im Einzelfall ein konkreter Interessenkonflikt bejaht werden kann und der Maklerkunde hierüber nicht aufgeklärt wird (LG Aachen, Urteil vom 21.2.1992, 5 S 350/91, WuM 1992, 259).

11.3 Makelnder Verwalter

Selbstverständlich können sich auch (Immobilien-)Makler als Wohnungseigentumsverwalter – und umgekehrt – betätigen, was in der Praxis häufig vorkommt. Makler sollten sich dabei vor Augen halten, dass sie unter gewissen Umständen bei einer Tätigkeit als Verwalter ihre Gewerbeerlaubnis verlieren können. Verwalter sollten sich bewusst machen, dass sie unter gewissen Umständen bei einer Tätigkeit als Makler ihr Verwalteramt riskieren.

11.3.1 Makler als Verwalter

Lässt sich der als Hausverwalter tätige professionelle Makler im Rahmen seiner Verwaltertätigkeit Straftaten zu Schulden kommen, riskiert er den Verlust seiner Gewerbeerlaubnis.

Instruktiv ist hier der vom Bundesverwaltungsgericht (Urteil vom 6.12.1994, 1 B 234/94, WE 1995, 102) entschiedene Fall: Ein Verwalter hatte sich unter Berufung auf die Befreiung von den Beschränkungen des § 181 BGB aus den Hausgeldern einer Wohnungseigentümergemeinschaft, die er verwaltete, ein Darlehen gewährt. Neben einer Verurteilung wegen Untreue nach §266 StGB droht in derartigen Fällen der Entzug der Gewerbeerlaubnis bzw. die Gewerbeuntersagung gemäß §35 GewO. Zumindest das Bundesverwaltungsgericht ist der Auffassung, dass einem derart unzuverlässigen Verwalter auch die Maklererlaubnis nach §34c Abs. 1 Nr. 1 GewO zu entziehen sei, da beide Berufsfelder artverwandt seien und viele Verwalter in der Praxis zusätzlich Maklertätigkeiten entfalten.

Im Übrigen gilt das, was im Folgenden für den Verwalter, der sich (gelegentlich) als Makler betätigt, ausgeführt wird, entsprechend für den Makler als (gelegentlichem) Verwalter von Wohnungseigentum.

11.3.2 Verwalter als Makler

Häufig betätigen sich hauptberufliche Wohnungseigentumsverwalter zumindest gelegentlich als Makler beim Verkauf und/oder bei der Vermietung von Wohnungen oder Geschäftsräumen innerhalb der verwalteten Eigentumsanlagen. Auch wenn der BGH grundsätzlich aus maklerrechtlichen Gesichtspunkten unter gewissen Voraussetzungen nichts dagegen hat, ist damit noch nichts über die Verträglichkeit von Maklertätigkeiten einerseits und der Vertrauensstellung eines Verwalters andererseits ausgesagt.

Unter maklerrechtlichen Gesichtspunkten ist zwischen Verkauf und Vermietung zu unterscheiden. Provisionsschädlich kann beim Verkäufermakler die Tatsache sein, dass seine Veräußerungszustimmung gemäß § 12 WEG in seiner Funktion als Verwalter erforderlich ist. Bei der Vermietung kommt es darauf an, ob der Verwalter als solcher im Sinne des § 2 Abs. 2 Nr. 2 WoVermittG anzusehen ist oder ob eine Vermietungsbeschränkung dergestalt besteht, dass nach einer Vereinbarung der Wohnungseigentümer zur Vermietung die Zustimmung des Verwalters erforderlich ist. Unter diesen Umständen hat der »makelnde« Verwalter keinen Provisionsanspruch gegen den Mieter. Gemäß den durch das am 1.6.2015 in Kraft getretenen »Bestellerprinzip« erheblich verschärften Anforderungen an einen Provisionsanspruch gegen den Mietinteressenten lässt sich für den Wohnungseigentumsverwalter ohnehin nur noch in seltenen Ausnahmefällen ein Provisionsanspruch gegen einen Wohnungssuchenden realisieren.

Unter wohnungseigentumsrechtlichen Gesichtspunkten riskiert der Verwalter sein Amt, wenn er als Makler tätig ist und nach der Teilungserklärung bzw. Gemeinschaftsordnung oder einer späteren Vereinbarung der Wohnungseigentümer seine Zustimmung zur Veräußerung von Wohnungseigentum gemäß § 12 WEG erforderlich ist. Zwar kann der Verwalter nach der im Zuge des Inkrafttretens des Wohnungseigentumsmodernisierungsgesetzes (WEMoG) am 1.12.2020 modifizierten Bestimmung des § 26 Abs. 3 WEG ohnehin jederzeit und grundlos von seinem Amt abberufen werden. Allerdings kann ein wichtiger Grund für die außerordentliche fristlose Kündigung des Verwaltervertrags vorliegen, sodass dieser nicht erst spätestens sechs Monate nach der Abberufung endet, sondern eben mit sofortiger Wirkung.

Ein Hausverwalter oder ein Wohnungseigentumsverwalter bedarf im Hinblick auf seine verwaltende Tätigkeit einer Erlaubnis gemäß § 34c Abs. 1 Nr. 4 GewO. Weiter benötigt ein selbstständiger Hausverwalter eine entsprechende Erlaubnis als Makler gemäß § 34c Abs. 1 Nr. 1 GewO, wenn er die Gelegenheit zum Erwerb oder zur Vermietung über die von ihm verwalteten Wohn- oder Geschäftsräume nachweist oder vermittelt. Dieser Grundsatz gilt erst recht, wenn der Hausverwalter Wohnungen oder Gewerberäume außerhalb des von ihm verwalteten Bestands nachweist oder vermittelt. Auch der Wohnungseigentumsverwalter benötigt eine Erlaubnis gemäß § 34c Abs. 1 Nr. 1 GewO, wenn er von ihm selbst verwaltete Sonder- oder Teileigentumseinheiten zum Verkauf oder zur Vermietung nicht nur gelegentlich nachweist oder vermittelt.

Die Nachweis- bzw. Vermittlungstätigkeit des Wohnungseigentumsverwalters ist erlaubnisfrei, wenn sie nur unbedeutender Ausfluss der übrigen Tätigkeit als Haus- oder Wohnungseigentumsverwalter ist. Dies wird angenommen, wenn der Verwalter jährlich nur ein bis zwei Wohnungen nachweist bzw. vermittelt. Da der gewerbliche Vermittlungsbegriff weiter reicht als der nach dem Maklerrecht kommt es nicht darauf an, ob der Verwalter beispielsweise Mietverträge im Namen des Vermieters schließt und ihm für seine Nachweis- bzw. Vermittlungsbemühungen gar keine Provision zusteht (siehe vertiefend Kapitel 2.1.1).

11.3.2.1 Verkauf

Grundsätzlich ist der Wohnungseigentumsverwalter nicht gehindert, als Verkaufsmakler von Sonder-/Teileigentum tätig zu werden (BGH, Urteil vom 13.3.2003, III ZR 299/02, NJW 2003, 1393). Das gilt bei einer Tätigkeit für den Verkäufer (als Mitglied der Eigentümergemeinschaft) wie für den Käufer (als Erwerber). Die Rechtsbeziehungen zwischen den Beteiligten richten sich ausschließlich nach den Vorschriften über das Maklerrecht. Besonderheiten im Hinblick auf die (zusätzliche) Eigenschaft des Maklers als Wohnungseigentumsverwalter sind nicht zu beachten.

Anders ist die Rechtslage, wenn nach der Teilungserklärung der verwalteten Gemeinschaft gemäß § 12 Abs. 1 WEG der Verkauf einer Wohnung von der Zustimmung des Verwalters abhängt. Hierzu hat der BGH in Fortsetzung seiner Rechtsprechung zur Verflechtung (BGH, Urteil vom 26.9.1990, IV ZR 226/89, NJW 1991, 168) entschieden, dass der Verwalter einer Wohnungseigentumsanlage, von dessen Zustimmung gemäß § 12 WEG die Gültigkeit eines Wohnungsverkaufs abhängt, wegen des institutionalisierten Interessenkonflikts nicht Makler des Käufers sein kann (BGH, Urteil vom 6.2.2003, III ZR 287/02, NJW 2003, 1249). Der Interessenkonflikt resultiert nach Ansicht des BGH daraus, dass der Makler die Interessen seines Kunden (des potenziellen Käufers) ebenso wahrzunehmen hat wie die der Wohnungseigentümer, wobei diese Interessen unter Umständen »gegenläufig« seien. Damit sei die selbstständige, unabhängige Willensbildung des Wohnungseigentumsverwalters/Maklers zumindest gefährdet.

Die Interessenkollision hindert den Wohnungseigentumsverwalter in einem solchen Fall also an einer dem gesetzlichen Leitbild entsprechenden Maklertätigkeit mit der Folge, dass der Verwalter weder gegen den Wohnungskäufer noch gegen den Wohnungsverkäufer, in dessen Auftrag er »makelnd« tätig wird, einen Anspruch auf Zahlung von Maklerprovision hat (OLG Köln, Urteil vom 10.9.2002, 24 U 32/02, NJW-RR 2003, 516).

Wichtig !

Ein Fall »unechter Verflechtung« liegt aufgrund eines institutionalisierten Interessenkonflikts beim (Käufer-)Makler, der zugleich Haus- bzw. Wohnungsverwalter des Grundstücks- bzw. Wohnungsverkäufers ist, nicht ohne weitere Anhaltspunkte vor (BGH, Urteil vom 28.4.2005, III ZR 387/04, NJW-RR 2005, 1033). Ist die Zustimmung des »makelnden« Verwalters zur Veräußerung der von ihm nachgewiesenen oder vermittelten Wohnung gemäß § 12 WEG nicht erforderlich, hat er durchaus einen Provisionsanspruch gegen Veräußerer und/oder Erwerber.

Nach ständiger Rechtsprechung kann ein Provisionsanspruch allerdings auch in Verflechtungsfällen wegen eines von den Voraussetzungen des § 652 BGB unabhängigen Provisionsversprechens gegeben sein. Dazu genügt es, wenn dem Kunden die eine Verflechtung begründenden Umstände tatsächlich bekannt sind (BGH, Urteil vom 6.2.2003, III ZR 287/02, NJW 2003, 1249). Weiß der Veräußerer bzw. Erwerber, dass zur Veräußerung die Zustimmung des Verwalters gemäß § 12 WEG erforderlich ist, hat der »makelnde« Verwalter grundsätzlich dann einen Provisionsanspruch, wenn er sich ein entsprechendes Provisionsversprechen erteilen lässt.

Der BGH (a. a. O.) hält es insoweit für ausreichend, wenn der Auftraggeber des Verwalters bzw. der »Maklerkunde« darüber aufgeklärt wird, dass der »Makler« Verwalter einer Wohnungseigentumsanlage und seine Zustimmung zur Veräußerung des Wohnungseigentums erforderlich ist. Es muss nicht darauf hingewiesen werden, dass dem Verwalter eine Maklertätigkeit an sich nicht möglich ist (so auch schon OLG Köln, Urteil vom 10.9.2002, 24 U 32/02, NJW-RR 2003, 516; LG Hamburg, Urteil vom 7.7.2000, 309 O 101/00, NJW-RR 2001, 565).

Vor dem Hintergrund der erwähnten BGH-Rechtsprechung dürfte der Verwalter, der sich auch als Makler von ihm verwalteter Wohnungen betätigt, sein Verwalteramt wohl nicht aufs Spiel setzen. Gleichwohl sollten sich Wohnungseigentumsverwalter davor hüten, in derartigen Fällen ein unabhängiges Provisionsversprechen zu fordern bzw. überhaupt entsprechende Maklertätigkeiten zu entfalten. Nach Auffassung des BayObLG (Urteile v. 7.5.1997, 2 Z BR 135/96, WuM 1997, 397 und v. 5.4.1972, BReg 2 Z 95/71, NJW 1972, 1284) stellt der Interessenkonflikt zwischen der Verwalterstellung und der Maklertätigkeit grundsätzlich einen wichtigen Grund gegen die Wiederbestellung eines Verwalters dar.

Beispiel !

Der Verwalter einer größeren Wohnanlage wendet sich per Rundschreiben an die Wohnungseigentümer und bietet ihnen kostenlose Maklerdienste an, falls sie ihre Wohnungen verkaufen wollen. Nach der Teilungserklärung ist zur Veräußerung von Sondereigentum die Zustimmung des Verwalters erforderlich.

Mit einem solchen Verhalten setzt der Verwalter seine Wiederbestellung aufs Spiel. Mit der Regelung in § 12 WEG sollen die Wohnungseigentümer in die Lage versetzt werden, sich dagegen zu schützen, dass eine Wohnung oder ein Teileigentum in die Hände eines persönlich oder finanziell unzuverlässigen Menschen gerät. Der Verwalter wird bei der Entscheidung über die Zustimmung zu einer Veräußerung zwar im eigenen Namen, aber lediglich treuhänderisch in verdeckter mittelbarer Stellvertretung der Wohnungseigentümer tätig, deren schutzwürdige Belange er zu wahren hat. Bietet der Verwalter den Wohnungseigentümern kostenlose Maklertätigkeiten im Zusammenhang mit einem Verkauf ihrer Wohnungen an, ist davon auszugehen, dass er den Käufer zur Abgabe eines von den Voraussetzungen des § 652 BGB unabhängigen Provisionsversprechens veranlassen will. Das von ihm zu wahrende Interesse des Käufers und sein eigenes Provisionsinteresse decken sich allerdings nicht mit dem Interesse der Gesamtheit der Wohnungseigentümer. Dieser in der Sache als solcher begründete Interessenkonflikt rechtfertigt die Besorgnis, der Verwalter könne bei Erteilung seiner Zustimmung im Fall eines von ihm vermittelten Kaufvertrags die Interessen der Wohnungseigentümer gegenüber seinem eigenen Provisionsinteresse hintansetzen.

Insoweit spielt auch keine Rolle, ob der Verwalter über Jahre hinweg zur Zufriedenheit der Eigentümergemeinschaft tätig war und mit überwältigender Mehrheit wiedergewählt wurde. Allein aufgrund einer Anfechtung durch einen einzigen Wohnungseigentümer ist der Bestellungsbeschluss für ungültig zu erklären.

! **Wichtig**

Das BayObLG (a. a. O.) hat allerdings in den Entscheidungsgründen angemerkt, der Interessenkonflikt könne ausgeräumt werden, indem der Verwalter von einer Maklertätigkeit bei der Veräußerung von Eigentumswohnungen in der betreffenden Wohnanlage Abstand nimmt. Bei Anfechtung eines Wiederbestellungsbeschlusses sollte der Verwalter also ausdrücklich erklären, entsprechende Maklertätigkeiten (künftig) zu unterlassen, um so ggf. sein Verwalteramt noch zu retten. Insoweit hatte auch das LG Berlin (Urteil vom 29.6.2018, 55 S 96/17 WEG, MietRB 2019, 15) klargestellt, dass lediglich ein allgemein gehaltener, werbender Hinweis des Verwalters in seinem Schriftverkehr auf den von ihm angebotenen »Verkaufsservice für Wohnungseigentümer« keinen wichtigen Grund gegen seine Wiederbestellung darstellt, wenn der Verwalter im Zusammenhang mit dem Verkauf von Wohnungen gar keine Maklertätigkeiten entfaltet hat.
Unabhängig hiervon ist darauf hinzuweisen, dass Provisionen, die der unzulässig makelnde Verwalter zu Unrecht erhalten hat, unter dem Gesichtspunkt der ungerechtfertigten Bereicherung zurückgefordert werden können. Dies gilt allerdings dann nicht, wenn der Erwerber einer Eigentumswohnung an den mit der »Verkaufsbetreuung« befassten Wohnungseigentumsverwalter eine Provision gezahlt hat und der Verkäufer den Kaufpreis für die Wohnung um den Provisionsbetrag herabgesetzt hat (KG Berlin, Urteil vom 19.1.1998, 10 U 5722/96, KGR Berlin 1998, 208).

11.3.2.2 Vermietung

Insbesondere Wohnungseigentumsverwalter können durchaus provisionspflichtige Maklertätigkeiten im Hinblick auf Wohnungs- oder Teileigentum entfalten. Durch das am 1.6.2015 in Kraft getretene »Bestellerprinzip« werden sie allerdings nur in Ausnahmefällen einen Provisionsanspruch gegen den Wohnungsmieter haben. In aller Regel nämlich dürften sie insoweit im Interesse, wenn nicht gar im Auftrag der Wohnungseigentümer tätig werden.

Wohnungseigentum

Auch nach Inkrafttreten des »Bestellerprinzips« können Makler, die sich als Wohnungseigentumsverwalter betätigen, durchaus einen Provisionsanspruch gegen den künftigen Mieter einer Wohnung im Verwaltungsbestand haben. Voraussetzung ist allerdings, dass sie nicht bereits vom Wohnungseigentümer mit der Wohnungssuche entsprechend beauftragt sind. Unter folgenden Voraussetzungen kann ein Provisionsanspruch gegen den künftigen Mieter begründet werden:

1. Der Wohnungssuchende beauftragt den Makler mit dem Nachweis oder der Vermittlung einer Mietvertragsabschlussgelegenheit.
2. Der Vermittlungsauftrag wird in Textform geschlossen.
3. Der Makler macht sich auf die Suche nach geeigneten Wohnungen. In diesem Zusammenhang setzt er sich mit den Wohnungseigentümern von ihm verwalteter Anlagen in Verbindung und erkundigt sich, ob Wohnungen zur Vermietung stehen.
4. Wird der Makler entsprechend fündig, holt er den Auftrag des Wohnungseigentümers ein, dessen Wohnung dem Mietinteressenten anzubieten.
5. Kommt daraufhin der Mietvertrag zustande, hat der Makler Anspruch auf Provision gegen den Mieter.

Der Makler/Verwalter wird hier mit dem Einwand seines Kunden rechnen müssen, dass er in erster Linie im Interesse des Wohnungseigentümers tätig geworden ist und deshalb die Provision nicht zahlen will. Der Makler kann dann im Rechtsstreit als Beweis Zeugnis des vermietenden Wohnungseigentümers anbieten, dass er eben ausschließlich wegen des Mieterauftrags tätig wurde und gerade nicht vom Wohnungseigentümer entsprechend informiert oder gar beauftragt war.

Zu berücksichtigen ist weiter grundsätzlich, dass die Provisionsausschlusstatbestände des § 2 Abs. 2 WoVermRG auch im Verhältnis zwischen Makler und Vermieter gelten.

Lange Zeit war in diesem Zusammenhang umstritten, ob dem Wohnungseigentumsverwalter per se ein Provisionsanspruch gegen den potenziellen Mieter verwehrt ist. Vereinzelt wurde angenommen, der Wohnungseigentumsverwalter sei unabhängig von seiner konkreten Tätigkeit für den jeweiligen Eigentümervermieter stets als Verwalter im Sinne des § 2 Abs. 2 Nr. 2 WoVermittG anzusehen (unter anderem LG München I, Urteil vom 19.12.2000, 13 S 17634/00, NJW-RR 2001, 875).

Der BGH (Urteil vom 13.3.2003, III ZR 299/02, NJW 2003, 1393) hatte sich der herrschenden Meinung angeschlossen (unter anderem LG Hamburg, Urteil vom 31.1.2001, 304 S 86/00, NJW-RR 2001, 876; LG Cottbus, Urteil vom 3.3.1999, 1 S 34/98, NZM 2000, 15; LG Mainz, Urteil vom 28.1.2000, 3 S 105/99, NZM 2000, 310) und für Klarheit in der für die Makler- und Verwalterpraxis so wichtigen Rechtsfrage der Wohnungsvermittlung durch den Wohnungseigentumsverwalter nach §§ 20 ff. WEG gesorgt: Ihm ist ein Anspruch auf Entgelt für die Vermittlung oder den Nachweis einer Gelegenheit zum Abschluss von Mietverträgen über Wohnräume gemäß § 2 Abs. 2 Satz 1 Nr. 2 WoVermittG nicht versagt, da er nicht Verwalter von Wohnräumen im Sinne dieser Bestimmung ist. Hieraus ergibt sich korrespondierend, dass der Wohnungseigentumsverwalter keinen Anspruch auf Maklerprovision bei der Vermittlung solcher Wohnungen hat, für deren Eigentümer er auch als Sondereigentumsverwalter tätig ist. Der Verwalter hat in solchen Fällen zwar keinen Provisionsanspruch gegen den Mieter, ein solcher kann aber aufgrund entsprechender Abrede gegen den vermietenden Wohnungseigentümer bestehen.

Die Gerichte beschäftigt immer wieder das Abgrenzungsproblem, wann ein Wohnungseigentumsverwalter Leistungen im Hinblick auf eine Sondereigentumsverwaltung in einem solchen Maß entfaltet, dass sein Provisionsanspruch ausgeschlossen ist. Hier sind die Meinungen geteilt und es kommt im Wesentlichen auf den konkreten Einzelfall an. Als provisionsunschädlich wurden angesehen:

Serviceleistungen

Branchenübliche Serviceleistungen wie Schlüsselübergabe, Entgegennahme der ersten Monatsmiete oder Weiterleitung der Mietkaution an den Vermieter stellen keine Verwaltungstätigkeit von einigem Gewicht und einiger Dauer im Sinne des § 2 Abs. 2 Satz 1 Nr. 2 WoVermRG dar und sind deshalb nicht provisionsschädlich (AG Hamburg-Wandsbek, Urteil vom 30.4.2009, 715 C 30/09, ZMR 2009, 774).

Hilfestellung

- Ein Wohnungsmakler wird nicht als Verwalter im Sinne des § 2 Abs. 2 Satz 1 Nr. 3 WoVermRG tätig mit der Folge, dass er seinen Provisionsanspruch gegen den Mieter verliert, weil er für den Vermieter das Ausfüllen des Formularmietvertrags übernimmt, die Wohnungsübergabe organisiert sowie das entsprechende Übergabeprotokoll fertigt. Dies gilt auch dann, wenn der Makler den Vermieter bei der schon kurze Zeit später erfolgenden Wohnungsrückgabe unterstützt (AG Wedding, Urteil vom 28.7.2006, 16 C 82/06, Info M 2007, 186).
- Erstellung von Betriebskostenabrechnungen (LG Wuppertal, Urteil vom 10.2.2000, 9 S 234/99, NZM 2000, 352).

- Maßnahmen zur Erhaltung bzw. Verbesserung der Vermietbarkeit, beispielsweise das Öffnen und Schließen von Fenstern und Rollläden sowie die Beheizung (LG Mainz, Urteil vom 28.1.2000, 3 S 105/99, NZM 2000, 310).

Unterstützung

- Organisieren von Renovierungsarbeiten kleineren Umfangs, zum Beispiel die Auswahl des Teppichbodens in Absprache mit dem Mieter, die Auswahl und Beauftragung der Handwerker für Rechnung des Vermieters sowie den Austausch von Badarmaturen bezüglich der zur Vermietung anstehenden Eigentumswohnung (LG Düsseldorf, Urteil vom 18.3.2005, 20 S 167/04, NJW-RR 2006, 235).
- Entfalten von Tätigkeiten, die mit einer Neuvermietung zusammenhängen, beispielsweise die Wohnungs- und Schlüsselübergabe, die Entgegennahme der ersten Monatsmiete sowie die Weiterleitung der Mietkaution (LG Hamburg, Urteil vom 31.1.2001, 304 S 86/00, NJW-RR 2001, 876; AG Frankfurt/Oder, Urteil vom 24.2.2016, 25 C 639/15, GE 2016, 397).

Wie jedoch bereits erwähnt, dürften derartige Leistungen seit Inkrafttreten des Bestellerprinzips einem Provisionsanspruch zumindest gegenüber dem Wohnungssuchenden entgegenstehen, da der Makler/Verwalter auch im Intereses des Vermieters tätig wird. Unabhängig davon sind die im Folgenden dargestellten Konstellationen stets provisionsvernichtend.

Identität

- Wohnungsvermittler und Hausverwaltung haben ihre Geschäftsräume in demselben Gebäude, nutzen bürotechnische Geräte gemeinsam und es findet eine gegenseitige Vertretung im Fall von Urlaub oder Krankheit statt (AG Wismar, Urteil vom 20.6.2012, 12 C 347/11, WuM 2012, 567).
- Der Makler hat ein mietfreies Büro im Objekt des Vermieters (AG Frankfurt/Oder, Urteil vom 24.2.2016, 25 C 639/15, GE 2016, 397).
- Der Mitarbeiter eines Wohnungsverwaltungsunternehmens, der als solcher auf der Internetseite des Unternehmens präsentiert wird und unter einer Telefonnummer und E-Mail-Adresse des Unternehmens erreichbar ist, hat keinen Anspruch auf Maklercourtage wegen Vermittlung einer Wohnung aus dem Verwaltungsbestand. Dabei ist es unerheblich, ob der Mitarbeiter nur mit dem Verkauf von Immobilien und nicht mit Verwaltertätigkeiten befasst war (LG Hamburg, Urteil vom 27.2.2009, 320 S 89/08, NJW-RR 2009, 1286).

Bevollmächtigung

- Vertragsverhandlungen mit dem Vermieter und die Übernahme der Rückgabe des Mietobjekts bei Beendigung des Mietverhältnisses sind typische Verwaltertätigkeiten (LG Düsseldorf, Urteil vom 24.10.2008, 22 S 172/08, ZMR 2009, 459).

- Ist der Hausverwalter – auch als freier Mitarbeiter – Gehilfe des Maklers, findet § 2 Abs. 2 Satz 1 Nr. 2 WoVermRG entsprechend Anwendung und dem Makler steht kein Courtageanspruch zu (AG Hamburg-Altona, Urteil vom 27.5.2008, 316 C 409/07, WuM 2009, 243).

Vertretung

- Der Wohnungsvermittler wird als Vertreter des Vermieters im Mietvertrag genannt. Er führt die Korrespondenz wegen Mängelrügen des Mieters und stellt dem Mieter darüber hinaus eine Kündigung des Mietvertrags anheim (AG Hamburg-Blankenese, Urteil vom 15.12.2006, 518 C 346/06, ZMR 2007, 790).
- Der Verwalter ist bei der Wohnungsrückgabe anwesend und fertigt das Übergabeprotokoll (LG Hamburg, Urteil vom 31.1.2001, 304 S 86/00, NJW-RR 2001, 876).
- Erbringung von Sondereigentumsverwaltungsleistungen von »einigem Gewicht« (AG Hamburg, Urteil vom 23.11.2001, 4 C 319/01, NZM 2003, 165).
- Wohnungsvermittler erstellt für die vermietenden Wohnungseigentümer die Betriebs- bzw. Heizkostenabrechnungen und zieht die entsprechenden Nachzahlungsbeträge ein (LG Wuppertal, Urteil vom 10.2.2000, 9 S 234/99, NZM 2000, 352).
- Der vermittelnde Wohnungseigentumsverwalter schließt als Stellvertreter der Wohnungseigentümer/Vermieter den Mietvertrag ab (LG Düsseldorf, Urteil vom 25.9.1992, 20 S 77/92, NJW-RR 1993, 401).
- Wird ein Makler in einer Weise ordnend und gestaltend tätig, die sich als Repräsentation des Vermieters gegenüber den Mietern darstellt und dem Eigentümer die Sorge und Obhut für das Objekt ganz oder teilweise abnimmt, besteht kein Anspruch auf eine Maklercourtage (vgl. AG Schöneberg, Urteil vom 25.8.2010, 6 C 245/10, juris). Die Repräsentation kann zum Beispiel darin liegen, dass der Makler als Ansprechpartner für die Mieter zur Verfügung steht, das Übernehmen von Sorge und Obhut kann sich daraus ergeben, dass der Makler eigenverantwortlich Handwerkertermine organisiert, Termine vereinbart und entsprechende Aufträge verwaltet (AG Heidelberg, Urteil vom 27.7.2012, 28 C 82/12, juris).

Teileigentum

Wie sich bereits aus der Bezeichnung ergibt, gilt das Wohnungsvermittlungsgesetz nur für die Vermittlung von Wohnraum. Die Vermittlung von Mietverträgen über Geschäfts- oder sonstige Räume fällt nicht in den Anwendungsbereich dieses Gesetzes, sodass der Wohnungseigentumsverwalter in diesem Bereich unproblematisch Verträge vermitteln und hierfür Provision verlangen kann.

Interessenkonflikt/Verflechtung

Meines Erachtens kann es auch bei der Vermietung von Wohnungs- bzw. Teileigentum zu einem Interessenkonflikt mit der Eigentümergemeinschaft kommen, wenn die Vermietung von Sondereigentum von der Zustimmung des Verwalters abhängt. Jedenfalls ist es höchstrichterlich anerkannt (BGH, Urteil vom 15.6.1962, V ZB 2/62, BGHZ 37,

203 = WM 1962, 822), dass die Vereinbarung einer Vermietungsbeschränkung zulässig ist und gemäß § 5 Abs. 4 und § 10 Abs. 2 WEG ins Grundbuch eingetragen werden kann.

Wenn eine derartige Beschränkung der Vermietungsbefugnis besteht, resultiert der Interessenkonflikt daraus, dass der Makler die Interessen seines Kunden (des potenziellen Mieters) ebenso wahrzunehmen hat wie die der Wohnungseigentümer. Auch hier können die Interessen durchaus gegenläufig sein, sodass bei einer Zustimmung zur Vermietung die selbstständige, unabhängige Willensbildung des Wohnungseigentumsverwalters/Maklers zumindest gefährdet ist.

Da der Verwalter in diesem Fall ebenfalls keine dem gesetzlichen Leitbild des Maklerrechts entsprechende Maklertätigkeit entfalten kann, kommt nur ein Provisionsanspruch aufgrund eines selbstständigen Provisionsversprechens in Betracht. Ein solches kommt jedoch im Bereich der Wohnraumvermittlung nicht in Betracht und wäre unwirksam, da es die gesetzlichen Schutznormen des WoVermRG aushebeln würde (LG Hamburg, Beschluss vom 7.1.2014, 318 S 38/13, ZMR 2014, 498). Hiervon unabhängig bestehen meines Erachtens im Fall der Vermietungszustimmung Bedenken gegen eine Bestellung/Wiederbestellung des »makelnden« Verwalters.

Zudem muss die Verflechtungsproblematik beachtet werden. Ist beispielsweise der Geschäftsführer des Maklerunternehmens zugleich in exponierter Stellung für die Wohnungseigentumsverwalterin tätig, zum Beispiel als Leiter von Wohnungseigentümerversammlungen, entfällt wegen der damit gegebenen Verflechtung der Provisionsanspruch des Maklerunternehmens für die Vermittlung von Mietverträgen in der betreffenden Wohnanlage (LG München II, Urteil vom 10.10.2000, 2 S 3660/00, NZM 2001, 489).

11.4 Selbstständiges Provisionsversprechen

Der im deutschen Schuldrecht geltende Grundsatz der Vertragsfreiheit ermöglicht es, dass die Verpflichtung zur Zahlung einer Maklerprovision auch unabhängig vom Vorliegen einer echten Maklerleistung durch ein selbstständiges Provisionsversprechen begründet werden kann (BGH, Urteil vom 12.10.2006, III ZR 331/04, NJW-RR 2007, 55; OLG München, Urteil vom 3.3.2010, 20 U 4248/09). Der Makler kann sich eine Provision also auch sichern, indem er mit seinem Kunden ein selbstständiges Provisionsversprechen vereinbart. Es ist »selbstständig«, weil es von den gesetzlichen Voraussetzungen eines Provisionsanspruchs gemäß § 652 BGB losgelöst ist. Dies trifft in der Praxis zu, wenn der Makler die gesetzlichen Voraussetzungen des Provisionsanspruchs nicht (mehr) erfüllen kann, der Auftraggeber dessen Bemühungen und entfalteten Tätigkeiten dennoch vergüten möchte. Wegen des im Schuldrecht geltenden Grundsatzes der Vertragsfreiheit kann die Verpflichtung zur Zahlung einer Provision eben auch unabhängig vom Vorliegen einer echten Maklerleistung begründet werden (BGH, Urteil vom 12.10.2006, III ZR 331/04, NJW-RR 2007, 55).

! **Achtung**

Im Bereich der Wohnraumvermittlung können wirksam keine selbstständigen Provisionsversprechen mit dem Wohnungssuchenden vereinbart werden (LG Hamburg, Beschluss vom 7.1.2014, 318 S 38/13, ZMR 2014, 498). Die nachfolgenden Ausführungen gelten demnach nur für den Käufer-/Verkäufer-Makler oder den Vermittler von Gewerberaum.

Das selbstständige Provisionsversprechen kann sich verschleiert auf einen Teil des Kaufpreises beziehen (OLG München, a.a.O.). Die Provision kann insbesondere eine Vergütung für gewisse, nicht unter § 652 BGB fallende Dienstleistungen sein, zum Beispiel wenn der Makler ein Exposé fertigt, Anzeigen schaltet und/oder Besichtigungstermine durchführt und insoweit für den Kunden konkrete Verkaufsbemühungen entfaltet.

! **Beispiel**

Die Eigentümerin eines Villenanwesens beauftragt den Makler mit dem Nachweis bzw. der Vermittlung einer Verkaufsgelegenheit. Daraufhin fertigt der Makler ein Exposé und führt mehrere Besichtigungstermine durch. Seine Bemühungen sind auch erfolgreich. Allerdings kennt die Verkäuferin den noch verbliebenen Interessenten bereits. Er wurde ihr bereits von einem vormals beauftragten Makler als möglicher Käufer nachgewiesen. Die Verkäuferin verspricht aber, dem Makler in jedem Fall die Provision zu zahlen, sollte sich der Interessent nunmehr zum Kauf entscheiden.

So sieht ein klassisches Beispiel für ein selbstständiges Provisionsversprechen aus. Der Makler muss dabei stets beachten, dass er die Beweislast für eine derartige Vereinbarung trägt. Bei mündlichen Absprachen muss ein Zeuge anwesend sein, in jedem Fall empfiehlt sich die schriftliche Vereinbarung. So es sich bei dem Objekt und ein Einfamilienhaus oder eine Wohnung handelt, muss auch das selbstständige Provisionsversprechen dem Textformerfordernis des § 656a BGB entsprechen.

Hinzu kommen die Fälle, in denen kein Maklervertrag vorliegt oder ein solcher – aus welchen Gründen auch immer – unwirksam ist, der Interessent oder Auftraggeber dem Makler dennoch die Zahlung einer Provision bei Abschluss des Hauptvertrags verspricht. Dann hat der Makler auch ohne wirksamen Maklervertrag einen Provisionsanspruch gegen seinen Auftraggeber. Allerdings gilt auch in diesem Fall mit Blick auf Einfamilienhäuser oder Wohnungen das Textformerfordernis des § 656a BGB.

! **Beispiel**

Bekanntlich hat der Makler dann keinen Provisionsanspruch gegen den Käufer, wenn er eine Eigentumswohnung innerhalb einer Wohnungseigentumsanlage zum Kauf nachweist oder vermittelt, deren Verwalter er ist, und seine Zustimmung zum Verkauf einer der Eigentumswohnungen nach der Teilungserklärung bzw. Gemeinschaftsordnung erforderlich ist. Hier kann der Makler zwar keine »klassische« maklervertragliche Grundlage für seinen Provisionsanspruch schaffen, doch er kann seine Courtage mit einem selbstständigen Provisionsversprechen sichern, wenn er den Auftraggeber bzw. potenziellen Käufer darauf aufmerksam macht, dass seine Zustimmung zum Verkauf der Wohnung erforderlich ist (BGH, Urteil vom 6.2.2003, III ZR 287/02, NJW 2003, 1249). Soweit eine Veräußerungszustimmung des Verwalters nicht erforderlich ist, kann er durchaus als Makler auftreten. Insoweit liegt ohne weitere Anhaltspunkte auch kein Fall der »unechten Verflechtung« aufgrund eines institutionalisierten Interessenkonflikts vor (BGH, Urteil vom 28.4.2005, III ZR 387/04, NJW-RR 2005, 1033).

Über diesen Beispielsfall hinaus kann sich der Makler in anderen Fällen der Verflechtung seine Provision sichern, indem er seinen Kunden über den bestehenden Interessenkonflikt aufklärt. Ist dieser dennoch bereit, den Makler im Erfolgsfall zu vergüten, resultiert der entsprechende Provisionsanspruch aus einem selbstständigen Provisionsversprechen.

Von einem wirksamen selbstständigen Provisionsversprechen kann also nur ausgegangen werden, wenn dieses vom Maklerkunden in Kenntnis der Umstände abgegeben wird, die den Makler an einer »echten« ansonsten provisionsbegründenden Maklertätigkeit hindern. Der Makler muss also seinen Kunden erforderlichenfalls über die Tatsache aufklären, dass er an der Erbringung einer »echten« ansonsten provisionsbegründenden Maklerleistung gehindert ist. Insoweit ist zu beachten, dass es genügt, wenn der Makler den Maklerkunden ausdrücklich darauf hinweist, dass seinem Provisionsanspruch keine echte Maklerleistung zugrunde liegt, sondern vielmehr ein selbstständiges Provisionsversprechen vorliegt (BGH, Urteil vom 19.2.2009, III ZR 91/08, NJW 2009, 1809). Ob der Auftraggeber über ausreichende Rechtskenntnisse verfügt, dass der Makler keine echte Maklertätigkeit erbringen kann, ist unerheblich.

Damit das selbstständige Provisionsversprechen die für den Makler positive Wirkung entfalten kann, dass er losgelöst vom gesetzlichen Provisionsanspruch einen solchen aus dem selbstständigen Provisionsversprechen erhält, muss sich dies auch eindeutig aus der Vereinbarung ergeben. Von einem selbstständigen Provisionsversprechen ist allerdings auch auszugehen, wenn der Vertragspartner des Maklers beim Abschluss des Maklervertrags die Umstände kennt, die eine »echte« Maklertätigkeit des Maklers ausschließen (BGH, Urteil vom 19.2.2009, III ZR 91/08, NJW 2009, 1809).

Ein selbstständiges Provisionsversprechen ist lediglich als Individualvereinbarung möglich. Denn nach dem gesetzlichen Leitbild des § 652 Abs. 1 Satz 1 BGB ist allein das Zustandekommen des Hauptvertrags aufgrund einer Nachweis- oder Vermittlungstätigkeit des Maklers geeignet, einen Provisionsanspruch zu begründen. Ganz allgemein kann eine erfolgsunabhängige Provision nicht in AGB vereinbart werden (BGH, Urteil vom 20.3.1985, IVa ZR 223/83, NJW 1985, 2477). Daher kann ein selbstständiges Provisionsversprechen nur durch Individualvereinbarung begründet werden (BGH, Urteil vom 20.11.2009, III ZR 60/08, NJW 2009, 1199).

! **Wichtig**

Wenn es im Ausnahmefall an jeglicher Gegenleistung des Maklers fehlt, kann die Provisionszusage als Schenkungsversprechen gemäß § 518 Abs. 1 BGB aufgefasst werden (BGH, Urteil vom 6.2.2003, III ZR 287/02, NJW 2003, 1249). Ein solches Schenkungsversprechen nach vorbezeichneter gesetzlicher Bestimmung bedarf der notariellen Beurkundung. Ein etwaiger Formmangel wird aber gemäß § 518 Abs. 2 BGB geheilt, wenn die versprochene Leistung bewirkt wird, der Makler also die Provision erhält.

12 Maklerklausel im notariellen Kaufvertrag

Ein selbstständiges Provisionsversprechen kann auch in Form einer sogenannten Maklerklausel im notariellen Kaufvertrag abgegeben werden. Maklerklauseln sind im Hinblick auf den Provisionsanspruch des Maklers von großer Bedeutung. In der Praxis reicht ihr Regelungsumfang in Grundstückskaufverträgen von der bloßen Bestätigung eines bestehenden Maklerrechtsverhältnisses bis hin zur Begründung eines selbstständigen Maklervertrags. Der Anwendungsbereich der Maklerklauseln ist allerdings nicht beschränkt auf den Immobilienkauf oder -verkauf, sondern erstreckt sich insbesondere auch auf den Bereich der Geschäftsraummiete, hier allerdings nicht sonderlich praxisrelevant. Im Bereich der Wohnraummiete können sie zumindest nicht zulasten des Mieters bzw. Wohnungssuchenden vereinbart werden.

In aller Regel wird mit einer Maklerklausel dem Makler durch Vertrag zugunsten Dritter gemäß § 328 BGB ein unmittelbares Forderungsrecht gegen eine oder beide Parteien des Hauptvertrags eingeräumt. Dadurch wird meist die dem Verkäufer obliegende Provisionspflicht auf den Käufer übertragen. Wesen eines derartigen Vertrags zugunsten Dritter ist also, dass der Makler unabhängig vom Bestehen eines Maklervertrags einen direkten Provisionsanspruch gegen eine oder beide Parteien des Hauptvertrags erhält. Die Bedeutung einer Maklerklausel im notariellen Hauptvertrag erschöpft sich nicht darin, den Provisionsanspruch gegen eine oder gar beide Parteien des Hauptvertrags zu sichern. Vielmehr ist sie das einzige Mittel, um bei der Ausübung eines Vorkaufsrechts einen Provisionsanspruch des Maklers gegen den Vorkaufsberechtigten zu begründen (BGH, Urteil vom 12.5.2016, I ZR 5/15, NJW 2016, 3233; vgl. LG Hamburg, Urteil vom 28.9.2012, 323 O 270/11, ZMR 2014, 759).

Eine Maklerklausel in den Hauptvertrag aufzunehmen ist in aller Regel im Interesse des Verkäufers, um eine ihn treffende Provisionspflicht auf den Käufer zu verlagern. In vielen Fällen geht die Initiative allerdings vom Makler aus. Damit möchte er seinen Anspruch aus dem bereits geschlossenen Maklervertrag zusätzlich sichern. Eventuell hat der Makler im Vorfeld des Vertragsabschlusses nicht mit der gewünschten Deutlichkeit zum Ausdruck gebracht, dass seine Tätigkeit, die letztlich zum Abschluss des Kaufvertrags geführt hat, provisionspflichtig ist, sodass es an einer vertraglichen Grundlage für den Provisionsanspruch fehlt. Jedenfalls ist es in aller Regel der Makler, der den Kontakt zum beurkundenden Notar herstellt und dabei die Gelegenheit nutzt, seine Interessen durch die Aufnahme einer Maklerklausel wahrzunehmen. Insbesondere bei intensiveren Geschäftsbeziehungen zwischen Makler und Notar kommen Letztere in vielen Fällen auch ohne entsprechenden Hinweis an die Hauptvertragsparteien dem Maklerbegehren nach.

Derartige Klauseln entsprechen nicht unbedingt den Interessen der Beteiligten – insbesondere denen des Vertragspartners, der durch den Hauptvertrag provisionsbelastet ist. Sie können auch durchaus den Eindruck der Parteilichkeit des Notars erwecken, wenn sie auf Wunsch des Maklers in den notariellen Hauptvertrag aufgenommen werden. Die Bundesnotarkammer hat sich in einem Rundschreiben vom 4.12.2020 mit der berufsrechtlichen Einordnung von derartigen Klauseln befasst (Rundschreiben Nr. 5/2020; unter www.bnotk.deabrufbar) und eine zurückhaltende und streng prüfende Praxis angeraten. Die Notare sind also durchaus aufgefordert, nicht mehr unreflektiert einem Automatismus folgend dem Willen des Maklers zu folgen und dessen Provisionsanspruch möglichst hieb- und stichfest zu machen. Im beurkundungsrechtlichen Sinne stellt es jedenfalls einen Fremdkörper dar, Maklerklauseln auf einseitigen Wunsch des Maklers in Hauptverträge aufzunehmen, ohne die Hauptvertragsparteien entsprechend eingehend zu belehren.

Für den Verkauf von Wohnungen und Einfamilienhäusern regelt § 656d BGB einen strengen »Halbteilungsgrundsatz« der Provision, so es sich beim Käufer um einen Verbraucher handelt. Will etwa der Verkäufer seine Provisionspflicht im Wege einer Maklerklausel auf den Käufer verlagern, kann das nur in der Form gelingen, dass sich der Verkäufer ebenfalls zur Zahlung einer Provision an den Makler verpflichtet, die die vom Käufer zu zahlende Provision nicht überschreiten darf.

! **Beispiel**

Der Verkäufer eines Einfamilienhauses hat mit dem Makler einen Maklervertrag geschlossen. Im Fall des Nachweises bzw. der Vermittlung einer Verkaufsgelegenheit soll der Makler Anspruch auf eine Provision in Höhe von 5,95 % brutto gegen den Verkäufer haben. Beide vereinbaren, dass zugunsten des Maklers im notariellen Kaufvertrag ein entsprechender Anspruch gegen den Käufer mittels Maklerklausel geregelt werden soll. Konkret kann nun aber der Käufer mit der Maklerklausel lediglich zur Zahlung einer Provision in Höhe von 2,975 % verpflichtet werden und dies auch nur, wenn sich der Verkäufer ebenfalls verpflichtet, an den Makler 2,975 % Provision zu zahlen.

Von wesentlicher Bedeutung ist weiter, dass der Anspruch des Maklers auf Zahlung der anteiligen Provision des Käufers nach § 656d Abs. 1 Satz 2 BGB erst dann fällig wird, wenn der Verkäufer seiner Verpflichtung zur Zahlung seines Provisionsanteils bereits nachgekommen ist und entweder er oder der Makler dem Käufer hierüber einen Nachweis erbringt.

Wurde im Übrigen und nicht nur beschränkt auf den Bereich der Vermittlung von Wohnungen und Einfamilienhäusern im Vorfeld der Beurkundung nicht das Einverständnis der mit der Maklerprovision zu belastenden Hauptvertragspartei eingeholt – also des Käufers oder Verkäufers, ggf. auch von beiden –, ist höchst zweifelhaft, ob überhaupt eine entsprechende Zahlungsverpflichtung entstanden ist. Nimmt der Notar auf Veranlassung des Grundstücksmaklers ohne entsprechende Absprache mit den Kaufvertragsparteien eine Maklerklausel auf, kann dieser eine rechtsgeschäftliche Bedeutung nicht beigemessen werden (OLG Düsseldorf, Urteil vom 22.12.1995, 7 U 13/95, MittRhNotK 1996, 322). Diese Umstände sind nämlich nicht geeignet, die für eine Vereinbarung erforderlichen Willensübereinstimmungen zu ersetzen. Durch das bloße – widerspruchslose – Zuhören im Rahmen der Verlesung des Vertragstextes durch den Notar werden ebenfalls keine rechtsgeschäftlichen Erklärungen abgegeben (OLG Düsseldorf, a. a. O.).

Ob ein Überraschungseffekt für die Hauptvertragsparteien, was die Begründung eines Maklerprovisionsanspruchs durch Maklerklausel angeht, dann zu verneinen ist, wenn es sich bei ihnen um Verbraucher handelt, dürfte zweifelhaft sein. So bestimmt zwar § 17 Abs. 2a Beurkundungsgesetz (BeurkG), dass Kaufvertragsentwürfe den Parteien mindestens zwei Wochen vor dem Beurkundungstermin zur Kenntnisnahme übermittelt werden müssen, soweit Verbraucher betroffen sind. Da sich jedoch die Parteien des Hauptvertrags – also Käufer und Verkäufer – vertraglich binden und gegenseitig verpflichten, muss diesen in jedem Fall die rechtliche Tragweite und Auswirkung von Maklerklauseln vom Notar vor Augen geführt werden. Zudem muss ausreichend erforscht und sichergestellt werden, dass ein derartiger Provisionsanspruch des Maklers dem wirklichen Willen der Parteien des Hauptvertrags entspricht, bevor diese Bestimmung in den Vertrag aufgenommen wird. (BGH, Urteil vom 24.11.2014, NotSt (Brfg) 1/14, NJW 2015, 1883). Verstöße gegen die Pflichten aus § 17 Abs. 1 BeurkG haben besonderes Gewicht. Nach der Rechtsprechung des Bundesverfassungsgerichts handelt es sich bei den den Notaren übertragenen Aufgaben um Staatsaufgaben vorsorgender Rechtspflege (BVerfG, Beschluss vom 19.6.2012, 1 BvR 3017/09, NJW 2012, 2639).

Tipp !

Makler, die die Aufnahme einer Maklerklausel in den notariellen Hauptvertrag wollen oder die vom Verkäufer gebeten werden, zwecks Abwälzung der Provisionspflicht eine Maklerklausel zulasten des Käufers zu initiieren, sollten die Vertragsparteien hierüber aufklären. Zudem ist es ratsam, den Notar in ihrem eigenen Interesse zu bitten, zumindest im Termin zur notariellen Beurkundung des Kaufvertrags die Vertragsparteien erschöpfend aufzuklären.

Ob Maklerklauseln im notariellen Hauptvertrag als AGB anzusehen sind, ist abschließend höchstrichterlich nicht geklärt, jedoch bereits einmal bejaht worden (KG, Urteil vom 29.1.2001, 10 U 9612/99, NZM 2001, 897). So sie also als AGB anzusehen wären, dürfen sie weder unklar noch überraschend sein. Überraschend wäre eine Maklerklausel an »versteckter« Stelle, zum Beispiel bei den Regelungen zum Rücktritt vom Hauptvertrag (KG, a. a. O.). Entspricht allerdings die Aufnahme einer Maklerklausel in den Grundstückskaufvertrag dem wirklichen Willen der Beteiligten und erfolgt sie erst nach eingehender Aufklärung und Erläuterung, dürfte sich die Problematik etwaiger überraschender Klauseln oder überhaupt die Frage, ob es sich um eine AGB handelt, nicht mehr stellen. Im Regelfall handelt es sich dann vielmehr um eine Individualvereinbarung. Grundsätzlich sollte also darauf geachtet werden, dass Maklerklauseln stets gesondert in den Vertrag aufgenommen werden und sich nicht an unüblicher oder versteckter Stelle im Vertrag befinden.

12.1 Rechtswirkungen

Welche Rechtswirkungen Maklerklauseln im Einzelnen entfalten, hängt entscheidend von ihrer Formulierung und Auslegung ab. So kann es sich im Einzelfall um ein Schuldanerkenntnis im Sinne von §781 BGB, eine Schuldübernahme gemäß §415 BGB, eine Erfüllungsübernahme nach §329 BGB, einen Schuldbeitritt oder einen Vertrag zugunsten Dritter gemäß §328 BGB handeln. Zu beachten ist, dass lediglich die Schuldübernahme und der Vertrag zugunsten Dritter einen direkten Zahlungsanspruch des Maklers begründen. Die Schuldübernahme, die Erfüllungsübernahme und der Schuldbeitritt spielen in der Maklerpraxis keine größere Rolle. Namentlich kommt ein Schuldbeitritt im Bereich des Nachweises bzw. der Vermittlung von Kaufverträgen über Einfamilienhäuser und Wohnungen dann nicht in Betracht, wenn es sich beim Käufer um einen Verbraucher handelt. Der Makler soll gerade nicht in die Lage versetzt werden, von einer anderen Partei als seinem Vertragspartner die Maklerprovision in voller Höhe (§421 Satz 1 BGB) verlangen zu können.

Keinerlei Rechtswirkungen zugunsten des Maklers entfalten folgende Klauseln:

- »Die Kosten des Vertrags übernimmt der Käufer«: Eine derartige Klausel vermag einen Provisionsanspruch des Maklers nicht zu begründen, da zu den »Kosten des Vertrags« nicht ohne Weiteres die Maklerprovision zählt (OLG Oldenburg, MDR 1964, 919).
- »Der Makler wurde im Auftrag beider Vertragsteile tätig, entgeltlich jedoch nur für den Käufer«: Auch eine derartige Klausel ist zu unbestimmt und reicht somit nicht aus (LG Erfurt, Urteil vom 10.6.1999, 7 O 3165, NZM 2001, 491).
- »Dieser Vertrag wurde vermittelt durch das Maklerunternehmen XYZ«: Allein aus dieser Formulierung kann der Makler keinen Provisionsanspruch herleiten, sie bestätigt letztlich nur eine Tatsache (OLG Karlsruhe, Urteil vom 8.8.2003, 15 U 41/02, NJW-RR 2003, 1695).
- »Dieser Vertrag wurde durch das Maklerunternehmen XYZ nachgewiesen. Der Käufer verpflichtet sich zur Zahlung der vereinbarten Provision«: Liegt eine entsprechende Vereinbarung nicht vor, hat der Makler auch keinen Provisionsanspruch (OLG Karlsruhe, Urteil vom 10.11.2009, 15 U 15/09, ZfIR 2010, 183).
- »Der Käufer verpflichtet sich gegenüber dem Verkäufer und dem vermittelnden Makler zur Zahlung von 6,25% Maklerprovision« (LG Hamburg, Urteil vom 28.9.2012, 323 O 270/11, ZMR 2014, 759).

Schuldanerkenntnis

Eine Maklerklausel kann als Schuldanerkenntnis im Sinne von § 781 BGB angesehen werden. Typische Formulierung: »Der Käufer erkennt an, dem Maklerunternehmen Traumhaus GmbH eine Provision in Höhe von 10.000 EUR zuzüglich Umsatzsteuer zu schulden.«

Diese Maklerklausel kann die Wirkung haben, dass dem Maklerkunden diejenigen Einwände gegen den Provisionsanspruch abgeschnitten sind, die ihm zum Zeitpunkt des Kaufvertragsabschlusses bekannt oder erkennbar waren. Ein derartiges Schuldanerkenntnis ist durchaus geeignet, um bestimmte Unvollkommenheiten oder Ungereimtheiten hinsichtlich an sich erforderlicher Provisionsvoraussetzungen des § 652 Abs. 1 BGB zu heilen. Voraussetzung ist allerdings, dass sie dem Erklärenden bekannt waren. Um letztlich als Schuldanerkenntnis die für den Makler erfreuliche Konsequenz eines Provisionsanspruchs entfalten zu können, muss also zuvor objektiv eine Ungewissheit hinsichtlich einzelner Provisionsvoraussetzungen bestanden haben.

Beispiel !

Der Makler ist vom Verkäufer mit dem Nachweis eines Kaufinteressenten beauftragt. Er weist einen Interessenten nach, der die Maklerprovision übernehmen soll. Der Interessent behauptet allerdings, von der Kaufmöglichkeit bereits gewusst zu haben, und beruft sich auf Vorkenntnis.

Schließt dieser Interessent in Kenntnis der Maklerklausel den Kaufvertrag mit Maklerklausel ab, ist ihm der spätere Einwand der bestehenden Vorkenntnis abgeschnitten. Dann ist nämlich zu unterstellen, dass der Käufer auf ihm bekannte Einwände verzichten will.

Die Wirkung eines Schuldanerkenntnisses entfaltet die Maklerklausel also dann nicht, wenn vor Abschluss des Kaufvertrags keine Ungewissheit über bestimmte Voraussetzungen des § 652 BGB bestand. Das Gleiche gilt, wenn der Käufer erst nach Abschluss des Immobilienkaufvertrags von einwendungsbegründenden Umständen erfährt.

Beispiel !

Der Makler ist vom Wohnungseigentümer mit dem Nachweis einer Verkaufsgelegenheit seiner Wohnung beauftragt. Er weist einen Kaufinteressenten nach, der die Hälfte der Maklerprovision übernehmen soll. Eine entsprechende Maklerklausel wird in den Kaufvertrag aufgenommen. Erst nach Abschluss des Kaufvertrags stellt sich heraus, dass der Makler auch Geschäftsführer des unter anderer Firmierung geführten Verwaltungsunternehmens ist, das die Wohnanlage verwaltet. Nach der Teilungserklärung ist die Zustimmung des Verwalters gemäß § 12 WEG zur Veräußerung der Sondereigentumseinheiten erforderlich.

Aufgrund der hier bestehenden Verflechtungsproblematik (siehe Kapitel 11.3) hat der Makler keinen Provisionsanspruch gegen den Käufer. Der Provisionsanspruch kann auch nicht durch die Maklerklausel im notariellen Kaufvertrag gerettet werden, da dem provisionsbelasteten Käufer erst nach Abschluss des Kaufvertrags mit Maklerklausel die Verflechtungsproblematik bekannt wurde. Entsprechendes gilt, wenn sich der Makler Pflichtverletzungen vorzuwerfen hat, die zu einer Provisionsverwirkung gemäß § 654 BGB führt (siehe Kapitel 13.4).

! **Beispiel**

Der Makler hat den Auftrag, einen Käufer für ein Haus zu akquirieren. Wiederum soll die hälftige Provisionspflicht den Käufer treffen. Um einen höheren Kaufpreis und somit eine höhere Provision zu erzielen, gibt der Makler bewusst ein um 15 Jahre »jüngeres« Baujahr des Hauses an. Nach Abschluss des notariellen Kaufvertrags mit Maklerklausel kommt der Käufer dem Makler auf die Schliche.

Aufgrund der bewussten Falschangabe des Baujahres ist dem Makler eine besonders schwere Pflichtverletzung vorzuwerfen. Sie führt zur Verwirkung des Provisionsanspruchs des Maklers entsprechend der Bestimmung des § 654 BGB. Wiederum kann die Maklerklausel den Provisionsanspruch nicht retten, da dem Käufer erst nach Abschluss des Kaufvertrags mit Maklerklausel bekannt wurde, dass der Makler das Objektbaujahr geschönt hatte.

12.2 Schuldübernahme

Wesen der Schuldübernahme gemäß § 415 BGB ist, dass die eine Partei des Hauptvertrags die eigentlich gegenüber der anderen Hauptvertragspartei aufgrund des mit ihr geschlossenen provisionspflichtigen Maklervertrags begründete Provisionspflicht übernimmt. Hinsichtlich der Provisionspflicht tritt in aller Regel der Käufer an die Stelle des Verkäufers. Damit verliert der Makler sein Provisionsforderungsrecht gegen den Verkäufer. Aus diesem Grund bedarf die Schuldübernahme der ausdrücklichen Genehmigung des Maklers.

Im Gegensatz zum Vertrag zugunsten Dritter kann der Käufer als Übernehmer der Schuld des Verkäufers dem Makler allerdings keine Einwendungen aus dem Hauptvertrag entgegenhalten. Insoweit würde dies bei Auslegung einer Maklerklausel als Schuldübernahme nicht zum Verlust des Provisionsanspruchs des Maklers führen, wenn der Kaufvertrag aufgehoben wird. Mit der Übernahme der Verkäuferprovision durch den Käufer entsteht zwischen ihm und dem Makler zwar kein maklerrechtsähnliches Verhältnis, gleichwohl können sich für den Makler Sorgfalts- oder Treuepflichten ergeben.

12.3 Erfüllungsübernahme

Stimmt der Makler der Schuldübernahme nicht zu, liegt nach § 415 Abs. 3 BGB nur eine Erfüllungsübernahme vor. Bei der Erfüllungsübernahme gemäß § 329 BGB hat der Makler keinen direkten Provisionsanspruch gegen den Käufer. Typische Formulierung: »Der Käufer verpflichtet sich dem Verkäufer gegenüber, an den Makler eine Maklerprovision in Höhe von .... EUR zu zahlen«.

Wie in der Formulierung zum Ausdruck kommt, verpflichtet sich der Käufer lediglich dem Verkäufer gegenüber, die Maklerprovision zu bezahlen, sodass ein eigenes, direktes Forderungsrecht des Maklers gegen den Käufer ausscheidet.

12.4 Schuldbeitritt

Beim Schuldbeitritt tritt der Mitübernehmer zusätzlich zum bisherigen Schuldner in das Schuldverhältnis ein; beide werden Gesamtschuldner. Eine Zustimmung des Maklers ist nicht erforderlich, da sich seine Rechtsstellung nur verbessert. Der Schuldbeitritt spielt in der Maklerpraxis keine Rolle, das wäre für den Makler auch nicht sonderlich vorteilhaft. Neben den Einwendungen aus § 334 BGB stünden dem Käufer die Einwendungen aus dem Maklervertrag zwischen dem Verkäufer und dem Makler aus der analogen Anwendung des § 417 Abs. 1 BGB offen.

Per se scheidet ein Schuldbeitritt im Bereich der Vermittlung bzw. des Nachweises über Verkaufsgelegenheiten betreffend Wohnungen und Einfamilienhäuser aus, wenn der Käufer Verbraucher ist. Dieser soll gerade nicht als Gesamtschuldner etwa für die vom Verkäufer zu zahlende Provision herangezogen werden können.

12.5 Vertrag zugunsten Dritter

Anders als beim Schuldanerkenntnis ermöglicht es eine Maklerklausel in Form eines echten Vertrags zugunsten Dritter gemäß § 328 BGB dem Makler, seine Provision völlig unabhängig von den Provisionsvoraussetzungen des § 652 Abs. 1 BGB zu sichern. Typische Formulierung: »Der Vertrag ist auf Nachweis .... [Makler] zustande gekommen. Der Käufer hält den Verkäufer von der Verpflichtung zur Zahlung der Maklercourtage frei und verpflichtet sich deshalb, an den Makler eine Provision in Höhe von .... EUR zuzüglich der gesetzlichen Umsatzsteuer zu zahlen. Die Provision ist fällig und verdient mit Abschluss dieses Vertrags. Dem Makler steht ein selbstständiger Anspruch aus dem Vertrag gegen den Käufer auf Provisionszahlung zu.«

Eine derartige Klausel begründet einen Anspruch des Verkäufers gegen den Käufer auf Zahlung der Provision an den Makler nach den Bestimmungen der §§ 328, 335 BGB. Sie führt dazu, dass dem Makler in Form eines echten Vertrags zugunsten Dritter gemäß § 328 Abs. 1 BGB ein eigener Anspruch gegen den Käufer zusteht (BGH, Urteil vom 22.9.2005, III ZR 295/04, NJW 2005, 3778). Hinzu kommt der besondere Vorteil, dass die Voraussetzungen eines Provisionsanspruchs nach § 652 Abs. 1 BGB nicht erfüllt sein müssen (OLG Karlsruhe, Urteil vom 21.5.2004, 15 U 39/03, NJW-RR 2005, 574). Der Makler hat also auch dann einen Anspruch gegen den Käufer auf Zahlung der im Kaufvertrag geregelten Provision, wenn er diesem gar keinen Nachweis erbracht und auch keine Vermittlungstätigkeit entfaltet hat. Praktisch bedeutsam sind in erster Linie die Fälle, in denen der Verkäufer den Makler beauftragt, aber keine Provision zahlen will. Auch ohne provisionspflichtigen Maklervertrag mit dem Käufer entsteht dann der Provisionsanspruch des Maklers gegen ihn aus der Maklerklausel in Form des Vertrags zugunsten Dritter (BGH, Urteil vom 20.11.2008, III ZR 60/08, NJW 2009, 1199).

! **Wichtig**

Sollte der beurkundete Kaufvertrag wegen eines Verschuldens des Notars nichtig sein, kann dieser dem Makler gegenüber zum Schadensersatz verpflichtet sein (LG Potsdam, Urteil vom 18.5.2005, 4 O 739/04, NZM 2006, 390).

Die Provisionssicherung in Form eines echten Vertrags zugunsten Dritter ist für den Makler insbesondere im Hinblick auf die Ausübung eines etwaigen Vorkaufsrechts sehr vorteilhaft (siehe Kapitel 12.9).

Auch wenn eine derartige Regelung den Verkäufer von seiner Provisionspflicht befreit, scheuen sich manche davor, ihr zuzustimmen. Sie befürchten, dass sie zusätzlich auf Grundlage des ursprünglich mit dem Makler vereinbarten Maklervertrags auf Provisionszahlung in Anspruch genommen werden.

! **Tipp**

In einem solchen Fall sollten Makler eine entsprechende Enthaftungserklärung abgeben, also dem Verkäufer versichern, dass sie von ihm keine Provisionszahlung fordern werden. Ein Formulierungsbeispiel hierzu: »Das Maklerunternehmen .... versichert gegenüber dem Verkäufer, dass ein Provisionsanspruch aus dem Nachweis und der Vermittlung des Objekts .... ihm gegenüber nicht besteht.«
Eine Enthaftungserklärung kann nicht als Zusatz zur Maklerklausel in den notariellen Kaufvertrag aufgenommen werden, da der Makler nicht Vertragspartner des Hauptvertrags ist. Sie würde einen unzulässigen Vertrag zulasten Dritter darstellen und insoweit keine Rechtswirkungen entfalten. Die Enthaftung ist dem Verkäufer vielmehr gesondert – möglichst schriftlich – zu erklären.

Einwendung aus dem Hauptvertragsverhältnis

Der Makler muss sich allerdings nach der Bestimmung des § 334 alle Einwendungen aus dem Vertragsverhältnis zwischen Käufer und Verkäufer entgegenhalten lassen. So wirkt sich in aller Regel der Rücktritt einer der Vertragsparteien des Hauptvertrags negativ auf den Provisionsanspruch des Maklers aus. Dies gilt auch dann, wenn die Maklerklausel eine Regelung enthält, wonach die Provision »bei Vertragsabschluss verdient« sein sollte (OLG Karlsruhe, Urteil vom 21.5.2004, 15 U 39/03, NJW-RR 2005, 574).

Aufhebung des Hauptvertrags

Der Provisionsanspruch des Maklers aus der Maklerklausel geht auch dann unter, wenn die Parteien des Hauptvertrags, also Käufer und Verkäufer, diesen aufheben (OLG Karlsruhe, a. a. O.; OLG Hamm, Urteil vom 8.12.1997, 18 U 87/97, VersR 1998, 850). Grund: Der Käufer hat durch die Vertragsaufhebung keinen wirtschaftlichen Vorteil mehr aus der Maklertätigkeit (OLG Schleswig, Urteil vom 26.10.2001, 14 U 31/01, NZM 2002, 176).

Problemlösung I: zusätzlicher Maklervertrag

Die besondere Schwäche von Maklerklauseln in Form eines Vertrags zugunsten Dritter ist insbesondere darin begründet, dass der Provisionsanspruch des Maklers im Fall des Rücktritts vom Hauptvertrag oder dessen einvernehmlicher Aufhebung durch Käufer und Verkäufer untergeht. Beim »normalen« Maklervertrag auf Grundlage des § 652 Abs. 1 BGB hingegen würde der Makler in beiden Fällen seinen Provisionsanspruch behalten. Makler sollten daher dringend für eine weitere Sicherung ihres Provisionsanspruchs sorgen und neben der Maklerklausel einen provisionspflichtigen Maklervertrag mit dem Käufer abschließen.

Ein derartiger Maklervertrag kann formfrei auch im Termin zur Beurkundung des Kaufvertrags geschlossen werden (BGH, Urteil vom 6.3.1991, IV ZR 53/90, NJW-RR 1991, 820; OLG Dresden, Urteil vom 27.10.1999, 8 U 1676/99, NZM 2000, 153). Voraussetzung ist zum einen, dass der Makler beim Beurkundungstermin anwesend ist, zum anderen, dass eine eindeutige Annahme des entsprechenden Angebots durch den Käufer erfolgt. Allein die Anwesenheit des Maklers im Beurkundungstermin und das widerspruchslose Verlesen der Maklerklausel mit anschließender Unterzeichnung des Hauptvertrags durch den Käufer führt nicht zum Abschluss eines Maklervertrags gemäß § 652 Abs. 1 BGB. Allerdings muss man für den Bereich der Vermittlung bzw. des Nachweises zur Verkaufsgelegenheit einer Wohnung oder eines Einfamilienhauses die Textform des § 656a BGB beachten.

Dem Makler muss bewusst sein, dass er einen Provisionsanspruch aus dem zusätzlich geschlossenen Maklervertrag gegen den Käufer nur dann hat, wenn die Voraussetzungen eines Provisionsanspruchs gemäß § 652 Abs. 1 BGB tatsächlich erfüllt sind.

Problemlösung II: »unentziehbare« Provision aufgrund Maklerklausel
Alternativ können Makler die Maklerklausel so formulieren lassen, dass der Provisionsanspruch auch dann bestehen bleibt, sollte es zu einem Rücktritt vom Hauptvertrag oder zu dessen Aufhebung kommen. Dies ist grundsätzlich möglich (OLG Karlsruhe, Urteil vom 21.5.2004, 15 U 39/03, NJW-RR 2005, 574; OLG Hamburg, Urteil vom 28.5.1999, 11 U 10/99, NZM 2000, 148). Ein Formulierungsbeispiel hierzu: »Der Anspruch des Maklers aus diesem Vertrag bleibt auch dann bestehen, wenn der Kaufvertrag insgesamt aufgehoben, rückabgewickelt, angefochten oder aus einem sonstigen Rechtsgrund nicht vollzogen werden kann.«

Eine derart weitreichende Provisionspflicht dürfte wohl kaum die Zustimmung eines provisionsbelasteten Käufers finden. Zudem muss der beurkundende Notar den Käufer über die Rechtsfolgen einer derartigen Klausel besonders aufklären (BGH, Urteil vom 24.11.2014, NotSt (Brfg) 1/14, NJW 2015, 1883).

12.6 Pflichtverletzungen des Maklers

Selbst wenn der Makler nicht aufgrund eines Maklervertrags für den durch die Maklerklausel provisionsbelasteten Käufer tätig geworden ist, kann er diesem wegen Pflichtverletzungen zum Schadensersatz verpflichtet sein (BGH, Urteil vom 22.9.2005, III ZR 295/04, NJW 2005, 3778).

! **Beispiel**

Der Makler ist vom Verkäufer einer alten Villa mit dem Nachweis bzw. der Vermittlung einer Verkaufsgelegenheit beauftragt. Beide wissen, dass die Villa vom Hausbock befallen ist. Sowohl Verkäufer als auch Makler weisen den Käufer hierauf nicht hin, sondern spiegeln Mängelfreiheit vor.

12.7 Unterwerfung unter die sofortige Zwangsvollstreckung

Im Hinblick auf eine möglichst unproblematische Durchsetzung des Provisionsanspruchs des Maklers aufgrund Maklerklausel im Hauptvertrag war es üblich, die sofortige Unterwerfung unter die Zwangsvollstreckung der Vertragsparteien zugunsten des Maklers zu vereinbaren. Vorteil für den Makler: Zahlt der Provisionsbelastete nicht freiwillig, kann der Makler direkt aus der notariellen Urkunde vollstrecken und muss nicht erst ein langwieriges Gerichtsverfahren durchlaufen. Sollte der Provisionsverpflichtete begründete Einwände gegen die Vollstreckung durch den Makler haben, steht ihm die Möglichkeit der Vollstreckungsgegenklage offen. Damit kann er gerichtlich überprüfen lassen, ob die Zwangsvollstreckung seitens des Maklers rechtmäßig ist.

Da die Tragweite einer Zwangsvollstreckungsunterwerfung für den zur Zahlung verpflichteten Hauptvertragspartner selten klar sein und insbesondere äußerst selten in dessen Interesse liegen dürfte, setzt die Aufnahme einer derartigen Klausel voraus, dass diesbezüglich der Wille der Beteiligten erforscht und der Notar sie eindeutig und eingehend über die Konsequenzen belehrt. Allerdings spielen derartige Unterwerfungsklauseln ohnehin immer weniger eine Rolle, da die Notarkammern vermehrt dazu übergehen, deren Verwendung als zu weitgehend zu untersagen.

12.8 Kopplung von Kaufpreiszahlung mit Provisionszahlung

Zudem bestehen Bedenken dienst- und standesrechtlicher Art, wenn der Notar Maklerklauseln beurkundet, die das Abwickeln des Kaufvertrags mit dem Erfüllen des Vergütungsanspruchs des Maklers gegen den Verkäufer verknüpfen. Im Rahmen einer Vertragsabwicklung über Notaranderkonto kann dies zum Beispiel dadurch geschehen, dass die Beteiligten den Notar anweisen, einen Teil des Kaufpreises in Höhe der vom Verkäufer geschuldeten Provision direkt an den Makler zu zahlen. Kaufverträge mit Direktzahlung sehen etwa die Abtretung eines Kaufpreisanteils durch den Verkäufer in Höhe seiner Provisionsverpflichtung gegenüber dem Makler vor. Hierdurch wird der Makler erheblich begünstigt, was die Durchsetzung seines Provisionsanspruchs anbelangt. Sein Risiko, diesen Anspruch durchzusetzen, wird verringert, das Geltendmachen von Einreden und Einwendungen gegen die Maklerprovision erschwert. Die Verwendung derartiger Klauseln auf einseitigen Wunsch des Maklers ohne eingehende Belehrung der Beteiligten mit Hinweis auf die Entbehrlichkeit und Rechtsfolgen einer solchen Klausel dürfte als Verletzung des § 17 BeurkG und des Gebotes der Unabhängigkeit und Unparteilichkeit der Notare zu werten sein.

Achtung !

Verstößt der Notar gegen seine Amtspflichten und klärt die Parteien des Hauptvertrags nicht ausreichend auf, ändert dies nichts an der Rechtswirksamkeit der Maklerklausel und am Provisionsanspruch des Maklers.

12.9 Vorkaufsrecht

Hauptzweck der Maklerklausel ist die Sicherung des Provisionsanspruchs gegen den (Zweit-)Käufer bei Ausübung eines dinglichen oder gesetzlichen Vorkaufsrechts.

Beispiel !

Der Makler schließt mit dem Kaufinteressenten einen provisionspflichtigen Maklervertrag ab. Später kommt es dann zwischen den Kaufvertragsparteien zum notariellen Kaufvertrag. Auf Nachfrage des Notars bei der Gemeinde teilt diese mit, ihr Vorkaufsrecht nach § 24 BauGB ausüben zu wollen.

Da der Erstkäufer das Grundstück wegen des von der Gemeinde ausgeübten Vorkaufsrechts nicht erwerben kann, hat sich der mit dem Maklervertrag angestrebte wirtschaftliche Erfolg für ihn nicht verwirklicht. Deshalb verliert der Makler seinen Provisionsanspruch gegen ihn (BGH, Urteil vom 4.3.1999, III ZR 105/98, NJW 1999, 2271). Mit der Gemeinde hat der Makler keinen Maklervertrag geschlossen, er hat also auch gegen sie keinen Provisionsanspruch. In derartigen Fällen hilft die Maklerklausel in Form eines echten Vertrags zugunsten Dritter. Da der Vorkaufsberechtigte verpflichtet ist, den mit dem Erstkäufer abgeschlossenen Kaufvertrag inhaltlich unverändert zu übernehmen, wird aufgrund der Maklerklausel der Provisionsanspruch des Maklers gegen den Käufer – hier den Vorkaufsberechtigten – gerettet (BGH, Urteil vom 12.5.2016, I ZR 5/15, NJW 2016, 3233; LG Hamburg, Urteil vom 28.9.2012, 323 O 270/11, ZMR 2014, 759; LG Wiesbaden, Urteil vom 8.3.2000, 5 O 172/99, NZM 2000, 920). Das gilt selbstverständlich nur, wenn dieser das Vorkaufsrecht tatsächlich ausgeübt hat (BGH, Urteil vom 11.1.2007, III ZR 7/06, NZM 2007, 256). Jedenfalls gehören Bestimmungen über die Verteilung von Maklerkosten, die sich im üblichen Rahmen halten, wesensmäßig zum Kaufvertrag. Sie stellen insoweit keinen Fremdkörper dar, durch den der Vorkaufsberechtigte nicht zur Zahlung der Provision verpflichtet wäre (BGH, a. a. O.).

! **Achtung**

Ist die Zahlung einer unüblich hohen Maklerprovision im Kaufvertrag zwischen dem Verkäufer und dem Käufer vereinbart, ist der Vorkaufsberechtigte im Fall der Ausübung des Vorkaufsrechts nicht verpflichtet, die Maklerprovision in der vereinbarten Höhe zu zahlen. Der Makler hat in einem derartigen Fall auch keinen Anspruch auf Zahlung einer auf die übliche Höhe reduzierten Maklerprovision, er hat überhaupt keinen Zahlungsanspruch (BGH, Urteil vom 12.5.2016, I ZR 5/15, NJW 2016, 3233).

12.10 Haftungsausschlüsse in Maklerklauseln

Höchst problematisch sind Vereinbarungen im notariellen Hauptvertrag, wonach zugunsten des Maklers ein genereller Haftungsausschluss für Exposéangaben aufgenommen wird. Derartige Klauseln haben nichts in notariellen Hauptverträgen zu suchen und begründen die Besorgnis, dass der Notar parteiisch ist. Einen gänzlichen Haftungsausschluss im Hinblick auf Angaben im Exposé können Makler allenfalls durch Individualvereinbarung mit ihrem Vertragspartner bzw. Auftraggeber herbeiführen.

12.11 Gebührenerhöhung aufgrund Maklerklausel

Zu beachten ist, dass die Aufnahme von Maklerklauseln in den Hauptvertrag gebührenerhöhend wirken kann. Denn neben dem eigentlichen Grundstückskauf wird auch eine geldwerte Vereinbarung im Hinblick auf die Maklerprovision beurkundet, was die Höhe der Notargebühren beeinflussen kann. Die Notarpraxis ist insoweit nicht einheitlich. Jedenfalls hat die Rechtsprechung keine Bedenken, falls die Notare bei Bemessung ihrer Gebührengrundlage die Maklerprovision aufgrund Maklerklausel erhöhend berücksichtigen (OLG Hamm, Beschluss vom 21.8.2012, I-15 W 224/11, FGPrax 2012, 269).

Tipp !

Die Makler sollten in ihrem eigenen Provisionsinteresse den Parteien des Hauptvertrags signalisieren, dass sie bereit sind, entstehende Mehrkosten bei der Beurkundung zu übernehmen. Diese Mehrgebühren stehen meist in keinem Verhältnis zum zu erzielenden Provisionserlös aufgrund der Maklerklausel. Ein Formulierungsbeispiel hierzu: »Sollten dem Käufer aus der im Grundstückskaufvertrag vom .... über die Liegenschaft ...., Urkundenrollen-Nr. ..... des Notars .... in .... enthaltenen Maklerklausel beim Grundbuchamt, beim Notar oder bei der Grunderwerbsteuer höhere Kosten entstehen, übernimmt der Makler, die Firma ...., diese höhere Belastung für den Käufer.«

Ob sich die Grunderwerbsteuer bei einer Erfüllungsübernahme der Maklerprovision durch den Käufer erhöht, wird regional unterschiedlich gehandhabt.

13 Gemeinschaftsgeschäfte

Charakteristisches Merkmal des klassischen Gemeinschaftsgeschäfts ist, dass die für die jeweiligen künftigen Parteien des nachzuweisenden oder zu vermittelnden Hauptvertrags tätigen Makler zusammenarbeiten und eine Provisionsteilungsabrede bzw. Provisionsbeteiligungsabrede treffen. Ihre Rechte und Pflichten ergeben sich mangels gesetzlicher Regelung ausschließlich aus den zwischen ihnen getroffenen Vereinbarungen.

Gesetzliche Regelungen zu Gemeinschaftsgeschäften fehlen; gleichwohl erlaubt die Vertragsfreiheit die Vereinbarung eines Gemeinschaftsgeschäfts. Sie kann ausdrücklich getroffen werden oder konkludent – also stillschweigend – zustande kommen. Wie sonst auch sollten Makler beim Gemeinschaftsgeschäft für klare und eindeutige Absprachen sorgen. Sie sollten vor allem darauf achten, maßgebliche Vereinbarungen beweisen zu können, dies gilt insbesondere für Vergütungsregelungen. Allein die Vereinbarung eines Gemeinschaftsgeschäfts führt nämlich nicht dazu, dass gegenseitig Provisionsansprüche bestehen bzw. erzielte Provisionen geteilt werden müssten (BGH, Urteil vom 14.10.1981, IVa ZR 152/80, NJW 1982, 1052).

Achtung !

Die vom IVD entwickelten Geschäftsgebräuche für Gemeinschaftsgeschäfte sind weder Rechtsnormen noch als Standesregeln allgemein verbindlich und auch nicht Gegenstand eines Handelsbrauchs gemäß § 346 HGB (BGH, Urteil vom 18.6.1986, IVa ZR 7/85, NJW-RR 1987, 171; OLG Düsseldorf, Urteil vom 7.1.1994, 7 U 276/92, OLGR Düsseldorf 1994, 93). Die Makler müssen ausdrücklich vereinbaren, dass diese verbindlich gelten sollen. Eine entsprechende Vereinbarung ist jedenfalls sinnvoll und empfehlenswert, der IVD hat dazu ein insgesamt ausgewogenes und interessengerechtes Regelwerk aufgestellt. Die Geschäftsgebräuche für Gemeinschaftsgeschäfte können über die Homepage des IVD (www.ivd.net) eingesehen werden. Sind die am Gemeinschaftsgeschäft beteiligten Makler keine Mitglieder des IVD, können sie sich auf die vom IVD entwickelten Geschäftsgebräuche für Gemeinschaftsgeschäfte nicht berufen, wenn sie deren Inhalt nicht ausdrücklich zum Gegenstand des Gemeinschaftsgeschäfts gemacht haben (LG Oldenburg, Urteil vom 11.11.2011, 17 O 686/11).

Vereinbaren die Makler ein Gemeinschaftsgeschäft, stellt dieses ein Rechtsgeschäft eigener Art dar. Es entsteht nicht etwa eine gesellschaftsrechtliche Bindung nach Art einer GbR. Die Bestimmungen der §§ 705 ff. BGB sind daher nicht – auch nicht entsprechend – auf das Gemeinschaftsgeschäft anzuwenden.

13.1 Vergütungsregelungen

Grundsätzlich steht auch beim Gemeinschaftsgeschäft jedem Makler jeweils die mit seinem eigenen Auftraggeber vereinbarte Provision zu. Allein aus dem Vorliegen eines Gemeinschaftsgeschäfts kann nicht darauf geschlossen werden, dass die Gesamtprovision geteilt werden soll (BGH, Urteil vom 14.10.1981, IVa ZR 152/80, NJW 1982, 1052). Im Gemeinschaftsvertrag sollte in jedem Fall eine Vereinbarung über die Verteilung der Provision getroffen werden. Dabei kann entweder festgelegt werden, dass die Gesamtprovision geteilt wird oder dass jeder der Vertragsbeteiligten auf seinen eigenen Provisionsanspruch verwiesen bleibt. Unterschiedliche Provisionsquoten lassen sich ebenfalls vereinbaren.

Haben die Makler im Rahmen eines Gemeinschaftsgeschäfts die Provisionsteilungsabrede in der Weise getroffen, dass bei einer erfolgreichen Vermittlung des Objekts dem einen Makler die Verkäufer- und dem anderen Makler die Käuferprovision zustehen soll, endet dieses Gemeinschaftsgeschäft, wenn der Maklervertrag des ersten mit der Vermittlung des Objekts beauftragten Verkäufermaklers nicht mehr besteht. Denn in einem solchen Fall kann dieser Makler seine Verkäuferprovision nicht mehr verdienen. An der Käuferprovision des anderen Maklers ist er ohnehin nicht beteiligt (OLG Düsseldorf, Urteil vom 19.12.1997, 7 U 119/97, NJW-RR 1998, 1666).

13.2 Kundenschutz

Falls die Makler nicht die vom IVD entwickelten Geschäftsgebräuche für Gemeinschaftsgeschäfte vereinbaren, sollten sie außer den Vergütungsabsprachen Regelungen zum Kundenschutz treffen. Probat ist hier auf jeden Fall in Anlehnung an die erwähnten Geschäftsgebräuche eine Vereinbarung, wonach der zweite Makler mit dem Kunden des ersten Maklers mindestens ein Jahr lang weder das angebotene noch ein anderes wirtschaftlich gleichwertiges Geschäft ohne Provisionsteilung bzw. Provisionsbeteiligung tätigen darf.

! **Achtung**

In aller Regel erfolgt das Angebot eines Gemeinschaftsgeschäfts vor Abschluss der maßgeblichen vertraglichen Vereinbarungen. Da im Rahmen des Angebots meist bereits Objektdetails bekannt gegeben werden, sollten Makler darauf achten, dass sie eine Kundenschutzvereinbarung auch für den Fall treffen, dass das Gemeinschaftsgeschäft nicht zustande kommt. Ansonsten hätte der antragende Makler wertvolle Informationen bekannt gegeben und sich einen unliebsamen Konkurrenten ins Boot geholt.

Des Weiteren sollten die Parteien des Gemeinschaftsgeschäfts vereinbaren, dass die Kundenschutzvereinbarung auch für den Fall vorzeitiger Kündigung des Gemeinschaftsgeschäfts gilt.

Tipp !

Grundsätzlich sollte am Anfang der Geschäftsbeziehung zwischen den Maklern klargestellt werden, dass Kundenschutz unabhängig vom tatsächlichen Gemeinschaftsgeschäft besteht und dieser bei Zustandekommen des Gemeinschaftsgeschäfts auch nach einer vorzeitigen Kündigung für die vereinbarte Frist gilt.

Muster: Vereinbarung über Kunden-/Objektschutz

DIGITALE EXTRAS

Zwischen

Herrn/Frau/Firma

....

– im Folgenden Makler auf der Verkäuferseite genannt –

und

Herrn/Frau/Firma

....

– im Folgenden Makler auf der Käuferseite genannt –

wird folgende **Vereinbarung über einen Kunden-/Objektschutz** im Rahmen eines geplanten Gemeinschaftsgeschäfts geschlossen.

1. Der Makler auf der Verkäuferseite ist mit der Vermittlung des Verkaufs eines in .... befindlichen Objekts beauftragt. Es handelt sich dabei um .... Die Wohn-/Nutzfläche des Objekts beträgt etwa ..... m².

2. Der Makler auf der Käuferseite ist von Kaufinteressenten mit dem Nachweis der Gelegenheit zum Abschluss eines Kaufvertrags oder der Vermittlung eines derartigen Kaufvertrags beauftragt.

Alternative

2. Dem Makler auf Käuferseite wird die Gelegenheit gegeben, einen Kaufinteressenten zu akquirieren und mit diesem einen auf Nachweis oder Vermittlung eines derartigen Kaufvertrags gerichteten Maklervertrag zu schließen.

3. Unabhängig vom Zustandekommen eines Gemeinschaftsgeschäfts betreffend des in Nr. 1 bezeichneten Objekts, ist es dem Käufermakler für den Zeitraum eines Jahres ab Unterzeichnung dieser Vereinbarung untersagt, sich mit dem Auftraggeber des Verkäufermaklers zwecks Erlangung eines Nachweis- oder Ver-

mittlungsauftrags in Verbindung zu setzen. Verletzt er diese Pflicht, ist er dem Verkäufermakler zum Schadensersatz verpflichtet.

.................., den ....
[Ort, Datum]

....
[Unterschrift des Verkäufermaklers]

.................., den ....
[Ort, Datum]

....
[Unterschrift des Käufermaklers]

13.3 Pflichten der beteiligten Makler

Selbstverständlich müssen sich die Makler an die von ihnen getroffenen Vereinbarungen halten. Pflichtverletzungen führen jedenfalls zu Schadensersatzansprüchen des jeweils anderen Maklers.

! **Beispiel**

Zwei Makler vereinbaren im Rahmen eines Gemeinschaftsgeschäfts Provisionsteilung mit der Maßgabe, dass der Käufermakler mit seinem Kunden eine Provisionshöhe von 3 % zuzüglich Umsatzsteuer vereinbart und der Verkäufermakler zumindest eine Provision von 1 % zuzüglich Umsatzsteuer. Vereinbart nun der Käufermakler mit seinem Kunden eine Provision ebenfalls in Höhe von 1 %, macht er sich seinem Kollegen gegenüber schadensersatzpflichtig.

Beide Makler hätten in diesem Beispiel Anspruch auf eine Provision von 2 %. Der Käufermakler würde hier also leer ausgehen, da er das eine Prozent, das er vom Käufer erhält, als Schadensersatz an seinen Kollegen zahlen muss (BGH, Urteil vom 18.6.1986, IVa ZR 7/85, NJW-RR 1987, 171). Für den Fall, dass der Käufer nicht mit einer Maklerprovision in Höhe von 3 % einverstanden ist, darf der Käufermakler die Provision nur nach Absprache bzw. mit Einverständnis des anderen Maklers absenken, ansonsten muss ein neuer Kaufinteressent gesucht werden. Lässt sich der Käufermakler ohne Rücksprache mit seinem Kollegen auf eine niedrigere Provision ein, macht er sich auf jeden Fall schadensersatzpflichtig.

! **Beispiel**

Der vom Verkäufer beauftragte Makler hätte einen Kaufinteressenten an der Hand, der auch eine Käuferprovision zahlen würde. Dennoch vereinbart er mit einem Kollegen ein Gemeinschaftsgeschäft. Sie vereinbaren, dass der Kollege einen Kaufinteressenten finden muss, der sich ebenfalls zur Zahlung einer Provision verpflichtet. Abredewidrig verlangt dieser aber keine Provision von seinem Kunden.

Auch hier hat sich der Käufermakler seinem Kollegen gegenüber schadensersatzpflichtig gemacht (OLG Karlsruhe, Urteil vom 19.2.1992, 13 U 166/91, NJW-RR 1993, 762). Das Gleiche gilt, wenn er das Kaufobjekt selbst erwerben sollte, soweit die Parteien des Gemeinschaftsgeschäfts nichts anderes vereinbaren. Verhandelt der zweite Makler mit dem Verkäufer direkt und weist diesen nicht darauf hin, dass er Kenntnis des Objekts durch den erstbeauftragten Makler und Vertragspartner des Verkäufers erlangt hat, macht er sich auch für die dem ersten Makler entgangene hälftige Verkäuferprovision schadensersatzpflichtig (OLG Karlsruhe, a. a. O.).

13.4 Provisionsverwirkung nach § 654 BGB

Das gemeinschaftliche Handeln mit dem Makler der Gegenseite kann gegen die Bestimmung des § 654 BGB verstoßen. Nach dieser Vorschrift verwirkt der Makler seinen vertraglich vereinbarten Vergütungs- und Aufwendungsersatzanspruch, wenn er, anders als im Vertrag geregelt, auch für die andere Seite tätig geworden ist (siehe vertiefend Kapitel 14.1). Zunächst einmal muss den jeweiligen Maklerkunden nichts über das Gemeinschaftsgeschäft mitgeteilt werden, wenn beide Makler lediglich eine Nachweisleistung schulden. Anders sieht es aus, wenn einer von ihnen mit einer Vermittlungstätigkeit beauftragt ist. Wird dem Auftraggeber das Gemeinschaftsgeschäft dann offenbart und schweigt er dazu, gibt er zu erkennen, dass die gemeinsame Tätigkeit mit dem Makler der anderen Seite nicht dem Inhalt des Vertrags zuwiderläuft. Auch in diesem Fall darf die Zusammenarbeit der Makler jedoch nicht zur Benachteiligung dieses Maklerkunden führen.

Beispiel !

Makler A ist vom Verkäufer eines Grundstücks mit dem Nachweis einer Verkaufsgelegenheit beauftragt. Er ist allerdings nicht bereit, hierfür Provision zu zahlen. Die soll sich der Makler vom Käufer holen. Makler B hat einen Interessenten an der Hand, der das Objekt bereits kennt, jedoch aufgrund der Vermittlung des Maklers auf einen günstigeren Abschluss hofft. Dieser ist bereit, dem Makler für seine Bemühungen im Erfolgsfall eine Provision zu zahlen. Makler A und Makler B vereinbaren ein Gemeinschaftsgeschäft mit Provisionsteilung. Makler B gibt seinem Auftraggeber zu verstehen, der Verkäufer sei zu keinerlei Nachlässen bereit; da es mehrere abschlussbereite Käufer gebe, sei eine schnelle Kaufentscheidung erforderlich. Nach dem Erwerb des Objekts erfährt der Käufer vom Verkäufer bei einer Unterhaltung während der Objektübergabe, dass es keinerlei Preisverhandlungen gegeben hätte und er durchaus bereit gewesen wäre, das Grundstück auch günstiger zu verkaufen.

Der Provisionsanspruch des Käufermaklers ist hier verwirkt. Wenn Makler A keine Kenntnis vom Geschäftsgebaren seines Kollegen hatte, wäre Makler B darüber hinaus dem Verkäufermakler zum Schadensersatz verpflichtet.

DIGITALE EXTRAS

Muster: Vereinbarung über ein Gemeinschaftsgeschäft

Zwischen

Herrn/Frau/Firma

....
– im Folgenden Makler auf der Verkäuferseite genannt –

und

Herrn/Frau/Firma

....
– im Folgenden Makler auf der Käuferseite genannt –

wird folgendes **Gemeinschaftsgeschäft** geschlossen.

§ 1 Vertragsgegenstand

1. Der Makler auf der Verkäuferseite ist mit der Vermittlung des Verkaufs eines in .... befindlichen Objekts beauftragt. Es handelt sich dabei um .... Die Wohn-/Nutzfläche des Objekts beträgt etwa ..... m^2.

2. Der Makler auf der Käuferseite ist von Kaufinteressenten mit dem Nachweis der Gelegenheit zum Abschluss eines Kaufvertrags oder der Vermittlung eines derartigen Kaufvertrags beauftragt.

Alternative

2. Dem Makler auf Käuferseite wird die Gelegenheit gegeben, einen Kaufinteressenten zu akquirieren und mit diesem einen auf Nachweis oder Vermittlung eines derartigen Kaufvertrags gerichteten Maklervertrag zu schließen.

3. Die Vertragsparteien arbeiten unter Berücksichtigung der ihren Auftraggebern gegenüber bestehenden vertraglichen Pflichten bezüglich des beschriebenen Objekts zusammen.

4. Die am .... zwischen den Parteien getroffene Vereinbarung über einen Kunden-/Objektschutz ist als Anlage zu diesem Vertrag zu nehmen und wesent-

licher Bestandteil dieses Vertrags. Diese Vereinbarung wird dahin ergänzt, dass der Kundenschutz auch im Fall vorzeitiger Beendigung dieses Vertrags bis zu dem in der Vereinbarung vom .... festgelegten Zeitpunkt fortbesteht.

§ 2 Teilungsabsprache

1. Der Makler auf der Verkäuferseite und der Makler auf der Käuferseite informieren sich gegenseitig vollumfänglich über den jeweiligen dem Hauptgeschäft zugrunde liegenden Vertragsinhalt.

2. Die aus der Maklertätigkeit erzielten Provisionen werden hälftig geteilt. Auch wenn nur eine der Vertragsparteien einen Provisionsanspruch erzielen sollte, wird die Provision hälftig geteilt. Die zu teilende Provision versteht sich nach Abzug der nachgewiesenen Auslagen und Kosten.

3. Ist die Durchsetzung der Provisionsansprüche nur mit anwaltlicher Hilfe oder auf dem Rechtsweg möglich, haben sich die Vertragsparteien hierbei gegenseitig zu unterstützen. Insbesondere haben sie sich die erforderlichen Unterlagen und Beweismittel zur Verfügung zu stellen.

Alternative I

1. Der Makler auf der Verkäuferseite und der Makler auf der Käuferseite informieren sich gegenseitig vollumfänglich über den jeweiligen dem Hauptgeschäft zugrunde liegenden Vertragsinhalt.

2. Die aus der Maklertätigkeit erzielten Provisionen werden in der Weise geteilt, dass der Makler auf der Verkäuferseite ..... % und der Makler auf der Käuferseite ..... % erhält. Auch wenn nur eine der Vertragsparteien einen Provisionsanspruch erwirkt, wird die Provision nach dem oben genannten Schlüssel geteilt. Die zu teilende Provision versteht sich nach Abzug der nachgewiesenen Auslagen und Kosten.

3. Ist die Durchsetzung der Provisionsansprüche nur mit anwaltlicher Hilfe oder auf dem Rechtsweg möglich, haben sich die Vertragsparteien hierbei gegenseitig zu unterstützen. Insbesondere haben sie sich die erforderlichen Unterlagen und Beweismittel zur Verfügung zu stellen.

Alternative II

1. Der Makler auf der Verkäuferseite und der Makler auf der Käuferseite informieren sich gegenseitig vollumfänglich über den jeweiligen dem Hauptgeschäft zugrunde liegenden Vertragsinhalt.

2. Jeder der Vertragsparteien verbleibt jeweils die aus dem Maklervertrag mit dem eigenen Auftraggeber zu beanspruchende Provision.

§ 3 Schriftformklausel
Änderungen des Vertrags bedürfen in jedem Falle der Schriftform.

§ 4 Salvatorische Klausel
Sollten einzelne Bestimmungen des Vertrags unwirksam sein oder werden, berührt dies die Gültigkeit des gesamten Vertrags oder die Wirksamkeit der übrigen Bestimmungen nicht. Anstelle der unwirksamen oder undurchführbaren Regelung verpflichten sich die Parteien schon jetzt, eine wirksame Regelung zu vereinbaren, die dem Sinn und Zweck der unwirksamen oder undurchführbaren Regelung rechtlich und wirtschaftlich möglichst nahe kommt. Entsprechendes gilt für die Ausfüllung von Lücken dieses Vertrags.

......................................, den ....
[Ort und Datum]

....
[Unterschrift des Maklers auf der Verkäuferseite]

....
[Unterschrift des Maklers auf der Käuferseite]

13.5 Zurechnung von Pflichtverletzungen des anderen Maklers

Zunächst ist klarzustellen, dass die an einem Gemeinschaftsgeschäft beteiligten Makler grundsätzlich nicht Erfüllungsgehilfen der anderen Makler sind und insoweit nicht für Pflichtverletzungen eines anderen Maklers haften (OLG Karlsruhe, Urteil vom 7.8.1997, 19 U 22–96, NJW-RR 1998, 996). Etwas anderes gilt, wenn der erste Makler gegenüber seinem Auftraggeber den falschen Eindruck erweckt, dass mehrere Makler für ihn als Kaufinteressenten tätig sind, während tatsächlich der zweite Makler für den Verkäufer tätig ist.

13.6 Exkurs: Weitere Formen der Zusammenarbeit

Abzugrenzen ist das Gemeinschaftsgeschäft vom Zubringergeschäft bzw. von dem Tippgeber sowie vom Untermaklerverhältnis.

13.6.1 Zubringergeschäft bzw. Tippgeber

Im Vergleich zum Gemeinschaftsgeschäft fehlt es beim Zubringergeschäft an der Vereinbarung einer Zusammenarbeit. Beim Zubringer bzw. Tippgeber muss es sich auch nicht notwendigerweise um einen Makler handeln. Üblicherweise fungieren als Tippgeber Privatpersonen, denen eine Verkaufs- oder Vermietungsmöglichkeit bekannt wird, beispielweise weil ein Nachbar sein Haus verkaufen möchte. Dies teilen sie dem Makler mit und vereinbaren mit ihm für den Erfolgsfall der Käuferakquise eine Provisionsanteilsvereinbarung. Anspruch besteht insoweit auf eine Provisionsbeteiligung von 10% (BGH, Urteil vom 22.5.1963, VIII ZR 254/61, BB 1963, 835). Einige Makler bieten derartige Zubringergeschäfte auch auf ihrer Homepage bzw. im Rahmen ihrer Werbung an und versprechen dem Tippgeber in aller Regel einen Anteil von 10% der Provision, sollte der Tipp tatsächlich zu einem Provisionsanspruch des Maklers führen.

Weiterer Anwendungsbereich der Tippprovision ist der Auftrag eines Kauf- bzw. eines Verkaufsinteressenten an einen Dritten, der nicht Makler ist, ihm gegen Zahlung eines Entgelts eine Kauf- bzw. Verkaufsgelegenheit mitzuteilen. Soweit die Entgelthöhe nicht ausdrücklich geregelt ist, hat der Tippgeber regelmäßig Anspruch auf 1% des Kaufpreises (OLG Düsseldorf NJW-RR 1998, 1667). Im Hinblick auf die Provisionshöhe ist zu berücksichtigen, dass der Tippgeber weder zu irgendwelchen Leistungen verpflichtet noch mit Unkosten konfrontiert ist, die ein Maklerbetrieb mit sich bringt. Des Weiteren ist die Provision auch dann verdient, wenn der Tippgeber keine ansonsten nach § 652 BGB erforderliche Tätigkeit entfaltet. Ist der Kaufpreis sehr hoch und die Tätigkeit des Hinweisgebers eher gering, kann es auch gerechtfertigt sein, eine Tipp-Provision nur in Höhe von 0,5% des Kaufpreises anzunehmen (OLG Düsseldorf, a. a. O.).

13.6.2 Untermaklerverhältnis

Der Makler kann sich im Rahmen des Maklervertrags der Dienste bzw. Mithilfe weiterer Makler bedienen. Maßgeblich ist, dass der Untermakler in keiner Verbindung zum Auftraggeber des Maklers steht. Kommt in einem solchen Fall ein Hauptvertrag zustande, kann sich ein Vergütungsanspruch des Untermaklers lediglich gegen den (Haupt-) Makler richten und nicht gegen dessen Auftraggeber. Hinsichtlich der Modalitäten des Untermaklerverhältnisses und insbesondere der Vergütung des Untermaklers sind wiederum die Vereinbarungen zwischen Makler und Untermakler maßgeblich. Ob den Untermakler eine Tätigkeitspflicht gegenüber dem Hauptmakler trifft, richtet sich ebenfalls nach den Absprachen der Parteien. Fehlen entsprechende Vereinbarungen, trifft den Untermakler keine Tätigkeitspflicht.

! **Wichtig**

Der Untermakler fungiert als Erfüllungsgehilfe des (Haupt-)Maklers. Letzterer haftet also für Pflichtverletzungen des Untermaklers.

Der Untermaklervertrag hängt vom Bestehen und vom Schicksal des (Haupt-)Maklervertrags ab. Endet dieser wegen Zeitablaufs oder Kündigung, ist auch der Untermaklervertrag beendet. Verzichtet der (Haupt-)Makler gegenüber seinem Auftraggeber auf die Provision, so geht auch ein etwaiger Vergütungsanspruch des Untermaklers gegen den (Haupt-)Makler unter, soweit nichts Gegenteiliges vereinbart wurde. Der Hauptmakler ist auch nicht verpflichtet, beispielsweise einen vom Untermakler akquirierten Interessenten an den Auftraggeber weiterzuleiten. Setzt der Hauptmakler einen Untermakler als Erfüllungsgehilfen ein, muss er sich eine Verflechtung des Untermaklers mit dem Verkäufer zurechnen lassen. Ein Provisionsanspruch des Hauptmaklers gegen den Käufer besteht dann nicht. Die Verflechtung, die zwischen Untermakler und dem »Dritten« besteht, wirkt sich mittelbar auf den Hauptmakler aus. Er muss sich dann so behandeln lassen, als sei er selbst mit dem Dritten verflochten (LG Frankfurt/Main, Urteil vom 25.1.2013, 2-25 O 322/12, Info M 2013, 348).

14 Doppeltätigkeit und Verwirkung

Pflichtverletzungen des Maklers können grundsätzlich Schadensersatzansprüche seines Kunden auslösen. Sind dem Makler besonders schwere – leichtfertig oder gar vorsätzlich vorwerfbare – Pflichtverletzungen vorzuwerfen, droht zusätzlich der Verlust der Provision – selbst wenn dem Maklerkunden durch die Pflichtverletzung kein Schaden entstanden ist (BGH, Urteil vom 18.10.2012, III ZR 106/11, NJW 2012, 3718 und v. 19.5.2005, III ZR 322/04, NJW-RR 2005, 1423; OLG Düsseldorf, Urteil vom 25.9.2015, I-7 U 48/14, MDR 2016, 149). Grob zusammengefasst verwirkt der Makler seine Provision stets dann, wenn er sein Provisionsinteresse über die Interessen seines Auftraggebers stellt. Die maßgebliche Vorschrift des § 654 BGB hat also Strafcharakter (OLG Saarbrücken, Urteil vom 17.9.2015, 4 U 131/14, NJW-RR 2016, 141).

Hieraus ergibt sich folgende Faustformel:

- »Normale« Pflichtverletzung: Der Makler haftet auf Schadensersatz, behält aber seinen Anspruch auf Provision. Im Fall der Fälle steht allerdings durch Aufrechnung des Maklerkunden auch die Provision auf dem Spiel.
- Besonders schwere Pflichtverletzung: Selbst wenn dem Maklerkunden kein Schaden entstanden ist, hat der Makler keinen Anspruch auf Provision. Ist dem Maklerkunden darüber hinaus Schaden entstanden, muss der Makler diesen selbstverständlich ersetzen.

Außerdem ist zu beachten, dass der Makler grundsätzlich für das Verschulden seiner Erfüllungsgehilfen haftet (BGH, Urteil vom 13.3.1985, IVa ZR 222/83, NJW 1986, 2573; OLG Karlsruhe, Urteil vom 11.10.1996, 15 U 34/96, AIZ A 146 Bl. 38). Erfüllungsgehilfe ist gemäß § 278 BGB derjenige, den der Makler zur Erfüllung seiner Verbindlichkeit einsetzt. Erfüllungsgehilfen sind daher in erster Linie die Mitarbeiter des Maklers.

Achtung !

Die Bestimmung des § 654 BGB ist nicht – auch nicht entsprechend – bei Treuepflichtsverletzungen des Auftraggebers des Maklers anwendbar (BGH, Urteil vom 6.12.1967, VIII ZR 289/64, MDR 1968, 405; OLG Frankfurt/Main, Urteil vom 2.3.1993, 5 U 27/92, MDR 1994, 35).

Das Gesetz regelt die Provisionsverwirkung des Maklers in § 654 BGB denkbar kurz: »Der Anspruch auf den Maklerlohn und den Ersatz von Aufwendungen ist ausgeschlossen, wenn der Makler dem Inhalt des Vertrags zuwider auch für den anderen Teil tätig gewesen ist.« Das Gesetz regelt also ausdrücklich nur die pflichtwidrige Doppeltätigkeit. Darüber hinaus hat die Bestimmung des § 654 BGB immense praktische Bedeutung, da eine Verwirkung des Provisionsanspruchs vor allem bei schwerwiegenden Pflichtverletzungen im Raum steht.

Folge der Verwirkung ist, dass der Provisionsanspruch erst gar nicht entsteht bzw. erlischt. Aufwendungsersatz kann der Makler dann ebenfalls aus keinem Rechtsgrund geltend machen. Die Voraussetzungen einer Provisionsverwirkung muss der Maklerkunde im Streitfall beweisen. Gelingt ihm dieser Beweis, kann er den Makler auf Rückzahlung bereits geleisteter Provision nach den Grundsätzen einer ungerechtfertigten Bereicherung gemäß den Bestimmungen der §§ 812 ff. BGB in Anspruch nehmen.

! **Achtung**

Für die Verwirkung des Provisionsanspruchs kommt es nicht darauf an, dass dem Maklerkunden durch die Pflichtverletzung des Maklers ein Schaden entstanden ist.

Im Übrigen lässt nicht jede objektiv erhebliche Pflichtverletzung den Provisionsanspruch des Maklers nach § 654 BGB entfallen, vielmehr ist in erster Linie subjektiv eine schwerwiegende Treuepflichtverletzung erforderlich, durch die sich der Makler seines Lohns »unwürdig« erweist (BGH, Urteil vom 18.10.2012, III ZR 106/11, NJW 2012, 3718). Zur Verwirkung der Provision können daher niemals einfache fahrlässige Pflichtverletzungen des Maklers führen. Vielmehr ist mindestens grobe Fahrlässigkeit, wenn nicht gar Leichtfertigkeit erforderlich. Die Provision ist jedoch stets verwirkt, wenn der Makler vorsätzlich seine Pflichten vernachlässigt (KG, Urteil vom 1.3.2012, 10 U 144/11, GE 2012, 615).

14.1 Pflichtwidrige Doppeltätigkeit

Der Makler verwirkt seinen Provisionsanspruch, wenn er »dem Inhalt des Vertrags zuwider auch für den anderen Teil tätig gewesen ist«. Gesetzliches Regelbeispiel einer Verwirkung des Provisionsanspruchs ist also die verbotswidrige Doppeltätigkeit. Dem Makler muss im Maklervertrag oder durch besondere Vereinbarung mit seinem Auftraggeber eine Tätigkeit auch für den anderen potenziellen Partner des nachzuweisenden oder zu vermittelnden Hauptvertrags verboten sein. Bestehen keine derartigen Abreden, ist eine Doppeltätigkeit des Maklers grundsätzlich erlaubt (OLG Rostock, Urteil vom 1.10.2008, 1 U 98/08, MDR 2009, 194; zu Einschränkungen beim Vermittlungsmakler siehe Kapitel 14.1.2).

Wenn die Parteien des Maklervertrags eine Doppeltätigkeit des Maklers im Vertrag ausgeschlossen haben, ist dem Makler eine solche verboten. Setzt er sich über dieses Verbot hinweg, handelt er pflichtwidrig und verwirkt seine Provision. Haben die Parteien im Vertrag nichts über eine etwaige Doppeltätigkeit des Maklers geregelt, ist sie ihm erlaubt, wobei er zu strengster Neutralität gegenüber seinen beiden Auftraggebern verpflichtet ist. Entsprechendes gilt, wenn die Parteien des Maklervertrags ausdrücklich im Vertrag regeln, dass dem Makler grundsätzlich eine Doppeltätigkeit gestattet ist. Wird der Makler als Doppelmakler tätig, ist diese stets nur dann zulässig, wenn sie nicht zu einer Interessenkollision führt (LG München II, Urteil vom 16.5.2019, 11 O 134/18, IMR 2019, 516).

14.1.1 Nachweismakler

Bei Immobiliengeschäften ist eine Tätigkeit des Maklers für beide Seiten »nach dem Inhalt des Vertrags« grundsätzlich zulässig, sofern er für beide als Nachweismakler tätig ist (BGH, Urteil vom 30.4.2003, III ZR 318/02, NJW-RR 2003, 991).

Beispiel !

Der Hauseigentümer beauftragt den Makler mit dem Nachweis bzw. der Vermittlung einer Verkaufsgelegenheit. Daraufhin akquiriert der Makler einen potenziellen Käufer. Es gelingt ihm, auch mit diesem eine Provision für den Fall der Vermittlung bzw. des Nachweises einer Kaufgelegenheit zu vereinbaren. Der Makler gibt dem Verkäufer die Kontaktdaten des Interessenten bekannt, dem Interessenten die Objektdaten und die Kontaktdaten des Verkäufers. Auf beiderseitigen Wunsch führt der Makler zudem einen Besichtigungstermin durch. Verkäufer und Interessent schließen alsbald den Kaufvertrag.

Der Makler ist für beide Parteien des Hauptvertrags lediglich als Nachweismakler aufgetreten, somit hat er gegen beide einen Provisionsanspruch. Er musste hier seine Doppeltätigkeit auch weder dem Käufer noch dem Verkäufer offenlegen (OLG Saarbrücken, Urteil vom 17.9.2015, 4 U 131/14, NJW-RR 2016, 141; LG Bochum, Urteil vom 20.6.2014, 4 O 441/13, juris). Freilich hat der Makler den strengen »Halbteilungsgrundsatz« bezüglich seiner Provision nach § 656c BGB zu beachten, so es sich beim Käufer um einen Verbraucher handelt (siehe Kapitel 6).

Eine zur Verwirkung des Maklerlohns führende Doppeltätigkeit ist ebenfalls nicht gegeben, wenn der Makler für den einen Teil als Vermittlungsmakler und für den anderen Teil als Nachweismakler tätig wird (BGH, a. a. O.; OLG München, Urteil vom 16.5.2012, 20 U 245/12, OLGR 38/2012; LG München II, a. a. O.).

Beispiel !

Der Hauseigentümer beauftragt den Makler mit dem Nachweis bzw. der Vermittlung einer Verkaufsgelegenheit. Daraufhin akquiriert der Makler einen potenziellen Käufer. Dieser teilt ihm mit, dass er von der Verkäuflichkeit des Objekts bereits weiß. Dem Makler gelingt es dennoch, mit dem Interessenten eine Provision für den Fall der Vermittlung einer Kaufgelegenheit zu vereinbaren. Der Makler gibt dem Verkäufer die Kontaktdaten des Interessenten weiter und vereinbart mit den beiden potenziellen Partnern des Kaufvertrags einen Besichtigungstermin. Unter Mitwirkung des Maklers werden sich Verkäufer und Interessent schließlich über die Modalitäten eines Verkaufs bzw. Erwerbs einig, sodass der Kaufvertrag zustande kommt.

Auch in diesem Fall ist dem Makler grundsätzlich eine Doppeltätigkeit erlaubt und er hat gegen beide Auftraggeber einen Anspruch auf Zahlung der vereinbarten Provision. Auch hier ist allerdings wieder der strenge »Halbteilungsgrundsatz« des § 656c BGB zu beachten, sollte es sich beim Käufer um einen Verbraucher handeln.

Dies gilt in aller Regel selbst dann ohne ausdrückliche Gestattung, wenn dem Maklerkunden die Doppeltätigkeit des Maklers unbekannt bleibt (OLG Dresden, Urteil vom 15.4.1994, 9 U 1412/93, NJW-RR 1994, 885). Grund: Die Verwirkung des Maklerlohnanspruchs hat Strafcharakter, infolgedessen ist der Anwendungsbereich des § 654 BGB einzuschränken. Da bei Immobiliengeschäften eine Doppeltätigkeit des Maklers weitgehend üblich ist und der Kunde deshalb hiermit rechnen muss, genügt es, den Makler auf eine strenge Unparteilichkeit gegenüber seinen beiden Auftraggebern zu verpflichten (BGH, a. a. O.).

! **Achtung**

Dem Makler ist eine Doppeltätigkeit in Form einer Nachweistätigkeit für den einen und einer Vermittlungstätigkeit für den anderen potenziellen Partner des Hauptvertrags auch ohne Aufklärung seiner Kunden hierüber grundsätzlich erlaubt. Allerdings ist der Makler in dieser Konstellation zu strengster Neutralität verpflichtet. Häufig kommt es vor, dass zum Beispiel der Verkäufer, dem in Benennung des potenziellen Kaufinteressenten eine vollständige Nachweisleistung erbracht wurde, bestimmte Preisvorstellungen hat, die der andere Maklerkunde, nämlich derjenige, der eine Vermittlung in Auftrag gegeben hat, überhaupt nicht teilen kann. In einem solchen Fall sollte sich der Makler davor hüten, die Vorstellungen des Verkäufers herunterzureden, indem er etwa wahrheitswidrig vorspiegelt, die Marktlage würde den angestrebten Erlös nicht hergeben. Denn dann hätte der Makler bei noch erlaubter und nicht aufklärungsbedürftiger Doppeltätigkeit seinen Provisionsanspruch gegenüber dem Verkäufer verwirkt.
Hat der Makler im Rahmen seiner Doppeltätigkeit bereits den Verkäufer bezüglich eines angemessenen Preises des Kaufobjekts beraten, ist es ihm verwehrt, auch dem Käufer diesbezüglich mit seiner Expertise zu dienen, selbst wenn ihn dieser fragt. Der Makler muss nun den Käufer darauf verweisen, sich an anderer Stelle Rat zu holen, oder den Verkäufer bitten, auch insoweit für die andere Seite tätig werden zu dürfen (LG München II, Urteil vom 16.5.2019, 11 O 134/18, IMR 2019, 516).

14.1.2 Vermittlungsmakler

Kritisch wird es in all den Fällen, in denen der Makler für beide Seiten Vermittlungstätigkeiten entfaltet. Denn grundsätzlich verwirkt der Makler seinen Provisionsanspruch bei einer treuwidrigen Doppeltätigkeit. Treuwidrig ist eine Doppeltätigkeit insbesondere dann, wenn die damit verbundenen besonderen Pflichten zur Unparteilichkeit verletzt werden (OLG Rostock, Urteil vom 1.10.2008, 1 U 98/08, MDR 2009, 194). Bei einer bloßen Nachweistätigkeit für beide Auftraggeber kann der Makler keine Pflicht zur Unparteilichkeit verletzen, da sich seine Tätigkeit darauf beschränkt, die entsprechenden Kontakt- und Adressdaten an den jeweils anderen Auftraggeber weiterzuleiten. Auch wenn der Makler für den einen als Vermittlungsmakler und für den anderen als Nachweismakler tätig wird, kann er die Interessen seiner jeweiligen Auftraggeber nicht gegeneinander ausspielen, vermittelnd wird er ja nur für einen Kunden tätig.

Erteilt andererseits ein Kaufinteressent dem Immobilienmakler den Auftrag, mit der Verkäuferseite Preisverhandlungen zu führen, hat der Makler in der Regel nicht die Stellung eines »neutralen Dritten« zwischen den Parteien des Kauf- oder Mietvertrags. Vielmehr hat er regelmäßig in seiner Rolle als Vermittlungsmakler des Käufers einseitig dessen Interessen an einem möglichst niedrigen Kaufpreis zu verfolgen. Verschweigt der Makler in einem derartigen Fall dem Käufer, dass er gleichzeitig als Vermittlungsmakler des Verkäufers die Interessen der Gegenseite wahrnimmt, verwirkt er den Anspruch auf Maklerlohn (LG München II, a. a. O.). Mit dem bloßen Hinweis auf eine Nachweistätigkeit für den Verkäufer wird er seinen Pflichten gegenüber dem Käufer dann nicht gerecht (OLG Karlsruhe, Urteil vom 31.3.2005, 15 U 20/03, ZMR 2005, 965).

Entfaltet der Makler für beide Parteien des potenziellen Hauptvertrags eine Vermittlungstätigkeit, führt dies dann nicht zur Provisionsverwirkung, wenn er beide Seiten hierüber aufklärt und sich darauf beschränkt, als »ehrlicher Makler« zwischen den Parteien zu vermitteln (BGH, Urteil vom 8.6.2000, III ZR 187/99, NZM 2000, 915). Denn bei beiderseitiger Vermittlungstätigkeit müsste diese geeignet sein, die Interessen eines der Auftraggeber zu verletzen.

Ob eine unzulässige Doppeltätigkeit vorliegt, hängt im Übrigen nicht vom Inhalt des geschlossenen Maklervertrags ab, sondern von der konkret entfalteten Tätigkeit des Maklers (OLG Köln, Urteil vom 11.3.2003, 24 U 197/02, NJW-RR 2004, 271). Ist also der Makler beispielsweise vertraglich nur mit dem Nachweis einer Vertragsgelegenheit beauftragt, erbringt aber -zusätzlich – Vermittlungstätigkeiten, droht die Verwirkung des Provisionsanspruchs. Daraus wiederum folgt, dass der Makler auch bei einer Vermittlungstätigkeit für beide Auftraggeber dann seinen Provisionsanspruch nicht verwirkt, wenn er beiden Seiten offenlegt, ebenfalls für den anderen potenziellen Hauptvertragspartner vermittelnd tätig zu sein. Er ist auch dann zu strengster Neutralität verpflichtet.

Tipp !

In dem in der Praxis durchaus seltenen Fall, dass der Makler für beide Seiten nur vermittelnde Tätigkeiten provisionspflichtig durchführen kann, sollten beide Vertragsparteien eben über diesen Umstand aufgeklärt werden. Denn in einer solchen Situation sitzt der Makler immer zwischen zwei Stühlen.

14.1.3 Alleinauftrag

Grundsätzlich ist dem Makler im Rahmen eines Alleinauftrags eine Doppeltätigkeit erlaubt. Dies gilt generell, wenn der Makler für die andere Seite nur als Nachweismakler tätig wird (BGH, Urteil vom 11.11.1999, III ZR 160/98, NJW-RR 2000, 430). Fungiert der Makler allerdings als sogenannter Vertrauensmakler für seinen Kunden, ist ihm eine Doppeltätigkeit nur dann erlaubt, wenn dieser dem Makler die Doppeltätigkeit ausdrücklich gestattet (BGH, a. a. O.).

Der Makler hat dann die Stellung eines Vertrauensmaklers, wenn er mit seinem Auftraggeber einen qualifizierten Alleinauftrag mit »längerer« Vertragsdauer abschließt. In der Rechtsprechung wurde ein Jahr mit anschließender Kündigungsfrist von drei Monaten als »längere« Vertragslaufzeit angenommen (BGH, a. a. O.; OLG Hamm, Urteil vom 11.6.2001, 18 U 172/00, MDR 2001, 1403). Dass dem Makler in einem solchen Fall ohne ausdrückliche Gestattung eine Doppeltätigkeit verboten ist, begründet sich schlicht darin, dass der Maklerkunde im Rahmen eines qualifizierten Alleinauftrags nicht selbst tätig werden darf. Insoweit ist er besonders darauf angewiesen, dass der Makler seine Interessen wahrt.

Bei einem einfachen Alleinauftrag mit einer Bindung von sechs Monaten ist der Hinweis auf eine Doppeltätigkeit in AGB nicht zu beanstanden. Der Makler darf ohne gesonderten Hinweis auch für die andere Seite provisionspflichtig tätig werden (OLG Koblenz, Urteil vom 22.2.2001, 5 U 707/00, ZMR 2002, 363).

14.1.4 Doppeltätigkeit und Bestellerprinzip bei der Wohnraumvermittlung

Dem Makler ist im Bereich der Wohnungsvermittlung grundsätzlich eine Doppeltätigkeit bis zur gesetzlichen Grenze des § 654 BGB erlaubt. Das für sich gesehen nützt dem Makler allerdings nichts. Wird er nämlich auch im Interesse des Vermieters tätig, verliert er seinen Provisionsanspruch gegen den Mieter. Dies kommt zwar nicht im Gesetzestext selbst zum Ausdruck, jedoch in seiner Begründung (siehe Kapitel 4.4.2.2).

14.2 Schwerwiegende Pflichtverletzungen

Über die zuvor geschilderten Fälle der pflichtwidrigen Doppeltätigkeit hinaus wird die Bestimmung des § 654 BGB immer dann entsprechend angewendet, wenn der Makler durch vorsätzliche oder grob leichtfertige Verletzung wesentlicher Vertragspflichten den Interessen seines Auftraggebers in erheblicher Weise zuwider handelt (OLG Düsseldorf, Urteil vom 25.9.2015, I-7 U 48/14, MDR 2016, 149; KG, Urteil vom 15.8.2011, 10 U 47/11, MDR 2012, 271). Zu beachten ist allerdings, dass die Verwirkung des Maklerlohnanspruchs Strafcharakter hat. Nicht jede objektiv erhebliche Pflichtverletzung des Maklers und damit auch nicht jedes Informations- und Beratungsverschulden lässt deshalb den Provisionsanspruch entfallen, vielmehr ist in erster Linie subjektiv eine schwerwiegende Treuepflichtverletzung zu fordern (BGH, Urteil vom 18.10.2012, III ZR 106/11, NJW 2012, 3718; KG, Urteil vom 1.3.2012, 10 U 144/11, GE 2012, 615). Allein der Umstand, dass der Makler unzulässige AGB verwendet, führt noch nicht zur Verwirkung des Provisionsanspruchs, vielmehr müssen weitere Umstände hinzutreten, die auf vorsätzliches Handeln oder gar Arglist schließen lassen (BGH, Urteil vom 26.11.2020, I ZR 169/19, NZM 2021, 305).

14.2.1 Aufklärungspflichtverletzung

In der Praxis in diesem Zusammenhang am weitesten verbreitet sind Informations- und Aufklärungspflichtverletzungen. Zwar darf der Makler Informationen, die er vom Verkäufer erhalten hat, grundsätzlich ungeprüft an Interessenten weitergeben. Das setzt allerdings voraus, dass der Makler die betreffenden Informationen – insbesondere wenn er diese in einem eigenen Exposé über das Objekt herausstellt – mit der erforderlichen Sorgfalt eingeholt und sondiert hat. Hierzu gehört selbstverständlich, dass der Makler keine Angaben des Verkäufers in sein Exposé aufnimmt, die nach seinen beruflichen Kenntnissen ersichtlich als unrichtig, nicht plausibel oder sonst als bedenklich einzustufen sind (BGH, Urteil vom 18.1.2007, III ZR 146/06, NJW-RR 2007, 711; AG Mannheim, Urteil vom 13.1.2012, 3 C 273/11, juris).

Die vom Auftraggeber erhaltenen Informationen muss der Makler wahrheitsgemäß weitergeben. Dabei gilt: Gibt er kaufentscheidende Informationen nicht wahrheitsgemäß weiter, verwirkt er in der Regel seinen Provisionsanspruch (LG Berlin, Urteil vom 22.9.2011, 5 O 430/10, WuM 2011, 692). Um seinen Courtageanspruch nicht zu gefährden, muss der Makler jedenfalls alle Informationen an seinen Kunden weiterleiten, die für diesen erkennbar für den Abschluss des Vertrags von Bedeutung sind (OLG Celle, Urteil vom 3.7.2008, 11 U 22/08, OLGR 2009, 370; AG Mannheim, Urteil vom 13.1.2012, 3 C 273/11, juris).

Verwirkung tritt insbesondere unter folgenden Umständen ein:

- Der Makler erkennt nach der Erstellung des Exposés, dass wesentliche Angaben unrichtig sind und klärt seine Kunden hierüber nicht auf (KG, Urteil vom 15.8.2011, 10 U 47/11, MDR 2012, 271). Beispiel: Im Exposé steht, das Grundstück sei an die öffentliche Wasserversorgung angeschlossen, in Wirklichkeit ist ein derartiger Anschluss lediglich geplant (OLG Hamm, Urteil vom 9.11.1992, 18 U 26/92, NJW-RR 1993, 506).
- Der Makler unterdrückt ein ihm bekanntes Mängelgutachten (OLG Naumburg, Urteil vom 21.8.2001, 9 U 84/01, NJW-RR 2002, 1208).

- Der Makler verschweigt einen ihm bekannten Sanierungsbedarf (OLG Celle, Urteil vom 6.2.2003, 11 U 170/02, MDR 2003, 983).
- Der Makler nennt bewusst ein falsches Baujahr einer Immobilie.
- Der Makler verleugnet auf ausdrückliche Nachfrage seines Kunden ein tatsächlich bestehendes Verwandtschaftsverhältnis zum Verkäufer (OLG Düsseldorf, Urteil vom 25.9.2015, I-7 U 48/14, MDR 2016, 149).
- Der Makler verschweigt bewusst, dass ein Konkurrenzunternehmen des Maklerkunden in unmittelbarer Nachbarschaft geplant ist (OLG Frankfurt/Main, Urteil vom 7.11.1985, 16 U 179/84, NJW-RR 1986, 601).
- Der Makler klärt seinen Kunden nicht darüber auf, dass die Denkmalschutzbehörde eine Prüfung des zu vermittelnden Objekts angekündigt hat und ein Denkmalschutzverfahren durchführen wird (OLG Oldenburg, Beschluss vom 10.7.2014, 4 U 24/14, NJW-Spezial 2015, 35).
- Der Makler weist bezüglich einer Kaufgelegenheit über ein Einfamilienhaus nur die Möglichkeit zum Erwerb eines Erbbaurechts nach und behauptet, das Eigentum am Hausgrundstück könne gesondert zu einem bestimmten Preis hinzuerworben werden (OLG Hamm, Urteil vom 1.3.1999, 18 U 149/98, NJW-RR 2000, 59).
- Der Makler verheimlicht gegenüber dem Maklerkunden bewusst die tatsächliche Belegkapazität eines zum Verkauf stehenden Hotels (BGH, Urteil vom 5.3.1981, IVa ZR 114/80, WM 1981, 590).
- Der Makler verschweigt bewusst, dass sich die angebotene Immobilie in der Zwangsversteigerung befindet (OLG Karlsruhe, Urteil vom 5.2.1992, 13 U 103/91, NJW-RR 1993, 1273).
- Der Makler offenbart seinem Kunden ihm bekannte massive Feuchtigkeitserscheinungen nicht (OLG Celle, Urteil vom 3.7.2008, 11 U 22/08, OLGR 2009, 370).
- Der Makler weist seinen Kunden, der eine Wohnung in einer noch zu errichtenden Wohnanlage kaufen will, nicht auf massive finanzielle Schwierigkeiten des Bauträgers hin (OLG Hamburg, Urteil vom 3.9.1997, 13 U 12/97, NJW-RR 1998, 1206).

Keine Pflichtverletzung konnte dem Makler hingegen zum Vorwurf gemacht werden, wenn er über eine 1920 errichtete Immobilie schreibt, dass sie »mit wenigen Handgriffen bereit sei, neue Besitzer zu beherbergen«, wenn das Exposé von »renovierungsbedürftig« spricht und entsprechender Bedarf auch aus den im Exposé enthaltenen Bildern deutlich wird (OLG Dresden, Beschluss vom 16.1.2020, 4 U 2183/19, NJW-RR 2020, 626).

Eine Pflichtverletzung des Maklers wurde auch nicht angenommen, wenn er im Exposé Souterrain-Flächen als »Wohnfläche« ausweist, während sie in der maßgeblichen Abgeschlossenheitsbescheinigung »als Hobby- und Kellervorraum« bezeichnet waren, die öffentlich-rechtlich keinen Wohnraum darstellen. Ein Schadensersatzanspruch des Käufers musste versagt werden, weil eine Hinweispflicht des Maklers voraussetzt, dass ihm die Bedeutung eines Umstands für den Kaufentschluss erkennbar und die Käuferseite insofern auch belehrungsbedürftig sein muss. Das kam angesichts der Umstände eines Besichtigungstermins nicht in Betracht, in dessen Verlauf über die Lichtverhältnisse im Souterrain gesprochen wurde, woraus man folgern konnte, dass den Käufern die nicht ausreichende Beleuchtung durch Tageslicht bewusst geworden war (BGH, Beschluss vom 28.5.2020, I ZR 194/19, NZM 2020, 844).

Der Makler hat auch nicht ungefragt über eine Schadstoffbelastung der Wände eines aus den 70er-Jahren des vorigen Jahrhunderts errichteten Fertighauses aufzuklären, sofern sich diese auf die Raumluft nicht auswirkt und der Makler keine Kenntnis von etwa geplanten Umbaumaßnahmen seines Auftraggebers hat, die eine Gefährdung freisetzen könnten (OLG Hamm, Urteil vom 18.2.2019, 18 U 99/17).

14.2.2 Eigennutz

Tritt der Makler heimlich als Mitkonkurrent seines Auftraggebers auf, um den Kaufpreis und somit seine Provision in die Höhe zu treiben, verwirkt er seinen Provisionsanspruch (BGH, Urteil vom 25.9.1991, IV ZR 244/90, WM 1991, 1995). Entsprechendes gilt, wenn der Makler zusammen mit dem Verkäufer nachträglich verdeckt eine Verschlechterung der Verkaufskonditionen – in erster Linie also eine Erhöhung des Kaufpreises – anstrebt (OLG Hamm, Urteil vom 23.6.1986, 18 U 166/85, NJW-RR 1988, 689). Verwirkung ist auch dann anzunehmen, wenn der Makler vorgibt, eine Reduzierung des Kaufpreises komme nicht infrage, obwohl er mit dem Verkäufer nicht entsprechend Rücksprache gehalten hatte (OLG Hamm, Urteil vom 23.5.1996, 18 U 147/95, NJW-RR 1997, 370). Zudem geht der Provisionsanspruch des Maklers verloren, wenn er ein Angebot nicht an seinen Kunden weitergibt, sondern es selbst annimmt, um dann das Objekt mit Gewinn an seinen Maklerkunden weiterverkaufen zu können (OLG Brandenburg, Urteil vom 9.2.1995, 5 U 78/94, NJW-RR 1995, 695).

Der Provisionsanspruch ist dann verwirkt, wenn der Makler seinem Auftraggeber im Rahmen eines Alleinauftrags die Bereitschaft anderer Interessenten zur Zahlung eines höheren Kaufpreises verschweigt, sodass das Immobilienobjekt an eine ihm nahestehende Person veräußert wird (arg. BGH, Urteil vom 24.1.2019, I ZR 160/17, NJW 2019, 1596).

Der Makler verwirkt auch dann seinen Provisionsanspruch, wenn er in Erfahrung gebracht hat, dass sich der Käufer im notariellen Kaufvertrag zur Zahlung der Maklerprovision verpflichtet, und vor diesem Hintergrund mit dem Verkäufer eine höhere Provision vereinbart (OLG Hamm, Urteil vom 23.6.1986, 18 U 166/85, NJW-RR 1988, 689). Das Gleiche gilt, wenn der Makler seinem Kunden zum Immobilienkauf rät, obwohl er weiß, dass für diesen eine Finanzierung des Kaufpreises ausgeschlossen ist (KG, Urteil vom 11.1.1988, 10 U 3000/87, NJW-RR 1988, 686).

Der Provisionsanspruch kann ebenfalls verwirkt sein, wenn der Makler durch Abschluss einer vorformulierten und formnichtigen »Reservierungsvereinbarung/Ankaufsvereinbarung« beim Kaufinteressenten den Eindruck erweckt, dieser hätte sich bereits zum Erwerb und zur Leistung einer erfolgsunabhängigen Provision verpflichtet (OLG Düsseldorf, Urteil vom 5.10.2018, 7 U 194/17, MDR 2019, 345).

In der Praxis kommt es vereinzelt vor, dass ein Makler die Durchführung eines Besichtigungstermins mit einem Kaufinteressenten und die weitere Kaufvertragsvermittlung verzögert, um den Abschluss eines neuen Alleinauftrags abzuwarten. Damit verstößt er schwerwiegend gegen seine vertraglichen Pflichten gegenüber dem Auftraggeber, das wiederum führt zur Verwirkung des Maklerlohnanspruchs (OLG Nürnberg, Urteil vom 27.5.2011, 2 U 1676/10, NJW-RR 2012, 116).

In der Praxis wird auch vereinzelt das sogenannte »Bieterverfahren« eigennützig missbraucht.

! **Beispiel**

Ein landwirtschaftlicher Hof sollte höchstbietend veräußert werden. Der Makler taxierte das Objekt im Rahmen eines Alleinauftrags des Verkäufers mit ca. 80.000 EUR. Der Makler beabsichtigte, das Objekt selbst zu erwerben, und teilte seinem Auftraggeber weder Angebote über 300.000 EUR noch über 350.000 EUR mit. Weitere Interessenten blockte er damit ab, der Verkäufer habe einen Erlös in einer Größenordnung von 700.000 EUR im Auge. Der Makler erwarb das Objekt für 280.000 EUR, was nach Einholen eines Sachverständigengutachtens unter dem Marktwert lag (Fall nach BGH, Urteil vom 24.1.2019, I ZR 160/17, NZM 2019, 547).

Die Provision entfällt auch dann, wenn der Makler seine weitere Tätigkeit von der Zahlung einer nunmehr wesentlich höheren Vergütung abhängig macht (BGH, Urteil vom 13.3.1985, IVa ZR 222/83, WM 1985, 1276) oder wenn er den bevorstehenden Abschluss des Hauptvertrags deshalb verhindern will, weil er sich mit seinem Kunden noch nicht über die Provisionshöhe einig ist (OLG Frankfurt/Main, Urteil vom 13.7.1994, 19 U 197/93, AIZ A 146 Bl. 29). Das Gleiche gilt, wenn der Makler den Abschluss des Hauptvertrags deshalb verhindert, weil zwischenzeitlich ein anderer Interessent einen höheren Kaufpreis bietet (BGH, Urteil vom 26.10.1977, IV ZR 177/76, WM 1978, 245); ebenfalls, wenn der Makler im Rahmen eines Alleinauftrags unentgeltliche Tätigkeit zusagt, diese später jedoch vom Abschluss einer Übererlösvereinbarung abhängig macht (OLG Düsseldorf, Urteil vom 10.5.1996, 7 U 86/95, NJW-RR 1997, 1278).

Darüber hinaus verwirkt der Makler seinen Provisionsanspruch, wenn er im Hinblick auf sein Provisionsinteresse Druck auf seinen Auftraggeber ausübt, zum Beispiel wenn er droht, den Beurkundungstermin platzen zu lassen, wenn sein Kunde nicht eine »Provisionsbestätigung« unterschreibt (OLG Düsseldorf, Urteil vom 11.4.1997, 7 U 63/96, NZM 1998, 240). Dies gilt auch, wenn der Makler seinem Kunden unmittelbar vor dem Beurkundungstermin mitteilt, er werde das Objekt selbst erwerben, wenn ihm der Kunde nicht ein Vielfaches der vereinbarten Provision zahlt (BGH, Urteil vom 13.3.1985, IVa ZR 222/83, NJW 1986, 2573).

Spiegelt der Makler seinem Kunden wahrheitswidrig vor, der Kaufpreis sei bereits auf dem Notaranderkonto eingegangen, um insoweit die Auszahlung seiner Provision zu forcieren, die an dieses Ereignis gekoppelt ist, verwirkt er ebenfalls seinen Provisionsanspruch (OLG Hamm, Urteil vom 23.5.1996, 18 U 147/95, NJW-RR 1997, 370).

14.2.3 Sonstige schwerwiegende Gründe

Beleidigende Äußerungen des Maklers gegenüber seinem Auftraggeber stellen eine derart schwerwiegende Pflichtverletzung dar, dass der Makler seinen Lohnanspruch verwirkt (OLG Hamm, Urteil vom 6.12.2004, 18 U 55/04, OLGR 2005, 666). Entsprechendes gilt bei Untätigkeit des Maklers. Wurde dem Makler zum Beispiel durch einen qualifizierten Alleinauftrag die Vermarktung sämtlicher Wohnungen einer Wohnanlage übertragen und stellt der Makler grundlos seine Tätigkeit ein, obwohl der Bauträger dringend auf Verkaufserlöse zwecks Fertigstellung der Anlage angewiesen ist, verwirkt er seine Provision für bereits nachgewiesene oder vermittelte Objekte. Verzögert er die Durchführung eines Besichtigungstermins mit einem Kaufinteressenten, um den Abschluss eines neuen Alleinauftrags mit dem Verkäufer abzuwarten, verwirkt er seinen Provisionsanspruch eben gegen den Verkäufer ebenfalls (OLG Nürnberg, Urteil vom 27.5.2011, 2 U 1676/10, NJW-RR 2012, 116). Eine schwerwiegende, zur Provisionsverwirkung führende Treuepflichtverletzung liegt auch dann vor, wenn der Makler die Auszahlung von Geldern, die er vom Verkäufer erhalten hat, und die Übergabe des Grundstücks von der Zahlung der vereinbarten Provision abhängig macht (OLG Düsseldorf, Urteil vom 28.8.2020, I-7 U 112/19, MDR 2020, 1309).

15 Wohnungsvermittlung

Bei der Wohnungsvermittlung sind zunächst die allgemeinen maklerrechtlichen Grundsätze der §§652 bis 654 BGB zu beachten. Zusätzlich ergeben sich vom Makler zwingend zu beachtende ergänzende Regelungen aus dem Wohnungsvermittlungsgesetz. Diese sind vorrangig gegenüber den Bestimmungen der §§652 ff. BGB (LG Hamburg, Beschluss vom 7.1.2014, 318 S 38/13, ZMR 2014, 498). Zum Schutz des Mietinteressenten und potenziellen Mieters stellen bestimmte Verstöße gegen hier geregelte Pflichten Ordnungswidrigkeiten dar, die mit Geldbußen bis zu 25.000 EUR geahndet werden können.

Wesentlich modifiziert wurde das Wohnungsvermittlungsgesetz durch das am 1.6.2015 in Kraft getretene Mietrechtsnovellierungsgesetz. Das seitdem geltende »Bestellerprinzip« schränkt die Möglichkeiten, provisionspflichtig für den Wohnungssuchenden tätig zu werden, erheblich ein (siehe Kapitel 4).

15.1 Anwendungsbereich

Das Wohnungsvermittlungsgesetz regelt die besonderen Pflichten des Maklers gegenüber dem potenziellen Mieter bei der Vermittlung von Wohnraum. Unter den Begriff des Wohnraums fallen dabei nicht nur Mietwohnungen, sondern auch Wohnhäuser, beispielsweise Einfamilienhäuser oder Doppelhaushälften, soweit sie Wohnzwecken dienen. Unerheblich ist auch, ob es sich um unmöblierten oder möblierten Wohnraum handelt oder um befristete Mietverhältnisse (»möbliertes Wohnen auf Zeit«). Ausgenommen sind Wohnräume im Fremdenverkehr.

Bei sogenannten Mischmietverhältnissen – das Mietobjekt dient nicht ausschließlich zu Wohnzwecken, sondern auch gewerblichen oder freiberuflichen Zwecken – findet das Wohnungsvermittlungsgesetz ebenfalls Anwendung. Dies gilt aber nicht, wenn der vorherrschende Zweck und Charakter des Mietvertrags auf dem Gewerbesektor liegt (LG Hamburg, Urteil vom 6.3.2007, 309 S 181/06, WE 2008, 235).

Beispiel !

Der in Kufstein lebende Rechtsanwalt mietet in München eine Kanzleifläche an, in die ein angeschlossenes Einzimmerappartement integriert ist, weil der Rechtsanwalt nicht täglich zu seinem weit entfernten Wohnort pendeln möchte.

Hier ist das Wohnungsvermittlungsgesetz nicht einschlägig, da der eigentliche Mietzweck nicht das Wohnen, sondern das Arbeiten ist.

15.2 Provisionsanspruch

Voraussetzung für das Entstehen des Provisionsanspruchs des Maklers ist auch bei der Wohnraumvermittlung, dass zunächst ein Maklervertrag entweder mit dem Mietinteressenten oder dem Vermieter zustande kommt, in dessen Folge eine der beiden typischen Maklertätigkeiten entfaltet wird, die schließlich ursächlich für den Mietvertragsabschluss sein muss.

Allerdings ist zu beachten, dass der Maklervertrag im Bereich der Wohnungsvermittlung gemäß §2 Abs. 1 Satz 2 WoVermRG zwingend der Textform bedarf. Diese Formvorschrift wurde mit dem Mietrechtsnovellierungsgesetz im Rahmen der Einführung des Bestellerprinzips Gesetz und ist verfassungskonform (BVerfG, Beschluss vom 29.6.2016, 1 BvR 1015/15, NJW-RR 2016, 1349). Zu beachten ist, dass nicht nur der Vermittlungsvertrag mit dem Wohnungssuchenden der Textform genügen muss, sondern auch der mit dem Vermieter abgeschlossene Vermittlungsvertrag. Wichtig: Textform bedeutet nicht Schriftform. Das Wesen der Schriftform ist bekanntlich die Originalunterschrift des Unterzeichnenden, sodass zum Beispiel Telefax, Kopie und E-Mail hier nicht genügen. Anders bei der Textform, dafür reichen gerade Telefax, Kopie oder E-Mail aus, da die Originalunterschrift des Unterzeichnenden nicht erforderlich ist.

! **Wichtig**

Ein mündlicher Maklervertrag reicht nicht aus. Wurde er nicht in Textform geschlossen, hat der Makler keinen Provisionsanspruch. Der Vermittlungsvertrag ist dann gemäß § 125 Satz 1 BGB nichtig (AG Dülmen, Urteil vom 22.3.2016, 3 C 348/15, WuM 2016, 374). Nicht möglich ist im Bereich der Wohnraumvermittlung daher der so praxisrelevante konkludente Abschluss eines Maklervertrags (siehe vertiefend Kapitel 6.1.8). Das ist aber kein Nachteil für den Makler, da er beim Vorliegen eines Maklervertrags in Textform den Abschluss des Maklervertrags einfacher beweisen kann, sollte sich ein Kunde weigern, die vereinbarte Provision zu zahlen.

Weitere Voraussetzung ist – wie bei anderen Maklerverträgen auch –, dass der Makler eine provisionsauslösende Maklertätigkeit entfaltet. Anders als der Titel des Wohnungsvermittlungsgesetzes vermuten lässt, muss dabei nicht zwingend eine Vermittlungstätigkeit entfaltet werden; es genügt grundsätzlich der Nachweis der Gelegenheit zum Abschluss eines Mietvertrags (LG Stuttgart, Urteil vom 15.6.2016, 38 O 10/16 KfH, WRP 2016, 1302). Wird kein Nachweis erbracht, entfällt der Anspruch auf Provision, wenn Vermieter oder Mieter ohnehin abschlussbereit waren und der Makler deshalb eine Vermittlungstätigkeit gar nicht entfalten kann. Auch der Mietvertrag muss Resultat der vermittelnden Maklertätigkeit sein. Womit die beiden weiteren Provisionsvoraussetzungen – Abschluss des Mietvertrags und Ursächlichkeit der Maklertätigkeit für diesen – erfüllt sein müssen (siehe vertiefend Kapitel 7).

Übersendet ein Nachweismakler einem Mietinteressenten vereinbarungsgemäß eine Liste mit Daten von Wohnungsanbietern und Objekten, die den Kunden in die Lage versetzt, in konkrete Verhandlungen über den von ihm angestrebten Hauptvertrag einzutreten, erbringt der Makler den Nachweis zum Abschluss des Hauptvertrags. Der Wohnraumvermittler kann für seine Nachweistätigkeit ein erfolgsabhängiges Entgelt vereinbaren. Wesentliche Voraussetzung ist jedoch, dass der Makler ausschließlich aufgrund des mit dem Mietinteressenten abgeschlossenen Vermittlungsvertrags die entsprechenden Wohnungen akquiriert hat und diese sich nicht etwa in seinem Bestand aufgrund entsprechender Vermieteraufträge befanden. Wesentliche Provisionsvoraussetzung für den Makler nach dem am 1.6.2015 in Kraft getretenen »Bestellerprinzip« ist nämlich, dass dieser aufgrund des mit dem Interessenten abgeschlossenen Vermittlungsvertrags für diesen neue Mieträume sucht. Hatte der Makler die Mietobjekte bereits in seinem Bestand und schließt er dennoch mit dem Wohnungssuchenden einen Maklervertrag, wäre dieser nichtig, etwa vom Wohnungssuchenden gezahlte Provisionen wären nach § 812 BGB zurückzuzahlen (AG Freiburg, Urteil vom 31.1.2017, 5 C 1869/16, WuM 2017, 220; siehe vertiefend Kapitel 4.4.2). Im Übrigen darf ein von einem späteren Mietvertragsabschluss unabhängiges Entgelt für die Übersendung einer Anbieter- und Objektliste nicht verlangt oder vereinbart werden (BGH, Urteil vom 15.4.2010, III ZR 153/09, WuM 2010, 367 = NZM 2010, 629).

15.3 Provisionshindernisse

Neben den durch das »Bestellerprinzip« erheblich gestiegenen Anforderungen an einen Provisionsanspruch gegen den Mietinteressenten sieht das Wohnungsvermittlungsgesetz weitere Regelungen vor, die einem Provisionsanspruch des Maklers im Wege stehen können.

15.3.1 Abreden über bestehende Mietverhältnisse

Der Makler hat keinen Provisionsanspruch, wenn durch den Mietvertrag ein bestehendes Mietverhältnis über dieselben Wohnräume bloß fortgesetzt, verlängert oder erneuert wird (§ 2 Abs. 2 Nr. 1 WoVermRG). Besteht zum Beispiel das Wohnraummietverhältnis nach Fallenlassen einer Kündigung des Mieters auf dessen Wunsch einvernehmlich weiter, so ist eine an einen Makler gezahlte und als Vertragsausfertigungsgebühr bezeichnete Provision mangels Vermittlungserfolgs nicht angefallen und kann daher nach den Bereicherungsgrundsätzen der §§ 812 ff. BGB zurückverlangt werden (AG Hamburg-St. Georg, Urteil vom 11.2.2010, 914 C 414/09, NJW-RR 2010, 1503). Erschöpft sich die Tätigkeit des Maklers also darin, nur zur Verlängerung eines bereits bestehenden Mietverhältnisses beizutragen, und entwirft er einen entsprechenden (Verlängerungs-)Vertrag, entfällt sein Provisionsanspruch.

15.3.2 Vormieter

Kein Provisionshindernis besteht für den Wohnungsvermittler, also den Makler, dann, wenn der Vormieter sich vom Vermieter den Auftrag einholt, die Wohnung anzubieten.

! **Beispiel**

Ein Wohnungssuchender wandte sich an den Makler, ihm eine 2-Zimmer-Wohnung nachzuweisen bzw. zu vermitteln. Der derzeitige Mieter einer entsprechenden Wohnung wollte vorzeitig aus dem Mietverhältnis ausscheiden und holte beim Vermieter die Erlaubnis, also den Auftrag gemäß § 6 Abs. 1 WoVermRG ein, eigenmächtig einen Nachmieter suchen zu dürfen. Ein Freund des Vormieters leitete die Möglichkeit der Vermietung an den Makler weiter, der die Wohnung dem Wohnungssuchenden schließlich erfolgreich vermitteln konnte, sodass ein Mietvertrag mit dem Vermieter geschlossen wurde.

Der BGH (Urteil vom 14.3.2019, I ZR 134/18, NZM 2019, 882) sah hierin kein Problem bezüglich der Maklerprovision, da es auf die Interessen des Vormieters nicht ankomme. Es komme ausschließlich darauf an, ob der Wohnungsvermittler entweder (ausschließlich) im Interesse des künftigen Mieters oder wenigstens im Interesse des Vermieters tätig geworden ist. In diesem Fall sah er lediglich die Interessen des künftigen Mieters als ausschlaggebend an, und dieser sei als »anderer Berechtigter« i. S. v. § 2 Abs. 1a WoVermittG anzusehen.

15.3.3 Verflechtung

Besonders praxisrelevant sind außerdem die Fallgestaltungen, in denen dem Makler eine Provision nicht zusteht, obwohl er ein neues Mietverhältnis entweder nachgewiesen oder vermittelt hat. So regelt § 2 Abs. 2 Nr. 2 WoVermRG zunächst, dass ein Provisionsanspruch nicht entsteht, wenn der Wohnungsvermittler, also der Makler, einen Mietvertrag über Wohnraum vermittelt, dessen Eigentümer, Verwalter, derzeitiger Mieter oder Vermieter er ist. Ist der Makler also insbesondere gleichzeitig Verwalter der Wohnung, steht ihm per se kein Provisionsanspruch zu. Er kann sich aber auch nicht etwa in dem von ihm entworfenen Mietvertrag eine »Mieterwechselpauschale« ausbedingen (AG Münster, Urteil vom 31.7.2015, 55 C 1325/15, WuM 2015, 618). Fertigt er den Mietvertrag, wird er für den Vermieter tätig und hierfür auch mit der Verwaltervergütung entlohnt.

§ 2 Abs. 2 Nr. 3 WoVermRG regelt die Fälle der wirtschaftlichen Verflechtung. So entsteht kein Provisionsanspruch, wenn als Eigentümer, Verwalter oder Vermieter eine juristische Person fungiert, an der der Wohnungsvermittler rechtlich oder wirtschaftlich beteiligt ist. Entsprechendes gilt für Fälle, in denen der Eigentümer, Verwalter oder Vermieter eine natürliche oder juristische Person und seinerseits an einer juristischen Person beteiligt ist, die sich als Wohnungsvermittler betätigt.

Achtung !

Der Makler kann sich in derartigen Fällen auch vertraglich keine Provision sichern. Eine vertragliche Abrede, in der er auf die Verflechtung hinweist, ist unwirksam (AG Hamburg-Blankenese, Urteil vom 11.11.2014, 532 C 237/14, WuM 2015, 444).

Abhängigkeit

Die nicht unerhebliche wirtschaftliche Abhängigkeit sowie ein mietfreies Büro im Objekt der Vermieterin weisen auf eine sogenannte unechte Verflechtung hin (AG Frankfurt/Oder, Urteil vom 24.2.2016, 25 C 639/15, GE 2016, 397).

Arbeitnehmer

Ein Mitarbeiter eines Wohnungsverwaltungsunternehmens, der als solcher auf der Internetseite des Unternehmens präsentiert wird und unter einer Telefonnummer und E-Mail-Adresse des Unternehmens erreichbar ist, hat keinen Anspruch auf Maklercourtage wegen Vermittlung einer Wohnung aus dem Verwaltungsbestand. Der Makler gehört in diesem Fall aus Sicht des Wohnungssuchenden zum Lager des Vermieters. Die besondere Nähe zur Hausverwaltung kann den Eindruck erwecken, der Mitarbeiter werde im Konfliktfall die Interessen des Wohnungssuchenden gegenüber der Hausverwaltung bzw. den Eigentümern nicht hinreichend wahren. Dabei ist es unerheblich, ob der Mitarbeiter nur mit dem Verkauf von Immobilien und nicht mit Verwaltertätigkeiten befasst ist (LG Hamburg, Urteil vom 27.2.2009, 320 S 89/08, WuM 2009, 243 = ZMR 2009, 773). Dieser Grundsatz gilt erst recht nach Inkrafttreten des »Bestellerprinzips«. Bietet ein Makler Wohnungen aus dem Verwalterbestand an, hat er grundsätzlich keinen Provisionsanspruch gegen den Wohnungssuchenden.

Repräsentant der Gegenseite

- Ein institutionalisierter Interessenkonflikt liegt vor, wenn ein Makler zum Vermieter und Eigentümer in einem handelsvertreterähnlichen Verhältnis steht, das nach seinem Inhalt erwarten lässt, dass der Makler sich im Streitfall bei regelmäßigem Verlauf auf die Seite des Vermieters und Eigentümers und nicht auf die seines Maklerkunden stellen wird. In diesem Fall tritt er aus Sicht des Kunden als Repräsentant des Vermieters und Eigentümers auf (Schleswig-Holsteinisches OLG, Urteil vom 22.1.2010, 14 U 81/09).
- Unterhalten Wohnungsmakler und Vermieter ein gemeinsames Büro mit gemeinsamem Telefonanschluss und E-Mail-Adresse, spricht dies für eine den Maklerprovisionsanspruch ausschließende wirtschaftliche Verflechtung im Sinne des § 2 Abs. 2 Satz 1 Nr. 3 WoVermRG (LG Berlin, Urteil vom 9.1.2007, 51 S 242/06, MM 2007, 146).

Auch diese Grundsätze gelten erst recht seit Inkrafttreten des »Bestellerprinzips«. Der Makler hat keinen Provisionsanspruch gegen den Wohnungssuchenden.

Identität

- Fungiert ein und dieselbe Person als Geschäftsführer der Vermieterin und als Geschäftsführer der Maklerin und wird damit die rechtsgeschäftliche Willensbildung in beiden Unternehmen von derselben Person vorgenommen, ist wegen der bestehenden Interessenverflechtung die Vorschrift des §2 Abs. 2 Nr. 3 WoVermRG entsprechend anzuwenden und der Provisionsanspruch des Maklers auszuschließen (LG Konstanz, Urteil vom 8.9.2006, 11 S 54/06, NJW-RR 2007, 447).
- Dem Wohnungsvermittler steht ein Anspruch auf Provision auch dann nicht zu, wenn für ihn beim Nachweis oder bei der Vermittlung des Mietvertrags an den Wohnungssuchenden als Mitarbeiter oder Gehilfe der bisherige Mieter der Wohnung tätig wird, der einen Nachmieter sucht (BGH, Urteil vom 9.3.2006, III ZR 235/05, NJW-RR 2006, 729).

Wiederum gilt, dass dem Makler gegenüber dem Wohnungssuchenden seit Inkrafttreten des »Bestellerprinzips« in derartigen Fällen kein Provisionsanspruch zusteht.

Ehegatte

Ob der Provisionsanspruch eines Maklers auch dann besteht, wenn er Ehegatte des Verwalters der vermittelten Wohnung ist, wurde bejaht. Den Makler treffe aber eine Aufklärungspflicht dahingehend, den Mietinteressenten über das Eheverhältnis zum Verwalter der Wohnung zu informieren. Für einen Schadensersatzanspruch wegen unterbliebener Aufklärung müsse der Mietinteressent beweisen, dass das Verschweigen für den Schaden ursächlich war (AG Köln, Urteil vom 24.9.2012, 125 C 147/12, juris). Seit Inkrafttreten des »Bestellerprinzips« dürfte dies nicht mehr gelten, da der Ehegatte eines Wohnungsverwalters auch im Interesse des Wohnungseigentümers tätig wird und insoweit zumindest gegen den Wohnungssuchenden kein Provisionsanspruch besteht.

! **Sonderproblem: Makelnder Verwalter**

Siehe hierzu Kapitel 11.3.2.2

Preisgebundener Wohnraum

Ein Provisionsanspruch gegen den Wohnungssuchenden scheidet gemäß §2 Abs. 3 WoVermRG aus, wenn der Mietvertrag über öffentlich geförderte Wohnungen oder über sonstige preisgebundene Wohnungen abgeschlossen wird, die nach dem 20.6.1948 bezugsfertig geworden sind oder werden. Das Gleiche gilt für die Vermittlung einzelner Wohnräume in derartigen Wohnungen.

15.4 Provisionshöhe und Nebenleistungen

Das Wohnungsvermittlungsgesetz begrenzt in §3 Abs. 2 Satz 1 die Höhe des Provisionsanspruchs gegen den Wohnungssuchenden auf zwei Monatsmieten zuzüglich

Umsatzsteuer. Diese Begrenzung gilt nicht bei Wohnungsvermittlungsverträgen mit dem Vermieter (siehe Kapitel 4.5). Berechnungsgrundlage ist dabei die Nettokaltmiete, sodass die Nebenkosten, über die gesondert abgerechnet wird, bei der Berechnung der Monatsmiete unberücksichtigt bleiben. Wird hingegen eine Inklusivmiete vereinbart, ist deren Höhe maßgeblich. Hier ist allerdings zu beachten, dass nach der Heizkostenverordnung zumindest über die Heizungs- und Warmwasserkosten zwingend gesondert abzurechnen ist, die Vereinbarung einer »Brutto-Warmmiete« ist daher unzulässig. Entsprechendes gilt, wenn Betriebskostenpauschalen vereinbart werden. Da auch hier eine gesonderte Abrechnung über die Betriebskosten nicht erfolgt, ist wiederum die Miete zuzüglich Betriebskostenpauschale Bemessungsgrundlage der Provision.

Beispiele !

- Die Grundmiete beträgt 750 EUR. Hinsichtlich der Betriebskosten hat der Mieter monatliche Vorauszahlungen in Höhe von 250 EUR zu leisten. Die Provision darf 1.500 EUR zuzüglich Umsatzsteuer nicht übersteigen.
- Die Grundmiete beträgt 750 EUR. Zusätzlich ist der Mieter zur Zahlung einer Betriebskostenpauschale von monatlich 250 EUR verpflichtet. Die Provision darf 2.000 EUR zuzüglich Umsatzsteuer nicht übersteigen.
- Die Bruttokaltmiete beträgt 900 EUR. An Heizkosten sind monatlich 100 EUR vorauszuzahlen. Die Provision darf 1.800 EUR zuzüglich Umsatzsteuer nicht übersteigen.

Darüber hinaus stehen dem Wohnungsvermittler keine weiteren Leistungen zu. § 3 Abs. 3 Satz 1 WoVermRG regelt dies ausdrücklich für etwaige Nebenleistungen, insbesondere Einschreibgebühren, Schreibgebühren oder Auslagenerstattungen. Hiervon bestehen jedoch zwei Ausnahmen:

1. Die nachgewiesenen Auslagen des Maklers übersteigen in Summe eine Monatsmiete.
2. Für den Fall des Nichtzustandekommens des Mietvertrags kann vereinbart werden, dass dem Makler die Auslagen zu erstatten sind, die er in Erfüllung des Auftrags getätigt hat. Die Auslagen hat er nachzuweisen.

Keinesfalls kann der Makler Pauschalen für die Durchführung von Besichtigungsterminen verlangen. Ein entsprechendes Verlangen stellt darüber hinaus einen Wettbewerbsverstoß im Sinne von § 3 UWG dar (LG Stuttgart, Urteil vom 15.6.2016, 38 O 73/15 KfH, WuM 2016, 505). Der Makler kann auch keine »Bearbeitungsgebühr« für die Auswertung von Mieterselbstauskunftsformularen verlangen (LG Bonn, Urteil vom 5.12.2013, 8 S 192/13, juris).

Eine Vertragsstrafe wegen Nichterfüllung vertraglicher Pflichten des Mietinteressenten oder Vermieters darf nicht über einen Betrag von 25 EUR hinausgehen.

Hat der Mietinteressent eine überhöhte Provision, Vertragsstrafe oder eine unzulässige Auslagenerstattung gezahlt, kann er den entsprechenden Betrag zurückfordern (§ 5 Abs. 1 WoVermRG i. V. m. § 812 BGB). Dieser Anspruch verjährt innerhalb der dreijährigen Regelverjährungsfrist der §§ 195, 199 BGB.

15.5 Besondere Maklerpflichten

Das Wohnungsvermittlungsgesetz erlegt dem Makler gegenüber den allgemeinen Regelungen der §§ 652 ff. BGB weitere besondere Maklerpflichten auf, deren Missachtung als Ordnungswidrigkeiten zu Geldbußen führen kann.

Keine Maklertätigkeit ohne Auftrag

Zunächst einmal darf der Wohnungsvermittler gemäß § 6 Abs. 1 WoVermRG nicht ohne Auftrag des Vermieters Wohnräume anbieten (siehe vertiefend Kapitel 4.4.2.6). Ein Verstoß gegen dieses Gebot stellt gemäß § 8 Abs. 1 Ziff. 3 WoVermRG eine Ordnungswidrigkeit dar, die mit einer Geldbuße bis 2.500 EUR geahndet werden kann.

! **Achtung**

Vor Inkrafttreten des »Bestellerprinzips« wurde angenommen, dass es nicht zur Nichtigkeit des mit dem Wohnungssuchenden geschlossenen Maklervertrags führt, wenn der Wohnungsvermittler gegen das Verbot in § 6 Abs. 1 WoVermRG Wohnräume anbietet, ohne dazu einen Auftrag von dem Vermieter oder einem anderen Berechtigten zu haben (BGH, Urteil vom 25.7.2002, III ZR 113/02). Diese Rechtsprechung ist nunmehr überholt, da der Makler per se keinen Provisionsanspruch gegen den Wohnungssuchenden hat, wenn er Wohnungen anbietet, bevor er mit dem Wohnungssuchenden einen Vermittlungsvertrag geschlossen hat (siehe Kapitel 4.4.2.1).

Ob der Makler vom Vermieter eine Provision erhält und ob überhaupt ein Vermittlungsvertrag mit diesem geschlossen wurde, spielt keine Rolle. Maßgeblich ist, dass ein Auftrag zur Wohnungsvermittlung vorliegt. Hieraus folgt also, dass der Vermieterauftrag des § 6 Abs. 1 WoVermRG allein noch keinen Provisionsanspruch begründet.

Nicht mehr als zwei Monatsmieten Provision

Der Makler darf vom Wohnungssuchenden keine Provision verlangen, sich versprechen lassen oder annehmen, die die in § 3 Abs. 2 WoVermRG geregelte Höchstprovision von zwei Monatsmieten zuzüglich Umsatzsteuer übersteigt. Auch dies würde eine Ordnungswidrigkeit darstellen, die nach der Bestimmung des § 8 Abs. 1 Ziff. 2 und Abs. 2 WoVermRG gar mit einer Geldbuße bis 25.000 EUR geahndet werden kann.

Transparenz bei der Provisionshöhe

Da ein Makler Anspruch auf Provision nur bei Abschluss eines Vertrags hat und er grundsätzlich nicht beeinflussen kann, welche Vereinbarungen die Vertragsparteien treffen, hat er gemäß § 3 Abs. 1 WoVermRG das verlangte Entgelt in einem Bruchteil oder einem Vielfachen der Monatsmiete anzugeben (LG Osnabrück, Urteil vom 17.5.2013, 13 O 7/13, WRP 2013, 1261).

Beispiel !

»Zwei Monatsmieten Provision zuzüglich 19 % Umsatzsteuer = 2,38 Monatsmieten«. Missachtet der Makler diese Vorgabe, droht ein Bußgeld von bis zu 2.500 EUR.

Ein Makler verstößt jedenfalls gegen § 1 Abs. 1 PAngV, wenn er in seinem Angebot das Entgelt für die Wohnungsvermittlung mit »2 Kaltmieten zzgl. gesetzl. MwSt.« angibt. Damit verstößt er zugleich gegen eine Marktverhaltensregelung im Sinne des § 4 Nr. 11 UWG. Die Wiederholungsgefahr wird nur ausgeräumt, wenn der Makler eine strafbewehrte Unterlassungserklärung abgibt. Das gilt auch dann, wenn er sein Verhalten ändert und über mehrere Monate keinen Wettbewerbsverstoß begeht. Indem der Makler auf mehrfache außergerichtliche Anforderung hin die Abgabe einer Unterwerfungserklärung verweigert, hat er die Wiederholungsgefahr geradezu bestätigt (LG Bielefeld, Urteil vom 15.10.2013, 17 O 122/13, WRP 2014, 255).

Achtung !

Gemäß § 1 Abs. 1 Satz 1 PAngV muss ein Immobilienmakler in seiner Werbung gegenüber Endverbrauchern seine Provision einschließlich Umsatzsteuer angeben (LG Osnabrück, Urteil vom 17.5.2013, 13 O 7/13, WRP 2013, 1261).

Transparenz bei der Anzeigengestaltung

Der Makler handelt darüber hinaus ordnungswidrig, wenn er entgegen § 6 Abs. 2 WoVermRG seinen Namen, die Bezeichnung als Wohnungsvermittler oder den Mietpreis nicht angibt oder auf Nebenkosten nicht hinweist. Hier droht ebenfalls eine Geldbuße von bis zu 2.500 EUR.

Wirbt ein Wohnungsvermittler öffentlich für Wohnungen und gibt dabei ausschließlich den Preis für die Warmmiete an, ohne klarzustellen, ob die gesamten Nebenkosten enthalten sind, verstößt er gegen § 6 Abs. 2 WoVermRG, wonach er den Mietpreis anzugeben und darauf hinzuweisen hat, ob Nebenleistungen besonders zu vergüten sind. Das ist kein Bagatellverstoß (LG Magdeburg, Urteil vom 7.1.2009, 36 O 197/08, WRP 2009, 350).

Achtung !

Wird gegen den Makler wegen eines Verstoßes gegen die genannten Pflichten eine Geldbuße verhängt, hat dies nicht die Nichtigkeit des Maklervertrags zur Folge und lässt den Provisionsanspruch gegen den Wohnungssuchenden oder Vermieter unberührt (AG Hamburg-Altona, Urteil vom 5.2.2008, 315A C 284/07).

Stichwortverzeichnis

Der Autor

Alexander C. Blankenstein ist Rechtsanwalt in Düsseldorf und Fachanwalt für Miet- und Wohnungseigentumsrecht. Seit der Kanzleigründung im Jahr 1997 stellt das Immobilienrecht seinen Tätigkeitsschwerpunkt dar. Er ist Fachbuchautor (u. a. »WEG-Reform 2007«, »WEG-Reform 2020«, »Wohnungseigentumsrecht für Verwalter«, »Lexikon Wohnungseigentum« und »Schwierige Mietverhältnisse«), Autor zahlreicher Aufsätze und Beiträge zu immobilienrechtlichen Themen sowie Referent von und bei immobilienrechtlichen Seminaren und Veranstaltungen.